广州地铁十三号线一期工程设计创新与工程实践

广州地铁设计研究院股份有限公司　组织编写
林　珊　王　建　农兴中　阮艳妹　主　编

中国建筑工业出版社

图书在版编目（CIP）数据

广州地铁十三号线一期工程设计创新与工程实践/广州地铁设计研究院股份有限公司组织编写；林珊等主编. —北京：中国建筑工业出版社，2021.12
ISBN 978-7-112-26901-3

Ⅰ.①广… Ⅱ.①广…②林… Ⅲ.①地下铁道—铁路工程—工程设计—广州 Ⅳ.①U231

中国版本图书馆CIP数据核字（2021）第247553号

责任编辑：王华月 杨 杰
版式设计：锋尚设计
责任校对：张惠雯

广州地铁十三号线一期工程设计创新与工程实践
广州地铁设计研究院股份有限公司 组织编写
林 珊 王 建 农兴中 阮艳妹 主 编

*

中国建筑工业出版社出版、发行（北京海淀三里河路9号）
各地新华书店、建筑书店经销
北京锋尚制版有限公司制版
北京富诚彩色印刷有限公司印刷

*

开本：787毫米×1092毫米 1/16 印张：27 字数：510千字
2021年12月第一版 2021年12月第一次印刷
定价：**268.00元**
ISBN 978-7-112-26901-3
（38713）

版权所有 翻印必究
如有印装质量问题，可寄本社图书出版中心退换
（邮政编码 100037）

广州市轨道交通十三号首期工程线路平面示意图

线路概况一览表			
线路长度（km）	地下 27.03	地上 0	合计 27.03
车站数/换乘站（座）	地下 11/4	地上 0/0	合计 11/4
站间距（km）	最大 3.71	最小 1.52	平均 2.60
车辆基地	鱼珠停车场、官湖车辆段		

图例：
—— 地下线 ○ 一般站
—— 其它线路 ◎ 换乘站

1	2
3	

1 鱼珠站站厅
2 鱼珠站站台
3 鱼珠站站台全景

1	3
2	4

1 裕丰围站站厅
2 裕丰围站站台
3 新沙站站厅
4 新沙站站台

1	2
3	

1 南海神庙站站厅
2 南海神庙站站台
3 南海神庙站站厅全景

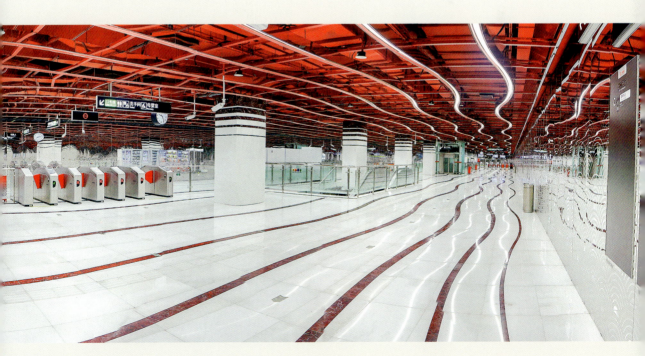

1 白江站站厅
2 白江站站台
3 白江站 B 出入口
4 白江站站厅全景

1	2	3
4	5	

1 沙村站 D 出入口
2 沙村站安全出入口
3 沙村站高风亭组
4 沙村站站厅
5 沙村站站台

1	2
3	4

1 新塘站站厅 1
2 新塘站站厅 2
3 新塘站站厅 3
4 新塘站站台

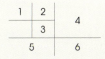

1 官湖车辆段检修库内景
2 官湖车辆段盖下全景
3 官湖车辆段盖下检修通道
4 官湖车辆段综合支吊架
5 官湖车辆段航拍图1
6 官湖车辆段航拍图2

1	
2	3	4
5	6

1 民用通信设备室
2 新塘站高效制冷机房
3 鱼珠站环控电控室
4 鱼珠站手机购票区
5 鱼珠站信号设备室全景
6 鱼珠站 33kV 开关柜

1 车站控制室
2 控制中心

1 列车内饰
2 女性车厢
3 列车实拍

审查委员会

主　审：史海欧　林志元　孙成伟
副主审：王迪军　邓剑荣　何　坚　廖　景　雷振宇　贺利工
　　　　陈　昊　贺　婷　王　颖
审委会：王文锋　黄德亮　孙元广　郑　石　王　睿　翁德耀
　　　　罗燕萍　何治新

编写委员会

编写单位：广州地铁设计研究院股份有限公司
主　编：林　珊　王　建　农兴中　阮艳妹
副主编：阮　莹　陈惠嫦　徐文田　张　悦　陈令强　梁广志
编委会（排名不分先后）：
　　　　　　周再玲　刘增华　彭　磊　任伟新　姜美利　王海鑫
　　　　　　刘文武　陈　海　蔡军安　孔令嵘　方一航　廖佳仪
　　　　　　尧珊珊　王晓娜　陈　欣　郭旭东　李世佳　陈柏谦
　　　　　　钱家怡　郝　娜　潘继灏　赵美君　邓　树　张立杰
　　　　　　樊善勇　李靖坤　邓紫阳　贾景堃　卢昌仪　王　飞
　　　　　　黄　霁　吴君乾　邓　捷　申俊逸　梅　源　莫鑫宇
　　　　　　朱晓洁　张赐力　张　涛　张碧文　王呼佳　黄辉涌
　　　　　　张晓波　伍伟林　杨　松　钟仕斌　吕广宇　邹伟丰
摄　影：麦伟樑　苏文华

序 Preface

近年来，我国轨道交通建设飞速发展，在规划、设计、施工、运营等领域都积累了许多经验，取得了巨大成就。编者根据广州地铁十三号线一期工程设计实践，系统总结了规划、设计及施工过程中的技术创新及经验，编成了《广州地铁十三号线一期工程设计创新与工程实践》一书，即将出版发行，邀我作序，倍感荣幸。

广州是我国重要的中心城市、国际商贸中心和综合交通枢纽。改革开放40多年来，广州作为改革开放的前沿地和"试验田"，经济的快速提升促进了广州轨道交通飞速发展。广州首条地铁线路——地铁1号线于1999年6月28日正式开通运营，使广州成为中国内地第四个、广东省首个开通地铁的城市；截至2021年底，广州地铁运营线路达15条，运营里程589km，位居世界第三。仅仅用了二十多年的时间，广州地铁建设发展的成就举世瞩目。

广州地铁十三号线一期工程线路需穿越淤泥层、砂层、残积土层、花岗岩地层等各类复合地层及断裂带，地下水类型多样、复杂，不良地质问题多，给地铁施工带来了极大的安全挑战；且临近建筑物众多，施工风险高、难度大。但建设者秉承着"不忘初心、不畏艰难、勇于探索"的信念，通过实践不断尝试和创新，集中攻坚打通"咽喉"，前后历时八年，终于实现了广州地铁新的突破，并已安全运行三年多时间，取得了良好的社会效益。

地铁线路的设计不仅要制定其技术标准，还需要统筹兼顾全线标准，难度和复杂程度可想而知。本书根据广州地铁十三号线一期工程的规划、设计及施工的经验进行总结，编写思路清晰，内容全面，对广州后续轨道交通建设乃至全国城市轨道交通的发展都具有理论、实践、创新的指导意义。

最后，衷心祝愿广州地铁交通建设能够取得更大的成绩，为城市发展提供更大的空间。同时，希望本书的出版可以进一步营造轨道交通设计理念与提升工作的氛围，推动轨道交通建设由"高速发展"向"高质量发展"的转变。

全国勘察设计大师

2021年11月28日

前言 Foreword

随着广州地铁跨越式的发展,广州地铁进入了大线网运营时代,客流量快速增长,承担了广州市超过44%的公交客流运送任务,客流强度位居全国第一。广州地铁十三号线作为广州市地铁线路规划中至关重要的"十字"骨干线之一,整体呈东西走向,线路西起白云区朝阳,经荔湾区、越秀区、天河区、黄埔区,最后止于增城区新塘镇新沙村。沿广州中心区东西向两条交通动脉——东风路、中山大道走廊敷设,东端经黄埔区衔接广州东部重镇新塘镇,且与穗莞深城际铁路在新塘站形成东部综合交通枢纽,兼具了广州市城区骨干线及市域快线双重功能的特点。随着目前广州地铁十三号线一期工程的顺利开通运营,本工程对完善广州轨道交通结构,呼应城市"东进"发展理念,契合人口东移战略规划,促进珠三角经济圈发展和广佛一体化的重要作用也逐步体现出来。

作为以国产化目标为导向的广州地铁最新成果,广州地铁十三号线一期工程的设计人员以科学先进的设计理念为指导,在工程建设的设计、施工、调试、验收全过程中发扬技术创新的研究精神,并在实践中不断总结,将取得的实践成果最终汇编成书。从该书可以看出广州地铁十三号线一期工程的全貌和主要技术特征,同时可了解其各个子系统的构成和技术原理,这对目前我国正在大力建设的轨道交通建设很有参考价值。广州地铁十三号线一期工程技术水平在总体上接近国际先进水平,在延续前期工程技术经验的基础上,开发探索了多项处于国内领先地位的不同领域技术,并在工程建设中实践应用,留下了许多珍贵的数据资料,为今后的同类项目提供了宝贵经验。

十三号线一期工程在设计全过程中的主要技术创新体现在四个"第一"和六个"首次"。

国内第一条采用最高时速100km/h的8辆编组A型车线路；广州市第一条具备市域快线兼城区骨干线的线路；广州地铁第一次利用客流仿真模拟结果来验证换乘站规模的线路；广州第一个资源共享、带上盖开发的8A大架修车辆段。首次运用轻质陶瓷板墙技术；首次运用嵌入式安装设备技术；首次运用超高效制冷机房技术；首次运用车控室一体化技术；首次运用BIM深化综合管线技术；首次运用装配式冷水机房技术。

十三号线一期工程还在结构与防水、车站建筑与装修、通风空调、供配电、通信与信号、防灾报警、设备自动化等多个方面都有所创新。通过该书全面介绍了十三号线一期工程各系统的创新内容，且各章节配有相应的设计情况汇总表和丰富多彩的照片。该书作为介绍工程设计与施工技术的工程参考用书，对各系统的技术创新遵循"以人为本、效率优先和降低成本"的原则，为实现轨道交通的安全、舒适、快捷和环保做出了贡献。该书对从事地铁设计和施工建设的工程技术人员具有很高的参考价值和借鉴意义。

同时，值此书出版之际，对长期以来关心、支持广州地铁建设的各级政府相关部门，对项目筹备及勘察设计与建设过程付出辛勤努力的各界人士、专家、各参建单位和专业技术人员致以崇高的敬意和衷心的感谢！

由于时间仓促，加上编者水平有限，书中难免存在错误和不当之处，恳请各位领导和专家给予指正。

编者

2021年11月于广州

目录 Contents

1 规划篇 Planning

1 城市规划	**2**
1.1 广州城市规划发展史	2
1.2 工程规划背景	6
2 线网规划	**11**
2.1 广州线网规划发展史	11
2.2 工程建设意义	17

2 设计篇 Design

3 概述	**24**
3.1 工程概况	24
3.2 功能定位	24
3.3 建设规模	25
3.4 项目历程	26
4 设计创新与关键技术应用	**29**
4.1 行车组织	29
4.2 轨道工程	30
4.3 建筑设计	32
4.4 土建工程	35
4.5 机电工程	51
4.6 车辆段	75
5 工程方案与城市总规符合性调整	**78**
5.1 概述	78

5.2	工程方案调整	80
5.3	回顾与展望	82
6	**车辆**	**84**
6.1	车辆型式	84
6.2	8A 列车编组	84
6.3	主要技术参数	84
6.4	车辆的轻量化设计	86
6.5	车辆国产化	87
6.6	回顾与展望	87
7	**限界**	**88**
7.1	设计原则	88
7.2	工程方案	88
7.3	回顾与展望	91
8	**线路**	**92**
8.1	总体设计方案	92
8.2	线路方案平面设计	94
8.3	线路方案纵断面设计	101
8.4	辅助线设计	103
8.5	与外部环境的协调	105
8.6	调线调坡设计	106
8.7	回顾与展望	112
9	**行车组织与运营模式**	**114**
9.1	客流预测	114
9.2	行车组织	118
9.3	配线设置	121
9.4	系统能力	122
9.5	列车牵引计算	124
9.6	开通运营效果	127
9.7	回顾与展望	128
10	**轨道工程**	**129**
10.1	总体设计方案	129

10.2	构件及设备	131
10.3	设计重难点	136
10.4	回顾与展望	144

11 车站设计 148

11.1	总体思路	148
11.2	建筑	150
11.3	装饰装修	183
11.4	导向系统	189
11.5	防洪防涝	192
11.6	回顾与展望	193

12 施工方案与环境保护 197

12.1	工程地质及工程环境	197
12.2	车站结构施工	203
12.3	区间隧道结构施工	228
12.4	环境保护	241
12.5	回顾与展望	246

13 通风空调系统 250

13.1	总体设计方案	250
13.2	回顾与展望	252

14 给水排水及消防系统 255

14.1	总体设计方案	255
14.2	回顾与展望	258

15 供电系统 262

15.1	总体设计方案	262
15.2	回顾与展望	266

16 信号系统 269

16.1	总体设计方案	269
16.2	回顾与展望	271

17 通信系统 273

17.1	总体设计方案	273
17.2	回顾与展望	284

18 综合监控及综合安防系统　　291

- 18.1 总体设计方案　　291
- 18.2 设备国产化　　304
- 18.3 回顾与展望　　306

19 计算机综合信息系统　　310

- 19.1 总体设计方案　　310
- 19.2 回顾与展望　　313

20 站台门系统　　315

- 20.1 总体设计方案　　315
- 20.2 回顾与展望　　315

21 升降设备　　318

- 21.1 总体设计方案　　318
- 21.2 回顾与展望　　319

22 车辆段与综合基地　　322

- 22.1 总体设计方案　　322
- 22.2 总平面布置　　327
- 22.3 功能定位　　328
- 22.4 设计规模　　329
- 22.5 回顾与展望　　330

23 控制中心　　333

- 23.1 总体设计方案　　333
- 23.2 功能定位　　335
- 23.3 回顾与展望　　336

24 节约能源　　337

- 24.1 能耗状况及指标　　337
- 24.2 节能措施　　338
- 24.3 不同阶段耗能对比　　342
- 24.4 回顾与展望　　344

管理篇 Management

3

25 投资估算 — 348
- 25.1 编制原则 — 348
- 25.2 各阶段投资变化及经验总结 — 349
- 25.3 回顾与展望 — 349

26 变更管理 — 351
- 26.1 变更管理原则 — 351
- 26.2 变更原因分类 — 351
- 26.3 变更管理流程 — 352
- 26.4 变更控制 — 353
- 26.5 设计调整及工程变更总结 — 354
- 26.6 回顾与展望 — 357

27 项目操作 — 358
- 27.1 计划与组织 — 358
- 27.2 工作流程 — 360
- 27.3 工作重点及内容 — 360

28 规章制度 — 367
- 28.1 设计周报制度 — 367
- 28.2 文件编制规定 — 368

29 与相关专业接口的设计与管理 — 370
- 29.1 接口设计与管理的内容与要求 — 370
- 29.2 接口设计与管理的建议 — 380

30 标准化设计 — 381
- 30.1 概述 — 381
- 30.2 重点标准化设计 — 381
- 30.3 回顾与展望 — 386

31 总结 387

31.1 概述 387
31.2 工程重难点与关键技术 387
31.3 综合效益 389
31.4 设计体会 390

附录 1 392
附录 2 广州地铁十三号线工程设计单位及人员名单 394

规划篇

Planning

1

1 城市规划

1.1 广州城市规划发展史

广州位于广东省中部低地，为东江、西江、北江交汇处，珠江三角洲北缘。背倚越秀山和白云山，濒临中国南海。多丘陵山地、冲积平原，其优越的自然环境为广州城市的建设提供了有利的条件。"五岭北来峰在地，九州南尽水浮天"。倚峰傍水的良好地理条件使得广州很早就成为中国重要的对外贸易中心，并积累了丰富的城市发展经验。随着新中国的成立，广州经济的飞速发展促使广州的政治、文化、生活发生了翻天覆地的变化，进而带动起广州火热的城市规划与城市建设。

新中国成立初期，广州确立了"变消费城市为生产城市"的发展目标，以珠海桥、西堤、黄沙三大区域为起点，开始了工业生产城市的建设。1952—1958年"一五"计划期间，广州先后编制了9个广州城市总体规划方案，这也是我国城市总体规划编制工作的最早尝试。方案的变化主要在于对城市性质、规模、空间布局、专项规划广度和深度的不同。最终确定的第九方案以大城市思想占位主导，与第八方案相比，第九方案将城市用地扩大了约80%，人口增加40万。同时确定在三元里以南的走马岗兴建新铁客运。在规划布局方面，打破了历次方案强调的几何中心的局限性，提出以原市中心为核心，开辟石牌、中山八路、刘王殿等十个区中心的建设思路，确定了"向东成片发展""控制市区，发展郊区"的工业布局。在城市交通方面，确定了以方格形为主，适当结合环形、放射形的城市道路系统。城市干道由东西、南北二条主轴和东西两环组成，城市道路划分为主干道、次干道和支路三级。除此之外，还对旧城改造、给水排水系统和城市绿化等方面进行了全面安排（图1.1-1）。

1958—1962年"二五"计划期间，1958年编制的广州城市总体规划第十方案对原方案做了补充和修改，并打破了苏联的规划模式，开始探索我国自主的城市规划道路。创新性的提出了组团式规模布局，首次拟定了广州组团式和带状发展相结合的布局结构，奠定了未来广州城市发展的基础。

1961年编制的城市总体规划第十一方案，进一步确定"分散集团式"布局，空间结构呈"四团二线"组合展开（图1.1-2）。这一时期还对区域规划和分区规划进行了更为深入的研究，注重改建扩建旧城，注意环境保护，提出向南、向东双向发展，增加工业、港区发展用地的规划原则。在此期间，广州城市的发展迅猛，大批工业区向城市

图1.1-1 广州市城市总体规划第九方案（1957年）

图1.1-2 广州市城市总体规划第十一方案（1961年）

周边蔓延，形成了一定规模的工厂区和工人住宅区。1958—1964年期间城市用地除向东、向南发展外还向北进行了延伸，至1962年城区面积达到76km^2。

20世纪70年代末至80年代初,根据国家现代化建设和广州对外开放的要求,广州进入了健康而迅速的发展时期,重新编制的《广州城市总体规划》于1984年9月经国务院批准实施。广州在此期间,城市在平面布局上大规模开辟边界,不断扩展新区,整体呈圈层式质密状平面扩张发展,同时基础设施建设飞速发展。空间结构上确定城市主要沿珠江北岸向东至黄埔发展,采用带状组团式结构。即沿珠江分三个组团:旧城区为第一组团,是城市中心区;第二组团为天河区,以设置文教、体育和科研单位为主;第三组团为黄埔地区,主要结合广州经济技术开发区的建设,大力发展工业、港口、仓库等设施。组团之间以农田和菜地分隔,避免连成一片。同时确定番禺的市桥镇、花都的新华镇为卫星城(图1.1-3)。

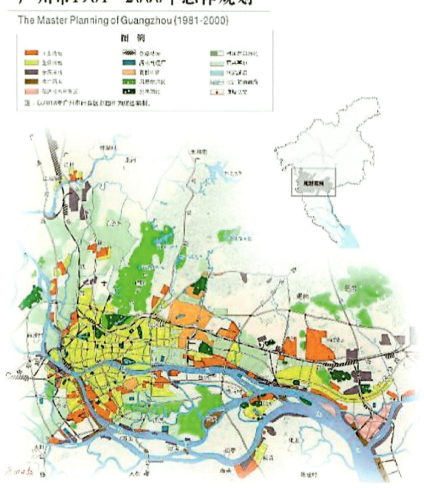

图1.1-3 广州城市总体规划图(1981—2000年)

1989—1992年，广州市政府在1990年讨论通过了《广州市城市总体规划调整、充实、补充和深化报告》，开始引导广州城市规划进入平稳发展时期。在1991年制定的第十五轮广州市城市总体规划中，对城市形态进行了全面的调整、充实和深化，调整了城市空间布局。城市用地除主要向东发展外，还向南、向北（在保护水源的前提下）发展。并对各组团内容作了深化设计，建立了以中心区、东翼、北翼三大组团为构架，每个大组团又由几个小组团组成的多层次组团空间布局结构。1996年，广州市城市规划条例的颁布将广州一切开发建设活动纳入了法治化的轨道，标志着广州城市规划制度的基本建立。

　　进入21世纪后，广州作为我国重要的外贸城市，受国内外经济环境变化影响较大，同时进行了行政区划调整，将花都、番禺撤市设区。使得在城市空间结构、土地资源配置方式等方面发生了实质性转型。2000年，广州市在全国率先开始编制了《广州城市建设总体战略概念规划纲要》，首次确立了"南拓、北优、东进、西联"的空间拓展方针，引导广州城市空间形态向更深、更广的方向拓展，增强了广州城市发展的科学性。并在2003年又进行了战略规划实施总结评价，这种滚动式的推进方式有效地将战略规划与建设行动相结合，每个方案都落实在实践中。

　　在"十五"期间，广州城市综合竞争力不断增强，实现了跨越式发展，区域中心的功能定位进一步增强，成为华南地区最重要的中心城市之一。"十一五"规划纲要对继续加大广州市轨道交通建设的投入提出了更加具体的要求。到2010年建成255km的城市轨道交通线网，大力推进广佛、广珠等城际轨道交通的建设，积极参与构建以广州为中心的珠江三角洲城际快速轨道交通网络，增强广州对周边城市的辐射力和影响力。"十二五"期间，广州以轨道交通支持城市大中产业项目建设和城市新经济增长极发展的态势愈加明显，尤其是"东进""南拓"的力度进一步强化。"十三五"是我国全面建成小康社会的决胜阶段，广州市将交通运输作为国民经济中基础性、先导性、战略性产业，牢牢把握交通运输"先行官"定位，城市能级大幅跃升，进入世界城市体系排名第一梯队。

　　在"十四五"规划中，广州将打造成为国内大循环中心节点城市和国内国际双循环战略链接城市，粤港澳大湾区区域发展核心引擎作用充分彰显。到2025年，综合交通枢纽功能将大幅增强。高标准建成畅通全市、贯通全省、联通全国、融通全球的现代化交通网络，推进数字港与空港、海港、铁路港联动赋能，基本建成全球重要交通枢纽和国际物流中心，形成安全、便捷、高效、绿色、优质的现代化综合交通运输体系。

1.2 工程规划背景

广州地铁十三号线一期工程建设处在我国第十二个五年计划时期。在此期间，广州市相关部门先后颁布了一系列城市规划指导文件对城市建设做出全面部署，为本工程项目立项及可行性研究工作提供了可靠依据。2004年颁布的《广州市城市总体规划（2001—2010年）》，将广州市的城市性质定位为：广东省的政治、经济、文化中心，中国的历史文化名城和华南地区的中心城市，中国重要的经济、文化中心和对外交往中心之一。之后在2012年颁布的《广州城市总体规划（2011—2020年）》，广州的城市定位由华南中心城市变为国家中心城市，并强调广州要发挥省会城市的优势，增强高端要素集聚、科技创新、文化引领和综合服务功能，进一步优化功能分区和产业布局，建成珠江三角洲地区一小时城市圈的核心。

依据《珠江三角洲地区改革发展规划纲要（2008—2020年）》《广州市国民经济和社会发展第十二个五年计划》《广州市土地利用总体规划（2006—2020年）》《广州市城市总体规划（2001—2010年）》及《广州城市总体规划（2011—2020年）》等规划文件的相关理念和要求，确定了本工程建设期规划纲要。

1.2.1 城市概况

广州市地势从东北向西南倾斜，东北部是山区，中部为丘陵、台地，南部为珠江三角洲冲积平原。市中心区北面有绿色屏障白云山，中部有珠江自西向东穿过市区流入南部狮子洋，东南面、西南面分别与深圳、香港及珠海、澳门毗邻，北接清远、韶关，东与东莞、惠州接壤，西与佛山、中山相邻。

广州属亚热带季风气候，北回归线在此穿过，全年平均气温20～22℃，市区年降水量1600mm以上，平均相对湿度为77%。

广州市辖区为荔湾、越秀、海珠、天河、黄埔、白云、番禺、花都、萝岗、南沙十个市辖区及两个县级市从化、增城。全市总面积7434.4平方公里，其中市辖十区面积3843.43平方公里。

2010年末，全市常住人口1270万人，户籍人口806.14万人，增长1.4%。2010年末全市流动人口688.03万人。

2010年末，全市社会从业人员788.00万人，比上年末增长6.7%。其中，第一产业从业人员78.52万人，下降1.6%；第二产业从业人员312.90万人，增长5.3%；第三产业从业人员396.58万人，增长9.7%。城镇从业人员470.94万人，增长8.0%。

规划市域常住人口1800万人，其中户籍人口1050万人，非户籍常住人口750万人。规划中心城区常住人口770万人。

规划市域建设用地1772km^2，人均建设用地98.4m^2/人。其中，市域城镇建设用地1559km^2，人均城镇建设用地96.2m^2/人；村庄建设用地213km^2，人均村庄建设用地118.3m^2/人。规划中心城区建设用地548.6km^2，人均建设用地71.2m^2/人。

1.2.2 城市定位

根据城市总体规划提出的最新要求，广州作为我国城市建设的先锋城市，最新定位为：国家中心城市和创新城市、国际商贸中心和世界文化名城、广东省省会。并从四个层面对广州城市近十年的城市定位做出了展望：

（1）国际层面

国际性商业贸易中心、物流中心和信息资讯中心；国际性航空枢纽，国际航运中心；国际文化交流和会展中心、现代体育重大赛事地和国际著名旅游目的地。

（2）国家层面

国家先进制造业基地，国家服务外包基地，国家高新技术产业基地、国家自主创新研发基地、国家历史文化名城。

（3）南方地区

南方经济中心、区域金融中心和综合性门户城市；华南地区铁路主枢纽和公路运输中心、华南地区科教文化中心，华南生态旅游、休闲中心、创意之都和宜居城市。

（4）广东省域

广东省省会，广东省政治、经济、文化中心。

1.2.3 城市空间结构及功能分区

（1）城市空间结构

根据广州发展与改革委员会发布的《关于推进城乡一体工程的实施意见》相关部署，在新型城市化战略下的广州城市空间布局，将构建"都会区—外围城区—重点镇—一般镇—村庄"的城乡空间体系，实现城市内部的组团发展，加强城镇之间功能协调，带动乡村地区发展。并且由于广州市的各个发展组团的综合发展阶段不同，将呈现出上述几种组团模式动态演变，相互组合的空间发展规律。

同时，继续实施"南拓、北优、东进、西联、中调"的十字方针。形成多中心网络型市域空间结构。并在城乡空间体系指导下，最终构筑与市域空间格局相协调的"一轴一带多点"的中心城区空间结构，一轴指城市新中轴线，一带指珠江生态文化带，多点指支撑国家中心城市职能的多个战略性地区（图1.2-1）。

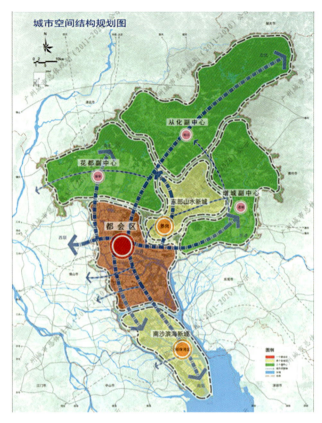

图1.2-1　广州城市空间结构规划示意图

（2）城市功能区划分

为承接《广州市城市总体规划（2001—2010年）》相关部署，并展开新一轮的城市功能区规划。《广州城市总体发展战略规划——从"拓展"到"优化提升"》（简称《战略规划》）提出了"从拓展到优化提升"的发展目标，并在后续的控制性规划中不断细化落实，从而更好地引导城市建设。

2000年战略规划将市域划定为五大片区：都会区、花都片区、番禺片区、增城片区和从化片区。实施"十字方针"空间战略以来，空间格局拉开，初步形成了功能较明确的五大片区。同时考虑到发展战略转型，行政区划调整，功能与布局的相互关联，对片区划分做了进一步优化完善。全市市域范围划分为主城区、东部片区、番禺片区、南沙片区、北部片区、增城分区和从化片区七个片区（图1.2-2）。

此外，为防止城市蔓延发展，实现城乡统筹、有机增长。充分考虑生态廊道及交通廊道的隔离作用，将市域城乡建设用地，按照"生态隔离、功能明确、相对独立、职住平衡、有机联系、紧凑发展"的原则，并结合行政区划范围，划分为生活居住、公共服务和混合使用、文化教育、工业仓储、交通市政、生态休憩、农村农业7大类48个功能

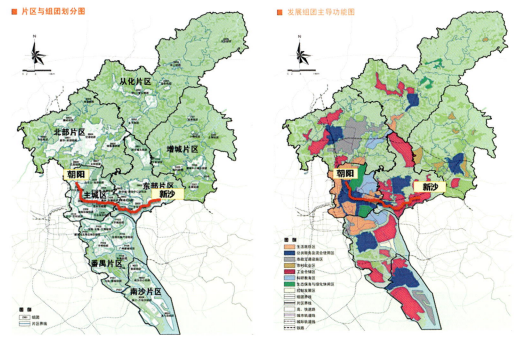

图1.2-2 广州市片区与组团划分示意图　　图1.2-3 广州市发展组团主导功能图

组团。根据组团的区位特点和发展战略要求，明确各类组团的主导发展属性，并制定了相应的发展指引（图1.2-3）。

1.2.4 城市公共中心布局

最新规划提出要培育完善的公共中心体系，构建"一轴一核六片"的多中心结构，促进单中心向多中心转变（图1.2-4）。

（1）一轴——广州新中轴线

新城市中轴线北起燕岭公园，贯穿火车东站、天河体育中心、珠江新城、新电视塔，南至珠江后航道的海心沙岛和南二环路，总长约16km。广州新中轴线是以商务、金融、商贸会展、行政办公为主体，对外交往、旅游休闲、文化体育、综合交通、居住等功能为一体的城市中心区和现代服务业聚集核心区；也是组织珠江新城——员村地区、琶洲地区、白鹅潭地区、白云新城、中轴线南段地区集聚高端职能的五大功能区的重要手段。

（2）一核——中心城区

中心城区以布局区域高端职能、发展国际性和区域性的商贸金融职能、区域综合服务职能和文化职能为主。以中轴线为核心，共同形成多中心网络化的功能结构。包括老城商业、商务会展和创意中心、天河—琶洲商务会展中心、北部白云新城地区、南部白鹅潭地区和东部奥体中心地区，利用轨道交通和重大项目促进旧城功能的疏解，强化珠

▊ 公共中心空间布局图

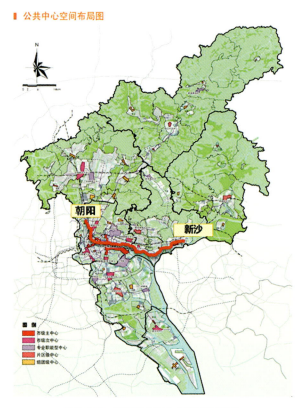

图1.2-4　广州市公共中心空间布局图

江新城中轴线对城市新兴职能的空间组织作用，优化旧城区轴线和珠江滨水带。重点建设白云新城地区、琶洲会展地区和白鹅潭地区。

（3）六片

通过广清高速、机场高速、京珠高速、广州至乐昌高速、地铁十四号线等交通设施建设，带动花都城区和从化城区高端服务发展轴发展，承担生产服务、商贸物流、现代文化、高端制造等主要功能。花都城区要发挥空港、高速铁路站、城际铁路的交通枢纽优势，逐步形成以枢纽地区为主导的新城区。

通过广佛城际、广佛肇城际、广惠城际、莞惠城际、广惠高速、广深高速、广深沿江高速、地铁十三号线、地铁六号线、地铁二十一号线等交通设施建设的带动，向东延伸的东部城区和增城城区，主要承担高新技术产业、先进制造业等功能。以知识城建设为契机，整合萝岗、增城，谋划组团式的宜居山林城市，有利于城市空间结构的优化。

通过广珠东线高速、京珠高速西延线、南沙港快线、迎宾大道—南沙大道—虎门高速、四号线南延段等交通设施建设，带动南部产业服务和制造业为主的番禺城区和南沙城区，主要承担科研教育、现代文化、先进制造等主要功能。

2　线网规划

2.1　广州线网规划发展史

广州已经具有二十多年轨道交通建设的经验，截至2021年底，广州市域已开通运营17条线路，建成281座车站，线网运营总里程587.7km，实现十一区全覆盖。广州市在建10条线路，共130座车站，线路里程201.9km。在建线路全部建成后，累计运营里程将达到822.9km，共433座车站（广州市境内轨道交通运营里程为789.7km，411座车站）。

2021年底，地铁全线网日均客流量774.5万人次，单日最大客运量达1151.7万人次（2021年4月30日）。广州地铁客流强度1.46万人次/km，位居全国第一。事实表明，城市轨道交通建设符合广州发展实际需要，极大地改善了市民出行条件，优化了城市空间布局，对促进社会经济发展具有重要作用，产生了良好的社会效益和经济效益。

广州市城市轨道交通共经历了五次线网的演变，按批复的时间节点主要划分为五个阶段：

第一阶段：1988年版线网规划。 1988年12月，广州市和法国里昂市合作完成了《广州市地下轨道可行性研究——示例报告》。研究依据当时的城市总体规划，最后确定了旨在满足至2010年发展的"十"字形基础轨网（图2.1-1、图2.1-2）。

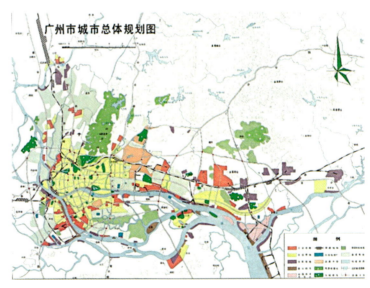

图2.1-1　广州市城市总体规划图（1981—2000）

图2.1-2 1988年"十"字形线网规划图

线网规划总长为35km,由两条线路组成,依次为南北线(沿起义路)和东西线(沿中山路),两条线路在广州起义路和中山路交汇处相交,共设31个车站,包括1个换乘站。

第二阶段:1997年版线网规划。

1997年,为体现"轨道线网规划"与"城市总体规划"的一致性,结合广州"L"形城市态结构,强调旧城市中心区与新城市中心区之间的联系,对先前线网规划进行了进一步的补充、修改和完善,提出了新的广州市城市快速轨道交通线网规划发展蓝图(图2.1-3)。

20世纪90年代初,新的城市轨道交通规划在原来"十"字形地铁网络的基础上,延伸了地铁二号线,增加了地铁三号线,并吸纳了经初步论证的黄埔轻轨和机场轻轨。提出由三条地铁线路、两条轻轨线路组成的轨道线网,共计101.5km。之后在1997年研究提出的远景轨道线网,由7条轨道交通线路组成,线网长度206km。预测到2010年线网日均客运量达到786万人次(图2.1-4)。

图2.1-3　广州市城市总体规划图（1991—2010）

图2.1-4　1997年"L"形线网规划图

2　线网规划

第三阶段：2005年版线网规划。

2003年，为了满足广州轨道交通近期建设和远期发展的需要，在整合以往轨道交通规划成果的基础上，结合新的发展情况，由广州市城市规划局、广州地铁集团有限公司（原广州市地下铁道总公司）联合编制完成了新一轮《广州市轨道交通线网规划》。

规划线网总体结构为沿城市发展主轴的开放式"方格+放射"结构，形成贯穿市中心区域的南北向大动脉，并加强与从化、增城、南沙等市郊地区的联系。广州市城市轨道交通线网规划在原基础上进行了调整。调整后的远景轨道交通线路共15条、619km。客流预测为2010年线网日客运总量548万人次（图2.1-5、图2.1-6）。

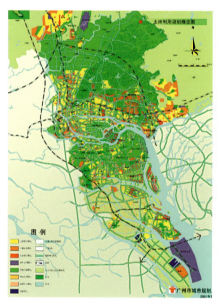 

图2.1-5　广州市城市土地利用规划图　　图2.1-6　2005年"方格+放射"状线网规划图

2005年版线网方案基本构架由"交通疏导型"和"规划引导型"两类线路构成。其中，规划引导型（TOD）线路有三、四、七、十一、十二号线，共五条，约占三分之一。规划范围内的13个重点地区、21个主要交通枢纽点、58个客流集散点、均在线网30min时空圈内；南沙、顺德、佛山、南海、东莞均在1h的时空圈内。

第四阶段：2011年版线网规划。

随着社会经济的全面快速发展，城市总体规划进行了相应的调整，区域层面上的一体化发展也给广州带来了新一轮的发展机遇和挑战。广州市将在国家和区域层面担负起更大的责任，同时也面临着日益严重的交通问题。根据新的形势和"珠三角地区改革发展规划纲要"对广州市赋予的"国家中心城市"等新的使命和要求，结合广州市新一轮的战略规划和总体规划。2011年，广州市完成了更高层面和更深入的轨道交通线网深化研究工作。

轨道交通线网规划提出了"环线+放射"的总体结构，构建了十字快线的骨架。通过构建环线串联，提高线网换乘效率和整体性；通过设置快线穿城，支持城乡一体化发展，实现外围副中心与中心区快速直达；通过加密X形斜线，提高线网服务水平（图2.1-7、图2.1-8）。

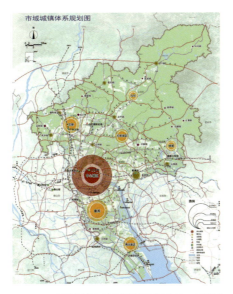 

图2.1-7 广州市城市总体规划图（2011—2020）　　图2.1-8 2011年"环+十字+X"线网规划图

轨道交通线网规划2020年由19条线路组成，线网总里程817km。远期线路达21条，线路总里程905km。预测客流2020年达920万人次。

第五阶段：2016年版线网规划。

为了响应国家"一带一路"倡议，支持国际航运中心、南沙自贸区的建设；响应国家中长期铁路网规划的重大调整，极力将广州建成为南方高铁枢纽中心；适应城市发展由"增量扩张"向"存量优化"的重大转变；同时促进城乡协调发展和区域一体化发展，贯彻落实《珠江三角洲地区改革发展规划纲要（2008—2020年）》。广州市规划局组织开展了新时期的

《广州市轨道交通线网规划修编》工作。

2016年版线网规划在2011年版轨道交通线网规划的基础上,保持"环线+放射"线网结构不变,结合区域和城市新的发展要求,新增了两条线路,并对8条线路进行了局部优化和调整。优化后2020年线网规划规模21条,线路总长972.8km;远期线网规划总规模达到23条,线路总长1025km(图2.1-9)。

图2.1-9　2016年"环+放射"结构线网规划图

广州市自1997年一号线开通以来,轨道客流持续快速增长,客流效益日益凸显,轨道交通在拓展城市发展空间、推动重点地区发展及城市更新改造方面也发挥了重要引领和支撑作用。

广州市城市轨道交通经历了三期四次的建设规划历程。在既有一、二号线十字形态的基础上,第一期初步形成了约240km的"网格+放射"线网;随着城市的不断发展以及实行"退二进三"的策略,在完成2005—2010年建设任务的基础上,提前开展了六号线二期、七号线、九号线的建设工作,三条线路总长53.4km;第二期为支持城市空间拓展,改善交通出行条件与引导发展兼顾,形成"环线+放射"的网络格局,新增228.9km,7条(段)线路;第三期为落实国家"一带一路"倡议、有力支撑南沙自贸区和国家新区发展,建设广州现代化大都市的要求,进一步巩固华南地区中心城市的地位,新建258.1km,十条(段)线路(图2.1-10)。

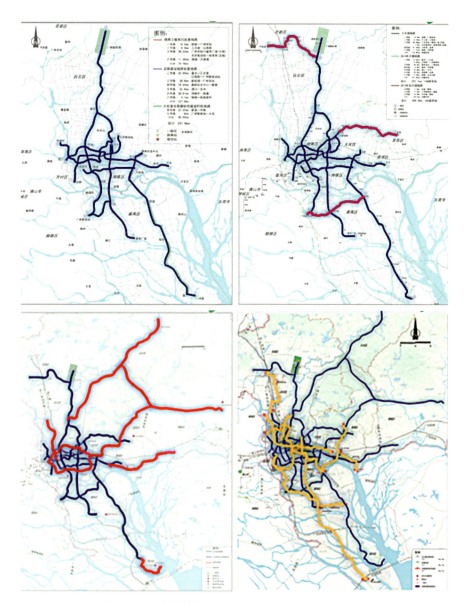

图2.1-10　广州市城市轨道交通"三期四次"建设规划图

2.2　工程建设意义

2.2.1　工程概况

（1）本工程规划背景

2012年，十三号线一期工程启动建设，当时广州市已经建成开通轨道交通一号线、二号线、三号线、四号线、五号线、八号线、APM、广佛线一期8条线路，共220.84km，135座车站（不含四号线官桥、庆盛2座预留站,其中换乘站11座)。在建的线路有轨道交通六号线一期、二期工程、八号线凤凰新村—文化公园段、七号线广州南站—大学城南段、九号线飞鹅岭—高增段和广佛线西朗—沥滘,共94.1km,59座车站。同时,随着广州地铁线网的逐步形成,客流也在快速增长。2010年日均客流超过400万人,2011年10月1日客流突破660万人。初步显示了轨道交通快速和大运量的优势,同时也对轨道线网纵深化建设提出了更高的要求。

根据《广州市城市总体规划(2010—2020年)纲要》《广州市城市轨道交通近期建设规划(2012—2018年)》的相关部署。考虑带动城市发展、市民交通出行需求及网络联通、结构优化,"十二五"期间规划建设7条(段)轨道交通,形成"环线+放射线"的城市轨道线网结构。其中,十三号线作为东西快线,处于本期线网规划的范围内。

(2)本工程规划情况

根据《广州市轨道交通线网规划(2011—2040年)》及对本工程规划选址意见的相关复函。广州市轨道交通十三号线将贯穿五区一镇,始于白云区朝阳,经荔湾区、越秀区、天河区、黄埔区,最终到达增城区的新塘镇,填充东风路、黄埔大道沿线轨道交通的空白(图2.2-1)。

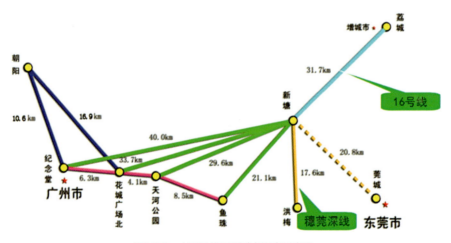

图2.2-1 十三号线工程时空距离示意图

其中,规划确定十三号线一期工程(鱼珠—新沙)呈东西走向,线路西起黄埔区鱼珠,止于增城区新塘镇新沙。线路长约27km,均为地下线敷设方式;共设置11座车站,换乘站4座,分别为鱼珠站、裕丰围站、夏园站、新塘站,与五号线、七号线、十六号线及城际穗莞深线换乘。最大站间距3.71km,最小站间距1.52km,平均站间距为2.6km。设车辆段(含控制中心)1座,为官湖车辆段,主变电站2座,分别位于夏园站附近和官湖车辆段内。采用最高速度100km/h的8辆编组A型车。

十三号线的功能定位：东西走向的高运量城市轨道交通骨干线和市域快线，解决广州中心组团与东部发展组团的交通需求，在新塘枢纽连接珠三角穗莞深城际铁路，填充广州与东莞、深圳、香港的快速交通走廊。其中的一期工程将成为有效连接增城区与广州中心城区的重要通道，将增城纳入地铁网络图中的首条线路，珠三角经济区新的交流途径，人口东部转移的战略契机。

2.2.2 工程建设必要性

十三号线一期工程的建设是落实珠三角地区改革和发展纲要、实现区域经济和交通一体化、进一步完善城市轨道交通网络的切实需要，对于巩固广州市在华南地区中心城市地位，以及广州的未来发展都会产生积极而深远的影响。其建设的必要性主要表现在以下几个方面：

（1）十三号线为东西向城市骨干线，其走向体现了珠三角对外辐射的三大功能拓展"三带"中的"广州市北部城市功能拓展带"，向西可与佛山轨道交通网络衔接，联系佛山主城区、三水、肇庆，拓展至粤西、广西；向东经广州东部地区，至增城新塘与穗莞深城际铁路换乘，联系博罗、惠州向粤北、江西拓展；同时通过穗莞深城际铁路，将广州东部地区与东莞主城区—深圳主城区连接形成一条区域性的聚合纵轴，是"五轴"中的一条重要组成发展轴。由此可见，十三号线是落实珠三角地区改革和发展规划纲要，实现珠三角地区经济、交通一体化发展的需要。

（2）黄埔区和增城区都是广州东进战略的目的地，东进就是带动广州市中心，尤其是中央商务区（CBD）向东迁移发展，连带旧城区的传统产业往黄埔、增城新塘一带转移，重组东翼地区，形成一片密集的产业发展带。而黄埔中心区是广州东部城市副中心，增城区则是广州"一主六副"的副中心，其中新塘是广深走廊的重要节点，与东莞隔东江而相望，其区域地位非常重要。

该工程的建设将黄埔、新塘和中心区紧密衔接，将给黄埔区和新塘镇的发展带来新的契机，尤其是新塘镇将建设广州东部的重要交通枢纽，发挥黄金走廊的重要交通作用，有利于新塘和周边城镇的联系，加快中心城区的城镇空间结构调整，促进新塘的不断发展。同时，该工程将通过鱼珠站和五号线换乘实现和广州市中心区的快捷联系，是联系广州东部的重要交通线路，将引导城市向黄埔、新塘一带发展，促进城市"东进"战略的实现。

（3）广州市粗放型经济增长方式没有根本转变，经济结构不尽合理，自主创新能力不强，产业结构正面临转型。广州要打造成亚洲物流中心、区域金融中心、国际化信息港、国际性贸易会展中心、国际性区域总部经济核心区和区域"创意之都"等六大中心，必须破除思维定式，确立以服务业为主体的经济结构调整方向。该工程的建设可以推动并完善城市功能布局结构的调整，能够为产生高强度客运需求的高端产业提供良好的交通服务，从而间接促进产业结构的调整、促进产业的集聚发展和产业结构的优化升级，提高空间资源的利用效率。

该工程的建设还将带动沿线土地利用开发和区域配套基础设施建设，如道路交通、文化娱乐设施等，带动GDP的增长，扩大居民的出行范围，有利于城市空间向外拓展，使外围组团至中心区的联系更为便捷，加强资源、人才的互补，使城市人口分布、资源组合和城市结构更趋合理，同时促进组团中心的建设和城市资源的利用，有利于整个城市保持经济长足、持续稳定发展的势头，是强化广州区域金融中心、保持经济持续发展的需要。

（4）广深通道客流需求大，交通发达，目前通道内有广深高速公路、莞深高速公路、G107、S256和广深四线铁路、广深港客运专线铁路，正在建设的还有沿江高速公路。而仅依靠广深通道既有和在建的公路、铁路无法满足未来交通增长需求，需建设新的城际轨道交通工程来有效缓解交通压力。本工程的建设将更为便捷的连接广州、东莞和深圳；提升公共交通的服务水平，体现广州市综合交通发展的目标。将进一步促进珠三角综合交通发展，是贯彻城市综合交通发展战略的重要步骤。

（5）城市交通系统直接影响着城市居民的居住与工作环境，所产生的直接影响主要有两方面：占地及环境污染。而发展轨道交通与发展道路交通相比而言在这两方面均具有很大的优势。本工程的建设可以为市民提供舒适、快捷、绿色的交通工具，增加公交出行的比例，减少私人机动车的出行，从而减少有害气体的排放，使环境污染得以缓解，有利于改善城市环境，有利于城市的可持续发展。

2.2.3 社会、经济效益

该工程自2017年12月开通运营以来，运输组织采用单一交路方式，高峰小时最小行车间隔约6分50秒，截至2021年底，广州地铁十三号线一期已完成8344万车公里，正点率及运行图兑现率均达到100%，累计运输客流1.66亿人次。该工程的建设改善了广州市东部黄埔中心区和新塘镇的交通状况，方便沿线居民出行；提升了现状轨道线网对东部的辐射能力，完善轨道骨干线网结构；落实了城市"东进"发展战略，引领人口沿东部产业发展带向外转移；有利于改善城市的环境质量，促进城市经济可持续发展的需要，融入了轨道交通线网规划，取得了显著的经济、社会、环境、安全效益。

（1）该工程的开通运营已逾四年之久，截至2021年底，十三号线最高单日线路客运量为2019年3月17日的19.4万人次。经济效益良好，同时也为后续二期工程以及其他线路工程的客流预测、车站设计规划提供了重要依据，对五号线、七号线等换乘线路的客流压力起到了较好的分担作用。

（2）十三号线于新塘站的TOD枢纽综合体的成功超前设计、建设运营，为广州城市综合交通规划的交通枢纽体系总体布局打下良好基础。为今后提高广州不同交通方式换乘效率、加强广州交通系统的整体规划、升级转型做出良好示范。也为远期广州城市总体规划建立世界级交通枢纽预留端口。

（3）该工程作为东西市域快线的骨干线路之一，它的建成为加强城乡一体化，促进城市空间网络结构中的主城区与外围城区深度联系提供了重要保证。同时为区域协同发展，粤港澳大湾区、广佛肇清云韶经济圈等发展布局的优化打下了坚实基础。

（4）该工程对于南海神庙站的文物、历史风貌保护工作，也是对广州历史文化名城规划目标的集中体现，通过车站与历史文物的一体化设计和对建筑红线的严格限制，有效证明了基础建设与历史文化遗产保护的和谐性。

（5）该工程通过风亭与道路绿化带结合，在开通运营后不仅保证了地下通道的排风通风，也提高了对生态自然的保护，保证了城市的建成区绿化覆盖率，对于后续市政道路的规划也提供了巨大便利。是绿色城市规划目标达成的重要举措。

（6）在广州经济大发展的时期，要实现城市和谐发展的目标，就急需轨道交通的带动和整合，本工程成功开通运营是合理地引导土地开发，加快旧城区改造，提高土地利用效率，形成土地开发"珠链状"发展格局，建立"和谐广州、效益广州"的重要基础。

十三号线是线网中的轨道交通市域快线，与线网形成节点联结，实现轨道交通的网络效应，完善了轨道的网络结构，拓展了城市的发展空间，符合轨道交通线网规划发展要求。十三号线与三号线共同构筑"十字"快线，它的建设完善了广州市东西向骨干网的需要，并有利于提高轨道交通客运服务水平，支持已开通线路的客流增长。

该工程有效弥补东部片区与老城区联系不便的缺陷，进一步加快完善了外围区域的轨道线网的构建，大力促进轨道交通网络的尽快形成。同时通过轨道交通网络连接，既能实现外围区域的向心功能，又能促进线路周边地区的快速发展，同时通过轨道交通网络的规模效应，为广州市提供新的经济增长点。

随着广州市经济、社会事业的不断发展，人民生活水平不断提高，市民出行不断增加，轨道交通的社会效益必将日益凸显。长远来看，地铁沿线周边基础设施的进一步建设和完善，其效益将远远超出本次分析的效益水平。

设计篇

2

Design

3 概述

3.1 工程概况

广州市轨道交通十三号线作为广州至关重要的"十字"骨干线之一，线路沿广州中心区东西向两条交通动脉—东风路、中山大道走廊敷设，东端经黄埔区衔接广州东部重镇新塘镇，且与穗莞深城际轨道在新塘站形成东部综合交通枢纽，并在终点站预留向东莞市延伸的条件，兼具了广州市城区骨干线及市域快线双重功能的特点。

线路整体呈东西走向，一期工程以五号线鱼珠站为起点，向南下穿鱼珠综合市场后，先后下穿鱼珠木材厂、煤炭厂、省糖铁路支线三条铁路线，穿越狮子桥涌后沿规划路、海员路向东到达丰乐路，在丰乐路西侧设置裕丰围站与七号线换乘；而后沿规划路向东，穿过乌涌后折向东北接入黄埔东路，在黄埔客运站东侧设置双岗站；线路由双岗站向东行进，下穿双岗村部分民房、黄埔大桥后在南海神庙北侧设南海神庙站；继续东进至夏园村的北侧设置夏园站，与五号线换乘；而后沿黄埔东路继续向东行进，跨过黄埔新港支线铁路线、开发大道立交、金竹山后，折向东北，跨过东鹏大道立交到达南岗站；出南岗站后继续沿黄埔东路向东北行进，跨过规划罗南路立交折向东接入新塘大道西延线，在东方新世界北侧设置沙村站；之后线路下穿广深高速公路接入新塘大道，在东洲大道东侧折向北，下穿规划地块后在107国道南侧设白江站；之后线路折向东，在群星新村北侧设新塘站，与穗莞深线及十六号线换乘；之后线路沿新107国道继续向东，在官湖村南侧设官湖站；最后线路向东在新沙公路处设新沙站。

3.2 功能定位

广州地铁十三号线的功能定位为东西骨干线和市域快线。主要功能为构建城市东西快线，加强城市东西部区域与中心城区的联系；通过新塘站与穗莞深城际线换乘，加强东部地区与中心城区的联系；解决黄埔区、增城区新塘等地居民的出行问题，对实现城市"东进"和人口向东转移的战略提供重要的契机。

3.3 建设规模

十三号线工程西起白云区朝阳,经荔湾区、越秀区、天河区、黄埔区,最后止于增城区新塘镇新沙村。线路全长约60.8km,均为地下线敷设方式,共设置34座车站,其中换乘站13座,平均站间距约1.8km,采用最高时速100km/h的8辆编组A型车(图3.3-1)。

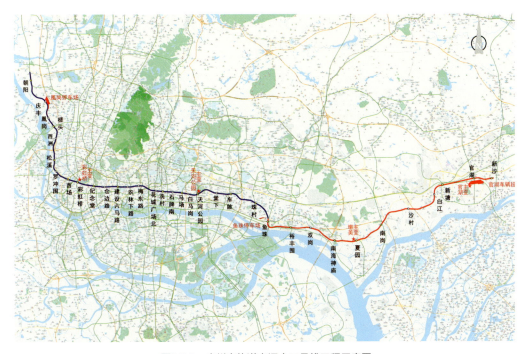

图3.3-1 广州市轨道交通十三号线工程示意图

其中一期工程线路长约27km,设置11座地下车站,换乘站4座,分别为鱼珠站、裕丰围站、夏园站、新塘站,其中新塘站采用双岛四线的车站型式,配线设置预留了十六号线与十三号线的贯通运营条件。最大站间距3.71km,最小站间距1.52km,平均站间距为2.6km。设官湖车辆段(含控制中心)1座,设墩美和官湖2座主变电站。车站采用明挖法施工,均为地下两层车站。供电系统采用110/33kV两级电压制的集中供电方式。牵引供电系统采用直流1500V供电,地下区间采用刚性架空接触网,车辆段和地面线采用柔性架空接触网。信号系统采用移动闭塞制式ATC系统(图3.3-2)。

图3.3-2　广州市轨道交通十三号线一期工程示意图

3.4　项目历程

3.4.1　立项情况

2012年7月,《广州市城市轨道交通近期建设规划》(2012—2018年)获中华人民共和国国家发展和改革委员会批复,批复的7条(段)线路中包含十三号线一期工程,线路长度28.3km,设11座车站,设1处车辆段(含控制中心),新建2座主变电站,全线采用8辆编组A型车。

2013年12月16日,广州市城市轨道交通十三号线一期工程可行性研究报告获广东省发展与改革委员会批复,批准本工程立项建设。

3.4.2　初步设计情况

十三号线一期线路设计过程基本情况如下:

(1)设计招标及合同签订情况

2009年下半年,完成广州市轨道交通十三号线一期工程(鱼珠—新沙(原象颈岭))设计招标及合同签订工作。

(2)规划线路调整

①2009年10月30日至31日,十三号线一期工程土建专项初步设计通过预审。

②2010年2月1日至2日,十三号线一期工程系统初步设计及总概算通过预审,全线采用6辆编组A型车。

③2012年10月17日,十三号线一期工程修改初步设计通过预审。

④2016年9月,十三号线一期工程初步设计获广州市住房和城乡建设委员会批复。

⑤2017年4月,按《广州市人民政府关于轨道交通十三号线一期工程车站站名命名的批复》(穗府地名〔2017〕72号),将原丰乐路站更名为裕丰围站、文园站更名为双岗站、庙头站更名为南海神庙站、温涌路站更名为沙村站、东洲站更名为白江站、象颈岭站更名为新沙站(表3.4-1)。

⑥2017年9月,十三号线一期工程初步设计概算获广州市发展和改革委员会批复。

车站站名演变情况表　　　　　　表3.4-1

阶段	1	2	3	4	5	6
初设站名	鱼珠	丰乐路	文园	庙头	夏园	南岗
开通站名	鱼珠	裕丰围	双岗	南海神庙	夏园	南岗
阶段	7	8	9	10	11	
初设站名	温涌路	东洲	新塘	官湖	象颈岭	
开通站名	沙村	白江	新塘	官湖	新沙	

3.4.3　环评情况

2013年11月11日,十三号线一期工程(鱼珠—新沙)环境影响报告书获国家环保部批复(环审〔2013〕277号)。

3.4.4　建设大事记

2010年10月20日,十三号线一期工程首个开工站点新塘站开工。

2014年5月5日,首段盾构隧道(32号井至31号井区间)左线隧道贯通。

2015年3月27日,首座车站(白江站)主体结构封顶。

2017年2月28日,最后一座车站(南岗站)主体结构封顶。

2017年4月8日,十三号线一期工程(鱼珠—新沙)南海神庙、夏园、南岗、沙村、白江、新塘、官湖、新沙车站机电安装工程开工,标志着本工程正式进入机电安装、车站装修的实施阶段。

2017年5月23日,最后一段区间(夏园站—南岗站区间)贯通。

2017年8月8日短轨贯通,2017年8月18日长轨贯通。

2017年7月8日全线电通,2017年9月25日完成热滑。

2017年7月—11月,进行了机电安装工程功能验收。

2017年8月19日—10月25日,分段进行了"三权"移交。

2017年2月—11月,完成了本工程51个单位工程质量验收。

2017年12月6日,十三号线一期工程通过了工程验收。

2017年12月28日,广州地铁十三号线一期开通试运营。

4 设计创新与关键技术应用

4.1 行车组织

4.1.1 12#折返道岔在折返车站的应用

十三号线采用最高时速100km/h 8辆编组A型车，列车长度186m，该车型的选用对折返能力提出了较高的要求。本次设计根据对折返道岔的研究，创造性地提出了12#折返道岔的方案，有效提升了折返能力，使大编组、大车型列车高运能的特点得到充分的发挥（图4.1-1）。

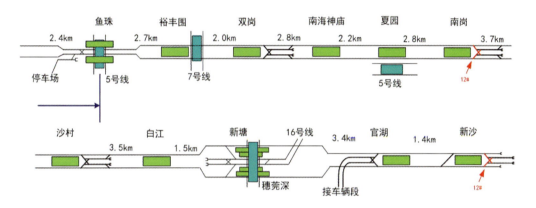

图4.1-1 鱼珠至新沙段辅助线示意图

4.1.2 嵌套交路及大小交路互为备用的灵活行车交路方案

十三号线全线长度超过60km，本设计在行车交路设置方面首次提出了嵌套交路运行的形式，有效降低了交路运行时间，同时将全线大小交路作为备用模式，充分预留了应对不同客流特征的运营组织条件，有助于实现运力的精准投放，最大限度发挥高运量城市轨道交通的运输效率和功能，使轨道交通出行时间与直达性相互匹配（图4.1-2）。

图4.1-2 嵌套交路图

4.1.3　一线两列位停车线设计

本工程设计中首次采用了一线两列位停车线，提高了故障救援效率。一线两列位停车线的首次使用缩短了故障列车救援的时间，降低了紧急故障等情况对正线运输的影响，有效提高线路的运输效率（图4.1-3）。

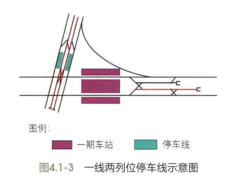

图4.1-3　一线两列位停车线示意图

4.1.4　80km/h高速过站方案设计

本工程首次采用了80km/h高速过站的方案设计，实现了一次制动进站。由于车辆采用了6动2拖的动力配置，加减速的加速度较常规系统更大。如果仍按照常规地铁列车车站范围内速度控制不高于60km/h的规定，则会导致列车在进站过程中发生二次制动，不利于列车效能的充分发挥且乘车舒适性较差。为了保证乘车的舒适度，同时提高运营效率，十三号线首次提出了列车过站速度80km/h的进站速度标准，列车只需一次制动即可实现站内停车。

4.2　轨道工程

4.2.1　新型轨道减振技术

1. 道岔区钢弹簧浮置板减振道床结构设计

钢弹簧浮置板减振道床在道岔区的应用与普通地段有所不同，为了能更好地适应道岔区的减振需要，本工程对道岔区的钢弹簧浮置板道床结构进行了创新设计。通过将道岔轨下基础改用合成轨枕，有效提高了道岔区施工的精度和便捷性。同时通过合理布置道岔区钢弹簧隔振器以及采用一整块的道岔板有效保证了道岔区的减振效果。

2. 新型梯形轨枕道床

本工程梯形轨枕道床在应用过程中结合广州施工地点的地质条件。对其排水系统进行了改进优化，将道床原有的一条中心排水沟优化为双侧排水沟+中心排水沟共三条排水沟的形式，有效地解决了曲线地段内股的积水问题。同时参考道床铺设中的实际经验，对其结构提出了一系列创新优化，发明了一种新型的披覆式梯形预制板结构以及一种带有辅助块的梯形预制板结构，解决了许多传统的梯形轨枕道床制作、施工中的不足之处。

3. 轨枕铺设数量优化设计

本工程采用最高时速100km/h的8辆编组A型车，较高的车辆轴重和运行速度对轨道结构的强度及稳定性提出了更高的要求。因此，在进行轨道结构设计时，对每公里轨枕铺设根数标准进行了优化提升。

将轨枕铺设数量由通常采用的1600根/km提高至1680根/km（普通地段），在半径不大于400m的曲线地段或坡度不小于20‰的特殊地段，轨枕铺设根数进一步提高至1760根/km。减小轨枕间距一方面提高了轨道结构的强度、稳定性及纵向防爬能力，提高了轨道结构的几何形位保持能力，为安全、稳定行车提供了良好的轨道基础条件；另一方面也提高了轨道的整体刚度，对预防、减缓钢轨磨损具有良好的工程效果。

4. 轨道减振技术在车辆段中的创新应用

官湖车辆段需要考虑上盖物业开发，因此对该地段的振动噪声控制有较高的要求。在设计过程中，参考实际物业开发需要以及噪声实测数据，在试车线采用无缝线路；试车线道床采用梯形轨枕和减振垫；车辆段咽喉区采用在道砟下设置减振垫；车场库内线采用高弹垫板。最终通过多重控制措施将振动控制在环保要求范围内，保证了地块开发价值。

4.2.2 "散铺法"轨道CPⅢ测量技术

一般地段轨道施工主要采用"轨排法"，其施工速度快，轨道几何形位控制较好。但在某些特殊情况下，不能采用"轨排法"铺轨，此时只能采用"散铺法"进行施工，即将钢轨、扣件、轨枕等轨料运送至作业面，在现场进行轨排的组装，其施工效率较低，轨道几何形位不易控制。

针对采用"散铺法"的地段，为保证良好的施工质量及铺设完成后良好的轨道几何形位，需要采取一定的控制措施。依靠引入的高铁轨道控制网（CPⅢ），可以保证整体道床轨道精调、轨道精密检测、运营阶段沉降监测与轨道平顺性检测等工作的顺利完成。在轨道工程"设计、施工、验收、运营"各个不同阶段对轨道提供可靠的测量基准，并通过采用先进的仪器设备和技术手段进行测量与控制，使轨道的相对精度达到毫米级，实现轨道的高平顺性与高稳定性。通过使用CPⅢ测量技术，可以带动轨道整体技术质量水平的提升，利于本工程高质量、稳定运营（图4.2-1）。

图4.2-1 CP III精密铺轨测量技术

4.3 建筑设计

4.3.1 大客流换乘站

鱼珠站作为十三号线与五号线重要的换乘节点站，换乘客流需求大，接驳方案复杂，换乘的便捷性及人性化需求较高，因此对其进行了多个方面创新设计，主要包括以下几个方面：第一，利用五号线预留的侧岛换乘节点，换乘直接方便；第二，对五号线预留站台进行改造，采取只加长其中一侧站台的方案，使换乘节点处于偏心位置，由此将十三号线客流与五号线客流进行分隔引导。同时将两线站厅付费区连通，并通过外挂楼扶梯的方式加大站台宽度，有效预留出换乘节点的客流缓冲、控制空间；第三，根据运营初期客流特点，采用"东进西出"的单向客流组织模式，通过调整扶梯方向，减轻局部换乘节点楼梯和扶梯的通过压力，同时也对客流流线做出优化，为乘客出行提供便利，经优化设计后的鱼珠站站厅站台图（图4.3-1、图4.3-2）。

图 4.3-1 鱼珠站站厅实景图

图 4.3-2 鱼珠站换乘实景图

4.3.2 综合枢纽站

新塘站作为广州客运枢纽"五主三辅"中的辅助枢纽站，广州东部最重要的综合交通枢纽，是本工程中客运量最大、客流最集中的地铁车站，在设计过程中最重要的就是规划好与各类交通方式换乘时的接驳方案以及合理流线，从而保证客流的有效疏导。

本工程设计在前期资料有限的情况下，创新性地采用超前规划设计的方式。与交通枢纽、上盖物业实行开拓式PPP合作模式。提出新塘站与凯达尔枢纽国际广场进行大规模合建的方案，与多个建设单位、设计单位、施工单位共同合作完成地铁、交通枢纽、上盖物业的设计、实施方案，开拓了地铁车站结合综合交通枢纽、上盖物业开发的新型合作模式。方案设计阶段，与多家知名设计单位进行沟通交流，将地铁相关内容的设计方案进行了不断优化，最终确定"交通核"+"城市走廊"的枢纽设计方案。施工图设计阶段，与枢纽设计单位密切对接，深化设计接口，通过客流仿真模拟优化布局及换乘流线。实施阶段，配合、协助各方合建谈判，最终形成有利设计、便于实施、互惠互利的新型合建合作模式（图4.3-3）。

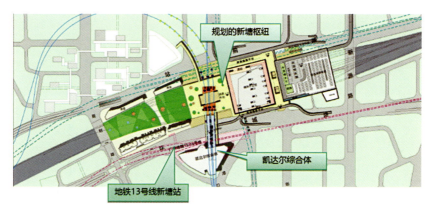

图 4.3-3 新塘站与城际铁路、综合枢纽关系图

4.3.3 国家级文物文化融合站

由于地铁十三号线南海神庙站距离国家级文物——南海神庙的保护范围较近，其设计具有较强特殊性，针对其特点，本站在天花、地面以及墙面等建筑装修上进行全方位设计。结合神庙祈福的文化，突出强调"海不扬波"的文化主题，寓意为出海祈求风平浪静。通过站厅地面平静的海与墙面上波动的海形成鲜明的对比，寓意大海虽然有风浪，但人员通行区域是风平浪静的意向。

顶棚上喷暗红色，渲染祭祀海神文化氛围，曲线的顶棚象征神庙烟雾缭绕；地面采用白色艺术石材为主，以暗红色艺术石材曲线拼花，不断向前延伸的地面图案象征千年海上丝绸之路延绵不绝；墙面采用带水纹图案镜面不锈钢，抽象刻画出海洋的渐变图案，使得乘客仿佛置身于海上神庙的袅袅烟尘中（图4.3-4）。

图 4.3-4 南海神庙站建筑设计效果图

4.3.4 新型L形楼梯

国内地铁车站公共区连接站台至站厅的楼梯一般有直跑、折跑、L形、T形板式楼梯，而L形楼梯和透明井道电梯合设，因在站台只有一个工作点，对站台空间影响较小，且梯口方向在站台顺应客流疏散方向，站厅则避开闸机的位置，避免客流的相互交叉，所以经常被采用。一般L形楼梯结构处理方式主要是在楼梯平台下方设置梯柱、梯梁，或者局部设置梯柱、梯梁，以满足结构使用功能。L形楼梯在站台公共区落柱，挤占了乘客的有效使用空间，影响站台的空间视觉效果，特别是对于编组较小的站台，空间感更显局促（图4.3-5）。

图4.3-5　现有L形楼梯结构形式

为解决现有L形楼梯存在的问题，本工程中设计了一种新型地铁车站L形楼梯，与既有国内地铁车站公共区连接站台至站厅的楼梯相比，除了保留站台板下的梯柱外，取消了站台层的梯柱与梯梁，传力构件主要由中板吊墙或者吊柱、吊梁组成，能够将楼梯下部空间最大限度让给乘客使用，结构合理且有利于客流疏散。同时，能够方便带有孩子的乘客或行走不便的乘客中途休息，进而提高L形楼梯的使用防护性，有效解决了现有L形楼梯存在的安全性问题（图4.3-6）。

（a）新型L形楼梯站台层图　　　　　　　　（b）新型L形楼梯站厅层图

图4.3-6　新型L形楼梯结构形式

4.4　土建工程

4.4.1　花岗岩残积土地层压力回灌基坑降水技术

1. 工程概况及施工难点

夏园站、南岗站均位于黄埔东路，为明挖两层地下车站。22#中间风井兼盾构井位于新塘大道西延线上,车站和风井施工范围内道路两侧地面环境复杂。明挖基坑开挖范围上覆第四系填土、淤泥、砂层、花岗岩残积土层,下伏为变质岩,其地下管线复杂、纵横密布、埋深不一。

车站基底位于花岗岩残积土地层,为防止残积土地层遇水软化坍塌,基坑开挖降水一般采用井点降水。地层应力释放及地下水渗流会使地下水位下降,致使两侧建筑物和管线存在下沉风险。

2. 解决方案

为有效解决施工中基坑降水引起的周边建(构)筑物、管线沉降风险,本工程首次在花岗岩残积土地层基坑施工过程中采用压力回灌技术。

(1)压力回灌井作用原理

在施工过程中,通过在基坑边设置加压回灌井,将基底涌水通过抽水系统及回灌系统回灌到基坑外进行补充,使涌水量与回灌量相等。回灌井点形成了一道隔水帷幕,阻止回灌井点外侧建筑物下的地下水流失,使地下水位基本保持不变,土层压力仍处于原始平衡状态,从而有效减少了降水井对周围建筑物的影响(图4.4-1、图4.4-2)。回灌井的回灌量与含水层的渗透性有密切关系,在不同渗透性能的含水层中,回灌井的回灌量差别很大。在保持一定的回灌量与满足回灌效果的前提下,渗透性愈好的含水层中,回灌井中回灌等量的水所需的回灌压力越小;反之渗透性愈差,回灌井中所需的回灌井压力越大。

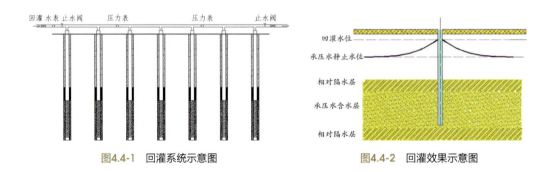

图4.4-1 回灌系统示意图　　图4.4-2 回灌效果示意图

(2)工艺流程及要求

采用压力回灌技术进行基坑降水时(图4.4-3),应按以下要求进行,工艺流程图如图4.4-5所示。

①回灌启动时间:基坑挖土阶段对基坑外环境及水位观测井进行跟踪监测,一旦水位观测井水位低于稳定地下水位2.0m或基坑外沉降比较大或沉降加速变化比较大时,就应立即启动回灌措施。

图4.4-3 基坑周边设置加压回灌井

图4.4-4 回灌量控制示意图

②回灌水源：回灌水源主要为基坑内抽水井的地下水，也可采用自来水作为回灌水源，回灌水体不能含有固体物质（如砂、土及其他杂质等）和受污染水体，否则会影响回灌效果和污染地下水。

③回灌压力：回灌井上安装压力表及流量表，灌水量与压力要由小到大，逐步调节到适宜压力（图4.4-4）；要求回灌压力不能超过0.3MPa，若压力过大会影响回灌井周边地层结构。

（3）回灌井布置及主要施工参数

回灌井沿基坑四周布置，原则上按照20m/个进行布置，回灌井长度考虑设置从地面以下4m至强风化层岩面。钻孔时采用钻机成孔，孔径350mm，钻孔间距约20m。

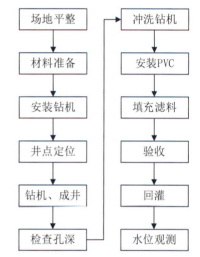
图4.4-5 回灌井施工工艺流程图

压力回灌系统采用手动水泵调节系统。经过试验，以恒压0.3MPa的压力进行回灌，可以达到较优的深层回灌效果，实现降低周边建筑物沉降的目的。

经过后期监测，通过运用压力回灌井，基坑内部降水的同时，外侧同步回补地下水，回灌效果明显，从而有效减小了周边土体失水产生的压缩变形，减缓了周边建筑物的沉降速率。以时间换空间，及早开挖、快速封底，有效保护了周围建筑物的安全。

3. 技术亮点

花岗岩残积土在天然埋藏条件下具有较高的承载能力，是建筑物基础良好的持力层。但这种地基土的结构性强、孔隙比大、黏性差，地基应力解除后，在地下水及压力差作用下，极易吸水崩解软化，甚至产生流泥等，进而失去承载能力，严重时危及支护结构的安全，导致无法施工。对于此种工况，一般采用管井降水或者明沟排水法进行施

4 设计创新与关键技术应用

工降水，这样难免会对基坑外的地表建筑物造成影响，而十三号线工程使用了加压回灌井法，将基坑内涌上来的水利用回灌系统回灌到坑外进行补充，从而最大程度降低了基坑降水时对坑外地表建筑物的影响，保障了周围建筑物的安全，同时也为类似工程提供了一定的参考依据。

4.4.2 硬岩段连续墙成槽控制爆破技术

1. 工程概况及施工难点

沙村站位于新塘大道西延线与温涌东路的交叉路口，沿新塘大道西延线呈东西走向。车站东端约200m范围内基岩起伏较大，基坑开挖面下6m左右皆为中风化、微风化花岗岩，岩石强度高，单轴抗压强度达到120MPa。该段施工进度缓慢，易出现槽段偏孔，也可能出现相邻墙段不能对齐和漏水的问题。

2. 解决方案

针对部分地下连续墙入岩较深的情况，为降低施工对周围岩体的破坏程度，本工程采用了"钻孔控制爆破"施工方案，其原理为：对于进入中风化、微风化花岗岩或存在中风化、微风化花岗岩的槽段，利用"预裂爆破＋挤压爆破"作用机理，科学布孔，合理利用爆炸产生的能量对地下连续墙的中、微风化部分岩石进行作用，以达到使整体微风化岩石破裂、分割成块状的目的。在爆破作业时，炸药单耗控制在2.0kg/m³左右。同时，爆破施工时需进行一槽段试爆，然后对爆破槽段进行孔间抽芯取样的破碎情况及时调整爆破参数。通过使用"钻孔控制爆破"施工方案，加快了连续墙基岩成孔的速度，提高了围护结构的施工效率，同时也避免了周围岩体受到大范围破坏（图4.4-6）。

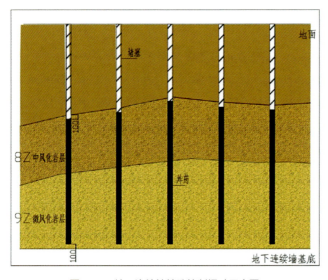

图4.4-6 地下连续墙钻孔控制爆破示意图

3. 技术亮点

地下连续墙施工中，成槽是关键施工工序，其效果将直接决定墙体的外形尺寸和垂直度。由于地质情况特殊，易存在连续墙成槽效率低和成槽困难等情况，本工程采用的"钻孔控制爆破"施工方案，科学布孔，合理利用爆炸能量对岩石进行作用，达到了整体岩石破裂、分裂成块的目的，同时也避免了周围岩体遭受大范围破坏，对今后类似的工程施工有一定参考作用。

4.4.3 穿越重要风险源控制点技术

1. 110kV电缆桥梁基础桩处理

广州榕村110kV电缆桥梁基础为3根桩径630mm，壁厚10mm，内填充C30混凝土的钢管桩，布设于拟施工地铁隧道范围内，并穿透隧道断面进入持力层。南岗—沙村区间右线盾构机已掘进至电力桥梁钢管桩前方约70环，且此处地质条件复杂，隧道洞身主要位于淤泥质土和砂层，地铁盾构隧道直接切割钢管桩存在较大风险，而盾构机长时间在较差地层停机可能导致地面坍塌以及隧道超限等风险，必须对桥桩尽快处理，降低盾构隧道施工风险。

由于施工场地狭小，无法采用大型拔桩设备施工，且钢管桩为拼缝焊接，为防止钢管桩上拔过程中因桩体自重导致钢管桩断裂，造成后续施工风险，本工程使用了沉井加旋喷桩对钢管桩进行了隔离加固，并采用千斤顶将钢管桩拔出。若拔桩过程中钢管断裂，也可利用沉井护壁通过人工下井的方式对钢管桩进行割除。沉井隧道洞身范围采用玻璃纤维管，内填黏土，沉井隧道洞身以上回填C20混凝土后作为110kV电缆桥桩的基础。

2. 出入段线小半径下穿官湖村密集建筑

车辆出段线和入段线分别以250m、260m的小曲线半径下穿西联新村的大批厂房及民宅。出、入段线下穿房屋群段，隧道洞身范围内土质主要为可塑状残积砂质黏性土、硬塑状残积砂质黏性土、红层全风化带、红层强风化带、混合花岗岩强风化带，隧道上部主要为淤泥质土、淤泥质粉细砂、中粗砂质土层。淤泥质粉细砂和中粗砂质土层受扰动易液化。入段线采用盾构施工在107国道下方下穿新塘~官湖区间正线，若小曲线半径施工不当，易导致管片破裂、渗漏，且沿线建（构）筑物均为浅基础，地层扰动极易引起建（构）筑物沉降甚至地面塌陷和建筑物损坏，施工风险大（图4.4-7）。

综合实际工程情况，本区间管片环宽设计为1.2m，盾构机类型选用土压平衡盾构机，主动铰接，并且根据盾构区间沿线建筑物下方穿越地层情况，针对不同地层制定了不同掘进参数，包括刀盘扭矩、推力、掘进速度、土仓压力、出土量、同步注浆量、二次注浆量等。

图4.4-7　周围建（构）筑物与出入段线平面位置关系

在盾构掘进过程中采用了以下控制措施：

（1）出土量控制

盾构机在掘进过程中不断对周围土体进行扰动，很容易超挖，尤其是曲线段，超挖就会有地层损失，而出土量的多少与地层损失有直接关系。因此将土量控制在理论值的98%，使得切口环处地面微微隆起（<2mm），以便抵消后期部分土体的沉降。

（2）碴土改良

盾构机在掘进过程中易发生螺旋机喷涌、刀盘结泥饼等现象。为了预防这种情况的发生，需要对碴土进行改良，保证碴土和添加的介质（添加剂使用泡沫、膨润土）充分拌合，使碴土具有较好的流塑性和较低的透水性，从而保持土压平衡，减小掘进过程中产生的地表沉降。改善碴土的流动性和减少内摩擦角，可有效降低刀盘扭矩以及掘进切削时的摩擦发热，减小对土体的扰动。

（3）调整铰接行程和姿态控制

盾构机铰接将盾构机分成了两个活动部分，由此提高了盾构机在曲线段施工的灵敏度，大大减少了由于超挖及盾体对周围土体挤压造成的土体沉降，从而更好地控制盾构姿态。

同时，为保证盾构下穿房屋群和上部建（构）筑物的安全，也需要控制盾构姿态，通过调节铰接行程差让铰接角达到目标值。本区间掘进过程中，左侧铰接行程130mm、右侧铰接行程50mm，左右铰接行程差控制在80mm。在姿态略有不佳时，微动铰接调整姿态，使得盾构机在小半径施工时减少超挖及盾体对周边土体的作用力，由此大大降低了盾构掘进对土体的扰动。

（4）控制同步注浆及二次注浆量

本工程盾构下穿时，保证了实际注浆量不小于理论注浆量的160%。盾构在曲线上掘进时，以凸面注浆为主，适当加大注浆量，保证了注浆质量（图4.4-8）。

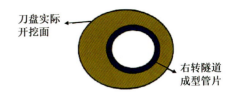

图4.4-8 隧道在右转弯时注浆方式

为了保证注浆施工不对隧道周围产生过大扰动，注浆压力必须控制在一个合理的范围，根据以往施工经验，注浆压力取1.1～1.3倍的静止土压力，注浆压力基本控制在3～5bar，并且在施工过程中随时根据监测报表调整注浆参数。

（5）盾尾密封控制

盾构密封选用优质的盾尾刷及盾尾油脂，并在掘进过程中注入适量油脂（油脂注入量每环不少于30kg）；管片拼装点位选择合理，有效防止因盾尾间隙过大出现的盾尾泄露现象；同时盾尾注浆压力控制适当，保证了同步注浆的质量，避免了因注浆压力过大，击穿盾尾刷，导致水土流失、地面沉降，进而对地面建筑物造成破坏的现象。

（6）加强监测施工

盾构掘进前对地表、地面建（构）筑物的既有裂缝进行调查、评估及风险检测，为施工方案编制风险源分级和风险控制措施提供参考。穿越过程中对房屋进行了实时监测，根据监测数据制定相应的应急措施，保证了施工的安全。

3. 技术亮点

沉井加旋喷桩对钢管桩进行隔离加固方法的使用，有效避免了直接切割钢管桩后的隧道坍塌风险，减小了盾构机在淤泥质土和砂层的停留时间，从而有效降低了盾构隧道施工的风险，保证了盾构施工的安全。同时，在受扰动易液化的不良地层中，本工程为将盾构施工穿越密集建筑群时的地表沉降控制在规范要求的限值以内，进行了盾构机参数的优化调整、土体改良、地层加固、风险监测等一系列控制措施，该施工控制方法有效地减少了地表沉降及对隧道上方建筑物的影响，为盾构施工的顺利进行创造了良好的条件，对今后类似地质条件下的隧道工程施工有一定的借鉴作用。

4.4.4 区间无端墙盾构钢套筒接收技术

1. 工程概况及施工难点

夏园站位于黄埔东路（107国道）和夏园中路（规划路）的交叉路口，沿黄埔东路呈东西走向。其地貌形态为珠江三角洲冲积平原地貌,地形平缓,地面标高一般为9.4~10.5m。场区内普遍为第四系松散层覆盖,下伏基岩主要由变质岩(震旦系变质岩)组成。其地下水类型有第四系孔隙水和基岩裂隙水,对混凝土结构部分地段具有微腐蚀性,对盾构施工有一定的限制作用。受现场条件和工期滞后两个关键问题制约,盾构到达时,夏园站主体结构还未施工,无车站侧墙,因此没有洞门钢环与出洞的止水装置连接。如何解决车站围护结构与钢套筒连接处的密闭、止水,让盾构机贯通时能够保压掘进,确保上方公路地表和管线沉降均在规范要求以内,成为此次盾构贯通成败的关键所在。

2. 解决方案

结合现场实际情况,本工程决定采用延长钢环代替洞门钢环(图4.4-9)。洞门延长钢环通过植筋钢筋焊接牢固后挂网喷射混凝土,使延长钢环保证钢环与围护结构的接触面能够密闭达到止水、保压效果。

延长钢环定位安装完毕后,进行密闭钢套筒的安装。钢套筒筒体部分长9600mm,内径6500mm,分三段,每段由一块下半圆和三块上半圆构成,钢套筒筒体部分共12块。筒体材料用16mm厚的钢板,托架与下部筒体焊接连成一体,每段筒体的外周焊接纵、环向筋板以保证筒体刚度,筋板厚20mm,高150mm,间隔约600mm。每段筒体的端头和上下两半圆接合面均焊接圆法兰,法兰用24mm厚的钢板,组件之间均采用8.8级M30螺栓连接,中间夹3mm厚橡胶垫(图4.4-10)。

等盾构机进入钢套筒时,减小推力,控制扭矩,使其匀速进入钢套筒内,同时盾构进入钢套筒后,要以实际测量的钢套筒安装中心线为准控制盾构机的姿态,本工程将中心线偏差控制在±5mm以内。当盾构机进入钢套筒之后,始终保持盾构为抬头推进,并根据测量数据进行适当调整,确保盾体不出现栽头(图4.4-11)。

图4.4-9 延长钢环定位安装图

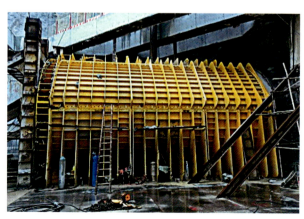

图4.4-10 钢套筒成型图

图4.4-11 盾构机在钢套筒内贯通

图4.4-12 背衬注浆

为了减少盾构到达段地表及周边建构筑物异常等沉降的风险，本工程在盾构机完全进入钢套管内之后，第一时间注双液浆封堵盾尾与洞门结构位置（图4.4-12），保证管片与地层之间的间隙填充密实，减少地表沉降。

最后当盾构机全部进入钢套筒时，进行泄压。泄压完成后，将盾构机平移或吊出。

3. 技术亮点

区间无端墙盾构钢套筒接收技术成功地解决了在主体结构未施工时，车站主体结构施工与盾构施工不协调情况下盾构接收问题，且满足防水要求，提高了工效，经济效益显著。

4.4.5 盾构下穿桩基主动托换技术

1. 工程概况及施工难点

鱼珠煤厂宿舍A7楼修建于1993年，建筑结构为框架结构，地面7层，无地下室。其中地面首层为商铺，2~7层为居民住宅。基础为锤击式沉管灌注桩，桩长15m，桩径480mm，桩顶标高-1.6m，基础多为3桩或4桩一承台。建筑物结构平面呈不规则形状，平面范围约15m。

泥水盾构机在下穿A7楼过程中需对侵入隧道的桩基进行切除，为减少盾构掘进施工对所下穿鱼珠煤场A7楼安全的影响，控制建筑物基础沉降与变形显得尤为重要。该栋建筑物一楼层高仅有3.9m，施工净空受限，对于如何在狭小空间内进行冲孔桩施工，以及防止冲孔中产生的挤压力导致周边既有桩基的抬升也是研究的一个重难点。

4 设计创新与关键技术应用

此外，由于A7楼为不规则建筑物，且桩基托换仅对建筑物的一部分进行托换，故施工时会对部分房屋基础产生扰动导致房屋产生不均匀沉降，因此如何在开挖及托换桩基过程中尽量减少土体扰动并确保既有建筑物的稳定和安全，将不均匀沉降差控制在允许范围内是本工程的又一难点。这也对施工监测频率及液压系统同步提出了更高的性能要求，因此必须在托换前、托换时进行不间断多点监测，以便对不确定因素及时作出应对措施。

2. 解决方案

桩基托换是改变荷载传力路线的技术，从受力特征可分为主动托换和被动托换两类。被动托换是在托换结构施工完成后，直接将桩截断，原桩荷载直接通过托换结构转至新桩；主动托换则是通过主动的变形调节来满足既有建筑结构的变形要求。综合实际工况，本工程选用了主动桩基托换方案。

其基本思路为：在原桩基础切除之前，通过千斤顶加载对新桩进行预压，或对新桩和托换结构施加预压荷载，消除新桩（托换桩）和托换结构的部分变形；同时在原桩基切割过程中，对新桩和上部结构进行实时监测，将测试得到的变形反馈至千斤顶控制系统，及时消除或减小变形。桩基托换方案为：采用旋喷桩加固隧道影响区域地基，由桩基托换梁支撑受地铁隧道影响区域的柱。托换梁分主梁和次梁，次梁作用在主梁上，主次梁之间采用PLC液压同步控制系统进行沉降调整。

桩基主动托换施工工艺流程为：首先进行室内土方开挖，在需要制作主梁及桩基四周利用旋喷桩做加固防水处理，旋喷桩施工完毕后进行桩基施工，新桩采用冲孔桩施工，在新桩上制作主梁，并在拟托换的柱子上制作次梁，在次梁和主梁之间采用液压千斤顶进行托换桩基及房屋沉降的调整。待主、次梁混凝土达到设计强度后，将液压千斤顶加压至指定压力后，利用静力切割设备将原有柱子进行截断，并用静力水准仪观测其沉降情况，若发现某个柱子有沉降则利用液压千斤顶进行调整（图4.4-13）。

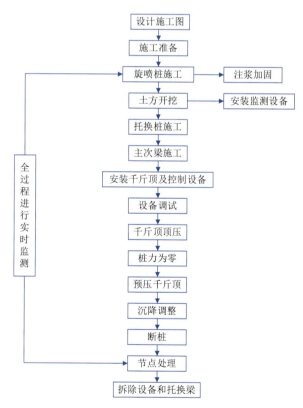

图4.4-13　桩基主动托换施工工艺流程

桩基主动托换技术包括托换前地基处理、冲桩机适应性改造以及沉降调控系统的应用。

（1）桩基主动托换前地基处理

①高压旋喷桩施工

A7楼地基总体加固方案为外围采用两排600@450的双管旋喷桩加固，桩底加固至岩面，深度约为18m；内部采用600@850的双管旋喷桩加固，桩底加固至岩面，深度18m。地基加固旋喷桩采用二重管法（气、浆二介质）施工，其利用高压浆切割土体，两出浆口处包一圈气体，使喷出的水泥浆能与加固土体均匀结合，从而起到加固地基的作用（图4.4-14、图4.4-15）。

图4.4-14 高压旋喷桩施工

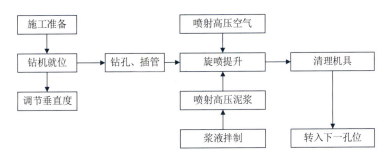

图4.4-15 高压旋喷桩施工工艺流程

②冲孔灌注桩施工

工程施工中,人工开挖土方至原桩基标高后,用风镐凿除桩头混凝土,将桩头浮浆、松散层全部凿除,直至暴露出密实的新鲜混凝土面,确保混凝土表面无夹碴、无松散混凝土,将孔内混凝土块清理彻底后用高压水枪冲干净。随后在混凝土施工前先抹一层同强度等级砂浆用以保证桩身质量。校直原桩基中的钢筋,表面清理干净,在接头处采用13根Φ25螺纹钢进行植筋。植入桩体长度为15d,上端接至桩顶标高。植筋内设置一道直径1m的Φ25加强箍筋。原桩钢筋笼主筋增加箍筋,每10cm增加一道,逐步向上环绕至施工桩顶高程处。采用M10砂浆砌筑24cm厚的砖模桩身模板,使用冲击夯夯实后浇筑混凝土,并进行后期养护。

(2)冲桩机适应性改造

由于该栋建筑物层高低,市场上现有的冲桩机无法满足施工需要,需要对其进行改造以满足现场施工要求。按照现场条件将冲孔桩重新安装一条2.75m的扒杆,使用两条25cm宽槽钢对接焊成30cm宽,扒杆外侧用1cm×20cm钢板焊接,滑轮位置采用2cm厚钢板焊接。扒杆连接副杆采用长3.9m的Φ10cm无缝钢管,使用2cm厚钢板焊接。钢筋笼现场分段制作,房屋外钢筋笼采用6m一段,房屋内钢筋笼采用2m一段。接头处采用电焊连接,再将钢筋笼从制作场运至孔口附近,然后起重机吊装安放。房屋内钢筋笼分段吊放至孔内,先用U形卡扣将接头固定再进行焊接,焊接接头满足单面焊10d,双面焊5d;混凝土采用商品混凝土,水下导管法灌注。

本次托换采用地面托换方式,采用3条托换主梁和9条托换次梁,对A7楼21根沉管灌注桩和7个承台进行局部桩基主动托换作业(图4.4-16、图4.4-17)。

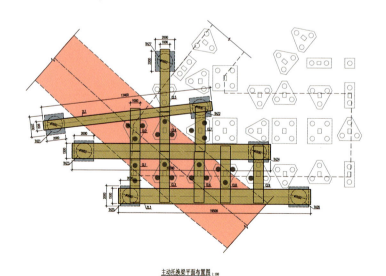

图4.4-16 托换施工总平面图

图4.4-17 立柱托换现场施工

（3）沉降调控系统的应用

《地基基础设计规范》GB 50007中要求"新建建筑物的沉降差不得大于两侧点间的2‰"，而对于托换改造的既有建筑物，考虑到使用过程中可能已经产生了部分沉降差，因此本工程对沉降差的控制更为严格，按照1‰控制。A7楼被托换部分最小柱距为2.5m，因此沉降差应控制在2.5mm内，除非采用超大截面尺寸的桩梁，否则无法达到结构安全控制要求。常规的光学水准测量仪器对于障碍较多的既有建筑物沉降观测难以适用。PLC自动位移控制系统自动化程度高，在结构平移、顶升工程中应用日益广泛，但在桩基主动托换工程中仍较少采用。静力水准测量适用于既有建筑物多点沉降观测。结合实际工况，本工程应用了一种基于沉降静力水准测量技术的PLC全过程自动化实时沉降控制系统，对隧道施工过程中产生的沉降进行控制。其具体应用过程包括：根据工程特点、测试精度要求和成本分析进行静力水准仪的选型；静力水准沉降监测方案设计；静力水准测量和PLC沉降自动调控体系的集成模块设计；集成后的PLC系统功能实验测试（图4.4-18）。在试验测试效果良好的基础上，将系统用于A7楼的主动托换工程

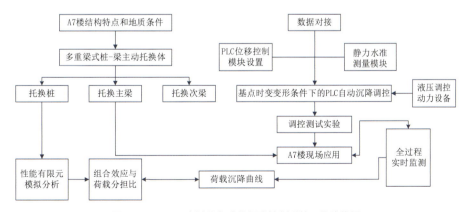

图4.4-18 PLC全过程自动化沉降控制系统工作路线图

图4.4-19 PLC泵站

图4.4-20 PLC操作平台

中,进行全过程动化沉降监测(图4.4-19、图4.4-20)。

经过实验室测验和现场应用,采用PLC全过程自动化沉降控制系统后,建筑物各点施工沉降差控制在2.5mm以内,满足规范对沉降差控制的要求。

3. 技术亮点

为确保盾构机下穿A7楼时的顺利施工,进行了桩基主动托换技术研发,有针对性的设计出低成本、高精度、全过程、即时性微沉降控制的"一梁托多柱"的主动托换结构体系,该主动托换体系包括托换前地基处理、冲桩机适应性改造以及沉降调控系统的应用。监测结果表明,采用该主动托换技术后,邻近建筑物的累计沉降最大值为5mm,A7楼房屋立柱累计沉降(静力水准仪)最大值为1.76mm,地表累计沉降最大值为1.76mm,均在规范要求的范围内,沉降控制效果明显。

4.4.6 盾构隧道与明挖中间风井分离叠合技术

1. 工程概况及施工难点

夏园站~南岗站区间西起夏园站,东至南岗站,沿黄埔东路敷设。根据勘察,黄埔沿线地层主要为填土、淤泥质土、砂层、残积土及风化混合花岗岩,其中盾构主要穿越地层为混合花岗岩全风化带、强风化带、中风化带、微风化带,地层种类多,情况复杂,并且其地下管线复杂、纵横交错、埋深不一,由此对盾构和中间风井的施工造成了较大影响。

2. 解决方案

为了有效解决夏园站—南岗站区间中间风井受前期管线迁改、交通疏解和地质的影响无法正常开工的问题,本工程提出对该中间风井进行特殊设计,将明挖地下三层变更为明挖地下二层结构,负三层轨行区变更为双线盾构隧道直接掘进通过,其中地下二层的底板和负三层盾构隧道顶部通过矩形暗挖导洞连接形成风道,从而满足通风要求。在施工过程中，明挖风井和轨行区盾构可平行作业，由此避免了中间风井的施工进度对区间隧道轨行区移交的影响（图4.4-21、图4.4-22）。

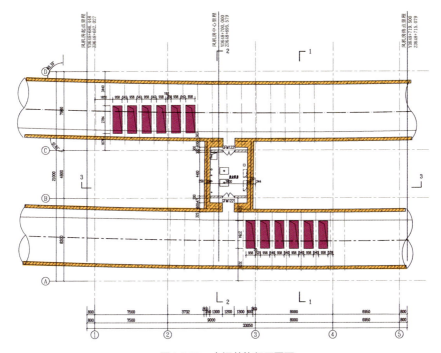

图4.4-21 中间井轨行区平面

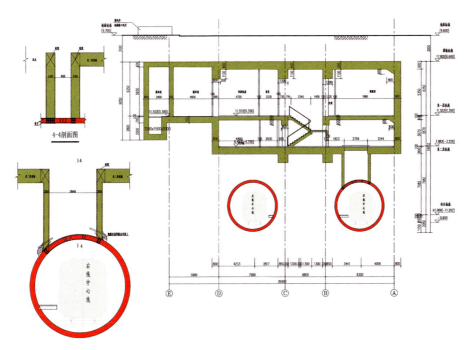

图4.4-22 中间井标准横断面

在隧道施工时，为了满足受力和开孔需要，本工程将盾构管片处的预制混凝土管片A3块替换为钢环梁+钢盖板，并对替换后的管片进行通缝拼装，在左线和右线之间开设联络通道孔洞，做孔洞环梁。同时，为了确保管片开洞过程及后续运营的稳定性，防止盾构定向偏转，盾构机设置了施工平台和喷射管路，采用喷浆机进行了豆砾石吹填施工。在保证结构耐久性方面，本工程用后期浇筑的二期混凝土对开口位置的钢环梁进行包裹，同时做好了外侧的止水措施并预埋了注浆管。

3. 工程亮点

采取本方案后，夏园站—南岗站区间中间风井得以正常施工，且中间风井和轨行区盾构施工同时进行，二者互不影响，从而既能满足十三号线运营期间隧道通风功能的要求，又能确保正线按时贯通运营。

4.4.7 智能建造关键技术

1. 出入口BIM模型快速建模技术

本工程利用预留的二次开发接口，将BIM软件参数化设计理念注入地铁车站出入口结构设计中。通过对车站出入口模型进行模块划分，本工程区分出直线段、人防段、转角段、斜坡段和敞口段，并分段输入模型定位轴线、通道净宽、净高、墙厚、底板厚、顶板厚及提升高度等参数，完成各区段结构的自动生成。通过二次开发，利用智能参数驱动，实现相邻区段参数的传递，达到出入口快速建模与拼装的目的，为复杂多变的出入口结构设计带来便利，降低了设计难度，提高了工作效率（图4.4-23、图4.4-24）。

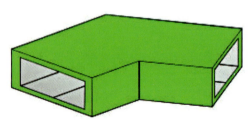
图4.4-23 出入口转角段模型

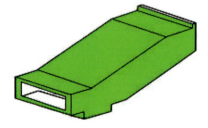
图4.4-24 出入口斜坡段模型

2. 盾构管片智能化拼装技术

本工程利用BIM软件根据隧道设计轴线参数给出最优拟合的管片排版方案，从而实现盾构隧道管片三维精细化拼装。盾构管片智能化拼装技术不仅能体现出衬砌环类型、外径、内径、管片宽度、管片环楔形量、衬砌环分块数量、各管片分块角度、纵向螺栓组数等的精细化几何信息，还能根据需要显示管片环号、高程、里程、混凝土材料、封堵帽规格、止水带规格及参建单位等的非几何信息。拼装结果可直观地表现管片的设计效果和线路拟合情况，为施工人员确定管片的最佳拼装位置提供依据，提高了施工效率，改善了施工质量（图4.4-25）。

3. 盾构管片智能建模技术

本工程研发了一种盾构隧道混凝土管片构造模型的智能化建模技术，其利用BIM软件根据盾构隧道混凝土单环管片的内径、外径创建三维的单环管片的底模元件及切割实体；通过将切割实体定位在底模元件对应的设计位置，切割实体对底模元件做布尔剪切运算，得到经切割后的若干单块管片交付模型拼装，形成单环管片模型交付。本项技术具备普遍性和通用性，适用于市场上的大部分混凝土管片类型（图4.4-26），实现了盾构隧道管片由传统的手工绘制方式到三维模型参数化设计的转变。

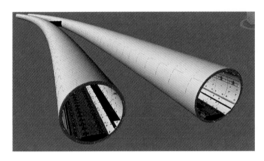
图4.4-25 管片排版

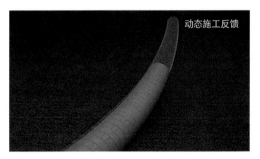
图4.4-26 隧道管片的智能化建模

4.5 机电工程

4.5.1 成品支吊架系统的设计与应用

大型设备检修车间、生产厂房内各种管线繁多，布置既要保证美观，又要便于维修，衍生出了综合支吊架系统的推广和运用。本工程全线设备区、公共区和设备区走道采用成品综合支吊架系统，并根据《建筑机电工程抗震设计规范》GB 50981—2014的要求，设置成品抗震支吊架。

成品支吊架系统相比传统支吊架系统更加环保并且可重复利用，成品吊架系统（综合支吊架、抗震支吊架）为组合式构件、装配式施工，相比传统支吊架系统显得更加整齐、美观、大方，更有利于各专业统筹考虑，进而提高室内的空间标高；受力更加可靠、稳定，安装速度比传统做法快，缩短施工工期；寿命更长，后期维护方便，具有良好的通用性和组合性。

在设计流程上，在完成车站管线综合施工图后，引入BIM技术进行三维设计，待方案确定后，完成综合支吊架系统（含抗震支吊架系统）设计、验算，由设计方确认支吊架方案后，施工单位备货，进入到实施阶段，有效提高了施工效率，管线布置更加合理，减少了碰撞和废弃工程量（图4.5-1）。

成品综合支吊架系统的设计与应用也简化了安装过程，提高了安装质量，缩短了施工工期。

图4.5-1　成品支吊架系统安装

图4.5-2　双面彩钢夹玻璃纤维复合风管

4.5.2　双面彩钢夹玻璃纤维复合风管的应用

本工程在复合风管的选择上，考虑到防火性和防烟性，选用双面彩钢夹玻璃纤维复合风管，其以超细玻璃棉纤板为基础，经特殊加工复合而成（图4.5-2）。集保温、消声、防潮防火、防腐、美观（适合明装）、外层强度高、内层表面防霉抗菌等多项功能于一体，双面彩钢夹玻璃纤维复合风管具有重量轻、漏风量小、制作安装快、占用空间小、通风好、性价比高等优点。此外，玻璃纤维复合风管制作方便快捷、工地现场工作量小，便于搬运安装、施工效率高，施工工期远小于传统风管系统。本工程以白江站为试点，大系统送风管、小系统空调风管均采用了双面彩钢夹玻璃棉复合风管。

4.5.3　高效制冷机房系统的设计与应用

通风空调系统作为地铁车站与区间能源消耗及保障舒适出行的重要组成部分，其运行能耗在地铁总能源消耗中占比通常为25%～35%，在湿热地区，这一比例甚至可达40%。其次，在地下典型车站的环控系统中，水系统能耗比例最高，其节能潜力最大。

从能耗及经济性而言，地下车站的通风空调能耗占比高，通风空调系统和水系统的运行状况和节能程度关系到地铁的使用效果以及运行费用。因此，加强通风空调系统和水系统的用能统计及分析，可指导地铁设计和运营方进一步优化节能措施，降低地铁的实际运行费用。

全线车站（除鱼珠站外）的大系统和水系统采用了多种节能方式，如大系统组合式空调器、回排风机、小新风机变频。水系统采用制冷机组＋水泵（冷冻水泵变频）＋冷却塔的传统分站供冷形式，通过BAS系统实现风水联动控制。鱼珠站小系统从五号线冷水机房引入，大系统设置风冷式冷水机组供冷。

本工程选取白江站（标准站）、新塘站（换乘站）作为试点，采用高效制冷机房新技术，通过多种节能技术，以点带面，将可行、高效的技术和措施推广应用至后续全线各站点，同时输出了先进的节能地铁理念。

为使冷水机组单机获得高效的制冷效率，同时保证冷水机组的调节性能、台数及容量搭配在空调系统全运行周期内，不同负荷率下所有制冷机组均可处于高效运行状态，对冷水机组进行了优化选型。通过优化末端盘管，在采用10～17℃冷冻水大温差的情况下，满足使用场所对温度的需求，同时湿球温度也达到了设计参数，保证夏天使用场所的除湿需求；优化冷却塔供回水温度，优化冷却塔变频运行策略及台数，提高冷水机组能效，节省冷却水泵运行能耗；对冷冻冷却水管路管径进行优化设计，水泵台数进行优化，并进行变频流量调节；对自控系统进行优化，利用模糊控制算法和主动寻优控制策略，采用一套完善的控制系统对系统各设备进行运行参数控制，并对系统进行能耗的分析和统计（图4.5-3、图4.5-4）。目前我国制冷机房能效比在3.0左右，通过对高效制冷机房系统的设计和应用，使制冷机房的综合能效达到了6.0以上，大幅度节省了能源消耗，社会效益和经济效益良好。

图4.5-3　高效制冷机房

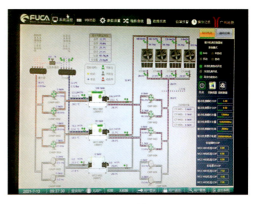

图4.5-4　实时能效统计

4.5.4 水系统精细化设计

水系统精细化设计通过采用对全线机房内水系统管路布置进行统一优化,选用低阻力阀件,选用低阻力的空调末端,对冷水机组的蒸发器冷凝器进行优化设计,降低水阻等多种措施,使每个车站水泵扬程平均降低了约20%,从而有效节约了能耗(图4.5-5)。

其次,相对传统的现场施工,在水系统的材料管控工作中应用BIM技术也取得了不错的效果(图4.5-6)。应用BIM技术将施工现场的各项数据模拟出来,在充分掌握了施工现

图4.5-5 现场水系统管路优化布置

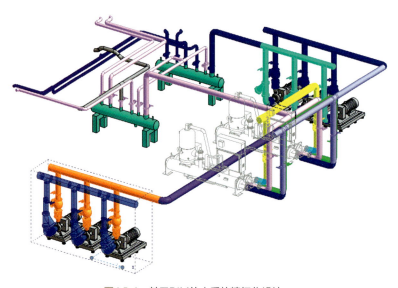

图4.5-6 基于BIM的水系统精细化设计

场自身特点和实际情况的基础上,施工单位便可逐一统计各个环节所需要的PC构件,对建筑构配件和设备材料进行"数字化下单"。水管、弯头、三通等由专业工厂进行工厂预制,在施工现场进行装配式组装。工程施工作业完成后,施工单位也能够及时统计出施工阶段所产生的构件和材料的消耗量,有效对比材料的实际用量和计划用量的差异,从而方便后续材料管控工作的有序进行,提高了施工效率及工程施工质量,缩短了施工工期。

水系统精细化设计和装配式冷水机房技术的结合,有效改善了施工环境,提高了整个工程的质量,减少了废弃工程量,并有效降低了在运营期间系统的能耗,且方便了后期的维修与管理。

4.5.5　BIM技术在管线综合设计中的应用

综合管线主要由车站通风空调系统、动力配电系统、通信系统、信号系统及综合监控系统、给水排水及消防系统、供电系统、火灾自动报警系统、BAS系统及自动售检票系统等系统的管线组成。管线综合设计是各专业管线和设备布置的综合汇总、设计协调平衡的体现,综合管线的设计、施工和运维的优良与否直接决定了建筑采暖、通风、空气调节等功能使用的舒适度和整体功能实现效果。而BIM技术在管线综合设计中的应用主要体现在保证施工过程中的整体流畅性、有效地深化系统设计和有助于全面具体的技术交底以及对施工过程中重难点的精准把控等方面。

本工程对管线综合设计实行总体负责制,引入管线综合专业全程参与车站管线综合设计,采取管线综合设计从初步设计阶段介入,全过程控制管线综合设计质量,严格执行管线设计原则,合理确定管线设备安装、维检修、更换的空间,深化管线综合的专业设计内容、提前统一全线制图标准(图4.5-7)。

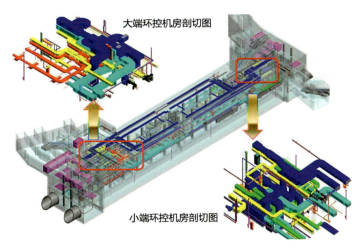

图4.5-7　基于BIM的管线综合设计

4　设计创新与关键技术应用

BIM技术在管线综合设计中的应用有利于节约建设成本和降低资源损耗，有效实现了施工过程的精细化管理，也是对建筑工程全生命周期的诠释，其具有以下优点：

（1）帮助建设单位有效的控制成本、工期，提高工程质量和后期管理；

（2）为建设单位减少大量停工、窝工、返工的浪费；

（3）为设计单位减少大量的工作量、图纸错误、图纸修改时间；

（4）为社会减少人力、材料浪费，减少城市污染，建立真正的绿色城市；

（5）模型均通过数字化加工生成，并能够记录所有构件全生命周期的数字化信息。

4.5.6　单端通风空调系统的应用

本工程沙村站设备区大端环控机房距离公共区直线距离约为140m，输送距离较远，同时站后设双存车线，车站长度较长，东端设置公共区联系通道与预留空间连通，需要的输送能耗较大，且环控机房面积较小，难以满足通风空调的功能需求，故公共区采用了西端单端通风空调系统方案；官湖站站前设双存车线，接官湖车辆段，车站长度较长，且西端布置较长的设备区，管线十分密集，空间紧张，因此公共区采用东端单端通风空调系统方案；新沙站为更好地节约空间，采用单端送风系统，通过在车站一端设置一套全空气系统，包含两台组合式空调器，回排风机、排烟风机、小新风机各一台以及相关风阀，负责公共区的通风空调与消防排烟。

在环控机房面积较小的条件下，采用单端通风空调系统能够满足通风空调的功能需求，减小了系统输送的能耗，节约了能源。设备集中布置在设备管线稀少的区域，避免了大小系统管线的交叉，优化了管线布置。

4.5.7　供电运行安全管理系统的应用

在施工现场，管理和操作人员的水平参差不齐，接触网地线未拆除的情况也时有发生，极易给供电系统的安全运行带来风险。虽然各单位制定了相应的规章制度来保证整个轨道交通供电系统稳定运行，但由于供电系统的操作完全依赖于人工完成，在安全性和经济性上均较为落后。为确保轨道交通整点安全无误的运行，及时建立一套较为完善的供电安全保护系统十分必要。

本工程全线采用了供电运行安全管理系统，其包含防误、地线管理、操作票、工作票、巡检五个子系统（图4.5-8），实现了变电所、接触网、车辆段所有电气设备间的安全操作管理，提升了运维智能化程度，避免了由于运维人员操作不当而引发的事故（图4.5-9、图4.5-10）。

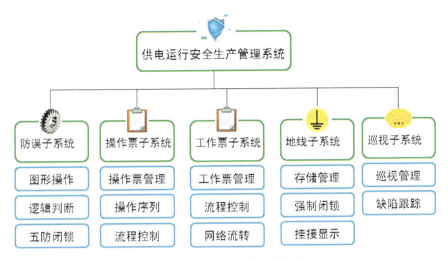

图4.5-8 供电运行安全管理系统结构

图4.5-9 五防通信屏

图4.5-10 五防地线管理柜

4.5.8 接触网悬挂方式的设计

夏园~南岗区间隧道最低净空为4.3m，但根据接触网安装图，在圆形隧道接触网悬挂点处所需净空如下（图4.5-11）：

其中汇流排加接触线120mm；零件7（汇流排定位线夹）50mm；零件6（绝缘子）100mm；零件2（槽钢）40mm；槽钢到隧道最高点距离40mm，其中绝缘子上部存在外露55mm的锚栓；接触网悬挂点处所需净空为4050mm+120mm+50mm+100mm+40mm+40mm=4400mm。

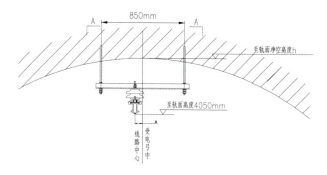

图4.5-11　圆形隧道接触网悬挂点处所需净空

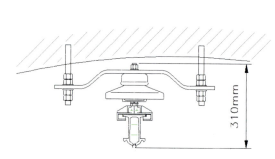

图4.5-12　"U"形支架安装方式所需净空

图4.5-13　U形底座+绝缘子悬吊汇流排

在非接触网悬挂点处所需净空为：汇流排加接触线120mm；绝缘距离150mm，汇流排尺度10mm，共120mm+150mm+10mm+4040mm=4320mm。

根据以上计算，在夏园—南岗区间低净空处无法采用常规方式安装。根据现场实际情况，进行多次讨论及研究，提出在该区段采用U形底座+绝缘子的方式悬吊汇流排（图4.5-13），"U"形支架安装方式如图4.5-12所示。

其中汇流排加接触线120mm，汇流排定位线夹50mm，绝缘子100mm，"U"形支架12mm，螺栓外露减短至40mm，设备安装高度为120mm+50mm+100mm+40mm=310mm，同时考虑将接触线高度降低至4010mm，接触网悬挂点处所需净空为4320mm。

通过采用U形底座+绝缘子的方式悬吊汇流排，有效解决了在夏园—南岗区间低净空处无法悬挂接触网的问题。

4.5.9　数字高清视频的应用

十三号线一期工程是广州地铁第一批采用数字高清视频技术的线路，与以往的标清视频相比，高清视频具有更大分辨率，在同等条件下能获得更大的视野，提供更多的图像信息。此外，由于分辨率的提高，与标清视频相比，有效监控距离得到提升，能有效降低摄像机布点密度。

在系统组网上数字视频也具备模拟视频无法比拟的优势，数字视频基于以太网传送图像编码数据，图像在前端摄像机内完成数字编码后，将数字码流以数据包的形式发送至视频服务器或流媒体服务器进行转发或存储，其布线距离不受限，可采用光纤延伸提升；后台控制设备很少，减少运营维护工作量；后期补点较容易。

数字视频技术的优势还体现在图像共享方面，在采用模拟视频技术的线路中，与公安视频共享通常采用增加视频分配器转发固定路数的方式，因此公安获得的视频信息很有限，一般车站仅考虑共享固定的20路左右。数字视频将视频平台采用标准协议进行对接，将视频图像格式、传输控制协议标准化，通过以太网络可根据硬件资源需求和权限共享任意视频图像，极大提高了视频的利用率。

4.5.10 车地无线IEEE 802.11 ac 技术的应用

IEEE 802.11 ac是802.11无线局域网的重要通信标准之一，通过5GHz频带实现用户通信，且在理论上最少能够支持1Gb/s的多站无线局域网络通信。十三号线一期工程是广州地铁首条采用IEEE 802.11 ac技术的线路。

IEEE 802.11 ac作为IEEE无线技术新标准，它借鉴了802.11n的各种优点并进行了进一步优化。此项技术采用并扩展了源自802.11n的空中接口的概念，包括：更宽的带宽（提升至160MHz），更多的MIMO空间流（增加到8个），多用户的MIMO以及更高阶的调制（达到256QAM），理论传输速度得到大幅度提高。通过信道绑定技术，每个信道宽带提升到40MHz/80MHz，理论上可以提供1.3Gbps的传输速率。与以往线路经常采用的802.11n技术相比，十三号线一期工程信号传输的带宽提升了2倍多，可有效解决直播卡顿、车载视频上传缓慢、码流低、图像模糊等问题。

4.5.11 KVM远程管理设备在综合监控系统中的应用

十三号线一期工程通过配置KVM管理设备，实现了对各车站、车辆段、控制中心的综合监控系统主要设备的远程管理功能（图4.5-14）。KVM管理设备可以实现系统设备的远程访问，进行故障排除和设备重启，从而帮助运营维修人员更方便、更高效地完成设备维护管理工作，实现对设备的实时远程监控，最大程度上节约运营人力成本。

远程管理系统可实现异地安全的远程KVM访问、串行设备管理及电源控制，可对所有被管理设备进行BIOS级控制。十三号线一期工程的KVM远程管理设备在轨道交通综合监控系统中的应用属于国内首创。

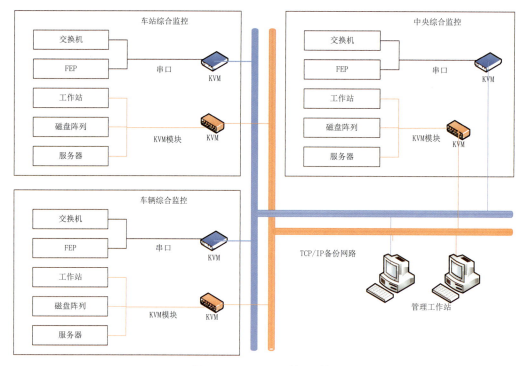

图4.5-14 KVM远程管理系统

4.5.12 车控室一体化设计

为了给运营提供更舒适、高效的工作环境，本工程对车站控制室进行了一体化设计，旨在对车站控制室工艺布置进行优化，达到"功能齐备，方便使用，标准统一，整齐美观"的目的。一体化设计将车站控制室划分为日常工作及观察区、监控操作区、办公用品区、设备及工具区、维护工作区，在每个区域根据运营习惯设置相应的一体化功能柜（图4.5-15、图4.5-16），而且还对各专业进入车站控制室的设备安装位置及方式进行了统一规划，从而保证了车控室的标准统一、整齐美观。

图4.5-15 车站控制室一体化功能柜

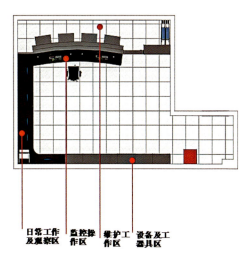

图4.5-16 车控室功能分区示意图

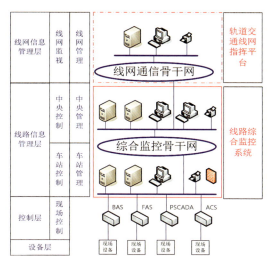

图4.5-17 智能监控系统架构

4.5.13 环境与设备智能监控系统的应用

本工程通过设置环境与设备在线监测系统实现在施工和运营阶段的智能监控。环境与设备智能监控系统通过线网指挥平台从线路级到站级的控制方式，完成了轨道交通内部系统之间的各类监测信息资源整合利用；实现了地铁在施工和运营综合监控中的三维可视化管理应用；可及早发现故障点并进行综合分析，提高运维效率和准确性，保证系统的安全稳定运行，最终达到对设备的全寿命周期管理，实现构建智慧地铁的目标（图4.5-17）。

4.5.14 移动闭塞信号系统的应用

地铁信号系统必须保证行车安全，工作稳定可靠，技术先进，实用和可用性强，经济合理。本工程采用的信号系统由基于移动闭塞的正线列车自动控制系统和车辆段计算机联锁系统组成。基于移动闭塞的正线信号系统包括列车自动监督（ATS）、列车自动防护（ATP）、列车自动驾驶（ATO）三个子系统及计算机联锁子系统。

本工程正线信号系统具有以下主要特点：

（1）高安全性、可靠性、可用性、可扩展性和可维护性，并能保证每天24小时连续不间断地工作；

（2）系统技术先进、成熟、稳定，具有良好的工程业绩和运用经验；

（3）系统结构合理、功能完善，具有充足的系统容量；

（4）经济合理，具有较高的性价比，满足运营要求和规定的国产化率；

（5）系统的结构紧凑，层次分明，操作简便明了，表示信息明确易懂；

（6）系统具有点式ATP和联锁两种降级运行模式。在降级运行模式下采用计轴设备作为备用的列车占用检测设备；

（7）符合国内外城市轨道交通信号技术的发展方向。

为保证列车不间断的正常运行，系统采用多重冗余技术。其中凡涉及行车安全的正线计算机系统采用三取二或二乘二取二设备的冗余结构，并符合"故障—安全"原则。

本工程每列运营列车配备两套车载信号设备：

（1）若两套车载ATP/ATO设备互为热备，则每套车载ATP/ATO至少为二取二结构。两套车载信号设备能实现自动转换，转换遵循保证安全及不影响正常运营和操作的原则；

（2）若两套车载ATP/ATO设备不互为备用，则每套车载ATP必须至少为二乘二取二结构或三取二结构，每套车载ATO按热备冗余配置。

信号系统集先进的控制技术、计算机技术、网络技术和通信技术为一体，具备数字化、网络化、自动化等特点。并且该系统硬件和软件按标准化功能模块进行了设计，便于在线路及站场发生变化情况下能对系统进行修改和功能扩展。正线信号系统具有灵活多级的控制模式。所采用的设备、器材满足广州地铁的环境及限界要求，设备结构紧凑，便于安装，方便运营使用和维护。

4.5.15　FAS设备区间回路方案与暗装方式

（1）FAS设备区间回路方案

本工程从鱼珠站至沙村站之间的区间消防泵，采用中间车站同时供两边区间的方式，即鱼珠站至裕丰围站、裕丰围站至双岗站的区间消防水管由裕丰围站负责，双岗站至南海神庙站由双岗站负责，南海神庙站至夏园站由夏园站负责，夏园站至南岗站、南岗站至沙村站的区间消防水管由南岗站负责。而FAS系统（火灾报警系统）在区间的回路设置，由于受到回路的线路长度限制，区间回路均由车站各管一半的区间，这导致了在鱼珠站区间回路、双岗站区间回路、夏园站区间回路及沙村站区间回路的启泵按钮无法启泵。

在综合考虑现场的实际情况，采用以下回路方案：

属站内消防泵管辖区间的车站，在区间回路的中间位置（即联络通道）安装一个控制模块及一个监视模块，控制模块用于将本站要求启泵的信号发给相邻车站，监视模块用于接收已启泵的信号；相邻半个区间回路，属站内消防泵管辖区间的车站，也在区间回路中间位置（与相邻车站共用的联络通道）安装一个控制模块及一个监视模块，监视模块用于接收邻站回路要求启泵的信号，控制模块用于向邻站发出已启泵的信号。监视模块与输出模块之间采用监控线通信，模块电源从动力照明的应急照明回路中取电源，并在联络通道上新增整流降压模块箱，将电源从AC 220V整流降压至DC 24V。FAS设备区间回路方案如图4.5-18。

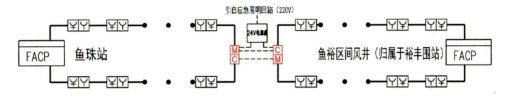

图4.5-18　FAS设备区间回路方案示意图

（2）设备区走廊FAS模块箱暗装

既有线路的FAS模块箱均采用明装方式安装，这样既影响了设备区的观感也不利于紧急情况下设备区工作人员的疏散，因此，本工程FAS模块箱的安装方式改为暗装（图4.5-19）。

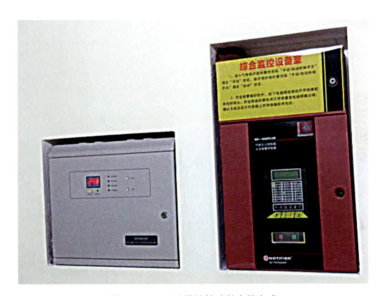

图4.5-19　FAS模块箱暗装安装方式

由于设备区隔墙厚度只有120mm，模块箱的厚度为200mm，比墙体厚，不利于模块箱安装和布线。因此，在墙体开一个贯通的模块箱孔洞凸向设备房，箱门与外墙面平齐，模块箱进出线采用线槽从设备房内沿控制箱右侧敷设至控制箱底部进线电缆孔。

4.5.16 边门磁力锁的加装

边门是指车站站厅层进出付费区，除AFC闸机设备以外，供紧急情况下人员疏散、特殊人群进出使用的临时性车站人工闸机。磁力锁又称电磁锁，是一种具有可控性的门锁。当给磁力锁供电时，它内置的电磁体开始工作，产生强磁场，与门扇上安装的受力铁块平面接触吸住，将门锁住；当断电时，电磁体无磁力并松开受力铁块，此时边门呈开启状态。在公共区玻璃边门加装边门磁力锁，能够更好实现车站内运营的智能化管理。磁力锁安装高度及管线敷设方式与装修专业全程无缝配合，从而满足设计的最大美观度。

本工程在安装边门磁力锁后，站务工作人员可在客服中心内直接遥控开启，节省时间，且不需要配备专职站务人员开启边门，节省了人力和成本。

4.5.17 智慧照明节能技术

地铁运行需要巨大的能源消耗作为支持，故地铁运营期的能耗和节能措施是建设时期地铁工程设计和建设需考虑的至关重要的问题。十三号线一期工程中，在不影响基础功能的前提下，基于节能消耗的原则，创新性的提出了光导照明系统（图4.5-20），并结合智能照明控制系统，解决了光导照明在车辆段等地铁上盖应用的技术难点。本工程通过使用光导照明系统，带来了可观的经济和环保效益，其具体表现在如下两个方面：

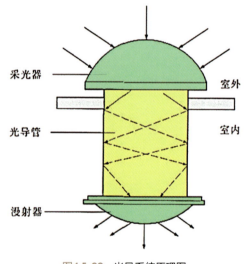

图4.5-20 光导系统原理图

（1）提出的光导照明在地铁上盖应用的技术，为光导照明在轨道交通领域的推广应用提供了技术借鉴，解决了光导照明在地铁上盖领域的应用技术障碍。同时结合盖上道路、楼宇布置、光照条件以及盖下管线的情况，合理的设置光导布点，降低了光导照明的工程应用难度，其应用效果图如图4.5-21。

（2）首次提出了光导照明与盖下智能照明控制系统协作的照明控制方式。光导照明具有良好的照度调节效果及更便捷的光环境过渡，且基本无需后期维护管理。通过监测白天室外光照强度，合理关闭或调低部分区域电气照明，可以做到无闪烁、无眩光、无能耗，节能效果显著，可实现隧道内绿色低碳照明。

图4.5-21　光导系统应用效果图

4.5.18　站台门端门2.5m标准化设计

全线站台门采用了2.5m宽的标准端门设计（图4.5-22），不仅提高了车站统一美观性，而且减少了站台门端门备件的种类，提高了门体的互换性及可维护性，具有如下优点：

图4.5-22　标准端门安装效果图

4　设计创新与关键技术应用

（1）提高乘客的安全性，防止乘客误入隧道发生事故；

（2）改善候车环境，可以使站台上的乘客与列车之间保持一定安全距离；

（3）控制能源消耗，提升站内温度调节设施和广播的使用效率。

4.5.19　站台门顶箱内设置通长等电位铜排

地铁列车采用走行轨作为供电系统回流线时，地铁列车的车厢相对于大地而言存在一定的电位。通常情况下，在乘客上下列车的过程中，要求乘客能够触碰到的列车车厢金属构件以及站台门金属构件等多处等电位。若地铁站台门对地绝缘出现损坏，易给乘客带来触电的不适感。同时，若金属导体与列车及地铁站台门之间发生触碰，则容易产生火花现象，会使地铁列车的正常运行受到不良影响，严重时甚至会造成火灾，对乘坐地铁的乘客以及站台相关工作人员的安全造成严重的威胁。因此，地铁对等电位联结铜排的稳定性要求十分高。

本工程站台门在门体顶箱内设置了通长的等电位联接铜排（图4.5-23），较一般门机梁之间采用铜排联接的方案，提高了等电位联接的可靠性，为站台门接轨门体等电位安全提供了条件，提高了乘客乘坐地铁时的舒适性，减少了火灾等危险发生的概率。

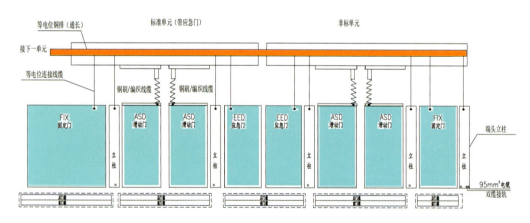

图4.5-23　站台门等电位联接示意图

4.5.20　出地面电梯的优化设计

本工程出地面电梯设计考虑乘客的使用方便，采用电梯与出入口楼扶梯结合布置的方式。电梯从通道端部出地面，电梯井道考虑防水、防晒问题采用混凝土井道，装修方案与飞顶相协调匹配，厅门方向与出入口方向一致，导向明显，利用率高。为防止雨水从电梯厅门灌进电梯井道，电梯厅门的标高高于地面，并在厅门前设置候梯厅。

根据地铁车站结构特点，车站埋深一般在十几米甚至几十米，车站结构存在渗漏水的情况，特别是靠近围护结构的电梯底坑渗漏水问题较为严重。因此，本工程出地面电梯在底坑外设集水井，集水井装设水泵，集水井与电梯底坑分隔，二者之间用排水管相连。集水井最高水位低于电梯底坑最低标高300mm，确保电梯底坑不会出现积水情况。

4.5.21 出地面贯通门轿厢电梯载重优化设计

车站设置电梯为行动不便的乘客提供无障碍通道，因此电梯的设置需要考虑便于坐轮椅的乘客的使用。根据轮椅尺寸标准，轮椅的设备设计尺寸应不大于1200mm×700mm，通过宽度应不小于800mm。另外，根据统计数据，一个中等人体的厚度为201mm（图4.5-24、图4.5-25）。

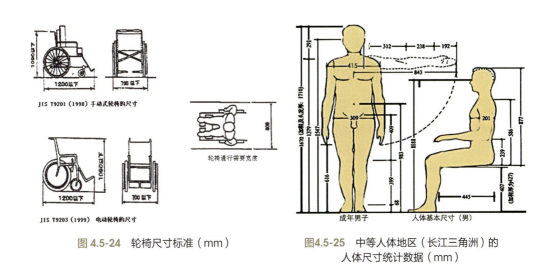

图 4.5-24　轮椅尺寸标准（mm）　　　图4.5-25　中等人体地区（长江三角洲）的人体尺寸统计数据（mm）

当出地面电梯与楼扶梯结合设置时，考虑乘客的使用方便，电梯采用贯通门轿厢设置。电梯采用载重1t非贯通门轿厢的规格，将会出现以下弊端：

（1）轿厢狭长，当有乘坐轮椅的乘客进入轿厢后（轮椅由蓝色阴影模块表示），轿厢剩余空间为两个狭窄的区域（图4.5-26）。其中轮椅后方距离轿厢门仅约300mm，勉强够陪伴人员站立。而轮椅和陪伴人员还需要保持与前后厅门一定安全距离，这使得乘坐舒适度大大降低，且很容易碰到前后厅门。

（2）相对于载重1t非贯通门轿厢电梯，在承载相同数量乘客的情况下，乘客挤到厅门的概率增加一倍，相应的危险系数增加一倍（乘客扶靠厅门属于危险情况）。

因此，本工程出地面电梯采用载重1.35t贯通门轿厢的规格（图4.5-27），在井道尺

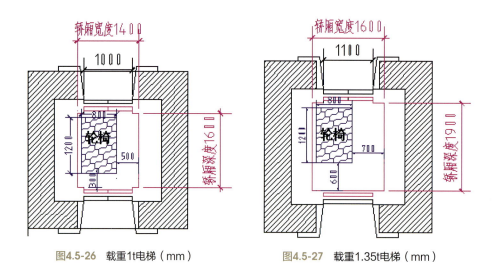

图4.5-26　载重1t电梯（mm）　　图4.5-27　载重1.35t电梯（mm）

寸少量增加的条件下，增加了轿厢面积，提高了乘客乘坐电梯的安全性及舒适度，同时提升了电梯的载客能力。

4.5.22　室内自动扶梯散热优化设计

为保证美观及防止油污滴落，室内自动扶梯外包板在上水平段是全封闭的（图4.5-28）。由于室内扶梯未设置排风扇，主机运行时产生的热量如不能及时排出，将导致主机内的热量堆积温度越来越高，控制柜和变频器会因此出现高温报警而影响扶梯正常运营。

为解决这一问题，本工程站内扶梯上水平段侧面外包板留有500mm×500mm散热孔矩阵（图4.5-29）。

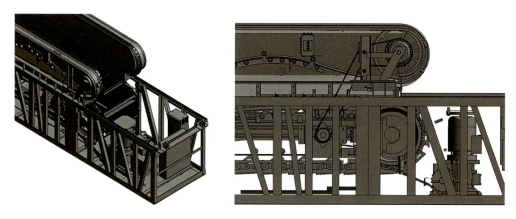

图4.5-28　扶梯上机房布置示意图

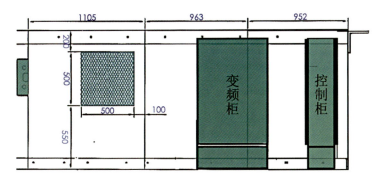

图4.5-29　扶梯上机房散热孔矩阵示意图（mm）

4.5.23　全新自动售票机设备及功能设计

本工程自动售票机外观呈流线型，富有金属质感（图4.5-30）。其主要用于发售币式非接触IC卡单程票、储值卡，提供硬币、纸币和两者混合购票功能。性能与售票速度以及乘客服务质量相较其他线路的设备有大幅度提高，发售一张票所用时间比既有线快30%～50%，同时TVM（自动售票机）内部首次启用视频监控，满足了现场票务运作及票务收益安全控制需求。

图4.5-30　自动售票机

4.5.24 票房售票机触摸式显示器的应用

票房售票机（BOM）的操作员显示器采用触摸屏式设备，客服中心票务操作人员可以通过触摸对票房售票机进行操作。根据广州地铁自动售检票界面标准，操作软件也进行了相应功能的开发，并结合票务服务人员的意见予以优化。具备触摸屏式显示器的票房售票机属国内的首次应用。

4.5.25 创新式边门验票机（SDG）设计

随着地铁线网的不断扩大，既有线路部分站点在应对特大客流、突发性客流时，闸机通过能力有所不足。为了解决这一问题，本工程采用了新型自动售检票设备——边门验票机（图4.5-31）。边门验票机SDG位于付费区内边门的位置，为从边门进出站的乘客提供验票和出站验票检票服务，该设备首次在地铁线路中运营，为广州独有的新式检票工具。

图4.5-31 边门验票机

图4.5-32 云闸机

4.5.26 云闸机的应用

本工程自动售检票系统率先使用云闸机，云闸机允许乘客通过手机或互联网在专用购票软件、微信公众号或支付宝购买单程票，生成二维码。乘客入闸时，向检票机出示二维码电子票，闸机快速读出二维码，进出闸机（图4.5-32）。云闸机是AFC系统设计在"互联网＋"时代背景下，结合移动互联技术打造"智慧地铁出行"的又一经典案例，也是在AFC行业的又一次成功探索。

4.5.27 第三方支付方式的运用

为响应国家建设"互联网+"的号召，本工程AFC系统在设计阶段首先提出了广州地铁多元化支付体系建设，在十三号线一期工程上相继上线云购票机、金融IC卡闪付过闸、地铁云卡、手机支付过闸、Apple Pay等新兴支付手段，已在地铁行业内形成较强的影响力。自金融IC卡"闪付"过闸功能上线以来，使用金融IC卡支付过闸的乘客数量稳步提升，且已迅速在广州轨道交通线网内推广实施。

4.5.28 AFC远程控制技术的应用

本工程AFC系统中，车站TVM、GATE实现远程控制功能，可有效降低能耗。车站计算机系统作为远程控制的控制中心，向车站的所有设备广播一个开机唤醒或关机的命令。各个设备收到命令后，通过电源控制器有步骤地逐一开启或关闭各个子部件的电源，从而实现设备的控制。远程唤醒技术是由网卡配合其他软硬件，通过给处于待机状态的网卡发送特定的数据帧，实现电脑从停机状态启动的一种技术，迎合了未来节能战略发展的需要。

4.5.29 显示屏光源的运用及排布

本工程大屏幕系统采用70Visionpro® P3L3LED光源。DLP一体化显示单元以4×10的方式拼接而成，横向4行，纵向10列（图4.5-33）。DLP显示屏目前主要有两种光源：UHP（超高压汞灯泡）光源和LED（发光二极管）光源，LED光源在显示颜色以及设备寿命都比既有线路使用的UHP光源提高显著，对两种光源的比较如表4.5-1所示。

UHP光源和LED光源的对比情况　　　　表4.5-1

	UHP光源	LED光源
单屏分辨率	1400×1050/1024×768	1400×1050/1024×768
光源使用寿命	6000~10000h	60000h
灯泡耗材	若采用双灯显示单元，每个显示单元两个灯泡，灯泡使用6000~10000h后需要全部更换	LED光源寿命60000h，在可预见的时间内都不需要因更换灯泡而增加费用
色轮耗材	色轮在工作时处于高速运转状态，寿命25000~30000h	无色轮，机芯在工作中是静止状态，可靠性与稳定性更高，而且免除了更换色轮的费用
亮度	采用智能双灯结构，双光路输出，亮度得到很大提升	投影机芯单灯亮度可达900lm、双灯亮度可达到1600lm以上

续表

	UHP光源	LED光源
亮度调整	灯泡功率在100~120W无级可调,通过调整灯泡功率对亮度进行调整	超宽的亮度调整范围,从全黑到最高亮度的无级调整
色域范围	可显示10.7亿种颜色	超宽的色域范围,照明色域比UHP灯泡色域更广,为UHP灯泡显示色域的1.7倍,色彩饱和度高且一致性好
色温调整	色轮选定后,色温不可调整	超宽范围的色温调整(3200~10000K),满足不同领域需求
开关机	开机后需要等待几十秒钟,灯泡亮度才能达到正常	开机后即可到达正常工作亮度,不需要任何等待时间
环保方面	采用超高压汞灯泡	固态LED,避免了灯泡破裂溢出汞的二次污染,不会对环境造成汞污染
可靠性	内部有高速运转的色轮和动态光圈的运动器件	光学系统中没有运动器件,全固态组件构成,降低了因为运动磨损导致的机芯故障的概率,可靠性更高
色彩调整	具备色彩亮度调整技术	具备自动色彩亮度调整技术
内置信号处理功能	提供视频输入通道(可输入模拟视频、S-Video和高清视频),提供RGB输入通道(数字和模拟信号)。在单屏内可实现一路RGB信号和一路VIDEO信号的任意叠加显示	提供视频输入通道(可输入模拟视频、S-Video和高清视频),提供RGB输入通道(数字和模拟信号),还提供HDMI信号端口。在单屏内实现2路/4路信号窗口的叠加
维护	灯泡使用到一定时候后(6000~10000h),由于其亮度的衰减,需要更换新的灯泡。基本每年需要更换一次灯泡	光源寿命高达60000h,如果7×24h使用,可以使用7年半的时间,生命周期内可不用考虑光源的更换问题

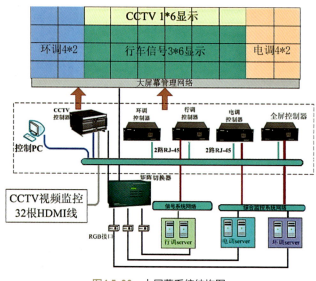

图4.5-33 大屏幕系统结构图

4.5.30 废水泵房的空间利用改进设计

本工程隧道区间具有线间距小,联络通道废水泵房面积紧凑的特点,给设备布置,现场施工安装带来一定的难度(图4.5-34)。为克服上述难点,项目组提出对区间废水泵房采用三维可视化设计,精确布置各机电设备,节约空间,减少施工难度。

此外,本工程区间废水泵房(鱼珠~裕丰围区间、裕丰围~双岗区间)地面检修井征地困难,施工场地狭小,管线迁改困难,室外排水接驳工程实施难度大。为保证工程开通节点,降低施工风险,对区间废水泵房排水方案作出创新性调整:取消地面检修井,区间废水泵房压力排水管沿区间行车方向内侧敷设至车站或区间风井废水泵房,通过车站、区间风井排出,大大减小了施工难度,缩短排水接驳的实施周期(图4.5-35)。此区间排水方案在广州地铁工程建设上属首次设计与应用。

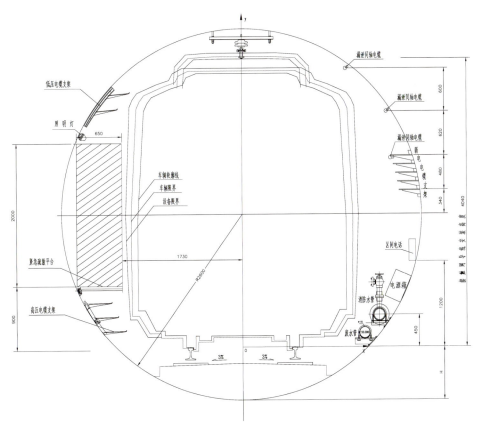

图4.5-34 原设计方案

4 设计创新与关键技术应用

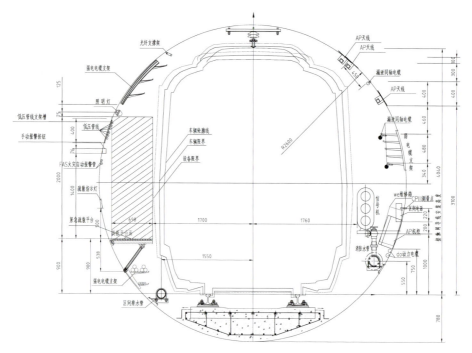

图4.5-35 优化后设计方案

4.5.31 凸轮泵式密闭污水提升泵站的应用

凸轮泵是一种容积式、正排量的泵，具有较好的自吸能力。车站污水提升系统采用新型凸轮泵密闭污水提升泵站。该装置适用于地铁站、火车站等公共场所或者对提升泵站性能等要求较高的场合。本工程提升泵站采用纯不锈钢体水箱，水泵采用干式安装的凸轮泵（图4.5-36），与传统离心污水泵密闭泵站相比具有如下优势：

图4.5-36 凸轮泵式车站密闭污水提升泵站

（1）凸轮泵具有无堵塞涡流污水泵的泵腔大通道的特点以及刀片切割式离心污水泵的切割功能，更适合客流量大的公共卫生间；

（2）凸轮泵具有极强的自吸能力，可完全干式安装，泵吸入口不局限于密闭水箱的液面高度，故泵站结构可根据现场情况灵活布置；

（3）水箱采用304不锈钢材质，外形规则，棱角分明，更适合土建安装位置的设计。

本工程凸轮泵式车站密闭污水提升泵站方案是广州地铁工程建设上的首次应用，运行效果良好，设备性能稳定，便于检修，得到运营部门的好评。

4.6 车辆段

4.6.1 库房层高的调整改进

车辆段作为综合基础设施，造价高，占地面积大，需充分利用空间资源。本工程车辆段在设计时结合物业开发需求，合理压缩股道布置，腾出白地进行开发，同时利用盖板上部进行物业开发。为从设计源头考虑节约工程投资，对工艺专业的检修空间进行了合理利用及整合，降低了库房高度。第一，将运用库板面标高从原方案的9m优化为8.5m，增加一层车库，该层车库板面高度为12.6m；第二，对检修库部分进行优化，将其板面标高从原方案的15m优化为12.6m，使得其板面标高与运用库上增加的车库板面高度一致，达到了在满足工艺使用要求的前提下，提高上盖物业开发品质和优化工程投资的效果。

4.6.2 车辆检修工艺的优化

广州既有地铁线列车车体均为铝合金材料，车体外部和转向架等部件涂装均采用油漆，若沿用既有检修工艺，喷漆尾气对上盖物业开发有较大影响，对盖下消防要求高，且补漆工艺需约3天，耗时较长。为提升物业开发的品质，本工程车辆采用铝合金车体＋喷漆工艺的方案，大修时则采用贴膜补修工艺（耐酸碱的复合膜）。相较于原补漆工艺，采用车体贴膜工艺不仅流程简单、耗时短，对环境影响小而且对于车体线占用影响最小，同时也能带来良好的经济效益。

另由于大批量的车辆部件也需补漆，考虑采用水性漆补漆工艺。水性涂料以水作溶剂，不含有苯、甲苯、二甲苯等有机溶剂和有毒重金属，降低了施工时发生火灾的风险和有机溶剂对大气的污染，对运营作业环境改善有较大帮助。

4.6.3 车辆清洁工艺的优化

既有线路常采用人工使用压缩空气吹扫车辆的工艺方法对车辆进行清洁，对环境影响较大。本工程设计为保证物业开发品质及盖下工作环境，将吹扫（压缩空气）工艺调整为清扫（清水洗洁）工艺，采用高压水枪替代压缩空气强吹，通过减少盖下粉尘污染，大大改善了检修人员的作业环境，并减小了对上盖物业的影响。

4.6.4　自动化流水线在地铁轮对大修基地中的应用

官湖车辆段作为全国首个采用自动化流水线生产运转的地铁轮对大修基地，配置了轮对压装、退卸机、立式镗床、车轴输送机、自动除锈脱漆等设备，预估年生产量约2500根，维修能力覆盖全线网路，可以实现大面积自动化，相较于传统的大修基地，大大节约了人工成本并提高了生产能力和效率。

4.6.5　空调大修场地的设立

地铁空调机初期维修量小，但随着线网规模的扩大、运营时间的增加，空调检修量逐渐增大，维修量十分不均衡。同时空调体积较大，运输不便，而空调机组的大修属于彻底性修理，即对设备进行全部分解、全面检查、试验、探伤、调整、更换所有不符合标准的零部件及附属装置，恢复设备的原有性能，使其效率达到或接近设计指标。因此，必须由专业技术人员和专业生产工人在专用检修场地，借助专用检修设备、组装设备和检验测试设备才能完成。为解决以上问题，本工程在官湖车辆段建立空调大修基地，进行空调集中检修，保证机组大修的同时，尽可能降低空调维修的运输成本。

4.6.6　上盖物业的高强度开发

官湖车辆段为广州市轨道交通A型车的第二个大架修基地，占地面积41.7ha，车辆段总建筑面积为168562m^2。车辆段功能复杂，设计难度大，同时为了使土地利用效益最大化、集约用地，保证上盖物业的高强度开发，需要在不影响地铁开通运营节点的前提下，对上盖物业开发进行重点设计。而目前国内车辆段上盖主要为低强度物业开发（结构总高不大于50m），可参考经验较少。

官湖车辆段采用以下设计方案有效地解决了现有难题：第一，上盖开发设计与车辆段整体设计同步进行，结合车辆段施工节点要求完成上盖方案设计、规划调整等工作，设计方案兼顾可实施性及灵活性，对盖板结构进行合理预留。同时，结合车辆段本身平面布置特点，合理布置上盖功能。第二，车辆段布局中，结构专业与建筑专业、工艺专业共同研究，在保证车辆段用地不增加的前提下，局部拉开线间距设置核心筒落地，核心筒可落地范围约6m，上盖住宅采用部分框支剪力墙结构，使盖上建筑物业开发总高度达到了85~120m，大大提高地块可开发的容积率。

4.6.7 超大规模虹吸雨水系统在广州地铁中的首创应用

官湖车辆段进行上盖开发时，先施工一层板，在未开发期内作为车辆段的临时屋面。由于盖板分缝不规则，排水组织较困难。针对车辆段盖板特别是咽喉区位置柱网不规律、分缝不规则的特点，设计结构找坡最低点及最高点高度，应保证最小找坡率不小于0.5%，最大不大于1.5%。从而有效简化设计，便于施工。同时，其排水系统采用虹吸压力流的雨水系统收集排放屋面雨水，虹吸压力流排水系统总汇水面积约为20万m^2，为目前广州地铁规模最大的虹吸雨水系统。

相较于传统的重力排水系统，虹吸雨水排放系统横管不需要坡度、管径较小、立管及雨水斗数量较少，便于建筑、综合管线的处理；同时雨水井少，室外地面开挖工作少，施工简单快捷，系统排水效率高。虽然造价略高，但结合上述优点，从长远来看，其性价比高于传统重力排水系统，对今后同类工程具有较大的创新示范意义。

5 工程方案与城市总规符合性调整

5.1 概述

5.1.1 与城市总规相协调的重要性

随着城市化迅速发展，地铁线路与城市建设的关系也愈发紧密。地下轨道交通作为高效、环保、大运量的交通方式，在公共交通体系中的作用将越来越重要。为使地铁交通建设做到以人为本、安全可靠、功能合理、技术先进、经济适用、节能环保，并有利于可持续发展，工程方案必须与城市总规相协调，并合理进行线路规划设计。而线路设计必须综合考虑各方面因素，深入仔细地研究线、站位方案，并积极与各市政部门、产权单位对接，逐步稳定线、站位方案。最终确定科学、合理、可行、经济并有利于运营的工程设计方案。

5.1.2 工程方案影响因素

工程方案的线站位比选研究作为城市轨道交通工程可行性研究的基础，是各专业开展工作的前提和条件。影响线站位方案比选的因素多种多样，其主要因素如表5.1-1所示。

线站位方案比选影响因素及研究重点　　　　表5.1-1

影响因素	研究重点内容
与上位规划的符合性	需充分理解上位规划的内涵，把握线路的功能定位。根据城市总体规划、土地利用规划、综合交通规划、城市轨道交通线网规划等展开研究
客流吸引效果	考虑沿线既有和规划道路周边用地的客流情况，并与城市综合交通网络规划相协调，与各类交通枢纽相衔接，最大限度吸引客流
线路技术条件	从线路长度、曲线半径、配线设置、线路平顺程度和转角、车站设置和线路敷设方式等多方面的技术条件比较论证各方案的优缺点
可实施性及实施难度	结合沿线建（构）筑物、控制点和施工工法分析各线、站位方案的可实施性及实施难度和施工风险，确定合理的线、站位方案
拆迁及管线迁改	对各方案车站和区间的房屋拆迁类型、拆迁面积、管线迁改类型和迁改费用进行综合比选，确定最合理的方案
交通疏解	结合沿线道路交通量的需求，根据车站和区间施工工法，制定合理的交通疏解方案，进一步确定合理的线、站位方案
环境、景观和文物	线站位方案尽可能减少对环境景观的影响，避让文物保护地带；根据线路对环境、景观和文物的影响合理确定线站位方案

续表

影响因素	研究重点内容
工程造价	根据各方案的工程造价合理确定线、站位方案
运营效果及经济效益	结合全线配线设置、车站设置、线路选型和客流预测等因素综合考虑
轨道交通用地规划	车辆段、停车场等轨道交通工程建设用地会影响线、站位方案，需根据车辆段和停车场用地合理确定线、站位方案，特别是接轨站的选择

5.1.3 工程方案的研究内容

线站位方案比选是一个系统完整的工作过程，贯穿于线路设计的全过程以及后续施工过程中的重难点施工设计中，一个稳定合理的线路、车站方案的确定可以为后续的各专业衔接工作提供有利条件。其主要工作内容包含以下几方面：

（1）线路路由方案比选

路由方案比选是线站位方案研究的基础，只有确定路由方案，才能为下一步车站站位方案比选打下坚实的基础。路由方案比选是在城市轨道交通线网规划和建设规划的基础上，结合城市道路现状及沿线规划情况、工程可实施性及可实施难度、沿线建（构）筑物和工程造价等因素对对象路由做多方案比选的过程，通过严格的比选，才能最终确定最佳路由。

（2）车站站位方案比选

车站站位方案比选主要是针对2个或2个以上不同位置并且可行性较强的车站方案进行研究和比选，最终根据各个方案的优、缺点综合比较车站服务功能、工程可实施性、工程造价和交通疏解等因素确定推荐方案。

（3）车站加站和减站方案研究

车站加、减站需结合城市规划、客流需求、站间距和时空目标等因素进行综合研究，并与建设规划、工程可研进行规模对照、经济比选最终经主管部门同意方可实施。

（4）线路敷设方式比选

线路敷设方式主要有地下、地面和高架3种。线路采用地下敷设方式时，车站主要采用明挖法施工，区间隧道主要采用盾构法、明挖法和暗挖法施工。线路敷设方式的比选主要针对地下、地面和高架方式的研究和比选。

（5）车站埋深方案研究

车站埋深方案研究主要是为了确定合理的车站轨面标高。车站埋深的主要受制因素有周边的河流、湖泊、管线、前后区间隧道入岩和拆迁等。

（6）区间埋深方案研究

区间隧道埋深主要控制因素有地质情况、沿线建（构）筑物情况、河流和湖泊、节能坡和其他相交线路等。

5.2 工程方案调整

5.2.1 工程概况

十三号线一期工程（鱼珠~新沙）线路呈西东走向，线路全长约26.95km，横穿多种地形及重要建筑物，工程风险极大。为了降低工程风险，本工程在设计过程中通过多专业、多方案综合比选，分别对线路纵平面设计、各重要换乘车站、施工高风险区间、车辆段等部分进行了深入详尽的方案，比选工作使工程中的各类风险源得到有效控制，相关城市总规中的文物环境保护问题得到妥善解决。本节将以车辆段选址调整为例，介绍与城市总规符合性相协调过程，以期与相关工作者共同学习进步。

十三号线线路全长约60km，共设置34座车站，设有一座车辆段及两座停车场，车辆采用8辆编组A型车。其中一期工程设11座车站，设一座车辆段。前期规划阶段车辆段有两个选址方案，方案一为新沙（原象颈岭）站附近，方案二为官湖站附近，经过对选址各影响因素综合分析，最终确定选用方案二。选址确定为官湖车辆段，定位为A型车的第二个大架修基地，承担十三号线、十一号线和十六号线的大架修任务，详见图5.2-1。

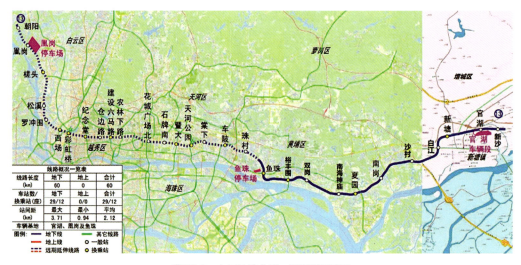

图5.2-1　十三号线全线一段两场示意图

5.2.2 选址方案比选影响因素

（1）设计规模

考虑到该车辆段上盖物业开发因素，为减少远期扩建的影响，本次设计中车辆段土建工程全部按近期实施，机电设备按远期预留。

（2）与水源保护区相协调

根据《广州市轨道交通2015年建设规划环境影响报告书》审查会专家意见，新沙（原象颈岭）站（十三号线）、黄金围（八号线）等所在区域位于饮用水源保护区范围内，所以车辆段需要考虑重新选址（图5.2-2）。

图5.2-2　水源保护地范围与选址关系图

（3）客流变化情况

由于客流量早晚高峰值出现较大提升，使得列车配属由前期规划的6A编组初期17列、近期59列和远期72列调整为8A编组初期17列、近期65列和远期81列。故还需考虑车辆段规模与车辆配属车的协调性。

5.2.3 综合比选

经过对影响因素的考虑，对两种方案进行综合比较如表5.2-1：

车辆段方案比较　　　　表5.2-1

对比内容	方案一	方案二	比较分析
选址位置	新沙站以东出入段线由新沙站后接轨	官湖站以南出入段线由官湖站西侧接轨	因环评水源保护地问题更换选址

续表

对比内容	方案一	方案二	比较分析
铺轨长（km）	13.5	18.89	列车长度增加
拆迁房屋总面积（m²）	29149.3	37298.5	调整选址后，选址内既有房屋面积增加约30%
新建房屋总面积（m²）	107785.2	164686.5	房屋面积增加约50%
用地面积（ha）	27.9	41.06	列车长度增加，同时考虑上盖物业开发，征地面积增加47%
总投资（万元）	123838.13	228601.54	总投资增加约10亿

经过比较之后，为满足水源保护区的相关规定，选址最终定为官湖站以南，出入段线由官湖站西侧接轨。官湖车辆段选址位于十三号线线路东端官湖村的南侧、环城路以南、新沙大道以西、石新公路以东的地块内。选址现状为农田、水塘及大量房屋建筑，地块内北侧地势较为平坦，用地面积约41ha。最终段址选择如图5.2-3所示。

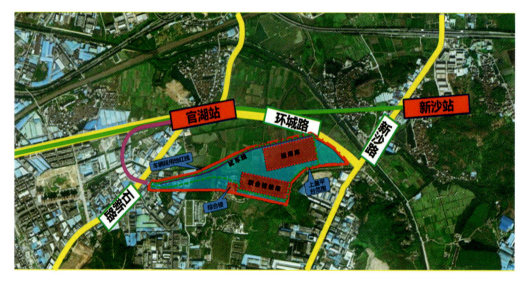

图5.2-3　最终车辆段方案选址图

5.3　回顾与展望

本工程在对线路路由、曲线半径、换乘车站及车辆段选址等工程设计方案与城市总规相协调的过程中，综合考虑各类影响因素，最终确定了相对合理的工程方案，并总结出以下相关设计经验：

（1）认真考虑线路定位：线路在线网中的定位决定了线路的功能特点，对线路路由的选择具有指导意义。

（2）把握城市规划：需要充分了解线路沿线城市规划，以及城市轨道交通线网规划、近期建设规划、历史文化遗产、环境评价等资料。

（3）结合控制因素：线站位的选择应充分结合线站位周边的控制因素，从多个因素进行分析比选，例如客流吸引条件、线路长度、施工难易程度、对环境、景观以及文物的影响等多个方面。

（4）考虑后期运营维护：在比选线站位时，应充分考虑线站位周边的土地开发利用，并且对线路的后期运营维护费用也应一并考虑。

6 车辆

6.1 车辆型式

本工程初、近、远期车辆均采用8辆编组A型车（后简称8A型车），地铁A型车是地铁列车型号中，宽度最大、载客量最大的车型，尤其适合人口密度、客流量大的特大型城市使用。根据本工程客流模拟结果，选择8A型车较适用于广州轨道交通十三号线一期工程的运行要求。

我国地铁车型根据车体宽度主要划分为A型车、B型车、C型车。本工程选择采用的A型车，为接触网供电的A2型车，由带司机室的拖车（Tc）和具有动力的动车（分为带受电弓的Mp车和不带受电弓的M车）两种车型组成，1辆拖车和3辆动车组成一个列车单元。

6.2 8A列车编组

地铁车辆采用动拖结合的混编方式形成电动列车组，我国地铁列车常见的编组形式主要有：八辆编组、六辆编组和四辆编组。本工程车辆设计采用6动2拖的列车编组，列车由两个单元车组组成，每个单元车组由1辆拖车（Tc）和3辆动车（M/Mp）组成，列车编组示意图如图6.2-1所示。

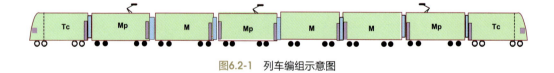

图6.2-1 列车编组示意图

6.3 主要技术参数

6.3.1 基本尺寸

本工程所使用的8辆编组A型车基本尺寸见表6.3-1。

车辆基本尺寸　　　　　　　　表6.3-1

项目	参数（mm）
轨距	1435
车体长度（包括两端车钩）	24400
列车长度（包括车钩）	22800
车体最大宽度（地板面处）	3000
车体最大高度（车顶距轨面、新论）	3850
地板面到轨面距离（AW0、新轮、正常状态）	1130
转向架中心距	15700
转向架固定轴距	2500
车门的净开宽度（塞拉门）	1400
轮径　新轮	840
轮径　半磨损	805
轮径　全磨损	770

6.3.2 列车载客量

本工程车辆设计使用了运载量更大的8辆编组A型宽体车，每节车厢长度22.8m，宽3m，比大部分既有线路使用的6A型车载客能力提升30%以上，有效增大了本工程地铁的载客量，并能在客流高峰时期更加快速地疏散运送。本工程列车载客量见表6.3-2。

列车载客量　　　　　　　　表6.3-2

项目		参数（人）
坐席载客量（AW1）		368
定员载客量（AW2）	站立密度为5人/m^2	2144
定员载客量（AW2）	站立密度为6人/m^2	2480
超员载客量（AW3）（9人/m^2）		3456

6.3.3 牵引制动性能

从既有线路6A型车的牵引制动性能可知，A型车与B型车的区间隧道投资相同，对于客流量较大的线路，采用A型车能取得更高的经济效益。本工程列车在既有6A型车基础上，根据客流需求，列车载客量和运行速度进行了提升，为满足此需求，列车牵引制动性能进行了提升。具体牵引制动性能见表6.3-3。

牵引制动性能　　　　　　　　　表6.3-3

项目	参数
牵引性能（在定员AW2情况下，车轮半磨损状态，在干燥、清洁平直轨道上，额定电压DC1500V时）	
平均旅行速度	58km/h
平均启动加速度（0~40km/h）	≥1.1m/s^2
平均加速度（0~100km/h）	≥0.65m/s^2
牵引黏着计算系数	≤0.175
牵引冲击极限	0.75m/s^3
制动性能（在定员AW2荷载情况下，在干燥、清洁平直轨道上，列车从最高运行速度100km/h到停车）	
平均全常用制动减速度	≥1.0m/s^2
平均快速制动减速度	1.2m/s^2
平均紧急制动减速度	1.2m/s^2
列车纵向冲击率	0.75m/s^3
制动计算黏着系数值	≤0.16

在AW2荷载以下，网压大于等于1650V时，速度从100km/h开始到列车电制动与气制动的转折点速度时，电制动能单独满足常用制动要求。

6.4　车辆的轻量化设计

本工程车辆减重是在研发过程中遇到的最大难点，为了能满足要求，车辆设计从以下方面进行优化，实现车辆重量的减轻：

（1）采用变频空调系统，在车辆降低能耗的同时，降低了空调机组的重量；

（2）优化铝结构型材断面及内部板筋配置，使车体结构轻量化；

（3）轮盘材质采用铝盘，相比于铸铁盘，重量减轻50%，同时，铝盘热容量效果更好，全寿命周期成本更低；

（4）采用新型防寒材料，重量降低的同时，隔热效果更好；

（5）采用新型结构风道，重量是铝风道的1/3，且这种风道寿命长，易清洁。

6.5 车辆国产化

国家发展和改革委员会关于城市轨道交通车辆设备国产化率规定，地铁整车的国产化率不能低于75%，牵引电气系统及空气制动系统部分的国产化率不能低于50%。

本工程车辆采用最高时速为100km/h的A型车辆，列车国产化率达75%以上，且引进仅限于部件、零件、材料、专用工具和工装以及专用测试仪器，较好地达到了预计的国产化实施目标。

6.6 回顾与展望

在列车的设计过程中，根据客流需求，列车的编组可选用6辆编组A型车和8辆编组A型车两种方案。通过对二者在载客量、重量、列车牵引和制动性能、列车故障运行能力和救援能力及能耗等方面的比较，最后决定采用8辆编组A型车。虽然8辆列车能耗较高，但是根据运能需求，通过行车计算，推荐初、近、远期均采用8辆编组列车。这也是广州地铁首次采用8辆编组列车，其列车设备配置（如受电弓数量），机械、电气编组方式虽存在不确定性，但设计团队在广州地铁集团有限公司总工程师室、运营总部新线筹备中心的带领下，前往目前已运营的8辆编组列车地铁线路学习经验，与厂家进行多次沟通，多方案论证，最后决定列车的动拖比采用6动2拖方案。相较于5动3拖的列车编组方案，其加速性能更好，旅行速度更高，能更好地保障地铁系统的稳定运行。在后续的地铁运营期，及时收集车辆运行的各项数据指标，进一步对其进行评估，为后续线路的车辆选型提供更为可靠的基础数据。也建议后续地铁工程设计时应对车辆选型进行全方位的评估研究，根据既有线路的数据和对后续线路规划的合理预测，做出更为经济合理的选型设计。

7 限界

7.1 设计原则

轨道交通的限界是确定行车轨道周围构筑物净空的大小和各种轨旁设备、管线安装位置的依据。因此，根据《地铁限界标准》CJJ/T 96—2018中的规定，对限界按以下原则进行设计：

（1）限界应保证列车高速、安全、正常运行，确定的限界尺寸应经济合理且能满足各种设备和管线安装的需要；

（2）限界应根据车辆的轮廓尺寸和技术参数、轨道特性、受电方式、设备以及管线安装、施工方法等因素，综合分析计算确定；

（3）限界包括车辆限界（含受电弓限界）、设备限界、建筑限界，起控制作用的是设备限界和建筑限界；

（4）限界是按平直轨道的条件制定的，曲线地段及道岔区的限界应在直线地段限界的基础上进行加宽；

（5）车辆限界是车辆在正常运行状态下形成最大动态包络线，按照设定的车辆轮廓线及设计参数，用最高行车速度进行区间直线地段车辆限界设计；

（6）设备限界是车辆限界外的一个轮廓。除另有规定外，构筑物及固定设备的任一部分，即使计及了它们的刚性和柔性运动在内，均不得向内侵入此限界；

（7）建筑限界中不包含测量误差、施工误差、结构沉降、位移变形等，在结构设计时，对结构施工、测量、变形误差、设备制造和安装误差以及在施工、运营中难以预计的其他因素在内的安全留量等，都予以考虑。

7.2 工程方案

7.2.1 车站限界

（1）站台边缘至线路中心线的距离

站台计算长度内的站台边缘至线路中心线的距离，应按不侵入车站的车辆限界确定。十三号线工程车辆的车门为塞拉门，站台边缘与车辆动态包络线之间的间隙要求规定为10mm，车辆轮廓线最宽处为1500mm，车辆厂商计算后提供的最大车辆动态包络线是1590mm。因此站台边缘与线路中心线的横向间隙为1600mm较为合理。

（2）站台装修面高度的计算

站台面不应高于车厢地板面，对A型车，车辆地板面至轨面的高度为1130mm，站台面距轨顶面的高度要求为1080mm±5mm。

（3）侵限处理原则及要求

全线结构施工完成后，第三方测量单位会对区间及车站断面进行限界测量，并依据第三方测量单位提供的测量数据资料对全线限界进行检查。限界检查的原则为：

①主体结构（构筑物）与设备限界的最小间隙，一般情况下不小于200mm，困难情况下不小于100mm；

②设备管线与设备限界的间隙不应小于50mm。

在核查过程中发现构筑物相关设备或管线存在侵限，应再进一步对侵限的情况按以上原则进行整改或调整，来最终确保行车安全。

7.2.2 隧道建筑限界设计

（1）圆形隧道建筑限界直径为5200mm。特殊减振地段建筑限界直径为5250mm，全线设紧急疏散平台，平台设于列车运行方向的左侧。紧急疏散平台高度距轨顶面900mm，圆形隧道内疏散平台宽度不小于600mm。圆形隧道建筑限界示意图如图7.2-1所示。

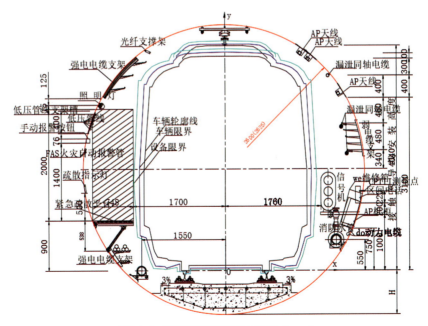

图7.2-1　圆形隧道建筑限界示意图（mm）

7　限界

（2）区间直线地段矩形隧道建筑限界采用工程标准：宽度为4700mm（有疏散平台），宽度为4400mm（无疏散平台），高度4500mm（自轨顶起）。区间直线地段矩形隧道建筑限界示意图如图7.2-2所示。

（3）马蹄形隧道建筑限界采用工程标准：拱顶半径2650mm，断面最大宽度5300mm，腰部曲率半径5150mm，拱顶高度（自轨顶起）4650mm，马蹄形隧道内疏散平台宽度不小于800mm。马蹄形隧道建筑限界示意图如图7.2-3所示。

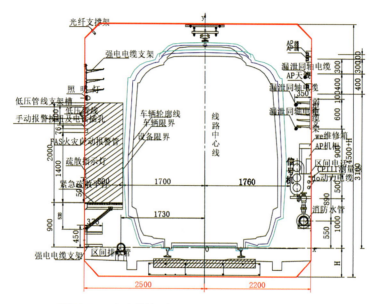

图7.2-2 区间直线地段矩形隧道建筑限界示意图（mm）

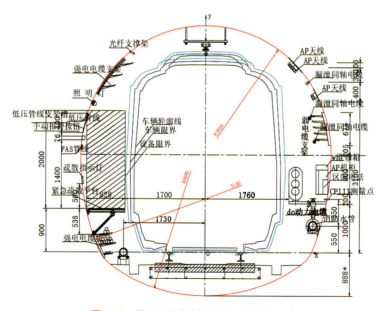

图7.2-3 马蹄形隧道建筑限界示意图（mm）

7.3 回顾与展望

限界的功能是确定各种行车断面的净空尺寸。它和车辆、线路、行车组织、轨道、车站建筑、区间隧道、桥梁、接触网、站台门（安全门）、供电、通信、信号、给排水及消防等专业之间存在接口。合理的限界是保障行车安全、控制土建投资的重要一环。回顾本工程的限界设计过程，针对设计中出现的重难点，提出以下几点建议和展望：

（1）因建筑限界中不包含施工误差、测量误差、结构沉降、位移变形等。建议在结构设计、施工和设备安装时，对结构施工、测量、变形误差、设备制造和安装误差以及施工、运营中难以预计的安全预留量等，都予以充分考虑。

（2）车站设计中需要特别注意有效站台内的站台及有效站台外走廊的限界要求；对于曲线进站和道岔进站时，需特别注意曲线范围的加宽和道岔区的加宽。

（3）疏散平台位于轨面以上900mm的高度，其安装的空间范围为538mm，在小曲线段的圆形隧道中，由于平台安装占用空间较大，容易引起平台下方的电缆支架的安装空间受限制，也对困难地段的施工提出了更高的要求。在疏散平台设计时，可尽量压缩安装空间，使电缆支架往上抬升，这样也可以减少不必要的空间浪费和侵限情况。

（4）本工程因施工质量等原因，个别区间和车站建筑物侵限较为严重，现简要介绍下夏园—南岗右线区间侵限情况，为后续工程设计提供参考：

该区间经调线调坡处理后，仍存在较多侵限的情况，顶部最大侵限值为117mm，底部最大侵限值为141mm，左部最大侵限值为52mm，右部最大侵限值为63mm，主要是由于盾构机打偏，管片下沉引起的。根据该区间调线调坡设计的相关会议内容，对于顶部侵限引起接触网安装空间不足的情况，设计并采用U形底座安装方式悬挂接触网，接触网导线高度在悬挂点处可降低至4010mm，从而保证接触网支座最低安装空间达到4320mm，且低于4320mm的侵限区域控制在10m内错开安装U形底座；对于底部侵限引起轨道不足的情况，因本侵限区域为中等减震地段，轨道结构采用将长枕埋入式整体道床变更为短枕中心水沟整体道床，允许的最小轨道高度为640mm，从而保证轨道的顺利敷设；对于左右侧侵限引起的小部分支架管线不满足50mm间隙要求的问题，通过对相关的支架做部分切除处理来保证其满足限界要求。

本工程设计通过以上处理方式最终保证了本区间行车的安全。汲取本次设计的经验教训，建议后续工程在施工过程中务必严格把控施工精度，避免后续工程中出现类似问题，增加工作量。

8 线路

8.1 总体设计方案

8.1.1 线路走向

广州市轨道交通十三号线填充了增城区轨道交通的空白,为支持广州城市"东进"发展战略、为实现人口向东转移的总体城市规划提供了契机,是提升中心区功能,支持重点区发展的重要需求。

十三号线整体呈东西走向,一期工程以五号线鱼珠站为起点,向南下穿鱼珠综合市场后,先后下穿鱼珠木材厂、煤炭厂、省糖铁路支线三条铁路线,穿越狮子桥涌后沿规划路、海员路向东到达丰乐路,在丰乐路西侧设置裕丰围站;而后沿规划路向东,穿过乌涌后折向东北接入黄埔东路,在黄埔客运站东侧设置双岗站;线路由文园向东行进,下穿双岗村部分民房、黄埔大桥后在南海神庙北侧设南海神庙站;继续东进至夏园村的北侧设置夏园站;而后沿黄埔东路继续向东行进,跨过黄埔新港支线铁路线、开发大道立交、金竹山后,折向东北,跨过东鹏大道立交到达南岗站;出南岗站后继续沿黄埔东路向东北行进,跨过规划罗南路立交折向东接入新塘大道西延线,在东方新世界北侧设置沙村站;之后线路下穿广深高速公路接入新塘大道,在东洲大道东侧折向北,下穿规划地块后在107国道南侧设白江站;之后线路折向东,在群星新村北侧设新塘站;之后线路沿新107国道继续向东,在官湖村南侧设官湖站;最后线路向东在新沙公路处设新沙站(线路走向如图8.1-1所示)。

图8.1-1 十三号线一期工程线路走向示意图

十三号线一期工程线路长约26.95km，均采用地下线敷设方式；共设置11座车站，其中换乘站4座，分别为鱼珠站与五号线换乘，裕丰围站与七号线换乘，夏园站与五号线换乘，新塘站与十六号线、穗莞深城际线换乘；平均站间距约2.6km，最大站间距为南岗至沙村区间，为4001.58m，最小站间距为官湖至新沙区间，为1524.02m。在官湖站南侧设置车辆段（含控制中心）一座，在夏园站附近、官湖车辆段内各设置一座主变电站。

8.1.2 车站分布

十三号线一期工程线路设站情况：鱼珠站—裕丰围站—双岗站—南海神庙站—夏园站—南岗站—沙村站—白江站—新塘站—官湖站—新沙站。车站分布见表8.1-1。

十三号线一期工程车站分布表　　　　表8.1-1

序号	站名	中心里程	站间距（m）	车站性质
1	鱼珠	YDK37+857.68	/	地下两层侧式车站，换乘站
			2795.4	
2	裕丰围	YDK40+590.00		地下两层岛式车站，换乘站
			2075	
3	双岗	YDK42+665.00		地下两层岛式车站，中间车站
			2797	
4	南海神庙	YDK45+462.00		地下两层岛式车站，中间站
			2118	
5	夏园	YDK47+580.00		地下两层岛式车站，换乘站
			2965	
6	南岗	YDK50+545.00		地下两层岛式车站，中间站
			3710	
7	沙村	YDK54+255.00		地下两层岛式车站，中间站
			2995	
8	白江	YDK57+250.00		地下两层岛式车站，中间站
			1764.53	
9	新塘	YDK59+014.53		地下两层双岛车站，换乘站
			3350.47	
10	官湖	YDK62+365.00		地下两层岛式车站，中间站
			1520	
11	新沙	YDK63+885.00		地下两层岛式车站，终点站

8.2 线路方案平面设计

8.2.1 线路平面设计

根据广州市轨道交通线网规划，十三号线一期工程整体呈东西走向，西起于五号线鱼珠站，东止于新塘镇新沙站。将十三号线一期工程分如下两段进行分析：

（1）鱼珠至南岗段线路平面设计

①线路经由

该段线路长约13.5km，线路主要在黄埔区行进。该段线路共设5座车站，分别为：鱼珠站、裕丰围站、双岗站、夏园站、南岗站（图8.2-1）。

图8.2-1 鱼珠至南岗段线路走向

线路起自车陂站，沿中山大道向东行进，下穿东环高速公路立交、西涌、茅岗立交后到达鱼珠站，与五号线换乘；由鱼珠向南后转向东先后下穿鱼珠木材厂、煤炭厂、省糖铁路支线三条铁路线，两次穿越狮子桥涌后沿规划路、海员路向东到达丰乐路，在丰乐路设裕丰围站与七号线换乘；线路沿规划路向东，经丰乐南路后折向东北，在石化路处接入广深公路，在黄埔客运站北侧设双岗站；线路由文园向东沿广深公路行进，下穿黄埔大桥（广江路）后到达夏园站，与五号线换乘；线路沿广深公路继续向东行进，跨过黄埔新港支线铁路线、开发大道立交，在金竹山路东侧处出地面，折向东北跨过东鹏大道到达南岗站（图8.2-2、图8.2-3）。

②主要控制点

线路在该段的控制点主要有：东环高速公路、茅岗立交、五号线鱼珠站、黄埔大桥、黄埔港公共汽车总站、黄埔客运站、开发大道高架及下穿隧道、沿线铁路及输电线等。

图8.2-2 鱼珠至双岗线路走向

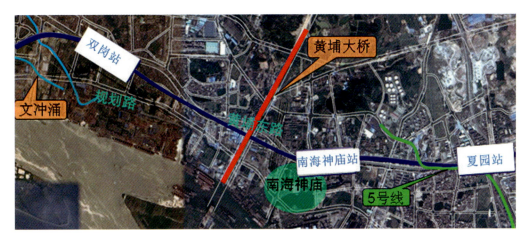

图8.2-3 双岗至夏园线路走向

（2）南岗至新沙段线路平面设计

①线路经由

该段线路长约13.45km，线路大部分在增城新塘行进。该段线路共设5座车站，分别为：沙村站、白江站、新塘站、官湖站、新沙站（图8.2-4）。

线路由南岗站沿广深公路向东北行进，跨过罗南路立交折向东接入规划路。之后线路下穿广深高速公路接入新塘大道，在东方新世界北侧设置沙村站。过东州后折向北，下穿规划地块后在东洲与广深公路交叉口东侧设白江站。之后线路折向东，在广深铁路与穗莞深相交处设新塘站，在新塘火车站南侧与穗莞深线及十六号线换乘。之后线路继续向东，在广深铁路、官湖村南侧设官湖车站，之后线路向东在规划的商务城处设新沙站（图8.2-5、图8.2-6）。

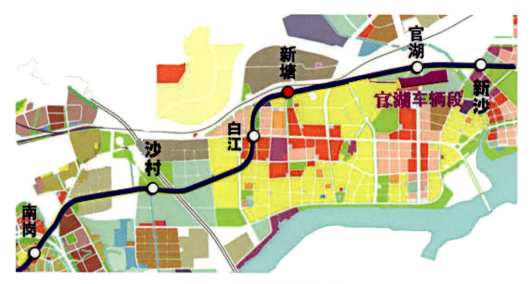

图8.2-4 南岗至新沙段线路走向图

图8.2-5 南岗至新塘线路走向

图8.2-6 新塘至新沙线路走向

②主要控制点

线路在该段的控制点主要有：南岗桥、规划罗南路立交、广深高速公路、新塘大道西延线桥梁、新塘站、新107国道沿线桥梁、沿线人行天桥及输电线等。

8.2.2 线路曲线分布及小半径分析

（1）曲线分布

十三号线一期工程全线正线共设75个曲线。其中右线正线38个，曲线长12535.741m，占右线全长的46.51%；左线正线37个，曲线长12356.982m，占左线全长的45.78%。

①右线曲线分布

a. 右线曲线分布情况见表8.2-1。

右线平面曲线分布表　　　　　表8.2-1

半径（m）	个数	长度（m）	占曲线百分比
365	1	759.875	6.06%
550	1	602.414	4.81%
600	1	238.559	1.90%
650	4	2531.329	20.19%
700	2	882.243	7.04%
800	13	4906.698	39.14%

8 线路

续表

半径（m）	个数	长度（m）	占曲线百分比
1000	1	282.275	2.25%
1200	2	556.862	4.44%
1300	1	172.432	1.38%
1500	2	366.899	2.93%
1600	1	133.891	1.07%
2000	3	392.412	3.13%
2500	2	271.007	2.16%
3000	3	336.19	2.68%
6000	1	102.655	0.82%
合计	38	12535.741	100.00%

b. 十三号线线路右线平面特征见表8.2-2。

右线平面特征表　　　　　　　　表8.2-2

项目	单位	长度	占全长百分比
曲线	km	12.536	46.51%
直线	km	14.418	53.49%
合计	km	29.954	100%

②左线曲线分布

a. 左线曲线分布见表8.2-3。

左线曲线分布表　　　　　　　　表8.2-3

半径（m）	个数	长度（m）	占曲线百分比
380	1	642.5056	5.20%
550	1	602.414	4.88%
650	5	2878.568	23.30%
800	15	5975.099	48.35%
1200	3	747.645	6.05%

续表

半径（m）	个数	长度（m）	占曲线百分比
1500	3	548.283	4.44%
2000	3	392.252	3.17%
2500	3	333.886	2.70%
3000	1	106.551	0.86%
6000	2	129.778	1.05%
合计	37	12356.9816	100.00%

b. 十三号线左线平面特征见表8.2-4。

左线平面特征表　　　　　　表8.2-4

项目	单位	长度	占全长百分比
直线	km	12.375	45.78%
曲线	km	14.634	54.22%
合计	km	26.991	100.00%

（2）小半径曲线设置说明

轨道交通十三号线一期工程主要沿城市主干道行进，顺道路布点设站，线路总的走向呈东西方向，由于线路受沿线道路线形、地形、地质及市政工程的制约，左线设置$R=380m$曲线1个，右线设置半径为$R=365m$的曲线1个，均设置在鱼珠站后，需要限速70km/h。该小半径曲线设置原因说明如下：

因五号线鱼珠站在施工时已将十三号线北侧车站施工完毕，故线路在此处只能呈先南北后东西的走向，线路转向角度过大。若该处左线曲线采用450m半径，则线路左线曲线侵入有效站台约70m，曲线处需限速80km/h，且鱼珠南侧A8楼需进行拆迁；若右线采用400m半径，为满足站端盾构始发井的线间距要求，需将鱼珠综合市场北侧部分建筑拆除。若该处右线曲线采用365m半径，左线曲线采用380m半径，则该段曲线限速70km/h，曲线不会侵入有效站台，且不需拆除鱼珠综合市场及A8楼。综上所述，确定此处右线曲线采用$R=365m$，左线曲线采用$R=380m$的方案（图8.2-7、图8.2-8）。

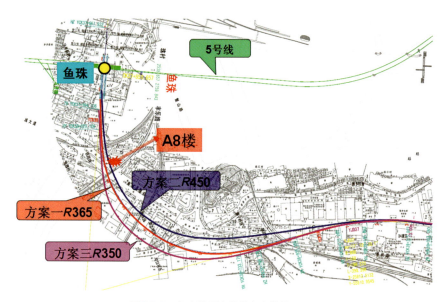

图8.2-7 鱼珠站后小曲线方案比选

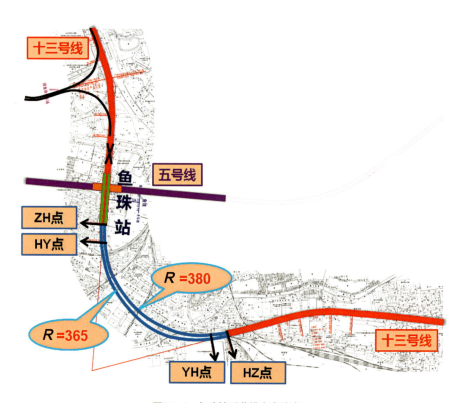

图8.2-8 鱼珠站后曲线方案选定

8.3 线路方案纵断面设计

线路敷设方式的选择宜结合地形、道路、环境、工程地质情况，从降低工程造价和运营成本、减少对市民生活环境的干扰，保护城市生态、合理利用土地资源等方面综合考虑。

十三号线一期工程主要沿现有道路和规划道路行进，沿线主要经过黄埔工业区、旧城区和增城规划发展区。线路主要经过黄埔汽车客运站、黄埔旧城区、新塘远景规划CBD和规划增城国际商务城用地。线路纵断面设计受地形地貌、工程地质、施工方法、地上地下构筑物、运营条件等因素控制，并受到规划道路和规划用地性质的影响，还需要考虑轨道交通线网间的换乘、联络、预留发展空间的需要。

纵断面设计主要控制因素有：茅岗立交、五号线鱼珠站、黄埔大桥、黄埔客运站、BRT人行天桥、开发大道高架及下穿隧道、沿线铁路及输电线、南岗桥、规划罗南路立交、广深高速公路、沿线人行天桥及输电线、新塘站、沿线周边的建筑物、管线、地质条件等。

8.3.1 纵断面设计

结合工程实际，从城市规划、环境协调、地质、环境保护等方面考虑，进行线路敷设方式研究。

（1）鱼珠至南岗段纵断面设计

该段线路自鱼珠站后至荔香路以及裕丰围至双岗段均需要穿越地块，且沿线建筑密集、道路狭窄，考虑采用地下方式敷设。之后线路从双岗至南岗段，周边多为厂房企业和小居民区，黄埔大桥东侧为高压走廊，夏园东侧为开发大道四层立交，因此考虑采用地下方式敷设。

其中，鱼珠～裕丰围～双岗站段线路主要考虑到茅岗立交、五号线预留鱼珠站、局部房屋基础、加油站、地质微风化层等控制因素，该两端区间经过综合比较后在保证隧道顶有一倍隧道直径的覆土层，满足盾构要求的基础上采用中埋盾构，尽量避开微风化岩层，最大覆土20.1m。为降低施工风险，盾构施工避开上软下硬地层，主要在全风化和强风化层中行进，局部进入中风化地层中。纵断面鱼丰区间坡度为5.3‰～29‰，隧道顶覆土层厚度为8.8～20.1m；丰双区间坡度为4‰～25.6‰，隧道顶覆土层厚度为7～17m。

双岗～南海神庙～夏园～南岗站段线路主要行进于强风化地层中，考虑到局部房屋基础、加油站、双岗村、黄埔大桥桥墩、BRT人行天桥桥墩、五号线二期线路及车站方案、开发大道立交等控制因素，满足盾构要求的基础上采用中埋盾构，尽量避开微风化岩层及构造破碎带，最大覆土17.7m。为降低施工工程风险，盾构施工避开上软下硬地层，线路主要在全风化和强风化层中行进，局部进入中风化、微风化岩层中。纵断面坡度为4‰~28.4‰，隧道顶覆土层厚度为8~17.7m。

（2）南岗至新沙段纵断面设计

白江至新塘段线路沿线为规划的新塘商业中心区，新沙站所在为增城规划的国际商务城，因此建议线路采用地下敷设方式。新沙车站周边可用地较多，施工条件好，拟采用浅埋法施工地下二层车站。

其中，南岗~沙村~白江~新塘站段线路主要考虑到南岗桥、局部房屋基础、广深高速公路桥墩、地质微风化层等控制因素，该两端区间经过综合比较后在南白区间前半段采用盾构法施工。为降低施工风险，盾构施工避开上软下硬地层，线路主要在全风化和强风化层中，局部进入中风化地层中行进。南白区间后半段采用矿山法施工，线路主要行进于中风化和强分化地层中，最大覆土19.5m。纵断面南白区间坡度为4‰~28.9‰，隧道顶覆土厚度为8.8~19.5m；白新区间坡度为5‰~24.3‰，隧道顶覆土厚度为9~19m。

新塘~官湖~新沙站段线路主要考虑到107国道、新新公路、荔新公路、局部房屋基础、地质微风化层等控制因素，两段区间最大覆土13m。为降低施工风险，盾构施工选择避开上软下硬地层，线路主要在全风化和强风化层中行进，局部进入中风化地层。纵断面塘官区间坡度为4‰~21.2‰，隧道顶覆土厚度为4~13m；官新区间坡度为4.1‰~22.1‰，隧道顶覆土厚度为3~11m。

8.3.2 纵断面坡度分布及最大纵向坡度说明

（1）全线纵断面坡度分布

右线坡度在10‰~30‰的坡度占33.72%；小于10‰的坡度段占66.28%（表8.3-1）。

右线纵断面特征统计表　　　　　　　　表8.3-1

坡度（绝对值i）范围（‰）	坡段数（个）	坡段长度（m）	占全长的百分比
0≤i<10	32	17864	66.28%
10≤i<20	9	4400	16.32%
20≤i<25	3	2290	8.50%
25≤i<30	9	2400	8.90%
合计	53	26954	100.00%

（2）最大纵向坡度的设置

十三号线一期工程鱼珠~新沙段线路仅有一处采用29‰的最大坡度，设置于鱼珠至裕丰围区间，坡度长度为470m，占右线全长的1.74%。

线路过鱼珠站后，在南侧线路右线需下穿狮子桥涌2号桥墩，左线需下穿供水水塔AZ1号墩（墩底标高-14.32m）。目前平面已无法避让，因此纵断面需设置29‰的坡度使线路结构尽量避开桩基。

8.4 辅助线设计

辅助线是为保证正线运营而设置的配线。对十三号线一期工程，根据行车需要配置的辅助线有折返线、停车线、渡线、车辆段出入段线等。辅助线的分布详见图8.4-1。

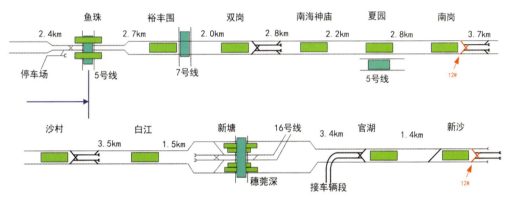

图8.4-1 鱼珠至新沙段辅助线示意图

8.4.1 折返线

十三号线全线近远期交路方案应为大、小交路套跑，根据目前客流预测成果，研究设置交路如下：近期大交路为朝阳—南岗，小交路为松溪—新沙，远期大交路为朝阳—南岗，小交路为松溪—新沙（朝阳站、松溪站为十三号线二期站点）。

为满足折返要求，在线路的起、终点均设折返线，其他设置折返线的车站为松溪站和南岗站。双岗站和农林下路站设置停车线兼作备用折返线。折返线均可用作故障列车临时停放点使用（农林下路站为十三号线二期站点）。

8 线路　103

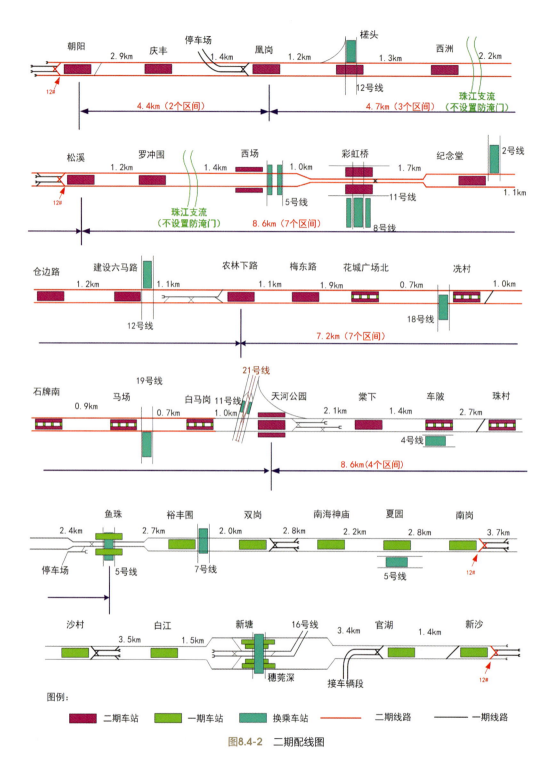

图8.4-2 二期配线图

8.4.2 停车线、渡线及联络线

全线在以下车站设置停车线：凰岗、农林下路、天河公园、双岗、沙村、官湖。

全线在以下车站设置渡线：彩虹桥、冼村、珠村。

在天河公园设置全线与十一号线的联络线，在新塘设置与十六号线的联络线。

8.4.3 车辆段出入线

十三号线一期工程设置车辆段一座，选址于增城区新塘，位于官湖站南侧，从官湖站前引出入段线接车辆段。

8.5 与外部环境的协调

8.5.1 与道路红线的协调

十三号线一期工程的设计工作得到广州市城市规划局、黄埔区规划局、增城区规划局、广州市城市规划勘测设计院的大力支持，得到了十三号线沿线的道路规划红线和有关的规划资料。

在十三号线一期工程的设计过程中，经过多方案比选，反复研究，采取措施，目前线路平面中有7处线路越出规划道路红线，长度共计约8.9km。

8.5.2 与沿线文物的协调

经征询广州市文化局及现场调查，十三号线一期工程沿线文物主要有南海神庙、鱼珠炮台、牛山炮台及官湖刘氏大宗祠。为避免施工期间对文物造成不良影响，本工程设计中对文物所在路段的地质条件进行了详细勘察，并对施工方法、减振措施和围护结构等进行了充分研究，采取适当的施工方式，加强文物古建筑自身保护措施，做好保护措施和施工防护，以确保不会对文物造成不良影响。

8.5.3 与建筑物（含规划）的协调

在线路设计过程中，本工程不断与市政、规划建筑、报建建筑以及施工中建筑等进行协调，稳定了线路、车站。

协调的原则：对影响地铁施工与安全的既有建筑，视其所在地理位置和重要程度，在不降低技术标准和服务水平、不过多增加工程投资、不影响开工时间和工期的前提下，采取避让的办法；对正在施工的建筑与规划设计的市政工程，则配合建设单位同有关单位协商解决。

8.5.4 与地下管线的协调

在线路设计时，考虑了地下管线的平面设置与埋深，由于区间隧道采用盾构法和矿山法施工，埋深对地下管线已无直接影响，只在车站明挖施工时对地下管线有迁改，但车站顶面覆土均按市政的要求，考虑在3.0m及以上，已满足各种管线的铺设要求。

8.6 调线调坡设计

8.6.1 基本概念

地铁线路的调线调坡又称为线路平面及纵断面调整设计。其主要是在交通线路的车站主体、区间隧道开挖完成后，为保证后续铺轨工程能够顺利进行所开展的一项线路调整工作。由于地铁轨道的土建结构安装工作一般是在隧道或桥梁基础上进行的，一旦安装完成后很难进行调整。此外，由于地下结构在施工过程中往往会受到较大的环境限制，不可避免的会出现许多测量、施工误差以及结构安装后的变形移位问题等，开挖完成后的地铁线路的中心线极易偏离原先的设计位置，如果误差未超过设计允许范围，则不必进行专门调整，若出现的误差超过了允许范围，则必须及时进行处理。如果仍按原设计位置继续进行后续的铺轨工程，则容易导致部分结构侵入建筑限界，为运营期的地铁运行安全埋下重大隐患，故在地铁设计施工过程中，应根据实际情况，及时进行调线调坡设计。

调线调坡设计主要内容：

（1）对车站与区间已经开挖完成的隧道横断面进行测量，将检测结果交由限界专业人员确定其建筑限界是否满足设计要求；

（2）在此基础上，根据实际检测结果，对每个断面侵入限界的情况进行研究，与轨道专业人员交流，根据规范要求的标准，确定误差能否满足轨道安装要求；

（3）根据限界专业人员和轨道专业人员的分析判断结果，进行横纵断面的调整，对比设计要求和实测数据，考虑采用一系列设计调整，解决纵横向的侵限问题。

8.6.2 调线调坡作用

在土建施工阶段和在轨道铺设前期，调线调坡均有着重要的引领作用，作为一个具有承上启下意义的设计阶段，它对后续施工的准确度和地铁运行的可靠性都具有重要影响。在施工配合期间，调线调坡主要作为施工误差补救的一种备用手段。而在铺轨前的验收阶段，调线调坡设计则作为一种检验土建工程是否满足运行通车限界要求的方法，需要认真核实轨道的水平横距和竖向高度是否满足限界要求，若满足限界要求，则可进行铺轨，若无法满足限界要求，则需要进行调线调坡，使之满足要求后再进行验收。

8.6.3 调线调坡原则

调线调坡设计作为在地铁线路施工过程中对不满足限界要求的土建工程开展的补救措施，其应该严格遵循以下设计原则：

（1）根据现有土建工程进行调整，尽量避免出现返工、废弃等施工浪费；

（2）调线调坡设计不宜将原有的线型设计标准降低；

（3）保证调线调坡设计能够满足隧道内各专业的安装质量要求；

（4）优先考虑对隧道内的设备位置进行调整，通过设备安装工作的深化设计补偿隧道的施工误差，仍不满足设计需要时再考虑进行调线调坡设计。

8.6.4 调线调坡内容

十三号线一期工程采用8辆编组的A型车，设计速度100km/h，采用内径5.4m的盾构机进行施工，相对于B型车或L型车，该车型限界要求更为严格。全线共涉及11站11段区间及官湖车辆段出入段线的调线调坡设计。由于整体线型较好，后期施工相对顺利，涉及重大调线调坡的区段主要为夏园至南岗区间和新塘至官湖区间，其中夏园至南岗区间因隧道变形导致全断面侵限突出，新塘至官湖区间因施工质量问题导致顶部和横向侵限突出。

（1）夏园—南岗区间

①概况

夏南区间右线的侵限是由施工原因造成的，其中采用矿山法初支+盾构空推施工工艺的地段侵限情况尤为严重，未进行调线调坡前的侵限情况如下（侵限值未考虑100mm富余量）：

左部侵限：最大侵限72mm，位于轨面以上约0.9m处；

右部侵限：最大侵限181mm，位于轨面以上约3.44m处；

底部侵限：最大侵限165mm，相应轨道厚度为615mm，接触网高度4739mm；

顶部侵限：最大侵限68mm，相应轨道厚度为982mm，接触网高度4350mm。

基于初步判断，在研究线路调整的过程中，矿山法初支+盾构空推段的注浆工作仍在进行或刚注浆完毕时，经第三方测量单位和土建施工单位监测后发现，隧道姿态每时每刻都在变化，隧道姿态尚未稳定，在隧道姿态未稳定前进行调线调坡是毫无意义的。因此设计单位在土建施工单位确认隧道姿态稳定后，由第三方测量单位提供隧道稳定后的断面数据，才开始进行调线调坡工作。

②调线调坡方案

调线思路：先解决横向侵限，再解决竖向侵限（图8.6-1）。

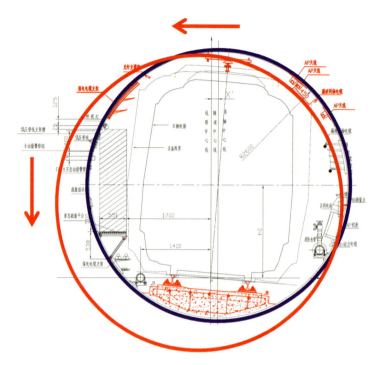

图8.6-1　夏南区间右线侵限调线调坡思路

根据上述调坡调线思路及对隧道稳定后的断面数据进行分析，我们对线路进行以下调整：

平面：调整侵限位置所在交点的半径，由$R=1000mm$调整为$R=980mm$，调整后的超高及偏移量需要轨道专业和土建专业提供；

纵断面：通过采用最小坡长、移动变坡点、改变变坡点高程等措施，提升或降低轨面高程。

调整后，原顶部侵线范围已经满足要求，但为了解决底部侵限，导致了新的顶部侵限出现，调整后的侵限情况如下（图8.6-2）：

左部侵限：最大侵限52mm，位于轨面以上约3.5m处；

右部侵限：最大侵限63mm，位于轨面以上约3.5m处；

底部侵限：最大侵限141mm，相应轨道厚度为639mm，接触网高度4710mm；

顶部侵限：最大侵限117mm，相应轨道厚度为1081mm，接触网高度4303mm。

轨道专业通过调整轨枕尺寸和距离管片的位置，同时适当减小保护层厚度，最后轨道高度调整为640mm，满足轨道铺设需求，此时轨枕角边缘距离管片83mm（图8.6-3）。

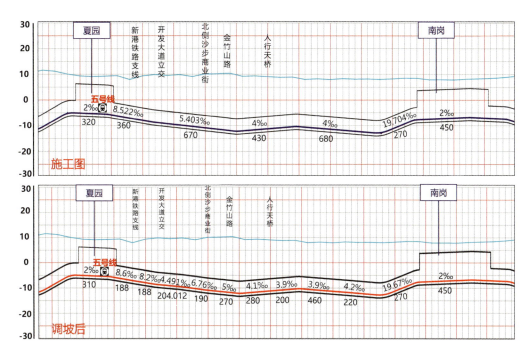

图8.6-2 夏南区间右线调线调坡方案示意图

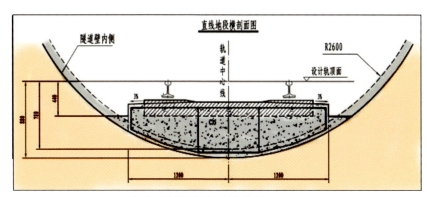

（a）正常铺设条件下的轨道结构780mm

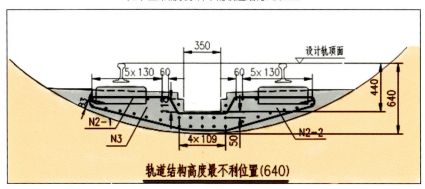

（b）短枕中心水沟方案示意图

图8.6-3 夏南区间右线轨道调整方案图

接触网专业通过采用U形底座安装方式，使导线点到隧道壁的距离调整为310mm，并且接触网导线高度在悬挂点处降低至4010mm。因此接触网高度要求为4320mm，对于接触网净空在4320mm以下的则需要确认长度，长度小于10m则可以采用跨过方式，长度大于10m则通过局部凿除以安装接触网悬挂点（图8.6-4）。

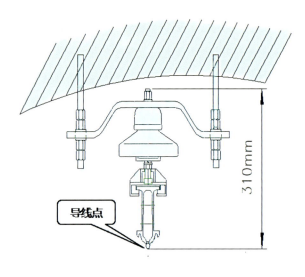

图8.6-4　夏南区间右线接触网调整示意图

据上述分析可知，本区间的侵限值最大为281mm（含100mm施工误差允许值），为右侧横向侵限，且顶部和底部侵限均大于100mm，侵限范围广、侵限位置分散，若不进行调整，隧道内的设施将无法安全设置。针对这种情况，仅靠线路专业进行调线调坡，已无法有效解决问题，此时要通过协调各专业，在不突破规范的前提下，适当降低设计标准，轨道高度调整为640mm、接触网调整安装方式将安装高度降低至4320mm。最终较好地解决侵限问题，确保运营安全。

对于这类隧道变形导致的全断面侵限情况，务必要确保隧道是处于稳定状态后，方可采取后续措施，同时各专业应各司其职，在专业内提出合理的解决方案，综合考虑后最终解决侵限问题。

（2）新塘～官湖区间

①概况

根据正式测量数据的核实，新官区间左线中间风井两端有明显的纵向及横向侵限，具体范围为：

a. ZDK60+188.251～ZDK60+212.275

左部侵限：最大侵限值为180mm；

顶部侵限：最大侵限值为155mm，接触网高度4264mm；

b．ZDK60+268.584～ZDK60+283.622

左部侵限：最大侵限值为194mm；

顶部侵限：最大侵限值为74mm，接触网高度4345mm。

②调线调坡方案

通过采用最小坡长，移动变坡点，改变变坡点高程等措施，提升或降低变坡点高程（图8.6-5）。调整后，具体侵限值如下：

左侧侵限：最大侵限值为125mm；

顶部侵限：最大侵限值为64mm，其中接触网高度小于4400mm的范围大约为10m，小于4380mm的范围大约为6m，接触网高度最小值为4355mm；

底部侵限：最大侵限值为34mm，轨道高度最小值为745mm；

对轨道专业，最小轨道高度为740mm，可以满足要求；对接触网专业，通过调整接触网的支架位置，最小接触网高度为4355mm，可满足要求。

综上所述，本区间的侵限值最大值为294mm（含富余量），为左侧横向侵限，侵限范围小而集中，主要为顶部侵限和横向侵限，对接触网的安装高度影响较大，侵限最大位置的安装高度仅为4264mm，已不满足规范要求。针对这种情况，可考虑调整线路纵断面。调整后，侵限最大位置的安装高度为4355mm，且范围小于10m，可满足要求。

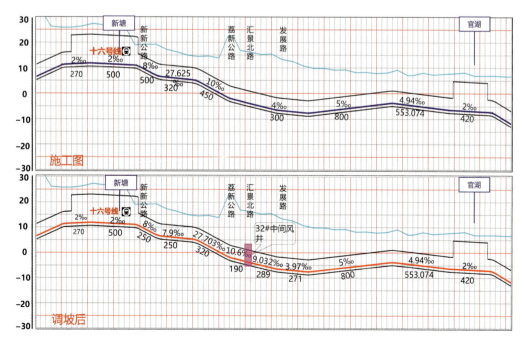

图8.6-5　新官区间左线调线调坡方案示意图

对于这类施工质量导致的顶部及横向侵限情况，因盾构隧道是圆形，往往是顶部侵限主导，伴随其他方向侵限，因此应优先考虑调整纵断面，进而对其他方向的侵限也可有较大的改善。

8.6.5 隧道结构侵限处理

凡隧道顶部侵限超过20mm，可采取以下措施：若隧道底部道床厚度有富余，则适当调整线路纵向坡度，降低轨面标高，以满足限界要求。

两侧侵限一般为离散型，当侵限未超过100mm时，则要求凿除侵限部分，以满足限界要求。

凡隧道底部侵限超过100mm，可采取以下处理措施：若隧道顶部净空有富余，则适当调整线路纵向坡度，提高轨面标高，以满足限界要求；若顶部净空无富余，则要求凿除隧道底部侵限部分，以满足限界要求。

8.7 回顾与展望

十三号线一期工程采用最高时速100km/h 8辆编组A型车，采用直径5400mm的盾构圆，限界圆直径为5200mm。

一方面，本工程沿线建（构）筑物较多，特殊减震地段范围广，轨道高度要求高，需占用限界圆与盾构圆之间的100mm余量，留给施工的余量相对较少；另一方面，本工程采用100km/h的8辆编组A型车，车辆限界及设备限界相对较大，与盾构圆的安全距离相对较小，对于施工精度要求高。

本工程由于施工原因导致的侵限较多，经过调线调坡后，侵限地段虽然能满足要求，但是仍需对相关专业进行特殊处理，一定程度上降低了专业标准。

从十三号线一期工程线路设计过程中总结经验，对后续其他线路设计及优化具有重要意义，主要经验及建议如下：

（1）充分了解沿线规划和现状控制因素，如建筑物资料、地下管线资料等，在设计阶段充分考虑边界条件，确定经济合理的线路方案；

（2）在线路设计的过程中，尽可能避免采用最小半径、最小坡度、最大坡度，为调线调坡阶段预留一定的调整余量；

（3）由于施工原因导致的隧道偏移问题，应尽可能避免采用仅满足在困难条件下的调线方案，若采用该方案，必须经过多方案的比选及严格审查；

（4）调线调坡阶段，由于工期紧，测量数据检测具有反复性，建议在调线调坡的过程中及时与各专业设计人员沟通，减少会签时间，提高工作效率；

（5）车站一般为明挖结构，施工精度容易控制，且站内设备较多，调线影响面大。因此，车站范围线一般不予调线调坡，若有部分侵限，可通过结构处理满足要求；

（6）对于车站或区间结构突变的地方，须加密断面测量，避免遗漏限界受控点；

（7）区间侵限较多的地方一般出现在盾构机吊出车站段，在以后地铁施工中应控制好盾构机姿态。

9 行车组织与运营模式

9.1 客流预测

9.1.1 车站客流仿真模拟

十三号线一期工程首次采用了客流仿真模拟技术,采用人员动力学模型Legion进行模拟仿真研究。Legion能够模仿行人在行走时的细致行为,以及与周边设施和其他人的互动联系,这些详细的分析可以实现设计、管理的最优化,以及最大程度地提高公共空间的安全性能,从而减少工程费用,改善需求预测、安全控制及遇到紧急事故需要疏散时的情况预测。

Legion模型为人员疏散的矢量模型,最大的特点就是基于个体行为(agent-based)和矢量连续空间(Vector)解析,能够兼顾人员个体行为描述、人员规模和空间区域三个方面,可适用于大规模大区域的人群模拟仿真。模型以每个行人个体为单位,行人的每一步在行走平面路线和方向上都通过计算机算法计算,即每个行人个体有决定自身行动的决策权,在决策时考虑周围环境(建筑及障碍物等)和与其他行人相互作用的影响,进行信息交流,做出相应的决策。该模型主要用于研究人群疏散行为、疏散时间、疏散策略与技术等。矢量模型的特点如图9.1-1所示。

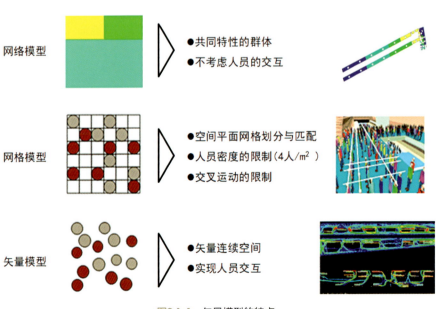

图9.1-1　矢量模型的特点

仿真评价标准采用J.J.Fruin教授的"服务水平"标准,用A-F将空间服务水平分成6个层次,其含义如下:

A级:自由流动水平;

B级:乘客的移动方向不受控制,逆向客流及交叉客流仅产生较小的冲突;

C级:少量乘客的移动受到周围其他人的影响,逆向客流与交叉客流移动遇到困难;

D级:大部分乘客的移动方向受到限制,逆向客流与交叉客流移动非常困难;

E级:所有的乘客的移动方向受到限制,逆向客流与交叉客流移动非常困难,需要中途停顿来避免冲突;

F级:乘客行走困难,行走过程中需要不断停顿。

针对车站不同设施设定不同的服务水平标准,包括步行空间、楼扶梯空间和排队空间,其中步行空间服务水平标准适用于站厅中乘客走行的空间,楼扶梯空间服务水平标准适用于站厅和站台层的楼扶梯空间,排队空间服务水平标准适用于站台空间以及站厅中自动售检票设备前的排队空间。

由于换乘车站客流量大,乘客行走速度较慢,本工程中使用排队空间服务水平标准对车站服务水平进行评价。

各空间服务水平标准如表9.1-1～表9.1-3所示。

步行空间服务水平标准　　　　　　　　　　表9.1-1

颜色	服务水平	站立密度
	LOS.A	≤0.31人/m^2
	LOS.B	0.31～0.43人/m^2
	LOS.C	0.43～0.72人/m^2
	LOS.D	0.72～1.08人/m^2
	LOS.E	1.08～2.17人/m^2
	LOS.F	≥2.17人/m^2

楼扶梯空间服务水平标准　　　　　　　　　表9.1-2

颜色	服务水平	站立密度
	LOS.A	≤0.54人/m^2
	LOS.B	0.54～0.72人/m^2
	LOS.C	0.72～1.08人/m^2

续表

颜色	服务水平	站立密度
	LOS.D	1.08~1.54人/m²
	LOS.E	1.54~2.69人/m²
	LOS.F	≥5.38人/m²

排队空间服务水平标准　　　　表9.1-3

颜色	服务水平	站立密度
	LOS.A	≤0.83人/m²
	LOS.B	0.83~1.08人/m²
	LOS.C	1.08~1.54人/m²
	LOS.D	1.54~3.59人/m²
	LOS.E	3.59~5.38人/m²
	LOS.F	≥5.38人/m²

地铁规范中对车站客流密度的规定是：站台上客流密度1.33~3.03人/m²；站厅公共区的面积尚应满足容纳远期或客流控制期高峰小时5min内双向设计客流集聚量所占面积（按0.42~0.75m²/人计）。通过对本工程客流进行仿真模拟，对车站布局及流线方案优化后，整体服务水平主要分布在C、D两级（图9.1-2、图9.1-3）。

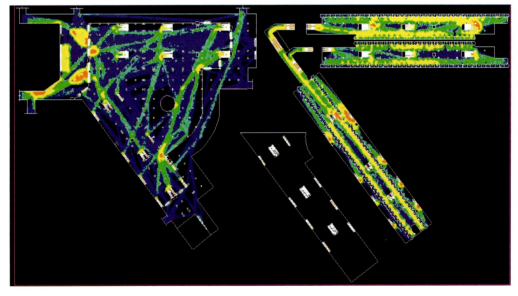

图9.1-2　仿真客流最大密度

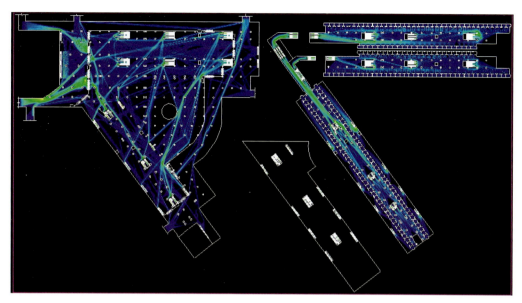

图9.1-3 车站空间利用率

9.1.2 客流预测成果分析

客流预测成果是行车设计的基础资料。客流的流动特征及各设计年限高峰小时断面客流和全日断面客流量也是确定列车运行交路、编制列车运行计划的基础资料。在客流预测成果中，断面客流量能很好地反映出某一时间段内，线路沿线各车站及区间的客流量，可以用来确定系统各设计年限高峰小时开行列车对数，为确定系统设计规模提供依据。

十三号线初期全日客流量达22.19万人次，近期随着土地开发强度的增加和轨道交通线网的逐渐形成，日客流量增至144.70万人次，年均增长率达31%，远期全日客流量达193.60万人次，年均增长率为2.0%。初、近期换乘客流约占全线客流的54.3%和56.3%，随着线网的逐步发展，远期换乘客流将进一步增长，约占全线客流的62.4%。

十三号线各预测时期高峰最大断面客流量分别为1.084万人次/h、4.6791万人次/h、5.6354万人次/h，早高峰客流量大于晚高峰。

本工程设计年度为：初期2019年、近期2026年、远期2041年。其预测客流量见表9.1-4。

预测年客流量总体指标表　　　　　　　　　表9.1-4

项目			初期	近期	远期
	运营线路长度（km）		25.99	59.25	59.25
全日	全日客流（万人次/d）		22.19	144.70	193.60
	全日客流年均增长率		—	31%	2.0%
	其中换乘客流比例		56.2%	62.1%	62.4%
	日客运强度（万人/km）		0.85	2.44	3.26
	日平均运距（公里）		10.10	11.70	12.84
	高峰小时客流（万人/h）		3.07	20.25	24.96
	其中换乘客流比例		54.3%	56.3%	57.0%
	高峰小时客流强度（人次/km）		1180	3415	4210
早高峰小时单向断面（人次/h）	上行	第1峰	8669	33072	42907
		第2峰	8461	31069	37416
		第3峰	6174	30838	36958
		平均运距	8.15	10.10	10.92
	下行	第1峰	1084	46791	56354
		第2峰	10375	46143	54592
		第3峰	9396	41881	49478
		平均运距	10.98	10.55	11.89
晚高峰小时单向断面（人次/h）	上行	第1峰	8908	42041	54461
		第2峰	8836	41625	53820
		第3峰	7887	39014	50323
		平均运距	10.73	10.79	12.46
	下行	第1峰	7734	32896	41319
		第2峰	7444	31650	38916
		第3峰	5693	31312	38546
		平均运距	8.57	10.15	10.81

9.2 行车组织

9.2.1 最高运行速度目标值

广州轨道交通十三号线一期工程起于鱼珠站，终于新沙站，线路长约26.95km，共设11座车站，最大站间距为4001.58m，最小站间距为1524.02m，平均站间距为

2.6km。全线站点分布不均匀，为尽量缩短全线旅行时间，提高运营服务水平，从站间距条件、列车运营指标、线路平面条件的适应性等方面，对列车最高运行速度目标值进行了分析研究，并就80km/h、100km/h和120km/h三种最高运行速度进行了综合比较，认为采用80km/h的列车，全线旅行时间过长，达到73min左右，且对于十三号线一期站间距较大的线路适应性较差，未能发挥快速到达市中心的特点；采用120km/h列车全线旅行时间和到达市中心时间较短，但能耗较大，运营费用最大，且十三号线二期位于市中心的西段站间距较小，二期平均站间距1.5km，限速区段较多，未能较好地发挥列车最高速度，与100km/h列车时间差别小。因此，综合考虑以上因素，采用了最高运行速度为100km/h的列车。

9.2.2 列车运行交路

列车运行交路的设计本着满足客流特征的需要，交路所涵盖的范围应该是交路所服务的主要客流，旨在能够便捷、快速地直达目的地，减少中间换乘次数，降低运营管理的难度。同时，列车运行交路设计还需要考虑减少用车数量，提高车辆的使用效率，降低运营成本，提高系统的服务水平。

根据十三号线客流流动特征，结合交路设计原则，确定了各设计年限早、晚高峰行车交路（设计规模）。

各设计年限早高峰行车交路如图9.2-1所示：

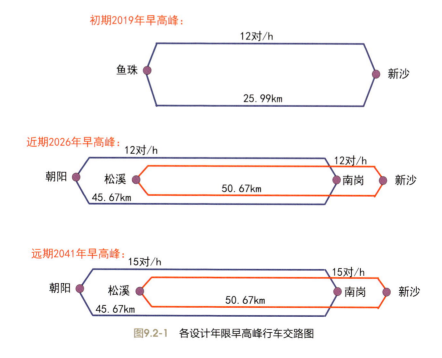

图9.2-1　各设计年限早高峰行车交路图

各设计年限晚高峰行车交路如图9.2-2所示：

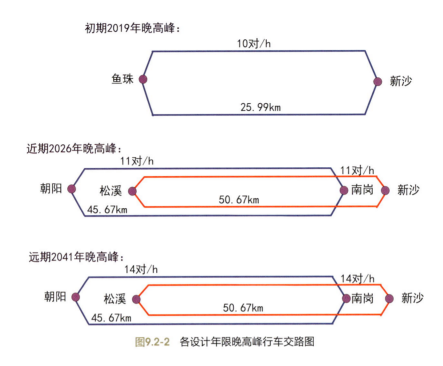

图9.2-2　各设计年限晚高峰行车交路图

经过模拟分析，最终推荐列车运行交路近、远期采用嵌套方案。在交路折返点、行车对数相同的条件下，贯通方案与嵌套方案配属车数量相同。贯通交路直达性较好，便于小交路平峰时段的收车，而嵌套交路则在交路旅行时间上存在一定优势，两种形式各有优势，在实际运营中，可根据情况灵活采用嵌套和贯通两个交路方案，从而使运营组织更具灵活性。

根据实际情况可采用的贯通方案如图9.2-3所示：

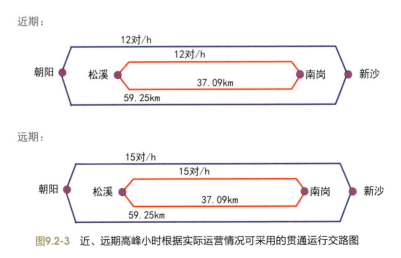

图9.2-3　近、远期高峰小时根据实际运营情况可采用的贯通运行交路图

120　设计篇

根据断面客流分布和配线设置条件，在农林下路站和双岗站均预留了开行小交路的运营条件，信号设计满足开行正常运行和备用交路两种运行方式（图9.2-4）。

图9.2-4　备用行车交路图

9.3　配线设置

9.3.1　配线调整过程

十三号线一期工程在工程可行性研究及初步设计阶段的配线设置情况为：鱼珠出入场线及站后折返线，双岗双停车线，南岗双折返线，白江单停车线，官湖双岛出入段线，新沙站前单渡线站后双折返线。

修改初步设计阶段，结合工程实施条件及专家评审意见，主要调整有：

（1）原白江站单存车线调整至沙村站双存车线；

（2）官湖站出入段线由双岛形式调整为单岛形式。

9.3.2　配线设置方案

根据本工程运营要求及线路情况，考虑到折返、停车要求及分段开通运营的要求，十三号线一期线路车站配线示意图如图9.3-1所示：

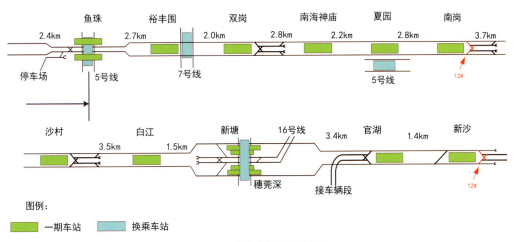

图9.3-1　全线车站配线示意图

9.4 系统能力

9.4.1 系统设计输送能力

设计输送能力是以预测客流各设计年限高峰小时单方向最大断面客流量、列车编组辆数、车辆定员及行车最小间隔为依据进行设计的。设计考虑在满足各设计年限高峰小时客流的基础上，适当的留有裕量，设计输送能力见表9.4-1。

初期开行单一交路，高峰小时开行12对/h，近远期开行嵌套交路，东段为新沙-松溪，西段为南岗-朝阳，分别开行12＋12对/h和15＋15对/h，各年限设计运输能力满足客流需求并有一定裕量。

系统设计运输能力表　　　　　表9.4-1

		初期	近期		远期	
高峰单向断面客流量/万人次		10842	46791		56354	
运行交路		大交路	大交路	小交路	大交路	小交路
列车编组/辆		8	8		8	
高峰小时开行列车对数/对		12	12	12	15	15
旅行速度（km/h）		52	46	46	46	46
列车定员（人/列）	5人/m^2	2144	2144		2144	
	6人/m^2	2480	2480		2480	
设计输送能力（万人次/h）	5人/m^2	25728	51456		64320	
	6人/m^2	29760	59520		74400	
能力富余度（%）	5人/m^2	57.9	9.1		12.4	
	6人/m^2	63.6	21.4		24.3	

9.4.2 折返能力

折返线的折返能力主要取决于列车进站时间、列车在车站停留乘客上下车时间、列车进入折返线时间以及信号系统转换、确认时间。

根据配线设计方案中提供的终点站折返线布置形式，通过对折返能力进行计算，折返站的折返能力可以满足客流预测成果中的方案对折返能力的要求，并留有一定的裕量，各站折返能力如表9.4-2所示：

车站折返能力表　　　　　　　　　表9.4-2

序号	车站	折返线道岔型号	停车时间（s）	折返能力（s）	最大折返对数（对）
1	鱼珠站	9号道岔曲尖轨	40	124	29.0
2	南岗站	12号道岔	30	109	33.0
3	新沙站	12号道岔	30	110	32.7

9.4.3　车站追踪能力

车站追踪能力主要受车站停站时间及后行追踪列车速度的控制。十三号线一期车站停站时间最大为45s，经计算该站上行方向车站追踪间隔约94s，车站追踪能力为38对/小时，满足系统的能力要求（图9.4-1）。

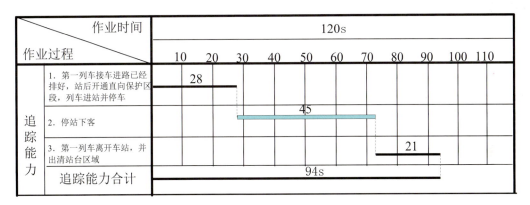

图9.4-1　车站追踪能力示意图

9.4.4　车辆段出入段能力

列车的出入段能力需要与正线的运营能力相匹配，与正线列车的运行间隔相适应，满足运营系统的要求。本工程设计中，针对官湖车辆段，对其出入段能力进行了分析。根据计算，官湖站入段线的入段能力为115s，可以满足在4min间隔下，每4min收1列车的系统能力要求（图9.4-2）。官湖站出段线出段能力为119s，可以满足在4min间隔下，每4min发1车的系统能力要求（图9.4-3）。

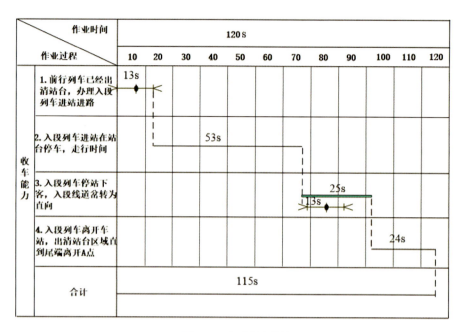

图9.4-2 入段能力计算

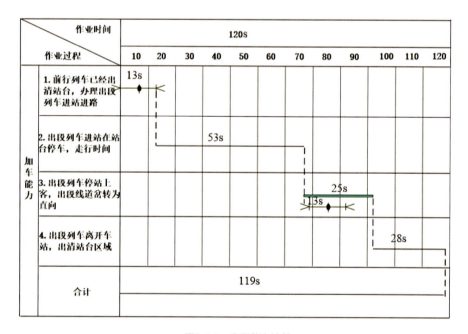

图9.4-3 出段能力计算

9.5 列车牵引计算

9.5.1 模拟牵引计算基础数据

区间运行时间通过牵引计算得出，对区间运行时间产生影响的因素有：车辆性能、线路平面曲线、线路纵断面及站间距等。列车性能数据采用8A-100km/h列车的性能数据。十三号线牵引计算的基础数据如下：

（1）构造速度：110km/h；

（2）最大运行速度：100km/h；

（3）列车在AW2载荷，车轮半磨损，标称电压，水平直线道上的牵引性能如下：

①0→36km/h的平均启动加速度：≥1.1m/s^2；

②0→100km/h的平均加速度：≥0.55m/s^2。

（4）列车在AW0～AW3载荷，水平直线上的制动性能如下：

①常用制动：列车由100km/h→0的平均减速度≥1.1m/s^2；

②紧急制动：列车由100km/h→0的平均减速度≥1.2m/s^2；

③停放制动：能使AW3载荷的列车在线路最大坡道上制动停车。

（5）冲击极限：0.75m/s^2；

（6）列车基本阻力：$1.2524+0.0143V+0.0005V^2$kN；

（7）列车定员总重：442.0t；

（8）旋转部件归算质量：35.2t。

9.5.2 列车运行方式分析

广州市轨道交通十三号线的正线列车运行在正常状态下采用ATO自动驾驶模式，以满足列车运行速度的控制以及进站准确停车的要求，并提高正点率。

根据车辆的技术性能，列车在正线区间运行的过程中，除了离站启动和进站制动外，列车运行速度的控制还可以采取惰性或巡航两种主要方式。针对不同的线路条件，可适当的采取不同的运行方式，这两种方式既可以单独采用，也可交替采用。

在正常运行时，以维持相同的运行速度为前提，即维持相对稳定的运行速度。是否采用惰性或巡航的运行方式主要取决于列车运行线路区段的线路条件和相对能耗。如果区间线路条件有利于维持列车的运行速度，并且能耗较小，则应该采取惰性的运行方式；如果线路条件变化较大，不利于维持列车的运行速度，则采用巡航的运行方式会更加有利；当两种方式运行的能耗相近时，为稳定列车的运行状态，牵引计算采用巡航的运行方式更加合理。

在列车以最大速度运行时，为维持列车高速运行，应采用巡航的方式。

总之，采用巡航还是惰性的运行方式应根据线路平、纵断面及限速等具体情况确定。

9.5.3 计算结果分析

列车运行的相关指标如表9.5-1、表9.5-2所示：

列车正常速度运行时的相关指标　　　　　　　　表9.5-1

项目	初期	
	上行方向（鱼珠—新沙）	下行方向（新沙—鱼珠）
平均站间距（km）	2.599	2.598
停站时间（s）	265	265
运行时间（s）	1300	1295
旅行时间（min）	26.08	26.00
计算旅行度（km/h）	59.78	59.94
计算配属车旅行速度（km/h）	52	52

列车最高速度运行时的相关指标　　　　　　　　表9.5-2

项目	初期	
	上行方向（鱼珠—新沙）	下行方向（新沙—鱼珠）
平均站间距（km）	2.599	2.598
停站时间（s）	265	265
运行时间（s）	1219	1214
旅行时间（min）	24.73	24.65
计算旅行度（km/h）	63.04	63.23

根据列车区间运行时间、列车停站时间的计算结果可知，列车正常情况下以最高94km/h的运行速度巡航，十三号线初期鱼珠~新沙段计算旅行速度计算约为59km/h；远期朝阳~南岗和松溪~新沙计算旅行速度约为51km/h。由于十三号线采用8辆编组A型车，6动2拖，较其他已运营线路车辆牵引加速性能更强，平均站间距（一期为2.6km，全线为1.8km）较大，因此初期鱼珠—新沙段和远期全线旅行速度较高。

考虑到为运营赶点预留部分富裕以及为信号实施预留一定的灵活性，十三号线初期鱼珠—新沙段实际运营旅行速度不低于55km/h；远期朝阳—南岗和松溪—新沙实际运营旅行速度不低于50km/h。

考虑到客流增长波动风险，为避免频繁增购列车。十三号线初期鱼珠—新沙段旅行速度按照52km/h计算配车数及停放能力，预留10%左右的富裕。近、远期朝阳—南岗和松溪—新沙旅行速度按照46km/h计算配车数及停放能力。

9.6 开通运营效果

十三号线一期开通运营后，运输组织采用单一交路方式，高峰小时最小行车间隔约8分35秒，运营客流情况见表9.6-1、表9.6-2及图9.6-1。

十三号线一期运营客流情况　　　　　表9.6-1

2021年12月31日客流统计情况（人次）	本日乘客量	换乘客运量	本日客运量（A+B）	本月止客运量	本月止日均客运量	本年止累计客运量	本年止日均客运量
	92752	56213	148965	3456148	111489	40877216	111992

十三号线一期车站进出站客流　　　　　表9.6-2

站名	进站人次	出站人次
鱼珠	3661	3561
裕丰围	5007	5126
双岗	3742	3666
南海神庙	3598	2983
夏园	11902	8536
南岗	16069	16861
沙村	13368	13630
白江	15052	16503
新塘	8151	8242
官湖	6976	6416
新沙	5226	4693
合计	92752	90217

线路开通后，高峰小时新沙至鱼珠旅行时间控制在30min以内，基本与设计保持一致，结合后续二期工程的开通，时空目标能够达到规划要求，充分体现了"快线"的特征（图9.6-2）。

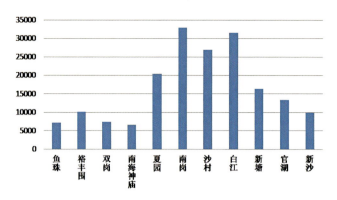

图 9.6-1　十三号线一期各车站进出站总客流量统计

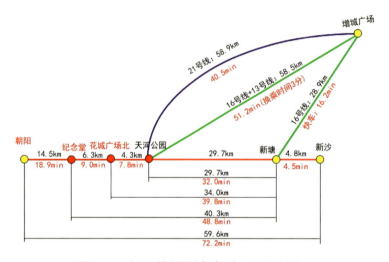

图 9.6-2　十三号线主要站点时间空间距离示意图

9.7　回顾与展望

十三号线线路行车组织设计结合8辆编组A型车最高速度100km/h的系统制式，合理选择折返站道岔型号，以满足系统能力30对/h的需求。建议后续线路综合考虑折返线长度和折返能力提升情况，在系统采用6辆编组及以上线路的终点站折返道岔选择12号道岔。

本工程认真考虑场段分布情况，合理设置一线两列位停车线，提高了故障救援效率。一线两列位停车线的首次使用缩短了故障列车救援的时间，降低了紧急故障对正线运输的影响，提高了运输效率，为后续线路场段间距较大工程的配线设置方案提供了一定参考。

十三号线一期线路开通以后高峰小时新沙至鱼珠旅行时间控制在30min以内，达到了规划的时空目标要求，成功构建了城市东西快线，加强了东部地区与中心城区的联系。

10 轨道工程

10.1 总体设计方案

10.1.1 概述

广州地铁十三号线一期工程轨道系统（后文简称"本工程"）包括正线、配线（出入线、折返线、存车线、联络线）轨道及官湖车辆段试车线、车场线轨道。

正线及配线一般地段采用长枕埋入式整体道床，根据环评及线路周边环境敏感点情况分级设置减振轨道结构，采用中等减振（双层非线性减振扣件）、高等减振（梯形轨枕）和特殊减振（液体阻尼钢弹簧浮置板）三级减振措施。官湖车辆段库外线采用碎石道床，上盖区域设置减振道砟垫，库内线根据工艺要求采用柱式、壁式检查坑或一般整体道床。

本工程与十六号线分界点：岔心里程YDK58+789.896、ZDK58+800.896处道岔侧股端部延长25m。

本工程与十三号线二期分界点：相应于正线里程YDK37+625.941的出入线道岔岔心前28.92m。分界点朝道岔前端方向为十三号线二期鱼珠停车场范围。界面划分示意图见图10.1-1。

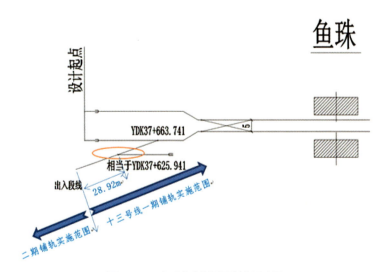

图 10.1-1　鱼珠停车场界面划分示意图

10.1.2　主要技术性能指标

（1）钢轨：本工程正线、配线及试车线采用60kg/m、材质U75V的普通热轧钢轨，车场线采用50kg/m、材质U71Mn的钢轨，不同型号钢轨之间采用异型轨连接。

（2）轨距：曲线半径不小于250m的地段采用1435mm标准轨距，半径小于250m的曲线地段进行轨距加宽，加宽值参照《地铁设计规范》GB 50157—2013 7.2.2节的规定，具体内容如下：

①250>R≥200，加宽5mm，采用1440轨距；

②200>R≥150，加宽10mm，采用1445轨距；

③150>R≥100，加宽15mm，采用1450轨距。

轨距加宽值应在缓和曲线范围内递减，无缓和曲线或其长度不足时，应在直线地段递减，递减率不宜大于2‰。

（3）轨底坡：地下线及U形槽结构内整体道床均采用1∶40轨底坡，道岔及道岔间不足50m的地段不设置轨底坡，道岔与两端线路在道岔两端最外侧两根岔枕上进行轨底坡过渡。

（4）超高：地下线曲线设置超高时，采用将外轨抬高为超高值的一半，内轨降低为超高值一半的方法进行设置。曲线最大超高值为120mm，最大欠超高为61mm，最大过超高为40mm。曲线超高值在缓和曲线内递减，无缓和曲线时，在直线地段递减。超高顺坡率不大于2‰，困难地段不大于2.5‰。车站辅助线曲线不设置超高，不得出现反超高。

（5）轨枕铺设密度：为增加轨道强度及稳定性，适应本工程大轴重、速度高的要求，正线与辅助线在一般及中等减振地段轨枕按1680根/km设置，在曲线半径R≤400m或线路坡度≥20‰地段采用1760根/km布置，以增加轨道纵向阻力，提高防爬力。梯形轨枕为预制结构，轨枕间距按照600mm控制，钢弹簧浮置板轨道按照轨枕间距不超过595mm控制。

（6）减振降噪：轨道采取综合减振的方法，并按环评要求采取中等、高等、特殊三级减振措施。中等减振采用双层非线性减振扣件，扣件铺设要求同普通段一致。高等减振采用梯形轨枕，技术成熟度高、工程造价低、施工速度快，在广州地铁各线中均有应用。特殊减振地段采用液体阻尼钢弹簧道床。

（7）轨道结构高度：按不同的铺设地段及隧道工法，轨道结构高度详见表10.1-1。

正线轨道结构高度表　　　　　　　　　　　表10.1-1

隧道类型		轨道类型	轨道结构高度（mm）	备注
地下线	矩形隧道	一般、中等及高等减振地段	580	含20mm的施工误差
		特殊减振地段	840	含20mm的施工误差
	马蹄形隧道	一般、中等及高等减振地段	580+f	f为隧道仰拱回填高度，不在轨道设计范围内
		特殊减振地段	840+f	
	圆形隧道	一般、中等及高等减振地段	780	/
		特殊减振地段	820	调线调坡时至盾构壁最小为870mm

注：圆形隧道轨道结构高度为设计轨顶面～限界最低点的高差，不含施工误差。

（8）无缝线路：本工程正线全为地下线，均采用60kg/m、25m标准长度新轨温度应力式无缝线路，根据《铁路无缝线路设计规范》TB 10015-2012，广州市最高轨温59.1℃、最低轨温0℃，因此，地下线无缝线路设计中和轨温取为25℃，锁定轨温范围为25±5℃。在道岔前后各设置1根缓冲轨，预留2～4mm轨缝。配线（存车线、联络线等）采用有缝线路。

10.2 构件及设备

10.2.1 扣件

一般地段整体道床均采用弹条Ⅲ型分开式扣件（图10.2-1），增加了弹条扣压力，提高扣件安全稳定性。按1680对/km布置，半径$R \leqslant 400$m或线路坡度$i \geqslant 20$‰时为1760根/km。垂直静刚度为20～40kN/mm，扣件的纵向阻力不小于28kN/m/轨。

中等减振地段采用双层非线性减振扣件（图10.2-2），垂直静刚度为12～18kN/mm，扣件防爬纵向阻力与弹条Ⅲ型分开式扣件一致。其通过

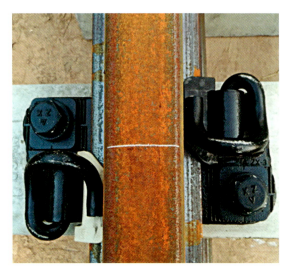

图10.2-1　弹条Ⅲ型分开式扣件

图 10.2-2 双层非线性减振扣件

设计弹性垫板系统降低系统刚度和提高结构阻尼来控制二次噪声与振动。

10.2.2 道床

地下线采用长轨枕埋入式整体道床。轨枕长2.1m，断面为等截面，横断面如图10.2-3所示，混凝土强度等级为C60，枕上设有扣件预埋套管，轨枕预留5个ϕ40圆孔，以备道床的纵向钢筋穿过，从而加强与道床的联结，起到排除杂散电流的作用（图10.2-3~图10.2-6）。

其轨下道床低于轨枕面30~40mm，道床采用两侧排水沟，道床面朝排水沟方向设3‰的横坡。道床及水沟均采用C35混凝土，道床内采用双层布筋，兼做道床受力筋和杂散电流排流钢筋。矩形、马蹄形隧道整体道床，基底与道床连接采用YG2型M16×245膨胀螺栓，每1.25m设置6个，锚入深度为110mm，露出部分应避开道床钢筋。

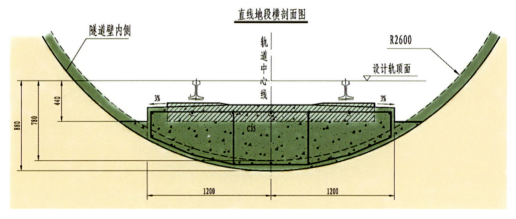

图10.2-3 圆形隧道长轨枕埋入式整体道床横断面图

图 10.2-4 混凝土长轨枕轨排

图 10.2-5 长枕埋入式轨排架设

图 10.2-6 长枕埋入式整体道床

特殊减振区域采用钢弹簧浮置板整体道床，这是目前工程实践中减振效果最佳的轨道减振形式（图10.2-7、图10.2-8）。道床板通过嵌固于其中的钢弹簧隔振器实现浮置，从而取得较好的减振效果。液体阻尼钢弹簧浮置板轨道为重型"质量-弹簧"隔振体系，其参振质量越大，刚度越小，减振效果越好。为此增大振动体的振动质量和增加振动体的弹性，利用惯性力吸收冲击荷载，从而起到隔振作用。钢弹簧浮置板可以提供足够的惯性质量来抵消车辆产生的动荷载，只有静荷载和少量残余动荷载会通过弹性元件传到基础结构上。本设计基于基底倾斜与轨面连线相一致的原则来实现隔振器的布置。

高等减振区域采用梯形轨枕减振道床（图10.2-9、图10.2-10），其结构形式为弹性支座板式结构，并在与纵向轨枕连接的形式下，左右枕梁间等距离加设横梁。连续的纵向梁互相连接，防止纵向梁端部轨道的沉降量过大，提升了轨道系统的稳定性。通过设置连续减振垫，减少了地基振动、轮轨滚动噪声和轨道的波浪变形。梯形轨枕减振道床结构能满足不同的减振要求（10~12dB），可以根据要求提供不同减振降噪性能的高等减振轨道。本设计也对其排水体系做出了优化，减少了曲线地段内侧积水对轨道道床的危害。

车辆段道岔区采用了木枕碎石道床，非岔区采用了新Ⅱ型预应力轨枕碎石道床，更有利于养护维修，经济性好，同时与广州既有线保持一致。

图 10.2-7　钢弹簧浮置板钢筋绑扎

图 10.2-8　钢弹簧浮置板道床

图 10.2-9　梯形轨枕轨排组装

图 10.2-10　梯形轨枕道床

10.2.3　道岔

十三号线一期工程正线及配线采用60kg/m钢轨9号单开道岔、60kg/m钢轨9号4.2m间距和4.6m间距单渡线、60kg/m钢轨9号5m间距交叉渡线、60kg/m钢轨12号单开道岔（图10.2-11）、60kg/m钢轨12号5m间距交叉渡线（图10.2-12）。

图 10.2-11　12 号单开道岔　　　　图 10.2-12　12 号道岔 5m 间距交叉渡线道床

9 号道岔主要技术参数如下：

（1）9 号单开道岔前长 13.839m，后长 15.73m，全长 29.569m。

（2）道岔容许通过速度：直向为 100km/h，侧向为 35km/h。

（3）道岔轨下基础采用合成轨枕。

（4）转辙器采用 11.2m 60AT 弹性可弯尖轨，尖轨尖端为藏尖式，跟端设间隔铁。

（5）尖轨设两个牵引点，电务转换设备按分动外锁闭设计。

（6）辙叉采用高锰钢整铸式固定辙叉。

（7）道岔钢轨采用 U75V 钢轨，均进行轨头顶面全长淬火。

12 号道岔主要技术参数如下：

（1）12 号单开道岔前长 16.592m，后长 21.208m，全长 37.8m。

（2）道岔容许通过速度：直向为 120km/h，侧向为 50km/h。

（3）道岔轨下基础采用合成轨枕。

（4）转辙器采用 13m 60AT 弹性可弯尖轨，尖轨尖端为藏尖式，跟端设间隔铁。

（5）尖轨设两个牵引点，电务转换设备按分动外锁闭设计。

（6）辙叉采用高锰钢整铸式固定辙叉。

（7）道岔基本轨、尖轨采用 U75V 在线热处理钢轨。其余钢轨采用 U75V 钢轨，均进行轨头顶面全长淬火。

道岔采用合成轨枕，枕木侧面开槽，嵌入混凝土整体道床，断面尺寸为 230mm×140mm。

10.2.4 轨道辅助设备

1. 车挡

（1）液压缓冲滑移式车挡

正线全部采用液压缓冲滑移式车挡（图10.2-13），占用轨道长度15m，允许撞击速度为15km/h。

（2）摩擦式车轮挡

车辆段库内线尽头采用摩擦式车轮挡（图10.2-14），占用轨道长度3m，允许撞击速度为3km/h。

图 10.2-13　液压缓冲滑移式车挡

图 10.2-14　摩擦式车轮挡

2. 线路及信号标志

为了方便行车安全和工务人员维修，需在线路中设置线路标志和信号标志，如图10.2-15所示。线路标志主要有百米标、坡度标、曲线要素标、曲线始终点标。信号标志主要有进站预告标、限速标、停车标、终点停车标、警冲标。

图 10.2-15　线路标志

10.3　设计重难点

轨道工程在设计、施工过程中主要结合分级减振措施的应用与研究，对梯形轨枕道床结构优化、道岔区钢弹簧浮置板结构设计以及车辆段减振技术等设计重难点进行了研究，并取得了较好的应用效果。以下对本工程轨道的设计重难点进行详细介绍。

10.3.1 梯形轨枕道床结构优化

1. 梯形轨枕道床排水体系创新优化

排水体系的设计原理是降低道床主排水沟沟底高程，保证道床弹性层不被水侵蚀，尤其是曲线地段，中心排水沟积水过多时，水很容易侵入线路道床内侧减振垫层下造成积水，恶化轨道受力环境。

针对广州地下水较多的特点，为确保排水顺畅，减少曲线地段内侧积水对轨道道床的病害，本工程对轨道结构和排水体系做了优化设计（图10.3-1）。将区间高等减振梯形轨枕道床由原来单独的中心排水沟，修改为三条排水沟，双侧排水沟为辅，中心排水沟为主。中心排水沟应确保排水通畅，梯形轨枕段双侧排水沟的设置可直接与普通长枕段顺接，减少排水过渡。

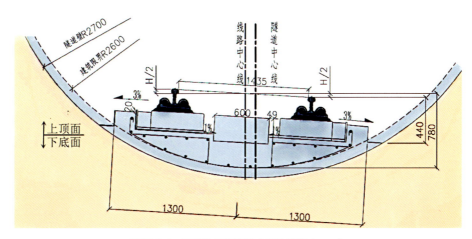

图10.3-1 梯形轨枕轨道排水设计优化（mm）

采用该方案的优点：

第一，两侧排水沟深度与普通段的双侧排水沟一致，可直接连通，避免水沟频繁过渡；

第二，盾构曲线地段若仅仅采用中心排水沟，则曲线内侧容易积水，且曲线内侧最低点道床面的水很难通过梯形轨枕的板缝汇入中心排水沟，而采用双侧排水沟＋中心排水沟，可完全解决曲线地段内股积水问题；

第三，可能产生的结构渗漏水和道床冲洗水，可以及时进入中心排水沟，避免减振垫区域积水，影响减振性能。

2. 梯形轨枕制造及道床铺设创新设计

依托十三号线一期工程，结合实际梯形轨枕制造及道床铺设过程中的经验，经不断总结，对其结构提出以下优化及改进措施，可供后续工程根据实际情况采用。

（1）披覆式梯形预制板结构设计

通过对预制梯形轨枕安装经验的总结探索，发明了一种新型披覆式梯形预制板结构。该梯形预制板外部有披覆壳，披覆壳呈L形，与预制板之间设置有减振垫和缓冲垫，彼此尺寸匹配对应。在施工时，将披覆壳悬吊在待浇筑的基座上，即基座的钢筋笼架上，调整好高度和位置后进行浇筑，将披覆壳和基座浇筑成一体结构，再将预制板放置在披覆壳上，既能够防止现浇基座浇筑时与预制板粘连，形成"减振短路"，还能够省去现场安装包裹套及隔离材料的工序，提高施工效率；另外，在预制板和披覆壳之间设置抽屉式抽拉结构，能够实现减振垫的快速更换，方便后续维修时更换减振垫，而且该结构还具有微量调高的功能，具体结构形式见图10.3-2。

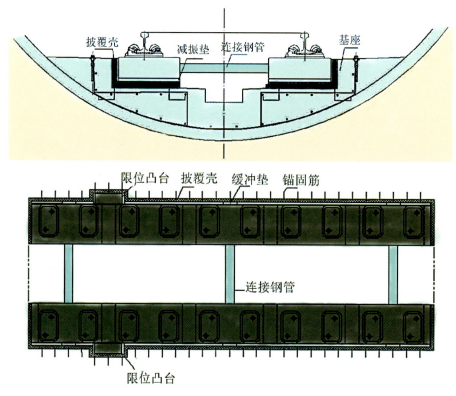

图10.3-2　一种披覆式梯形预制板结构图

（2）带有辅助块的梯形预制板创新设计

发明了一种带有辅助块的梯形预制板结构。该梯形预制板下方设置有辅助块，辅助块为钢筋混凝土结构，外部设置有锚固筋，辅助块顶部承托预制板，并且在辅助块和预制板之间设置有隔振元件，辅助块与基座浇筑为一体，且辅助块顶部高于基座顶部，

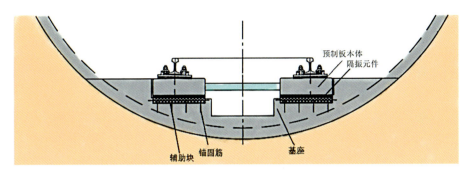

图10.3-3 带有辅助块的梯形预制板结构图

使得现浇混凝土与预制板底部的空间比传统方案增大很多，既可以省去传统施工方案中的隔离材料及包裹套，还可以避免预制板与现浇混凝土基础粘连。另外，空间增大后还能方便混凝土振捣及抹面作业，从而避免隔振元件与混凝土基座间产生空吊，还可避免道床基础因钢筋绑扎不规范，突起钢筋顶住隔振元件甚至梯形预制板等传统施工中的问题，具体结构见图10.3-3。

10.3.2 道岔区钢弹簧浮置板减振道床结构设计

钢弹簧浮置板减振道床是按照环境影响评价要求，在特殊减振需求地段采用的轨道减振措施，减振效果可达20dB以上。通过在上部道床板与下部底座之间设置隔振器，形成"质量-弹簧"隔振体系，从而使上部列车传递下来的振动大大衰减。目前，钢弹簧浮置板减振轨道在全国范围内均有广泛应用，但是在道岔区应用的实例和经验较少，而道岔是轨道的薄弱环节，同时也是振动控制的关键点，列车通过道岔时所引发的振动比一般地段要大。在道岔区采用钢弹簧浮置板轨道，将道岔区的振动噪声控制在规范允许的范围之内，是符合建设"绿色地铁"、"以人为本"设计理念的重要创新措施。

目前，钢弹簧浮置板通常采用短轨枕，存在施工精度不易控制、轨道几何形位保持不良等问题。而道岔区零部件数量众多，钢轨线型复杂，在道岔区采用钢弹簧浮置板对轨道平顺性提出了更高要求。针对这些问题，本工程从设计、施工、运营一体化的角度考虑，将道岔轨下基础改用合成轨枕。合成轨枕本身方便道岔铺设，也便于施工精度的把控，增强了轨道整体性和平顺性。同时，钢弹簧道岔区采用合成轨枕，与普通道岔的轨枕类型相同，减少了道岔轨下基础的种类，方便后期运营维护。

本工程在双岗站后道岔区铺设钢弹簧浮置板轨道。整个道岔区域采用一块整体性的道岔板，道岔板长度为31.984m（含板缝30mm），隔振器为内置式阻尼钢弹簧隔振器，道岔区隔振器间距为2400mm，沿横向有规律分布。针对列车通过道岔时的振动问题，通过合理布置道岔区钢弹簧隔振器，对道岔区钢弹簧浮置板的整体刚度进行均匀化处理，优化轨道与车轮的刚度匹配关系，提高了该地段的减振效果，有效降低了列车振动对周边环境的影响。

10.3.3 车辆段轨道减振技术应用

根据工程实施规划，官湖车辆段将进行上盖物业开发。初步设计阶段，上盖物业方案尚未明确开发形式和范围，为避免地铁列车运行产生的振动及噪声影响所开发物业的商业价值，轨道专业在试车线、出入段线预留了轨道减振措施，在车场库内线采用高弹性垫板。

施工图设计阶段，上盖物业方案已基本稳定，上盖物业建筑的主要类型有：住宅楼、学校、幼儿园等。其中住宅主要位于停车列检库、联合检修库上方及试车线、咽喉区两侧，咽喉区上方主要有幼儿园、小学、中学，上盖开发建筑布置见图10.3-4。轨道专业以深圳十一号线松岗车辆段振动噪声测试结果作为指导，对车辆段轨道减振措施进行了调整，在建筑物位于咽喉区道岔正上方及15m范围内、试车线线路25m范围内，采用了轨道减振措施，取消了出入段线轨道减振措施。官湖车辆段采取的减振措施如下：试车线采用无缝线路；试车线道床采用梯形轨枕和减振垫；车辆段咽喉区采用在道砟下设置减振垫；车场库内线采用高弹垫板，提升扣件弹性。通过上述成熟可靠的措施，将列车振动衰减至环保要求的范围之内，提升了地块利用价值，具体介绍如下。

图10.3-4　官湖车辆段上盖物业建筑布置图

（1）道砟减振垫

为减小车辆通过时轨道振动对环境的影响，在车场线地面建筑物距离咽喉区线路25m和盖上建筑物距离咽喉区线路15m范围内的道岔区以及道岔区前后各25m均采用减振垫减振。钢轨、扣件、轨枕、道砟的选型及铺设标准等与一般地段相同，区别在于道床底部铺设弹性减振垫，为了更好地发挥减振效果，减振垫下铺设钢筋混凝土垫层。

根据招标结果，减振垫采用微孔聚氨酯减振垫，标准厚度为25mm，宽度为1.5m，标准一般包装形式为卷包，规格包括：1.5m×3.5m、1.5m×10m、1.5m×10.5m。结构型式由减振层和防刺穿层组成，技术要求如表10.3-1所示。

减振垫技术参数　　　　　表10.3-1

序号	项目名称	单位	指标
1	静刚度	N/mm^3	≤0.019
2	动静刚度比	/	≤1.2
3	疲劳性能	%	疲劳后刚度变化<10%

减振垫碎石道床施工应先按照道床断面图要求设置混凝土基础垫层，混凝土垫层的横向坡应与路基保持一致。混凝土垫层平整度偏差要求5mm/m，钢筋保护层厚度≥40mm，表面不得有露筋、蜂窝麻面。

基础垫层采用厚度200mm的C25混凝土，混凝土保护层厚度按照不小于40mm考虑；同时布设双层钢筋网，采用ϕ12螺纹钢筋，钢筋等级为HRB400，纵、横筋交叉部位扎丝绑扎连接。一般地段垫层每间隔6.08m设置一处伸缩缝，宽度为20mm，伸缩缝采用沥青木板填充。

减振垫铺设时首先应进行现场裁切并采用横铺的方式，按照1.5m宽沿线路纵向设置，每3.5m×1.5m为一个模块拼接铺设，施工时注意防刺穿层朝上（即毛面在上），后续采用专用焊接设备将拼接处进行焊接。减振垫铺设前在对应处的基础垫层涂刷S型专用胶粘剂，便于减振垫铺设后简单定位。一定区域的减振垫铺设并焊接完成后即可以铺设道砟，然后再进行轨排架设，也可在减振垫铺设完成后即铺设轨排（注意进行防护，尤其是轨排支撑杆宜放置在减振垫外侧或进行隔衬防护），然后铺设道砟。施工过程如图10.3-5～图10.3-8所示。

（2）梯形轨枕

为减小车辆通过时轨道振动对环境的影响，在车场线地面建筑物距离试车线25m和上盖建筑物距离试车线15m范围内，采用梯形轨枕减振。

图10.3-5　基底钢筋绑扎

图10.3-6　混凝土垫层

图10.3-7　减振垫本体

图10.3-8　铺设完成的减振垫

梯形轨枕轨道由梯形轨枕、弹性减振垫等构成。梯形轨枕由预应力混凝土纵梁和钢管连接件构成。该轨道重量较轻，不仅有利于节省材料，还降低了轨道荷载，便于维修。

工程施工时梯形轨枕在碎石道床地段铺设，与在整体道床地段铺设的区别在于取消了枕下减振材料和枕侧缓冲材料。单块梯形轨枕铺设长度为6250mm，包含10对扣件，扣件间距为625mm。每片梯形轨枕实际长度6150mm，枕缝100mm，轨枕总宽2300mm（限位凸台位置）。混凝土强度等级为C60，单边纵梁宽580mm，高185mm。两片纵梁之间设10道混凝土横梁，横梁宽840mm，侧面各设一个纵向防爬凸台。

碎石道床铺设双层道砟，包括底砟和道砟两部分，其中枕下道砟厚度不小于250mm，道床顶面宽3300mm，砟肩堆高150mm，道床边坡坡度1∶1.75，道砟等级为一级（图10.3-9）。

图10.3-9　车场线梯形轨枕

10.3.4 轨道排水优化设计

1. 钢弹簧浮置板布板方案优化设计

排水问题一直是轨道设计的重中之重，尤其是钢弹簧浮置板区域，在废水泵房处，需要设置集水坑，进泵房水管处需要设置球墨铸铁箅子，但钢弹簧观察孔过小，后期放置和清理铁箅子均非常困难。针对运营反馈较多的钢弹簧浮置板水沟在泵房处易堵塞，仅通过观察孔不易清理的情况，本工程在泵房排水管处，通过优化设计调整布板，在集水坑处断开浮置板，预留150～200mm的板缝，方便运营单位观察和清理。

2. 道岔区转辙机基坑排水优化设计

为避免转辙机出现短路等病害，转辙机坑不允许有积水。从国内既有运营线路的地铁调查情况看，基坑的水主要来自土建结构的渗漏水：一种是直接从基坑涌出，另一种是从基坑外渗出流入基坑。为避免出现基坑积水问题，应考虑防排结合的策略。从十三号线一期工程看，土建结构做得比较好，转辙基坑没有渗漏水。从国内其他工程看，转辙基坑渗漏水也并不普遍，大多是个别土建工点施工质量较差导致。由于土建设计不允许出现渗漏水，故建议轨道设计采取"以防为主"的策略，减少设备在运营期间的维护。

本工程设计在道岔区两个转辙机基坑间设置独立集水坑，防止转辙机基坑处积水，转辙机基坑通过2%的斜坡与集水坑连通，集水坑尺寸为300mm×300mm，集水坑与道床水沟不连通，此设计避免了转辙机基坑积水的现象，即使转辙机基坑内部有少量渗漏水，也会立刻排入中心集水坑。此外，在轨道施工前应先检查转辙机基坑，如转辙机部位的土建工点有渗漏水出现，则转辙机基坑底部采用防水涂料先进行防水施工，再进行基坑填筑（图10.3-10）。

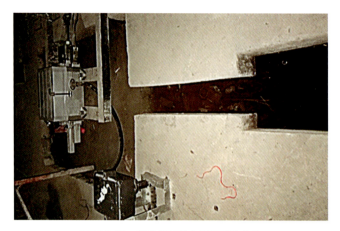

图10.3-10 转辙机基坑之间设置集水井

10.4 回顾与展望

本工程轨道专业在设计与施工过程中针对遇到的许多重难点进行了专门思考与优化，较好地完成了轨道工程的建设。并最终根据相关经验总结出以下建议，以供后续工程进行参考。

（1）预制道床板结构优化

工厂预制混凝土结构构件已被现代工程结构普遍采用，通过工厂标准化预制生产，使得结构构件具有较高的尺寸精度，安全质量有保障。预制道床板具有施工速度快、使用寿命长、整洁美观、维修方便等特点，在高速铁路中已有广泛应用。但各种道床预制板均存在板下连接层的离缝现象，因此在国内高铁、地铁轨道板应用的基础上，对板下结构的研究提出以下几点建议：

①道床板下结构应具有适量弹性。预制板及土建结构均由坚固的钢筋混凝土构成，使用寿命长，但板下垫层是两者在施工过程中的调整层，若耐久性不好则会增大维修工作量，这使之成为工程的重要控制因素。列车荷载作用在钢轨上时，道床和基础底座产生了不同的振动加速度，振动从上到下逐渐衰减。板下调整层材料受列车荷载反复冲击，抗拉强度较弱，很容易发生纤维脆断而破坏。调整层处设置适量弹性缓冲隔振层，可以减缓上下结构层相互冲击，还能避免振动能量传入下部基础。

②提高道床对地绝缘性能。根据《地铁杂散电流腐蚀防护技术规程》CJJ 49对轨道的要求，其中4.2.1条规定"兼用作回流的地铁走行轨与轨道结构内杂散电流收集网之间的过渡电阻值对于新建线路不应小于15Ω·km，对于运行线路不小于3Ω·km"。可见对地绝缘要求较高。故建议在板下设计设置隔离层，隔离层采用绝缘材料，提高绝缘性，进一步提高钢轨对地电阻，可提高杂散电流的防护性能，更容易降低轨电位。

（2）轨道结构高度优化

车站和矩形地段预留轨道结构高度为580mm，但实际施工过程中，土建一旦出现误差，即使进行调线调坡，部分地段也较难满足要求，尤其是铺设梯形轨枕地段，高度不足处仅仅约500mm，造成水沟变浅，或者L形底座分开，预埋膨胀螺栓也会对梯形轨枕的铺设产生一定影响。为了不影响梯形轨枕的铺设，只能将植入的膨胀螺栓切除，此举既影响施工速度，又造成了浪费。同时，梯形轨枕的中心水沟通常为510～550mm，较低的轨道结构高度会造成排水不畅等附带影响。

建议今后同类工程设计中提高预留轨道结构高度，尤其是对于梯形轨枕段，矩形断面最好预留650mm以上，充分考虑土建误差影响，避免因高度不足而引起排水不畅或轨道结构改变的问题。

（3）钢弹簧浮置板设计及施工

钢弹簧浮置板位于区间最低点处时，考虑不同专业的施工时序，在泵房无法投入使用的情况下，建议轨道施工单位针对性地增加临时排水泵，避免区域积水。同时在废水泵房处需进行断板设计，前期要求土建专业提供准确的预埋里程，轨道施工单位进场后，施工前进行复测，根据测量里程对布板设计进行调整，预留200mm的板缝，方便运营对此检修，同时尽量增加钢弹簧地段观察孔尺寸。

钢弹簧位于小半径曲线地段时，宜尽量采用散铺法，若采用钢筋笼法铺设，需对隔振器位置固定钢筋进行加固，并在轨道架设完毕浇筑前进行复测，确保隔振器位置满足铺设要求。同时建议新线采用预制钢弹簧，确保隔振器铺设精度。

（4）过轨管线施工

每条线路轨道施工前，均会要求各专业提供准确的过轨管线位置，轨道专业预留过轨槽或预埋过轨管，但实施时仍存在个别管线未从预留路径过轨的情况（图10.4-1）。

图10.4-1　过轨管线未用预留槽

10　轨道工程

此举造成较大的浪费，增加了施工难度，从轨底直接穿管又需增加绝缘，降低了轨道道床平整度，减弱了轨道的强度。

在后续工程中，需过轨专业应严格按照准确的过轨里程，进行轨道预留槽或管的施工；建立考核机制，如果存在大量的废弃管槽，对相关设计及施工单位应进行问责；或者在车站两端头的结构回填层，由结构专业预留电缆廊道，所有专业统一经由土建回填层过轨，避免道床频繁断开，也避免轨下大量穿孔，影响绝缘和道床平整度。

（5）内置式泵房的应用

城市轨道交通地下线区间隧道，通常将联络通道与废水泵房合并建设，设置在区间最低点，一般处于承压水层。在承压水层进行联络通道及废水泵房的开挖，施工风险大，目前国内地铁建设通常采用"冷冻法"对周围土体进行加固处理，虽然一定程度上降低了施工开挖风险，但仍存在施工风险系数高、施工工期长、工程造价高的问题，是地铁工程建设中的控制性因素之一。基于此类问题，多个城市尝试取消传统的外挂式泵房，改为在道床内部设置内置式泵房，如天津、宁波轨道交通运输部分工点采用了内置式泵房。

内置式泵房需要在道床结构内设置内置式潜水泵，将废水泵送至邻近的车站废水泵房。在道床结构内设置潜水泵，需要在道床中开槽，预留潜水泵安装空间。轨道专业需要与给排水、土建专业进行接口配合，以保证内置式泵房排水功能的需求。

虽然城市轨道交通采用内置式泵房有利于降低土建施工风险、减少工程造价、缩短建设周期，但如果设计、施工质量把控不良，容易导致地铁运营后出现轨道病害问题，不利于线路养护维修。目前，天津地铁已有部分通车线路采用内置式泵房，例如天津五号线、六号线，但根据运营单位的反馈情况来看，轨道均出现了一系列的病害问题。广州属于华南地区，降雨量和地下水丰富，对区间泵房的排水能力提出了更高的要求，这方面内置式泵房不如传统的区间废水泵房。基于上述情况，给出广州后续轨道建设采用内置式泵房的建议、适用条件及注意事项：

一般情况下，建议仍采取技术成熟、应用广泛的传统区间废水泵房。在遇到工期紧张、施工风险太大不宜采用传统废水泵房的情况下，可尝试采用内置式泵房。建议先在某条线路设置试验段，经运营部门积累了一定运营经验之后，再得以正式应用。内置式泵房设计时，需要给排水、土建、轨道等多个专业加强接口配合，在实现内置式泵房功能的前提下，提高设计质量，减少差错漏碰，这是提高运营后线路状态的实用手段。另外，施工时应注意控制施工质量，加强设计交底和施工配合，及时解决现场问题，确保施工的高质量和高品质。

（6）轨排井预留尺寸建议

城市轨道交通地下线轨道施工通常采用"轨排法"，即将钢轨、扣件、轨枕等轨道零部件在铺轨基地上组装成轨排，通过结构预留的轨排井口，利用龙门吊将轨排吊入线路上的轨道车，再运输至作业面进行铺轨施工。轨排井的尺寸直接制约着铺轨施工能否正常进行，如果轨排井口过小，将导致轨道施工速度及效率下降，部分情况下轨排井甚至无法使用；但如果轨排井口尺寸过大，也将导致土建结构需采取加强措施，给土建用地、场地布置、结构设计等带来困难。

在土建条件好的情况下，建议轨排井的尺寸大小为长度30m、宽度5m，为轨排下料留有适当的余量，从而保证铺轨施工顺利进行。除此之外，轨排井还应满足如下要求：轨排井中心线应与线路中心线重合，困难情况下，线路中心线距离轨排井内壁的横向净距不宜小于2m；轨排井宜避开道岔区，且应位于坡度较小的坡段上。

如果土建条件受制因素较多，轨排井尺寸达不到长度30m、宽度5m，此时若轨排井位于直线段，轨排井口的尺寸最小可缩小至长度28m、宽度4m（净宽），经施工单位采取一定控制措施后，铺轨进度不会受到明显影响。若轨排井位于曲线段，则应结合线路曲线半径及土建条件具体核实，确定合适的轨排井尺寸。

11 车站设计

11.1 总体思路

11.1.1 标准化设计

标准化设计理念对地铁建设的发展具有重要意义，不仅能够为工程建设速度提供保证，也为后续的维修养护，线路设计运营提供便利条件。十三号线一期工程设计中的标准化理念主要体现在对全线车站的公共区及设备区的标准化设计中（图11.1-1、图11.1-2）。

（1）公共区标准化

站厅均采用中间付费区两侧非付费区的布置形式，考虑过街功能，预留四个出入口通道接口；两侧非付费区宽度按不小于2跨半设计，避免进出站客流与过街客流的交叉。

全线车站楼梯、扶梯布置按两列车对应一组扶梯的原则进行设置。公共区共布置四组楼梯、扶梯，两端两组为双扶，中间一组L形楼梯结合无障碍电梯设置，站台的疏散点均匀分散。售票机及验票机沿着两端设备区端墙布置，其他商业自助设备围绕非付费区的柱子布置。

（2）设备区标准化

根据车站形式，十三号线全线设备区分三类：标准站、带配线车站、换乘车站。设备区的布置应满足车站功能要求，管线综合布设，同一功能同一系统的房间尽量集中布置，每个房间的位置在同种类型的车站里基本一致，为运营管理提供便利。

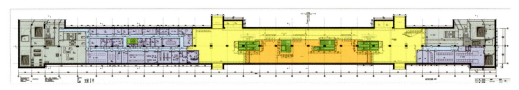

图 11.1-1　标准站站厅层平面

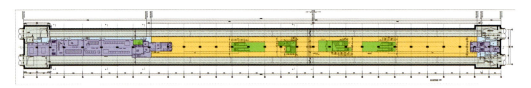

图 11.1-2　标准站站台平面

11.1.2 一体化设计

按照国家倡导的"多式衔接,立体开发,功能融合,节约集约"的原则,十三号线一期一体化思路主要体现在以下几方面:

(1)车站与周边物业一体规划,同步建设:新塘站与凯达尔综合体统一规划,同步建设,整合了城市功能的枢纽综合体,实现地上和地下空间一体化利用。

(2)车站装修与国家级文物一体化考虑:装修理念体现神庙文化特点,流动的水纹天花紧扣线路"粤商珠水"文化主题。

(3)车站装修概念与线路文化定位相吻合,天花与灯具一体化设计,天花走向与导向功能结合。

11.1.3 人性化设计

十三号线地铁建设在保证工期与质量的同时,也十分注重地铁空间作为交通空间和城市公共空间的人性化设计,通过对与乘客关系最为密切的地铁车站和交通模式进行研究和分析,对站内环境、无障碍设施等进行人性化设计,较好地体现了以人为本的设计要求。

人性化设计主要体现在以下几个方面:

(1)有条件的出入口均设置上下行扶梯;

(2)每个车站地面至通道,站厅至站台至少各设置一台无障碍电梯;

(3)全线车站均设置母婴室(图11.1-3);

(4)全线车站站台均设置公共卫生间;

(5)采用设备嵌入式安装的设备区走道,极大改善了地下车站设备区的空间环境(图11.1-4);

(6)具备条件的车站考虑设置一定规模的便民设施。

图 11.1-3 母婴室效果图

图 11.1-4 设备嵌入式安装示例图

11 车站设计

11.2 建筑

11.2.1 总体设计方案

1. 总体概况

十三号线一期（鱼珠—新沙）全线为地下线，共设11座车站。最大站间距3.71km，最小站间距1.52km，平均站间距为2.6km。

全线车站均为地下明挖车站，除鱼珠站为侧式站台，其他车站均为岛式站台车站。其中换乘站4座，鱼珠站与已运营五号线车站换乘，裕丰围站与七号线二期换乘，夏园站与五号线东延线换乘，新塘站与十六号线及穗莞深城际线换乘。

十三号线一期车站公共区主要设备数量详见表11.2-1。

十三号线一期车站公共区主要设备数量表　　　　表11.2-1

序号	站名	自动扶梯（台）		电梯（台）		进闸机	出闸机	验票机	查询机	售货机
		站厅至站台	出入口	地面至通道	站厅至站台					
1	鱼珠站	8	4	1	2	14	12	1	1	14
2	裕丰围站	6	5	1	1	20	20	2	2	6
3	双岗站	5	4	1	1	12	12	2	2	10
4	南海神庙站	5	6	1	1	10	18	2	2	6
5	夏园站	5	4	1	1	10	10	2	1	1
6	南岗站	5	6	1	1	10	14	2	1	5
7	沙村站	5	8	1	1	10	18	2	1	4
8	白江站	5	8	1	1	8	12	2	2	10
9	新塘站	10	8	1	1	21	24	2	2	14
10	官湖站	5	8	1	1	12	12	2	2	6
11	新沙站	5	6	1	1	14	22	2	2	9

十三号线一期换乘车站主要数据

表11.2-2

站名	远期设计客流（人/小时）	轨面埋深（m，括号内标高为对应的广州城建高程）	站台形式	根据客流计算的侧站台宽度（m）	站台设计宽度（m）	标准段宽（m）	车站长度（m）	线间距（m）	总建筑面积（m²）	车站结构类型	乘客出入口设计数量（个）	风亭数量（组）	备注
鱼珠站	10572×1.3	14.998（-6.798）	侧式站台	1.01	3.9+3.9	38.4	235.9	5.00	17906	地下三层明挖（十三号线地下两层）	4（十三号线新设2个）	4（十三号线新设2组）	节点已与五号线同步实施
裕丰围站	11787×1.3	14.94（-7.800）	岛式站台	1.09	13	22.1	280	16.20	23961.7	地下二层明挖（局部三层）	3	2	与规划七号线二期换乘
复园站	11124×1.3	14.93（-5.269）	岛式站台	1.04	12	21.1	288	15.20	16200	地下两层明挖	4	2	与规划五号线东延线通道换乘
新塘站	20047×1.3	15.48（11.256）	双岛四线	2.91	12+12	41.5	516.1	35.60	总：54200 十三号线：27100	地下两层明挖	7（不含物业出口）	4（不含物业风亭）	与规划十六号线同站台换乘

2. 换乘站

本工程中共有4座换乘站，基本数据见表11.2-2。

（1）鱼珠站

该站位于黄埔大道支路茅岗立交南侧的鱼茅路下，周边分布有沙井新村、鱼木小区、鱼珠商业广场、丰炜一号商业楼。车站周边规划以商业、住宅、乡村经济发展用地和绿化用地为主。

鱼珠站为十三号线一期工程的第一个车站，与五号线十字形侧岛换乘，车站北侧设折返线。五号线为地下三层岛式车站，十三号线车站为地下两层侧式站台车站，标准段宽为38.4m。

根据运营提供的资料，2014年工作日早高峰期间，五号线鱼珠下行班组平均满载率为35%。根据客流预测十三号线开通初期五号线及十三号线的客流量，预计十三号线开通后满载率会进一步提升，若换乘客流全部搭乘五号线列车，五号线鱼珠开出后满载率将达到71%。由此可知，五号线运能能够满足鱼珠站初期换乘客流的需求，但仅余29%的运能将导致五号线车陂南至珠江新城区段的客流压力大大增加。

目前在五号线员村、车陂南、东圃、大沙地实施常态化客流控制的情况下，该区段早高峰平均满载率超过100%，最大的区间满载率高达130%。为了给鱼珠站提供良好的客流控制基础条件，需要尽可能扩大付费区面积，确保车站有足够空间实施客流控制。届时鱼珠站主要通过进站及换乘客流控制，以减轻五号线运输压力，本工程设计对鱼珠站客流进行了仿真模拟，进而为后续客流控制提供参考。

①仿真情景及方案：

2019年早高峰，十三号线12对，五号线26对（满足客流需求开行对数），模拟方案见图11.2-1。

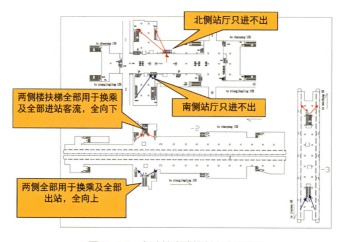

图 11.2-1　鱼珠站客流控制方案模拟图

②服务水平等级标定:

客流模拟采用的客流密度（人/m²）图例如图11.2-2所示，其中A级服务水平对应0.75m²/人，B级服务水平对应0.5m²/人，C级服务水平对应0.33m²/人。这三级服务水平相对属于较舒适的水平。

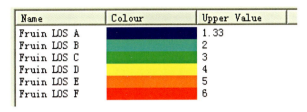

图11.2-2　仿真模拟服务水平等级标定

③仿真模拟结果及分析:

引用Legion软件对鱼珠站客流组织进行了方案的模拟分析，模拟结果如表11.2-3及图11.2-3～图11.2-5所示。

鱼珠站仿真客流数据（人次）　　　　表11.2-3

项目		东—西（进城方向）		西—东（出城方向）		合计	
		上车客流	下车客流	上车客流	下车客流	进出站客流	换乘客流
十三号线鱼珠站	进站客流	0	/	3752	/	3752	/
	换进客流	0	/	4917	/	/	4917
	换出客流	/	9131	/	0	/	9131
	出站客流	/	1711	/	0	1711	/
	小计	0	10842	8669	0	5463	14048
进站断面		10842		0		/	/
出站断面		0		8669		/	/
五号线鱼珠站	进站客流	1133	/	690	/	1822	/
	换进客流	9131	/	0	/	/	9131
	换出客流	/	0	/	4917	/	4917
	出站客流	/	669	/	1121	1790	/
	小计	10264	669	690	6038	3612	14048
进站断面		13484		16385		/	/
出站断面		23079		11037		/	/

11　车站设计

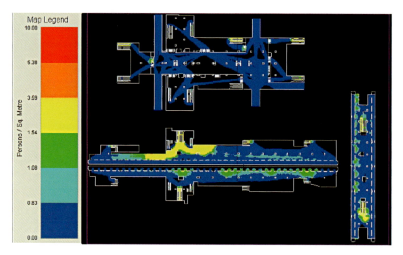

图 11.2-3　鱼珠站站厅与站台客流平均密度

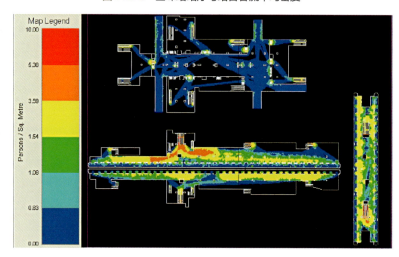

图 11.2-4　鱼珠站站厅与站台客流最大密度

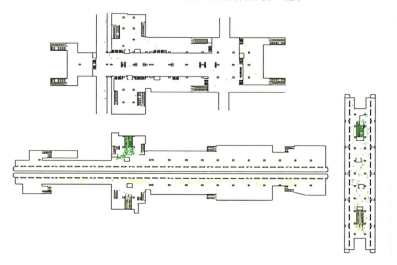

图 11.2-5　早高峰小时模拟客流图

最终车站选取最优的方案站厅——单向进出。通过模拟，站厅单向进出在客流疏散速度上优势最大，五号线站台拥挤程度相对也较小，循环达到的最小站台站立密度达到0.4人/m²。

鱼珠站总平面图、站厅平面图、站台平面图、纵剖面图如图11.2-6～图11.2-9所示。

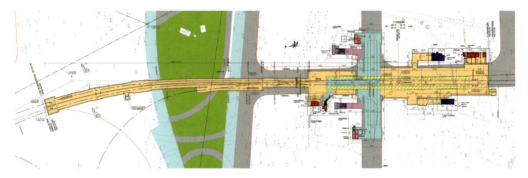

图11.2-6 鱼珠站总平面图

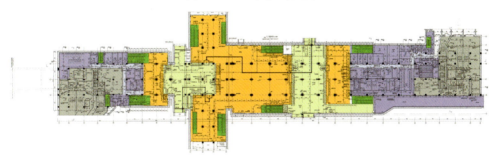

图11.2-7 鱼珠站十三号线站厅平面图

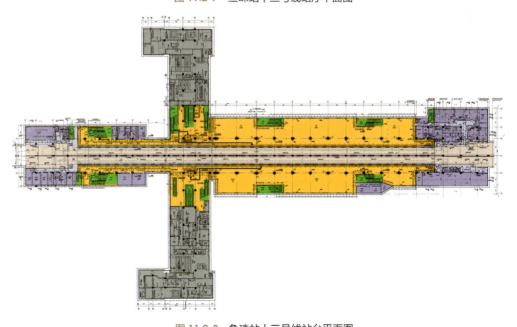

图11.2-8 鱼珠站十三号线站台平面图

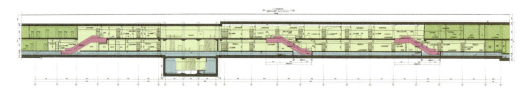

图 11.2-9　鱼珠站十三号线纵剖面

（2）裕丰围站

本站位于规划海员路与丰乐南路交汇路口西侧，站位主体及主要附属建筑所在位置原为黄埔港露天货场。车站总长为280m，标准段宽度为22.1m，为地下二层（换乘节点处局部三层）13m双柱岛式车站。

裕丰围站为本工程由西往东的第2个车站，站位设置于丰乐南路西侧的规划海员路下，呈东西走向；七号线站位设于丰乐南路下跨海员路口，呈南北走向。裕丰围站为十三、七号线换乘站，两线采用L形换乘，负一层为共用站厅。

十三号线站台位于负二层，采用岛式站台，站台宽度为13m，在有效站台范围内均匀地布置了3组楼扶梯及1组电梯、折返楼梯，使得客流在站台上的分布比较均匀；其中站台公共区东端为换乘节点，设一组楼扶梯通往换乘平台，再由两组楼梯通往负三层七号线站台。站台公共区两端为车站的少量设备管理用房；西端外挂部分为牵引降压变电所，东端外挂部分为跟随变电所和风道。

由于裕丰围站周边环境及管线情况复杂，受限条件较多，同时本站与远期7号线换乘，考虑最优换乘方案的同时，需对客流情况进行预测分析，为远期运营提供必要保障。因此，对裕丰围站客流进行了仿真模拟。

①仿真情景及方案：

十三号线采用8辆编组A型车，七号线采用6辆编组B型车。2041年晚高峰，十三号线28对，七号线14对（满足客流需求开行对数），模拟方案见图11.2-10。

②服务水平等级标定：

考虑到地铁主要控制点为站台，因此采用排队空间的行人服务水平标准，Fruin's LOS Queuing以行人密度为评价标准，共分6级服务水平（图11.2-11）。

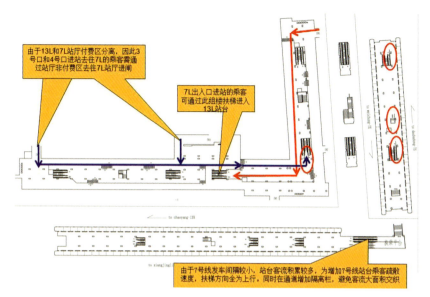

图 11.2-10 裕丰围站客流控制方案模拟图

图 11.2-11 仿真模拟服务水平等级标定

③仿真模拟结果及分析：

引用Legion软件对裕丰围站客流组织进行了客流的模拟分析，模拟结果如表11.2-4及图11.2-12~图11.2-14。

裕丰围站仿真客流数据（人次） 表11.2-4

项目		东—西（进城方向）		西—东（出城方向）		合计	
		上车客流	下车客流	上车客流	下车客流	进出站客流	换乘客流
十三号线裕丰围站	进站客流	1189	/	1346	/	2535	/
	换进客流	695	/	1645	/	/	2340
	换出客流	/	1461	/	787	/	2248
	出站客流	/	3179	/	1312	4491	/
	小计	1884	4640	2991	2099	7026	4588

11 车站设计

续表

项目		东—西（进城方向）		西—东（出城方向）		合计	
		上车客流	下车客流	上车客流	下车客流	进出站客流	换乘客流
进站断面		26985		32490		/	/
出站断面		24229		33382		/	/
七号线裕丰围站	进站客流	5474	/	294	/	5767	/
	换进客流	1545	/	702	/	/	2248
	换出客流	/	989	/	1350	/	2340
	出站客流	/	36	/	4080	4116	/
	小计	7019	1026	996	5430	9883	4588
进站断面		12463		9658		/	/
出站断面		18457		5224		/	/

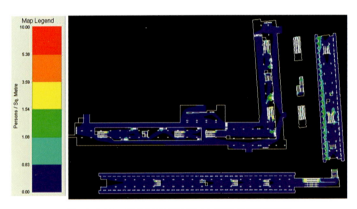

图 11.2-12　裕丰围站晚高峰小时平均客流密度图

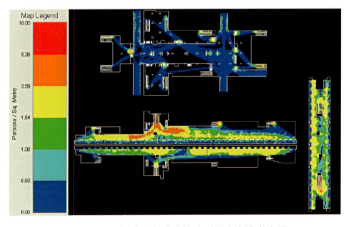

图 11.2-13　裕丰围站晚高峰小时最大客流密度图

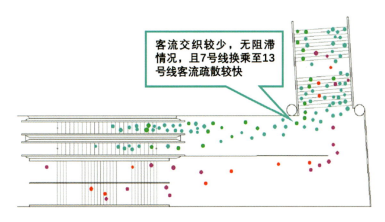

图 11.2-14 换乘通道模拟结果图

根据模拟结果可知，十三号线一期工程及七号线站厅均处于较好的服务水平，基本处于A~B级服务水平；七号线部分进出站闸机处于D级服务水平；七号线站台基本处于D级服务水平；十三号线一期工程站台基本处于B级服务水平，换乘通道一端处于C级服务水平；换乘通道基本处于B~C级服务水平，部分楼梯口处于D级水平。

因此，十三号线一期工程车站设计方案基本满足客流需求，主要控制节点为两线的换乘平台以及七号线进出闸机、楼扶梯、站台等。

裕丰围站总平面图、站厅平面图、站台平面图、纵剖面图及换乘节点大样图如图11.2-15~图11.2-19所示。

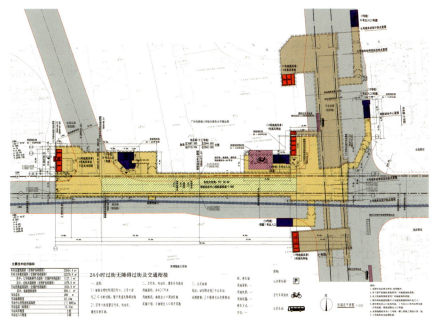

图 11.2-15 裕丰围站总平面图

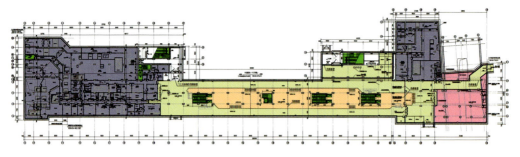

图 11.2-16　裕丰围站站厅平面

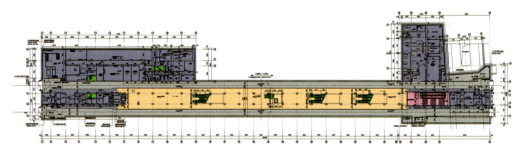

图 11.2-17　裕丰围站站台平面

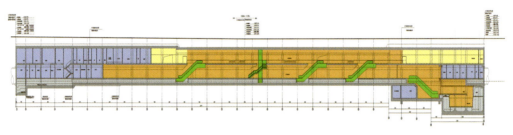

图 11.2-18　裕丰围站纵剖面

图 11.2-19　裕丰围站换乘节点平剖面

（3）夏园站

夏园站车站位于107国道与规划夏园中路的交叉路口，沿规划107国道路呈东西走向布置。东接南海神庙站，西接南岗站，是广州十三号线一期工程第五个车站，同时本站是十三号线与规划地铁五号线东延线的换乘站，十三号线车站为地下两层岛式车站，位于道路北侧；五号线尚未实施，位于道路南侧，两线间采用平行换乘模式。

车站周边分布有丽晶酒店、新起点商业楼、夏园华夏商业新城A座、夏园村委会商旅楼。车站周边规划以普通仓库用地、居住用地、部分农村经济发展用地为主。

夏园站总平面图、站厅平面图、站台平面图、纵剖面图如图11.2-20~图11.2-23所示。

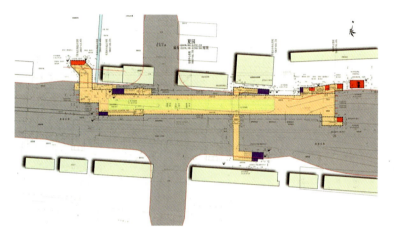

图 11.2-20　夏园站总平面图

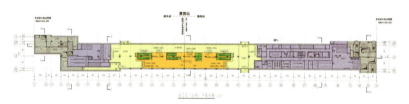

图 11.2-21　夏园站站厅平面

图 11.2-22　夏园站站台平面

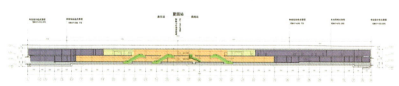

图 11.2-23　夏园站纵剖面

（4）新塘站

新塘站位于增城区新塘镇新新公路与规划107国道相交的"十"字路口以西的地块下方，与规划107国道斜交。车站南面为在建凯达尔枢纽综合体，东面为穗莞深城际车站，北面为107国道、在建外来工公寓，西南为群星新邨。107国道路规划宽60m，在地铁实施后再予以建设。车站东面为新新公路，规划宽40m、北接跨铁路桥。107国道在站位范围内由西向东下坡0~6m、下穿新新公路桥。规划用地主要为居住用地、公共绿地、工业用地、间杂少量商业用地、市政设施用地，新塘站站址环境及用地规划情况如图11.2-24所示。

图11.2-24 新塘站站址环境及用地规划

新塘站为十三号线一期工程自西向东的第九个车站，本站包含十三、十六号线两条线路的车站设计，地处增城区新塘核心，远期设计与规划地铁形成五线换乘，是十三号线最重要、规模最大的车站，也是交通线网中的重要换乘节点。本站点初期设计与穗莞深城际、枢纽综合体换乘，远期与广深广汕国铁站、长途客运站换乘，多种交通方式共同构建广州东部综合交通枢纽。

本站为双岛四线站台车站。作为十六号线的终点站，与十三号线采用平行同站台换乘，两线土建工程同步实施。另外，本站与穗莞深新塘站换乘，通过综合体的交通核、城市走廊实现地铁、城际、综合体枢纽的换乘。城际高架桥上跨本站，落墩避开本站主体。车站全长511.6m，标准段宽41.5m，总建筑面积约5万m^2，工程费用约6亿元，共设7个出入口（不含物业口）、4组风亭（不含物业风亭）。

新塘站总平面图、站厅平面图、站台平面图、横剖面图如图11.2-25~图11.2-28所示。

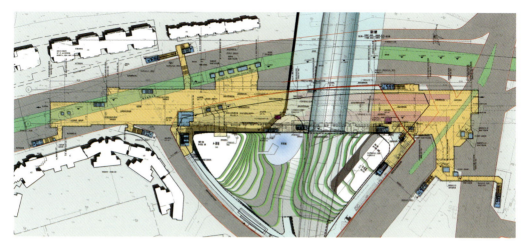

图 11.2-25　新塘站总平面图

图 11.2-26　新塘站站厅平面图

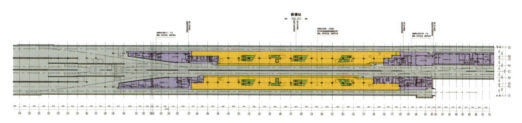

图 11.2-27　新塘站站台平面图

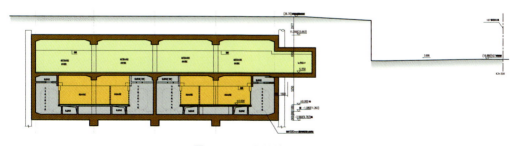

图 11.2-28　新塘站横剖面图

3. 标准站

本工程标准站基本数据见表11.2-5，各站总平面图如图11.2-29～图11.2-35所示。

地铁十三号线一期其他车站主要数据

表11.2-5

站名	远期设计客流（人/h）	轨面埋深（m，括号内标高为对应的广州城建高程）	站台形式	根据客流计算的侧站台宽度（m）	站台设计宽度（m）	标准段宽（m）	车站长度（m）	线间距（m）	总建筑面积（m²）	车站结构类型	乘客出入口设计数量（个）	风亭数量（组）	备注
双岗站	12978×1.3	15.011（-7.311）	岛式站台	1.13	11	20.1	602.7	14.20	31630.2	地下两层明挖	3	2	带站后折返线
南海神庙	8196×1.3	14.89（-5.730）	岛式站台	0.86	11	20.1	266	14.20	14292	地下两层明挖	4	2	标准站
南岗站	8308×1.3	14.93（-7.338）	岛式站台	1.29	11	20.1	679.2	14.20	31893	地下两层明挖	4	2	小交路折返线带站后存车线
沙村站	10353×1.3	14.93（-5.400）	岛式站台	1.9	11	20.1	603	14.20	28251.88	地下两层明挖	4（不含物业口）	2	站后设置停车线
白江站	18033×1.3	14.93（-2.334）	岛式站台	2.05	12	21.1	223	15.20	15395.41	地下两层明挖	4	2	标准站
官湖站	4432×1.3	14.93（-6.937）	岛式站台	0.79	11	20.1	355	14.2	19594.66	地下两层明挖	5	2	站前设存车线
新沙站	3483×1.3	14.93（-7.130）	岛式站台	1.235	11	20.1	751.2	14.20	33419	地下两层明挖	3	3	终点站，站前设置单渡线，站后设置双存车线

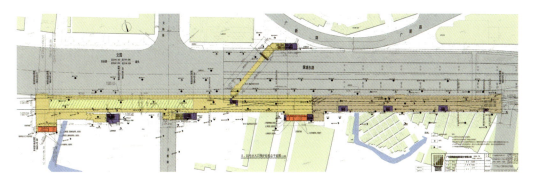

图 11.2-29 双岗站总平面图

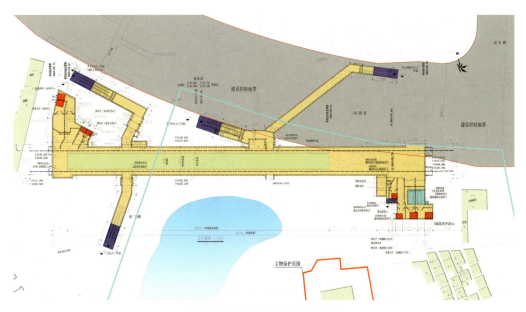

图 11.2-30 南海神庙站总平面图

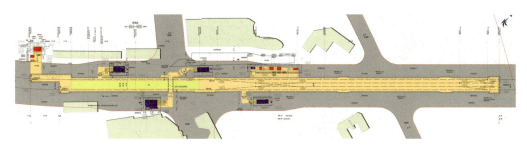

图 11.2-31 南岗站总平面图

图 11.2-32　沙村站总平面图

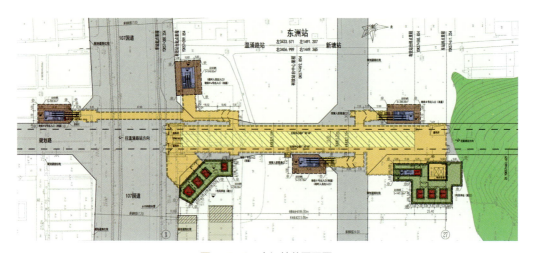

图 11.2-33　白江站总平面图

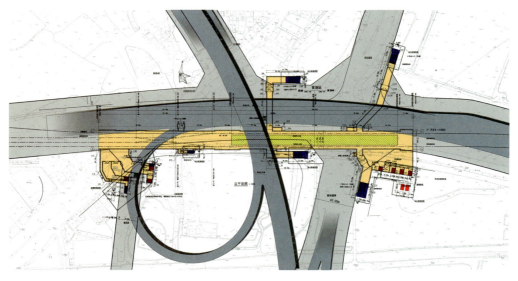

图 11.2-34　官湖站总平面图

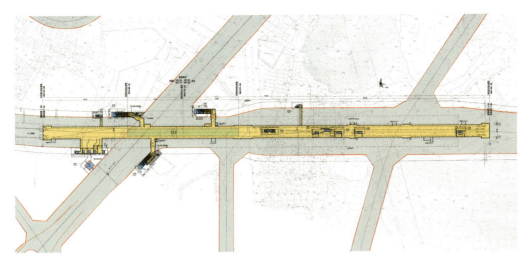

图 11.2-35 新沙站总平面图

11.2.2 车站设计特点

广州十三号线一期工程车站建筑设计综合考虑了车站选址环境、地质条件、接口设计、人性化设计等因素，对车站公共区及换乘节点、与市政交通接驳等方面进行了专门设计，从而加快客流的疏导、提高乘客乘车的舒适性，并为地铁线路的后续运营和长期发展规划提供条件，以下对本工程车站的特色设计进行介绍。

1. 公共区及换乘节点设计

（1）全线公共区的设计均采用了标准化设计理念，使得乘客对不同车站的布置可以快速熟悉，也便于车站设备的统一采购、管理。以双岗站公共区布置为例：车站内公共区中部为付费区，两侧为非付费区，非付费区围绕付费区布置。在站厅非付费区设置有客服中心、自动售票机、自动检票机等；付费区设置自动检票机和乘客下站台的楼扶梯、电梯；配线上方作为预留空间。在有效站台范围内均匀地布置3组楼扶梯及1台电梯，保证客流在站台上均匀分布。车站公共区左侧为车站小端，是无人区，仅设置环控机房，活塞风道等；公共区右侧为设备用房，是有人区，设有车站管理用房，设备房等。站台公共区两端为车站的少量设备管理用房。

（2）在鱼珠站的设计过程中，由于五号线鱼珠站于2009年年底开通投入运营，且五号线土建施工时，已一并实施换乘节点及十三号线北端车站主体，因此十三号线鱼珠站站位及换乘形式不做其他比选方案，沿用五号线已预留站位及换乘形式。五号线鱼珠站为地下三层岛式站台车站，十三号线鱼珠站为地下二层侧式站台车站，最终鱼珠站采用侧岛T形换乘的地下三层车站形式。

（3）在裕丰围站的设计过程中，考虑到十三号线裕丰围站与远期七号线换乘，对其远期与七号线的接驳进行了预先设计。十三号线裕丰围站为地下二层，局部地下三层岛式站台车站。远期七号线为地下三层岛式站台车站，为"L"形换乘。因此，设计确定公共区楼扶梯采用平行布置，均由西向东提升，使得换乘更便捷。站台东端布置少量设备用房，站台门端门采用非标设计，尽量做大换乘节点。换乘节点宽为8m，布置双扶梯及楼梯，有效提高客流疏导能力。

（4）在夏园站设计过程中，针对夏园站站址西侧已实施运营的BRT夏园站，本站设计决定在不改造或拆迁BRT站台条件下，充分考虑与BRT连接，在车站小里程端南侧、规划107国道中部预留Ⅰ号出入口，为后续与BRT站台预留换乘条件。此外，夏园站也是规划地铁五号线东延线与十三号线的换乘站，本站设计中决定，十三号线夏园站在站厅公共区南侧主体结构均设置暗柱，预留与五号线站厅平行换乘条件，后续如五号线与十三号线平行设置，则可打开主体南侧结构，设置通道与五号线站厅连通。

2. 车站设计与市政交通、地块开发协调

（1）白江站为本工程的中间站，考虑其功能主要是为片区交通服务，设置完善的出行设施，引导乘客快速到达目的地。故本站设计主要解决停车用地问题，同时考虑地铁与公交、出租、自行车等交通方式的换乘关系。最终设计决定本站在道路两侧的主要出入口50m范围内设公交站、出租车停靠点、自行车停放区域。同时本站设置下穿107国道的过街出入口，方便服务国道南侧地块客流，另考虑到车站主体位于规划道路正下方，Ⅱ号口与Ⅲ号口可以兼顾规划路两侧客流，预留与市政广场地下空间开发的出入口。

（2）南岗站的2号风亭在设计中通过方案比较，最终决定与市政改造相结合。2号风亭改造方案的围护结构所在位置为建设局市政道路用地范围内，无需对其旁的住宅地块用地进行征借，减少了因外部协调所产生的影响施工工期的不稳定因素。同时2号风亭作为临时风亭设于现在道路恢复后的绿化带上，与市政景观形成有机结合，并预留以后改造为规划道路红线外永久风亭的条件。

（3）针对新沙站在施工招标完成后发生的站位周边区域的控规调整，本站进行了专门设计。控规的调整引起站位所在规划路的调整，规划路由30m拓宽到60m。若附属依然采用原方案，则新增拆迁面积2173.1m^2。为减少该调整带来的大面积拆迁，故将部分附属（2、3号风亭、Ⅰ、Ⅱ号安全出入口）由设置在路侧调整为设置在规划路（环城路）路中绿化带内。将低风亭、安全出入口与绿化完美结合，与道路融为一体，减少了对周边规划地块的影响，拆迁量减少，降低了成本，车站的实施性更强，效果图如图11.2-36、图11.2-37所示。

图 11.2-36　新沙站风亭设置在路中绿化带

图 11.2-37　新沙站安全出入口设置在路中绿化带

（4）南海神庙站A端风亭设计中，考虑与庙头综合市场进行合建，经过多轮协调，最终确定两个高风亭与综合市场复建楼合建，从复建楼侧立面出风，风亭结构预留复建条件。复建楼地下室设于通道与风亭之间围合区域，通道侧墙预留复建楼地下室与Ⅳ号出入口通道连接条件。通过该设计方案，实现了车站通风功能，同时满足了地块后期开发需求。

11.2.3　设计重难点及解决方案

地铁车站建筑设计作为地铁设计的重要环节，在设计过程中必须对工程周边环境、地质情况以及相关国家规范、地方规范和技术要求进行充分的熟悉和理解。在本工程地铁车站的设计中根据各车站的实际情况，针对其中出现的重难点问题，提出了行之有效的解决措施，以下将对本工程中出现的几例典型设计问题及其解决方案进行分析。

1. 鱼珠站与五号线接驳方案

（1）五号线预留工程的利用与改造

主要问题：原鱼珠站十三号线车站在五号线车站实施时已按当时的标准进行设计及实施，设计标准为4辆编组L型车，72m有效站台，单活塞通道模式。且五号线于2009年年底开通，北端车站设备管理用房部分已被5号线运营使用。因此，需对已建的土建工程进行改造。

解决方案：根据上述情况，在不影响五号线正常运营的前提下，车站的延长段宜放置于南端，北端在原有基础上对既有车站主体、设备用房、风道等进行改造；车站有效站台长度由原来72m改为186m，在车站南端新建部分增加一个站厅，北端通过对既有设备用房改造，新增一个站厅，新增站厅内增设一组楼扶梯与站台联系；在对五号线已预留站台加长改造时，考虑往节点一侧加长，从而让换乘节点偏心设置，加长一侧为有效站台长度的2/3，在保证侧站台4m宽度的同时，外挂楼扶梯一跨拉通并加宽到10m，在侧站台预留更大的排队缓冲空间，减少十三号线客流对五号线站台的冲击。

（2）缓冲十三号线对既有五号线运能冲击的方案设计

主要问题：五号线区段已接近满载，十三号线开通后将对五号线运能产生冲击。为给鱼珠站提供良好的客流控制基础条件，需要尽可能扩大付费区面积，确保车站有足够空间实施客流控制。

解决方案：两线站厅付费区连通设计，为客流控制预留条件。鱼珠站是个侧岛T形换乘的地下三层车站，五号线鱼珠站为地下三层岛式站台车站，十三号线鱼珠站为地下二层侧式站台车站，形成东西南北四个付费区。车站设计时把东西站厅合并为一个大的中部付费区，实现五号线与十三号线付费区的相互连通，扩大客流控制区域面积，为车站运营创造有利条件，站厅付费区设计前后对比图如图11.2-38、图11.2-39所示。

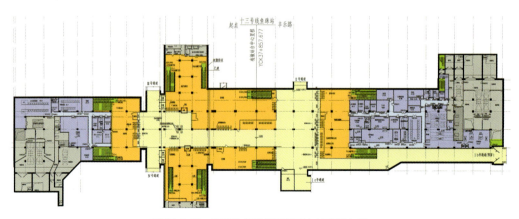

图 11.2-38　原设计鱼珠站厅的四个付费区方案

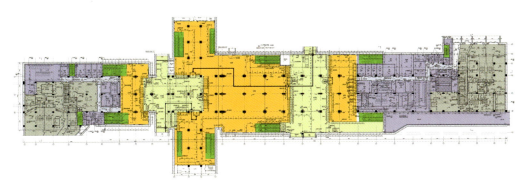

图11.2-39 连通五号线与十三号线付费区后鱼珠站厅方案

（3）换乘节点客流组织模式的改进

主要问题：原设计换乘节点通过能力不足。在十三号线二期未建设前，本站为十三号线一期的始发站，初期客流比远期客流大，而且换乘比例较大。经验算远期东西端换乘节点楼扶梯通过能力都满足要求，但运营初期既有的东端换乘节点楼扶梯通过能力与布置方式无法满足使用要求。

解决方案：采用"东进西出"的单向客流组织模式。十三号线初期东端站台为列车终点站，西侧为列车起点站，大部分为换乘客流，乘客的行走方向固定，根据运营初期客流特点，采用"东进西出"的单向客流组织模式，即东端站厅及换乘节点楼扶梯的运行方向全部改为下行进站，西端站厅及换乘节点楼扶梯的运行方向全部改为上行出站，有效地解决了换乘节点楼扶梯通过能力不足的问题，同时也简化了客流流线，方便乘客出行。

2. 南海神庙站文物保护措施

主要问题：国家级文物南海神庙（包括浴日亭），又称波罗庙，旧称扶胥村，是古代皇帝祭祀海神洪圣的场所，也是海上丝绸之路的始发地。其始建于隋朝开皇年间，至今已有1400多年历史，是中国四海神庙中唯一完整保存下来的建筑遗迹，2013年3月被列入第七批全国重点文物保护单位。南海神庙建（构）筑物主要为砖木石结构，建筑最高高度约为13m，基础形式为浅基础，牌坊为花岗石结构，高度约为6m。文物主要位于南海神庙站南侧，文物保护范围距离车站主体56.98m，距离附属风亭38.3m，车站与其距离较近，神庙保护责任重大（图11.2-40、图11.2-41）。

保护措施：

（1）取消Ⅱ号出入口。Ⅱ号出入口位于车站南侧，进入文物建设控制地带，为最靠近南海神庙的出入口。经征求相关单位意见，该口取消，以减少地铁日常进出站流对南海神庙的影响，同时减少对南海神庙景观湖的影响。

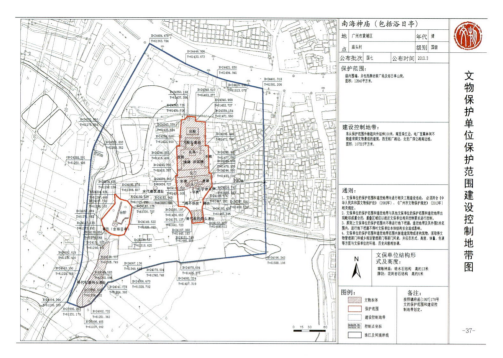

图 11.2-40 南海神庙文物保护单位保护范围建设控制地带示意图

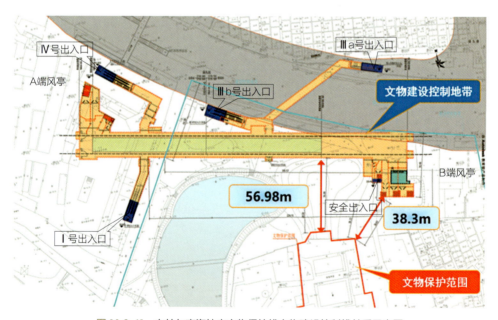

图 11.2-41 车站与南海神庙文物保护线文物建设控制线关系示意图

（2）建筑风格保护。为满足文物保护区建筑风格统一、建筑高度和体量控制的要求，整个南海神庙站设计为地下站，原B风亭由高风亭改为矮风亭，冷却塔也改为下沉式冷却塔。

3. 车站布置与周边环境协调

（1）新沙站建筑设计优化

主要问题：新沙站为本工程终点站。初步设计阶段，车站接车辆段出入段线，根据线路埋深，车站为半地下车站。站厅设置在地面，设备用房布置在首层和二层，负一层为站台层。车站主体位于路侧地块内，把新街村分割成两块，对周边土地利用及开发的整体性有较大影响，不利于地块和城市空间的规划。

解决方案：为减少地面层对城市空间的分割，结合车辆段调整至官湖站，对方案进行了优化，采用了地下两层车站的形式。将站位南移，沿规划路平行布置，从而将地面站变为地下站，使地块增值，新沙站优化前后总平面图如图11.2-42、图11.2-43所示。

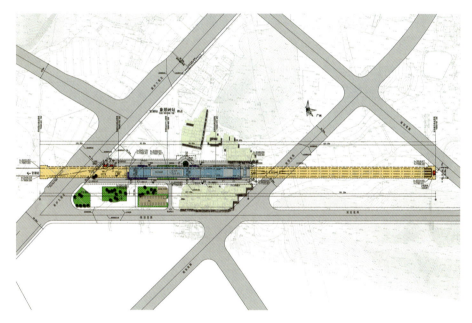

图 11.2-42　新沙站原总平面图

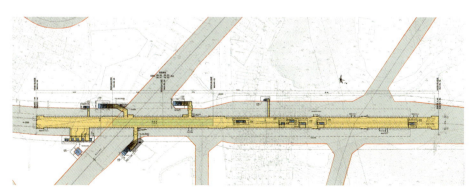

图 11.2-43　新沙站现总平面图

（2）沙村站建筑设计优化

主要问题：受控于周边限制条件，沙村站主体位于北侧地块，已占用较多地块开发用地。

解决方案：附属设施布置应尽量减少对地块的影响。车站主体安全出口、预留空间的出入口及风亭设置为主体内顶出；按原控规方案，车站西端保留现状河涌，河涌与规划路之间围合为三角地块，车站西端风亭及Ⅴ号口外挂于主体之外，以充分利用此地块，并减少车站整体长度；车站主体施工后，按控规方案调整取消河涌、附属风亭，出入口北侧设置结构暗柱，预留远期与地块建筑结合改造的可能性；车站Ⅳ号口现状暂无客流，设置为楼梯口，满足疏散要求，远期结合地块开发方案可增设双扶梯出入口，或连通地块开发建筑，利用建筑内扶梯提高客流服务水平；Ⅲ号口为主客流出入口，因站内设置公共区与预留空间的连通道，Ⅲ-A口设置为外挂形式；车站结构范围地面设置市政园林绿化，为乘客及市民提供慢行、休憩的优美公共空间。

（3）官湖站出入口通道避让地下给水管

主要问题：招标设计中，根据管线调查资料Ⅲ、Ⅳ号口处$DN2400$给水管埋深约1.75m，Ⅲ、Ⅳ号口埋深4.50m，管底距结构顶板约0.35m，在地铁施工时采用悬吊处理。施工图设计中，根据管线调查资料，Ⅲ号出入口处$DN2400$给水管埋深约3.73m，Ⅳ号出入口处$DN2400$给水管埋深约3.49m。根据自来水公司意见，管底与结构顶板需预留约1m间隙以便后期检修。官湖站北侧直径1.2m污水管与市政给水管走向及标高基本一致，给水管迁改困难，与出入口通道相冲突。

解决方案：将车站出入口通道局部下沉，以避免迁改给水管及留出规划污水管的空间。本站无障碍电梯设置在Ⅱ号出入口，Ⅲ、Ⅳ号出入口通道下沉约3m后，通过扶梯一次提升至地面，不影响无障碍通行。

（4）夏园站避让BRT主体

主要问题：夏园站站址西侧为BRT站台，车站站位受限制。原招标设计夏园站通过地铁Ⅰa出入口与BRT进行无缝换乘，由于车站西端右线站台进入BRT站台范围，车站实施需局部拆迁改造BRT站台。根据相关部门多次协调的情况，改造BRT的方案费用高、难度大，夏园站需调整车站站位以避免拆迁改造BRT站台。同时根据市政府相关协调会要求，调整后方案应充分考虑与BRT的连接，预留与BRT进行换乘的条件。

解决方案：车站站位在基本保持地铁车站平面布置的基础上向东偏移22m，预留车站顶出出入口与BRT连接，并局部修改车站轮廓，避开BRT站台，确保车站施工期间BRT的正常运营。但受周边环境条件限制，车站1号风亭无法同时东移，因此，将车站左线相应的向西加长22m和1号风亭连接。站位东移22m后，避免了拆迁改造

BRT站台，同时取消了与BRT无缝换乘的Ⅰa出入口，车站标准段宽度不变，仍为21.1m，车站建筑面积增加约863m²。由于站位的调整取消了与BRT的无缝换乘，因此调整后方案在车站小里程端南侧预留顶出Ⅰ号出入口与BRT连接，为后续与BRT站台连接提供条件。

（5）夏园站附属风亭、冷却塔布置方案优化

主要问题：夏园站车站东移后，2号风亭对周边环境影响较大。2号风亭招标设计为集中式高风亭形式，冷却塔设置在高风亭上，后为避开BRT站台，车站东移22m且按规划要求风亭需在规划道路红线15m以外，因此导致风亭组需占用景盛创意园的用地，风亭组靠近创意园正门且体量大，对景观影响较大。

解决方案：为减少对景盛创意园的影响，2号风亭由高风亭组改为低矮风亭组。同时，为减少冷却塔对周边环境影响，满足环评要求，对冷却塔进行相应调整，将冷却塔改为地面下沉式冷却塔，并将与高风亭合建的紧急疏散口改为独立敞口形式。

（6）官湖站附属风亭布置方案优化

主要问题：官湖站站址范围规划路网调整，原风亭布置与调整后的规划路冲突。1号风亭组所在位置的规划路为石新路，原规划路与现状路基本一致，为西南至东北的斜向布置，1号风亭位于石新路东南侧，并按此布置完成了规划用地报建及拆迁。规划路网调整后，为南北向布置，原风亭布置位于新规划路的路中，若调整风亭布置匹配新路网，则与现状正在使用的石新路冲突。

解决方案：调整1号风亭的远期永久方案，使其位于新规划石新路的两侧，近期设置临时风亭位于新规划石新路的路中，即现状路路侧，同时满足目前既有道路及规划道路的使用要求，且未增加新的拆迁及征地，同时未调整车站主体侧墙已施工预留的附属风道接口。

（7）沙村站过街出入口的设置

主要问题：根据行车系统方案，沙村站设置站后双存车线，有效站台位于新塘大道西延线与温涌东路的交叉路口（主客流区域）西侧，因河涌的限制，无法设置公共区范围的过街出入口。

解决方案：若将有效站台与存车线对调，则行车方案不优，且并不能优化温涌东路路口的客流服务条件，因此保留有效站台位于西端，站后设双存车线的方案；Ⅲ号口为主客流出入口，设置Ⅲ-A、Ⅲ-B两个出入口以满足市政过街要求，因两个出入口均位于主体外，可作为24小时市政过街出入口。

（8）沙村站与市政道路的连接设计

主要问题：车站坡度为0.2%，车站东西两端结构顶板标高为6.309m及6.823m，

新塘大道西延线坡度较大,在车站东西两端位置的地面的绝对标高为8.2m及10.0~10.4m。车站东端主体结构覆土厚度取值3.9m,地面标高为10.723m,与道路高差为0.3m,可通过找坡顺接;车站西端主体结构范围在满足结构受力要求的情况下,覆土厚度取2.5m,地面标高为8.809m,与道路高差为0.6m,后因车站西端现状地形与地形图上标高相差约0.3m,导致地块地面恢复标高比现状人行道高0.9m,不能直接找坡顺接。

解决方案:结合场地绿化设计,车站西端采用找坡加台阶的方式,将地块与道路顺接,施工完成后取得了良好的效果(图11.2-44)。

图 11.2-44 沙村站地面恢复实景图

11.2.4 枢纽综合体

1. 概述

TOD模式是以公共交通为导向的一种开发模式,是规划一个居民区或者商业区时,使公共交通使用最大化的一种非汽车化的规划设计方式。

TOD模式当中的公共交通主要是地铁、轻轨等轨道交通及巴士干线,然后以公交站点为中心、以400~800m(5~10min步行路程)为半径建立集工作、商业、文化、教育、居住等为一体的城区,以实现各个城市组团紧凑型开发的有机协调模式。

成熟TOD模式已有先例,如日本东京依赖环形铁路向外辐射,大型社区中心围绕车站布置。其中新宿拥有汇集了日本旅客铁道(JR)、地铁等共9条轨道的日本最大枢纽站，商业娱乐中心及其周围的办公建筑集中在距铁路车站不到1km的范围内，成为典型的TOD社区。

如今，TOD模式也正式引入广州。位于广州增城新塘的广州凯达尔枢纽国际广场（ITC）项目将建成中国首个TOD交通枢纽综合体（图11.2-45、图11.2-46），总建筑面积35万m^2，被列入广东省、广州市、增城区三级政府重点工程。该项目总投资38亿元，拥有2条国家铁路（广汕、广深）、2段城际轨道（穗莞深、佛穗深）、3条城市地铁（十三号线一期、二十号线、十六号线）等共7大轨道交通及一体化公交网络，将增城与粤港澳、粤东和华东地区相连，辐射范围覆盖整个珠三角地区，同时集大型

图11.2-45　广州东部交通枢纽中心规划图

图11.2-46　广州凯达尔枢纽国际广场实景图

11　车站设计

商业、办公、娱乐等设施于一体，形成交通与区域服务并举的综合体。由于综合体涉及多个建设单位、设计、施工单位，与车站的设计接口众多，施工、运营界面犬牙交错，其复杂程度为广州地铁之最，且无先例可循，建成后将成为名副其实的"广州东部交通枢纽"。

而新塘站作为衔接广汕客专、广深铁路、穗莞深城际、地铁十三号线和十六号线的综合交通换乘枢纽，在枢纽综合体的建设中起到了奠基性的作用，其在枢纽综合体的建设中有特殊地位，在本工程地铁的设计中作为重点车站进行专门设计。

2. 新塘站超前枢纽规划设计

本工程新塘站设计主动提前开展枢纽规划设计，从而稳定地控制后续方案，实现立体换乘、无缝衔接。新塘站综合交通枢纽定位为广州市东部枢纽中心，广州市一级客运枢纽、广州铁路客运枢纽辅助客运站。将新塘站作为集广深、广汕国家铁路，穗莞深、佛穗莞城际铁路，城市轨道交通十三号线、十六号线、二十号线等线路，以及长途汽车站、公交总站等多种公共交通方式的枢纽，并考虑综合开发北区上盖大规模枢纽综合体、南区上盖36万m²超高层枢纽综合体作为地标。

枢纽建设，地铁先行。十三号线新塘站设计之初，外部规划及枢纽上层设计缺乏。本工程设计时没有墨守成规，而是大胆设想地铁与国铁、城际、综合体之间的关系后进行规划，提出城际车站跨越国铁线、综合体首层架空、设置竖向交通体系换乘、利用地下空间及连廊联络各相邻地块的规划方案；考虑到新塘站换乘点客流量大且作为交通枢纽的特点，与规划十六号线换乘时果断采用同站台换乘、同步建成的方案（图11.2-47）。

在本站前瞻性的规划设计指导下，车站与各类交通均设计了便捷、流畅的换乘流线，通过多个地铁出入口将各类客流有效疏导，与城际及南区枢纽综合体均达到无缝衔接。树立地标，为东部综合交通枢纽的后续建设打下良好的基础，并大力推进远期枢纽综合体建设。

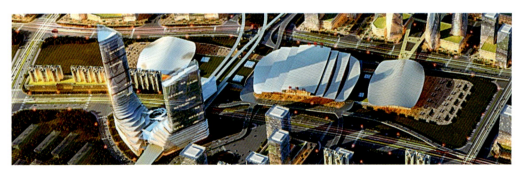

图11.2-47 新塘站综合交通枢纽规划示意图

3. 创新设计、合作模式开发

新塘站与枢纽综合体开创式地形成了设计统筹、施工合作、共同经营等合作模式，设计互相渗透、施工及运营界面清晰。

凯达尔枢纽综合体为总建筑面积36万m^2、总高260m的地标建筑，为国内首个集城际、地铁、出租车、汽车客运、公交等多种公共交通方式的枢纽型城市综合体，同时集大型商业、办公、娱乐等设施于一体，形成交通与区域服务并举的综合体。综合体涉及多个建设单位、设计、施工单位，与车站的设计接口众多，施工、运营界面犬牙交错，复杂程度为广州地铁之最，且无先例可循。

设计方案稳定、界面清晰是合作的基础。本站先后与国际知名的设计单位阿特金斯、日建株式会社进行多轮设计沟通，进行与地铁内容相关的方案修改，并提供地铁与其他功能体块的交通组织方案。经三年论证、多版修改才稳定车站与枢纽的结合方案。地铁设计与枢纽"交通核+城市走廊"的有机结合（图11.2-48），获得专家高度评价。

图 11.2-48 新塘站"城市走廊"实景图

本站基于合理的设计方案，协助广州地铁集团有限公司与凯达尔、城际进行数次艰难地设计对接、合建谈判，形成在规划统一的前提下设计相对独立、施工运营界面清晰、经营互惠互利的合建合作模式。

4. 客流仿真模拟技术应用

新塘站十三号线、十六号线为同方向同站台换乘，于2010—2012年完成站厅、站台公共区客流仿真，后于2016年完成出入口、站厅与枢纽综合体换乘的客流仿真为广州地铁首次采用。根据模拟结果调整车站布局，再次模拟进行对比，择其优而从之，从而有效优化公共区的客流组织（图11.2-49）。

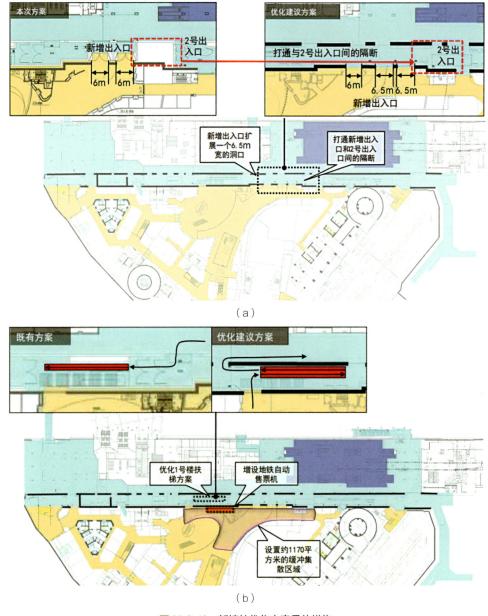

图 11.2-49　新塘站优化方案具体措施

新增出入口向东拓宽6.5m后，通过新增出入口的进出客流量增多，减轻了Ⅰ号和Ⅱ号出入口的客流压力（表11.2-6）。部分换乘客流通过车站核内的直达自动扶梯进行换乘，地铁站厅内的楼扶梯压力减小。随着客流疏散能力的提升，新增出入口、西侧站厅的服务水平从D级提升至C级，西侧通道行人密度减低但服务水平保持不变，各主要面域服务水平都在C级或以上，运行情况较好（图11.2-50）。根据客流预测结果，十三、十六号线新塘站将承担整个新塘枢纽客流的28%，是重要的客流疏导干线。

优化前后分向客流量一览表 表11.2-6

类型		优化后客流量（万人次/h）	既有方案客流量（万人次/h）
地铁-项目出入口	新增出入口	1.49	1.21
	1号出入口	0.56	0.62
	2号出入口	0.50	0.60
	3A号出入口	0.36	0.36
	9号出入口	0.36	0.36
直连楼扶梯	1号楼扶梯	0.40	0.43
	2号楼扶梯	0.34	0.43
其他地铁出入口		1.40	1.40
总量		5.41	5.41

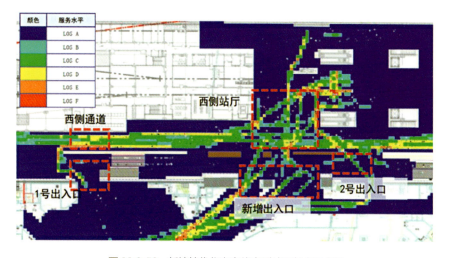

图 11.2-50　新塘站优化方案仿真测试服务水平分布

新塘站通过采用客流仿真模拟技术，优化了公共区、出入口布局，效果卓著。在设计阶段开展仿真模拟极大提高了复杂车站建筑设计的可靠性，可有效减少投入运营后的客流拥堵、有效提升轨道交通服务水平。

5. 站台超前人性化设计

站台配置的母婴室、公共洗手间充分考虑与国铁、城际换乘的客流特点，男女厕位为1∶1.5，女厕蹲位多达18个，提前响应了国家"厕所革命"的号召。

6. 车站与枢纽综合体同步建设方案设计

受线路条件等影响，车站主体的一部分、南侧附属全部位于地块内，修改初步设计完成后，地块完成招拍挂出让，凯达尔作为建设单位进行了数版方案设计。车站附属占用凯达尔用地，方案须取得地块建设单位同意。同时，由于枢纽的特殊性，地铁尚需考虑与城际、公交等的换乘，并就换乘方案与地块设计方达成一致。由于附属基本位于枢纽综合体内，合建双方还需划分好设计界面、施工界面。

为解决以上难题，项目组首先保证车站主体的大方案不改变，即要求穗莞深城际车站跨越本站，综合体建筑避让车站主体（图11.2-51）。穗莞深车站为高架三层，首层出站，二层进站，三层设站台及两处20m宽的人行通道，与地铁车站主体斜交。由于城际站上部结构荷载较大，采用55m现浇连续梁型式横跨车站，与地铁两者互不干扰。

其次，项目组立足于构建畅通的换乘条件，建议凯达尔首层采用架空的形式，南侧附属基于凯达尔方案进行灵活的调整。凯达尔的前几版方案为了商业面积最大化，首层铺满建筑，最终方案中，凯达尔首层留出大面积的"城市走廊"，竖向留出大空间的"交通核"，与项目组的最初设想不谋而合（图11.2-52）。

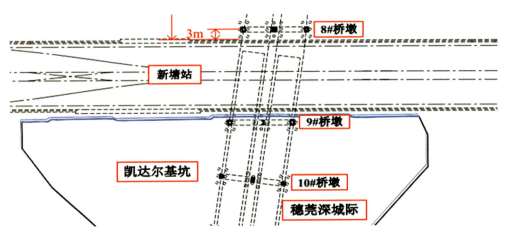

图 11.2-51　枢纽综合体各部分平面位置示意图

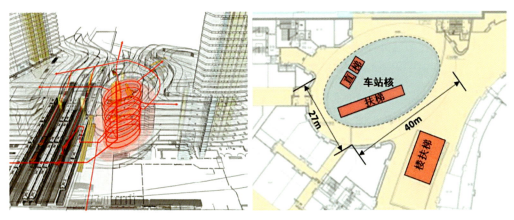

图 11.2-52　新塘车站交通核示意图

车站为了衔接"城市走廊""交通核",拓宽了车站与其接口处的空间,并要求在凯达尔综合体内设置约2000m²的客流缓冲空间。车站南侧附属大部分位于凯达尔综合体及地铁、综合体的夹缝地内。经双方设计、建设方共同努力,最终地铁附属的布局均与凯达尔综合体无缝衔接。

11.3 装饰装修

11.3.1 线路主题化

广州线网的线路数量快速增加,广州地铁传统车站以不同墙面颜色作为站点识别的策略已经无法满足大量车站涌现的需求。鉴于此,十三号线车站装修以线路为单位,制定了不同线路的文化主题,因地制宜,采取不同设计手法,在最大程度优化车站建筑设计的同时,为车站增加了个性与辨识度,有效地保证了各车站与原有建筑、环境的自然融合,将车站融入城市肌理中去。

十三号线根据线路的走向及地理特征制定出"粤商珠水"的文化主题,再根据主题文化表达的强弱划分出一般站,重点站(鱼珠、新塘站),特殊站(南海神庙站),强调线路大共性,站点小个性的设计原则,能让乘客对线路先有第一识别印象,再根据站点小个性形成第二识别印象,形成更为宏观与科学的车站识别系统。

11.3.2 装修风格设计

1. 总体设计

(1)装修母题设计

地铁车站本属于功能化的交通建筑,文化主题应依附着交通核心属性开展,并需与交通功能取得逻辑上的一致性。根据十三号线的主题"粤商珠水",提炼内涵所得抽象代表"商流、物流、水流",在逻辑上与地铁交通属性"客流"的运动状态取得一致,故以"流"作为十三号线整体线路装修设计的母题,暗示"粤商珠水"顺着交通方向潺潺流淌。

(2)天

由于地下车站空间界面封闭,在人员密集的状态下,车站母题文化设于顶棚能最大限度地为乘客提供直观的线路特征识别,所以在设计理念上,把"流动"的装修母题融入全线车站的顶棚系统之中并形成线路大共性。通过标准化、工业化、模数化的弧形铝构件结合灯具组合成一体式的波浪形图案天花灯带系统,一般站的顶棚灯带如水波般往线路方向流动,暗示一般站的交通客流逻辑特征(图11.3-1)。

图11.3-1 车站顶棚设计

（3）地

地面系统上，在一般站与重点站中沿用广州地铁传统的麻白花岗石，成熟的地面材料与施工工艺是对广州地铁成果的一种积累与传承（图11.3-2）。在楼梯结构处理上，提出采用取消梯柱的方案，有效地改善了站台局部的空间效果。

图11.3-2 车站地面设计

（4）墙

由于车站空间为地下空间，空间感受较为封闭与压抑，车站的整体装修适合更为光洁明亮与简洁大气的风格，所以在墙面装饰材料的选用上，彩釉玻璃墙板最为适合。玻璃墙板光洁的表面质感易于清洁维护，其钢化后的强度能满足公共交通设施使用周期长与使用频繁的特点，符合地铁车站建筑的功能与美观要求。

因此，在墙面系统上，一般站采用钢化白色彩釉玻璃小板单元式系统，创新性以单元式的工艺节点进行设计。细节上通过玻璃板增加不锈钢包边并在幕墙龙骨上使用铝龙骨取代传统镀锌钢龙骨等，使材料标准与节点工艺在传统基础上得到更好地优化。

（5）不锈钢构件

不锈钢栏杆安装在楼扶梯洞口边，通过样板尝试把栏杆与洞口侧面饰面一体式完成，使洞口周边装修效果更为整体简洁，由于样板部分工艺尚未成熟并未采用，日后仍有待进一步研究探讨。在客服中心的设计上，对传统客服中心进行了全面更新，通过不锈钢与玻璃的材料对比，设计出简约现代的半开放式客服中心，突出地铁开放及以人为本的服务理念。

（6）出入口优化

十三号线在出入口"飞顶"的设计上，既延续了广州地铁传统飞顶的形象，又基于时代的发展进行了节点的调整与简化。为减少对钢结构框架的日常维护，门式框架通过不锈钢外包铝板的方式，优化成简洁的扁框造型，顶棚取消三角连接件直接与门式框架相连，玻璃使用超白波并取消抓点式，有效减少了玻璃自爆，通过上下固定方式形成通透简洁的玻璃界面（图11.3-3、图11.3-4）。

（7）风亭与地面附属

在高风亭与地面附属的外观设计中，坚持以功能为核心，通过不同表面工艺处理的白麻石材相互搭配形成丰富的建筑表情，打造既现代又简洁的地面附属设施，结合周边的绿化环境形成景观化处理，最大限度减少对城市环境的影响（图11.3-5）。

图11.3-3　出入口效果图

图 11.3-4　出入口实景图

图 11.3-5　高风亭组效果图

2. 重点站及特色站设计

（1）鱼珠站

鱼珠站为十三号线一期与既有线路五号线十字换乘的地下车站，在装修设计中，新线路的装修风格与既有线路的装修如何协调是设计中需要重点考虑的因素。十三号线站厅区在天花系统上延续全线"粤商珠水"的弧形波浪灯具母题，水波流动方向与换乘方向一致，暗示客流引导。新旧线十字相交站厅处，通过天花收口细节处理，过渡新旧天花的关系。墙面与地面沿用五号线的黄色玻璃墙板和石材地面，使车站新旧区风格整体协调统一，自然过渡。

鱼珠南临珠江，是闻名的集散货运码头，是国际闻名的木材市场，也是千年名墟，拥有在明清时期曾一度被誉为羊城八景之一的"东海鱼珠"。综合以上的地域特征，本站进行了体现地域文化的文化柱设计。鱼珠站文化柱以"闻名之树"为文化主题，通过在搪瓷钢板上打孔形成大树的造型（图11.3-6）。

图 11.3-6　鱼珠站文化柱

（2）南海神庙站

广州市轨道交通十三号线一期共设有11座车站，其中南海神庙站作为文化背景最特殊的车站，临近南海神庙，是全线文化气息最浓厚的车站。2017年4月，"海上丝绸之路"申遗中，广州是其中唯一的一线城市。而南海神庙及古码头成为广州六大申遗史迹之一，南海神庙是广州海丝文化申遗的重要部分，"海不扬波"代表着南海神庙作为出海祭祀场所的精神。车站室内装修元素通过表达"海不扬波"的场景，描绘出南海神庙的"海丝文化"历史画卷（图11.3-7）。具体通过以下几个方面展现：

天花：通过将结构板底、结构梁及风管管线做暗红色的喷涂处理，使上述元素外露形成天花设计的一部分，同时经过暗红色喷涂，将传统寺庙中国红的古建筑意象融入天花中。取消原造型天花，改为开放式天花，并使有限的站厅空间高度得到提升。

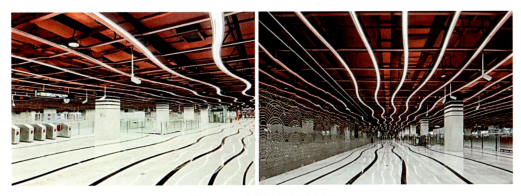

图 11.3-7　南海神庙站站厅设计

11　车站设计　**187**

天花照明灯具采用不锈钢弧形薄片外包弧形灯带，通过连接件固定不锈钢片。天空中平行曲线的不锈钢弧形灯带使人忆起海上和神庙中烟雾缭绕的神秘场景，强化乘客的空间体验及交通建筑的导向性。

墙面：站厅墙面使用800mm宽、3.2m高、2mm厚镜面不锈钢板。不锈钢板蚀刻着磨砂的渐变式江崖海水纹图案。为表达乘客仿佛置身于一望无际的大海中的意象，形成大片连续的不锈钢海浪图案墙面，取消车站站厅中部两侧墙面的共16个广告灯箱，使车站有限的站厅空间得以拓展。

柱面：车站公共区的柱面通过弧形石材干挂而成，柱面以红白两款艺术石材的渐变线条拼花，从地上白色渐变到天空红色，形成海面烟雾升腾到空中的场景效果，满足饰面和防撞强度的要求。

地面：地面采用红色与白色两款艺术石材作弧形拼花处理，包括站台门前的排队指示、导盲带等，都通过石材拼花一体完成。地面透亮的白色石材与红色波浪图案石材象征着平静的海水在脚下静静的流淌，也象征着海丝文化源远流长。

站厅楼扶梯洞口四周止灰带采用白色艺术石材，洞口侧面挂板，楼梯两侧止灰带均使用双面白色艺术石材复合蜂窝铝板，有效减轻了石材重量，加快了施工进程，技术合理。

不锈钢：不锈钢玻璃栏杆的玻璃增加彩釉图案，从下到上渐变式的彩釉圆点图案表达海上雾气升腾之意。

（3）夏园、南岗站

两站的站厅、站台层公共区吊顶采用封闭式和半封闭式虚实相结合的设计手法，按设计构成原则对色彩、空间进行综合处理，辅以灯光照明，营造出一种简洁、明快、自然的艺术效果（图11.3-8、图11.3-9）。地面采用浅色调花岗石，并用深色花岗石分割；墙面采用离壁式搪瓷钢板，广告灯箱以鲜艳夺目的色彩在墙面上作为点缀，并注意

图 11.3-8　夏园站站台层设计

图 11.3-9　南岗站站台层设计

避开消防箱、售票机、公用电话等；灯源以荧光灯为主，以减少和消除地下空间的压抑感和沉闷感，使乘客在地铁车站里感受到轻松和舒适。

（4）新塘站

新塘站作为十三号线与十六号线的平行换乘车站，站厅比一般车站宽敞，在室内装修上，以寻求装修元素与交通属性的内在联系为原则，通过天花波浪形灯带组成"水流"流动景象。水流方向与客流换乘的方向一致，通过灯光引导客流换乘。车站柱子通过弧形铝板造型与天花灯带衔接，形成站厅中的"树阵"，使宽敞的站厅形成独特的空间特征（图11.3-10、图11.3-11）。

图 11.3-10　新塘站站台层设计　　　　　图 11.3-11　新塘站站厅层设计

11.4　导向系统

11.4.1　主要设计原则

（1）系统性原则

标识导向系统作为地铁系统的一个重要子系统，它是由文字、符号、色彩、界面、材料以及整个系统在地铁空间中的信息规划等诸要素组成的，其中每一个要素之间也都存在着相互影响、相互关联的关系。由此，整个地铁环境决定了标识导向系统的风格，而标识导向系统的各个要素又影响着其他子系统，也就影响了整个地铁环境的风格。在设计过程中，从系统性的原则出发，不仅要确定各子系统的地位与作用，对其进行针对性地个性化设计，还要考虑到地铁线路整体的结合和子系统间的协调性，保证导向系统在站外、出入口处以及站厅站台等具有整体、系统的设计，同时不应对其他系统造成干扰。

（2）功能性原则

导向标识系统的主要功能是引导乘客安全、顺利及迅速地完成整个车站的旅程。过多、繁杂的信息，或是其他不相关信息的设置，容易误导乘客，引起使用者的不便，甚至造成混乱。因此导向标识系统应采用简单明了的名称和编号系统。对所有车站均应采用标准图像、文字和颜色，每个标识种类均采用统一的图形及布置。同时结合地下空间的环境特点、乘客的心理及视觉要求进行科学设计，满足乘客疏散的主要功能需求。对车站内公厕、警务等可只设标识牌，而不设置导向牌，避免过多的次要导向信息干扰疏散乘客这一主要功能。并应设置系统、完善的疏散指示设施，满足紧急情况下对乘客的疏散功能要求。

（3）科学、人性化原则

地铁导向标识系统设计包括平面设计和造型设计，应充分体现人体工程学、环境行为学、心理学、色彩学、美学等多学科运用。并考虑到地铁多线运营、维护检修等多方面因素进行科学便捷的设计。在导向系统设计中，对色彩、图像、位置、角度的选择都要保证规范和鲜明，使乘客能够以较为舒适的角度和便捷的方式获取到导向信息。同时应使地铁导向系统更加趋于国际化的统一标准设计。进而可以使不同国家的乘客均能较快地获取乘车信息，通过简单的标识体系，根据其所出现的颜色和符号，快速辨别出地铁流线的性质和去向，为城市发展走向国际化奠定坚实的基础。

11.4.2 车站导向系统的分类及设置

车站内导向系统按基本作用可分为三大类，指向类导向、标注类导向、警示类导向。

（1）指向类导向是具有一定的指示、引导作用的导向标识。也是确保乘客能快速选乘车辆、顺利前往目的地的重要服务设施。包括列车开行方向标识、换乘引导标识、卫生间标识等，画面通常由图形、文字构成，并使用箭头符号作为辅助图形，强化方向感。本工程指向类导向主要结合客流线路进行设置，通过将导向系统与整体流线装修风格的巧妙融合，取得了更为突出的客流指引输送能力（图11.4-1）。

同时本工程根据乘客在乘车中的主要客流去向及需求，对具体的几个主要客流流线进行了设计，从而使导向系统分布更为合理，提高指引效率。具体流线设计分别为：

进站流线：站外—车站出入口—通道—站厅—进站闸机—楼扶梯口—站台—乘车；

出站流线：列车—站台—楼扶梯—出闸机—站厅—通道—车站出入口；

换乘流线：列车—本工程站台—岛式站台或楼扶梯口—换乘通道或换乘大厅—楼扶梯口—他线站台。

（2）标注类导向位于客流路线的各节点上，用于提醒乘客各类设备设施或服务点的位置，包括自助购票机、客服中心、无障碍设施等。本工程设计中，在满足车站基本服

图 11.4-1　站厅及站台乘客导向指示实景

图 11.4-2　自助客服中心及共享雨伞设备

务外,还专门在各车站设置了一系列自助服务设备导向,例如自助客服中心、共享雨伞自助设备等。使乘客可以更便捷地咨询处理车票超时、超程等乘车相关问题,恶劣天气下保证出行安全,体现了本工程导向系统设计的人性化原则(图11.4-2)。

（3）警示类导向主要用于对乘客给予告诫、劝导及要求，例如电扶梯出入口、换乘通道等，画面通常为黄底黑字，或加以红色禁止符号，更加醒目。警示性标识不仅是对地铁安全运营的重要保障，更是完美体现了"以人为本"的服务宗旨。本工程部分警示类标识如图11.4-3、图11.4-4所示。

图11.4-3　电扶梯警示标识

图11.4-4　站台门警示标识

11.5　防洪防涝

11.5.1　设计原则

（1）对于建成区车站，设计出入口平台高出现有道路450mm及以上；

（2）对于规划新区（增城区）车站，参考规划提供的道路标高，平台抬高450mm；

（3）另各出入口增设600mm高的防淹挡板；

（4）风亭口部最低高度满足防淹要求，且不小于1000mm。

11.5.2 体会与建议

设计作为防洪排涝体系中的重要一环，应全过程深度介入，针对防洪排涝在规划、设计阶段就采取必要的设计措施，提高地铁防御洪涝风险的能力。

（1）考虑城市发展较快，地面竖向变化较大，极端天气发生频率较多，主动防御上适当提高防洪涝标准，保证地铁工程的安全；

（2）在应急被动防御措施上，在设计上应研究采用新技术的可行性，如自动升降的防淹挡板等；

（3）在预警措施上，应研究增加摄像头监控、电子主动监测水位的方案；

（4）设计上预留抢险救援通道，如临时发电机组、大功率抽水水泵等；

（5）对外应与水务、气象等部门建立良好的联网机制，了解水利工程建设进展，做好应急预案。

11.6 回顾与展望

（1）换乘车站设计与施工的思考

①预留换乘节点对后续线路设计具有两面性

为了后期线路能够便利的衔接，在地铁线网规划中需做必要的换乘节点预留。节点换乘方式缩短了乘客走行距离，但当节点换乘车站分期建设，不同期开通时，预留换乘节点又制约了后期线路设计，预留工程存在与后期线路技术和客流不匹配的风险。

鱼珠站换乘节点在五号线车站实施时已预留，预留换乘节点规模较小，改造余地不大，换乘能力受限，不适应十三号线大编组大换乘量的需求，给十三号线设计带来了很大影响，最后设计结合实际情况提出车站一侧延伸、站台外扩、优化客流组织、连通合并付费区，扩大客流控制区面积等解决方案。

对于节点换乘设计，提出以下建议：

a. 换乘节点通过能力需预留充分。当换乘节点能力充足时，换乘顺畅，可缩短乘客换乘行走时间；当换乘节点能力不足时，就会造成换乘路径的延长。在目前客流预测存在不确定因素的前提下，应充分预留换乘节点通过能力，降低后期线路的设计风险。

b. 各线路均需考虑直通站厅的疏散楼扶梯。根据目前《地铁设计防火标准》GB 51298-2018要求，换乘的楼扶梯不能作为火灾疏散使用，鱼珠站五号线设计时虽然还未有相关要求，但五号线疏散楼扶梯全部共用换乘节点楼扶梯，不仅带来客流的交叉碰撞，也大大降低了换乘节点的换乘能力。

c. 远期线路设备管理用房分线设置。设备管理用房是否考虑资源共享,也是换乘车站的设计需注意的问题。对于与远期线路换乘的车站,设备管理用房分线设置更为灵活,也降低后期线路实施改造时对已运营线路的影响。

d. 对于不稳定的远期线路,宜按照通道换乘预留条件。

②预留换乘线路的接口处理应具有包容性

裕丰围站十三号线与七号线二期的负三层换乘节点近期实施,由于七号线二期相关设计参数不明确,需要充分预留远期实施条件。在车站东侧外挂部分约30m范围考虑与七号线共用围护结构,在设计过程中,七号线侧墙与线路中心线的距离只有2150mm,且没有考虑施工误差等因素。根据现场施工反馈连续墙外放100mm(垂直度为0.12%～0.15%),导致七号线西侧路线中心线离侧壁仅剩下2050mm净空,不满足限界要求。最终考虑将远期七号线线路向东平移200mm,七号线主体结构负三层侧壁维持900mm厚,保证中心线离主体结构侧壁净空2250mm。远期七号线线路向东平移200mm后,满足限界要求,平移后不影响功能布置及空间效果。建议今后工程接口位置要提前考虑各种不利因素条件,设计具有包容性,避免后期调整。

(2)文物保护的体会与建议

南海神庙作为第七批全国重点文物保护单位,保护等级高。南海神庙站部分主体、附属结构进入了南海神庙的文物建设控制线,在历经了多轮协调、汇报后,获得了文物主管部门的批复。在征求意见的过程中,有以下几点体会及建议:

一是尽早与相关部门取得沟通、尽早收集文物基础资料。文物主管单位众多,涉及文物运营主体单位、区市省国级文物保护主管单位等,需尽早联系上相关主管部门,少走弯路,众多单位均需沟通协调意见,且建设阶段的各个时间点均需正式地书面征求意见,需保持沟通的连续性、可追溯。另需尽早、多渠道地收集文物基础资料,如从规划部门、文广新局等单位收集。基础资料含文物本身结构材质、年代、占地范围、文物保护范围、建设控制线等,基础资料是影响地铁车站设计、建设的重要因素。

二是全过程、全方位保护措施的周全考虑,有利于文物报建的顺利开展。全过程包含从车站设计、施工到运营的全生命周期。设计阶段需考虑如何尽可能远离文物;施工阶段为风险最高时期,需考虑如何减少施工各个方面对文物的影响;运营阶段需考虑地铁车站运营如振动、排风等因素对文物保护的影响。全方位保护措施,包括施工前的文物保护性挖掘、施工过程中的环境、水土、噪声控制措施、沉降监测措施、消防措施以及设计时考虑的景观融合措施、采用减振道床的减振措施等。目的均为将施工对文物的影响降到最低,严格落实文物保护精神。另外文物保护有其特殊的专业性,需多征求文物保护方面资深专家的意见,这样对方案调整的合理性、措施实施的有效性有很好的保障。

三是需认识文物保护在地铁建设中的严肃性。地铁包括车站和区间，大部分位于地下，而文物大部分也存在于未知的地下，这就决定了地铁建设难免与文物保护冲突，不仅要兼顾地铁线路的延长，而且还要保证文化遗产的延续。整个报批报建过程、建设过程均需对文物保护主管部门公开透明，所有针对文物保护做的特殊设计、措施考虑均需正式提供给文物保护主管部门，这样才能合法合理的开展地铁报批及建设。

（3）对线路中短链的处理反思

左线小里程端的短链在裕丰围站车站范围内，若按线路纵剖面实际计算，车站设计起点与区间接口位置，左右线轨面高程分别为-8.399m、-8.115m，相差0.284m。但在主体建筑设计过程中，对短链的认识不足，小里程端部底板均按右线标高进行设计。导致现场左右线盾构钢环均按右线标高安装，左线盾构钢环与底板距离不满足盾构始发条件。根据现场实际施工情况，经重新梳理线路轨面标高及区间接口标高后进行线路优化，将左线短链移至鱼丰区间范围，变坡点向西移5m，设计起点与区间接口位置，左右线轨面高程分别为-8.108m、-8.115m，标高最终满足车站盾构始发要求。望今后工程线路技术人员对短链要有充分认识，不可大意。

（4）配线上方站厅层的合理利用

双岗站站后设置双停车线，车站总长602.7m，初步设计方案车站内部设备房布置及风道布置均参考标准站布置。车站风道考虑外挂布置，这样导致车站建筑规模较大，投资较大，在施工图设计阶段，考虑对车站内部设备用房及风道进行优化布置，将外挂风道，安全出口尽量设置在车站主体范围内，充分利用配线上方的空间。建议后续工程设计中，有配线的车站应充分利用配线上方的站厅层布置设备管理用房，减少设备外挂，缩小车站规模，节约车站投资。

（5）车站与地块设计协调的反思

新塘站位于地块内，占用较大地块面积，地块设计在招标设计、修改初步设计以后介入，且由于功能复杂，地块设计多变，因此主体上方基本作为集散广场，在后续设计配合中有较大设计困难。同时由于车站宽度较宽，上跨城际车站的桥梁设计难度大，部分结构仍需落在地铁主体上方，需特殊处理；地块回填高度高于现状约3m，比地铁设计的覆土深度高1m，需换填轻质土，而且车站站厅高度不能利用加高的覆土，造成浪费。故针对后续工程中位于地块内的车站，建议地块设计提前介入，提早稳定地块的场坪标高，可更好地利用土地及竖向空间。

（6）合建技术方案实施过程中的经验

南海神庙站A端风亭及Ⅳ号出入口，在规划报建阶段征求地块意见过程中，与庙头综合市场地块经历了多轮协调，最终确定了A端风亭及Ⅳ号出入口与复建楼的合建方案。关于A端风亭及Ⅳ号出入口与庙头综合市场复建楼合建，有以下几点体会：

①对于合建技术方案，要注意保障地铁功能按规范合理实现。从地铁设计角度，优先考虑地铁功能是否最优，如出入口的朝向是否有利于客流吸引、通道宽度是否能满足两扶一楼、风亭出风是否合理、风口间间距是否能满足规范要求。

②对于合建技术方案，要注意兼顾地块合理需求的满足。在保障地铁功能的同时兼顾地块的需求，如风亭改为高风亭，尽量减少体量为复建楼留出开发空间，如预留合理的上盖荷载、围护结构共用；满足复建楼的可实施性，如预留通道与复建楼地下室连通条件，利用地铁的客流优势满足地块的利益需求。

③应注意合建方案在地铁建设中的可推广性。在地铁建设过程中，房屋拆迁、地块协调往往是难度较高、周期较长的一环，传统手段直接拆迁补偿已经难以满足地块协调的要求。利用地铁的交通优势、大客流优势，在满足地铁建设的功能需求、工期需求的同时，又可以满足地铁周边地块开发建设的需求，实现地铁与地块的双赢。地铁与地块的合建，会成为地块协调的重要内容，值得在以后的地铁建设中进行推广。

（7）对设计人员工作的建议

①在车站的初步设计过程中，应加强对站位周边环境的调研勘察，充分了解站位周边情况，对地铁建设产生影响的周边建筑或市政设施应积极与相关权属单位进行沟通协调，避免后续因设计边界条件和基础资料的改变而出现方案反复修改的情况。

②应定期到施工现场巡检，参加现场施工工程例会，主动联系各项目部的建设单位代表、监理工程师、施工单位，主动发现问题，把问题消化在初始阶段，及时提出设计意见和施工对策，为工程的进度及质量创造有利条件。

③在车站的施工过程中，设计人员对该工程应进行跟踪服务，并对现场部分工序施工进行指导，及时解答、明确施工图纸中的疑问，为现场施工提供及时的设计服务。在施工前应根据建设单位的安排及时参加技术交底，针对施工单位对图纸理解不明确的地方一一详尽答复，对施工中容易忽略以及其他需要特别注意的施工安装要点提前交底，避免问题的发生。

12 施工方案与环境保护

12.1 工程地质及工程环境

12.1.1 自然条件

广州地处南亚热带季风气候区，日照充足，长夏无冬，雨量充沛，干湿季明显。热带气旋、暴雨、洪涝、干旱、寒潮和低温阴雨也常有出现。广州市轨道交通十三号线一期工程场地位于珠江水系，其流量和水位受东江、北江汇入水量控制。且珠江径流水量年内分配不均匀，汛期为4月~9月。

12.1.2 地形地貌

十三号线一期工程场地总体处于珠江三角洲平原腹地，地貌为海陆交互冲积平原，局部为剥蚀残丘地貌。沿线地形整体较为平坦，地面标高为6.20~11.50m；仅在白江至官湖段有局部起伏，地面标高为11.50~22.50m。

12.1.3 区域地质概况

广州市位于华南褶皱系（一级单元），粤北、粤东北-粤中拗陷带（二级单元），粤中拗陷（三级单元）的中部。广从、瘦狗岭、广三断裂是本区构造的基本骨架，自加里东构造阶段便开始活动，经历了海西—齐全印支构造阶段、燕山构造阶段和喜马拉雅山构造阶段。主要表现为强烈的继承性断裂活动，并引起差异断块升降。主要以广从断裂和瘦狗岭断裂为界线分成四个构造区：增城凸起，广花凹陷，东莞盆地，三水断陷盆地。

十三号线一期工程场地主要在东莞盆地和增城凸起间穿梭。

（1）增城凸起

本单元位于广从断裂以东，瘦狗岭断层以北的罗岗、帽峰山、莲塘一带，为增城凸起西段，主体构造东西向。由震旦系变质岩系混合岩的片理、片麻理组成东西向褶皱。瘦狗岭断层控制了罗岗、元岗、八哥山序列花岗岩体入侵，北西西向构造控制了莲塘序列花岗岩体入侵。

（2）东莞盆地

本单元位于瘦狗岭断层以南的广州市、黄埔、化龙等地。为东莞盆地西端。主体构造为东西走向。由近东西向展布的中、新生界及其开阔的褶皱组成，并被北西向系列断层所切割，东西向的广三断层贯穿其间。

12.1.4 场地安全性评价

（1）抗震设防

根据国家标准《建筑抗震设计规范》（GB 50011-2001，2016年版）附录A，广州市设计地震分组为第一组，地震特征周期值为0.35s，其中黄埔区抗震设防烈度为7度，设计基本地震加速度值为0.10g；增城区抗震设防烈度为6度，设计基本地震加速度值为0.05g。

（2）建筑场地类别

根据国家标准《城市轨道交通结构抗震设计规范》GB 50909-2014，集合等效剪切波速和覆盖层厚度指标，对建筑场地类别进行判定，判定场内花岗岩、混合花岗岩分布区建筑场地类别为Ⅱ类；判定碎屑岩分布区建筑场地类别为Ⅱ～Ⅲ类。

（3）地基土的地震效应

①砂土液化

根据国家标准《城市轨道交通结构抗震设计规范》GB 50909-2014，对场地内广泛分布的饱和砂土进行了砂土液化判别，判别显示液化等级轻微至严重。

②软土震陷

场地内发育的软土主要指淤泥层和淤泥质土层。其含水量高，透水性差，强度低，压缩性和灵敏度高。当土体受到震动时，土层结构易受破坏，抗剪强度和承载力随之大幅度降低，引起地面或建筑物下陷。根据国家标准《岩土工程勘察规范》GB 50021，本场地位于6度和7度区，且软土剪切波速大于90m/s，判定可不考虑软土震陷的影响。

（4）抗震地段划分

根据沿线工程地质条件分析，线路沿线地形起伏变化不大，仅局部突起，地层岩性复杂多变，发育有多条断裂，存在软土及液化砂层，根据国家标准《城市轨道交通结构抗震设计规范》综合判定，十三号线一期沿线场地属于抗震不利地段。

12.1.5 断裂

十三号线一期工程场地主要存在北西—北北西向及近东西向两组断裂，其中北西—北北西向断裂主要有狮子洋断裂带；近东西向断裂主要有瘦狗岭断裂带。十三号线一期工程区域地质构造及基岩地质图如图12.1-1所示。其中，狮子洋断裂含有化龙—海鸥岛断裂、文冲—珠江口断裂、南岗—虎门断裂等三条支断裂。

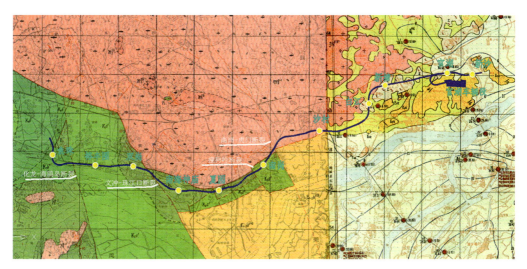

图 12.1-1　广州市轨道交通十三号线一期工程区域地质构造及基岩地质图

（1）化龙—海鸥岛断裂

该断裂自沙亭村向南经化龙至明经村，长约15km，走向340°，倾向北东，倾角不清。该断层为一隐伏的活动性断裂，东侧控制着第四纪和白垩纪的沉积，断层带硅化现象明显。

（2）文冲—珠江口断裂

该断裂总体走向340°，向南延伸进珠江口，为东莞盆地的西侧边缘控制断裂。构造岩为硅化破碎岩，宽约6m。该断裂多次活动迹象明显，先后形成硅化岩、破碎硅化岩、硅化角砾岩、糜棱岩和低角度的片理。

（3）南岗—虎门断裂

地貌上表现为河流谷地等负地形。该断裂带北段由近于平行的三条断层组成，走向NW315-330°，东支倾向SW，中间一支倾向NE，西支倾向SW。在乌石村北采石场断层泥热释光测年为1.8±0.1万年和6.75±0.50万年。

（4）瘦狗岭断裂

该断裂呈近东西向或略有偏转呈南东东或北西西向，倾向南或南南东或南南西，倾角50°～85°。主要活动方式为北盘（下盘）上升，南盘（上盘）下降东移，属正断层。断裂带内出现糜棱岩化、片理化，历史时期和现代沿该断裂发生过一些中、小强度的地震。

12.1.6　岩土地层特征

根据区域地质资料及野外地质钻探，区内均普遍为第四系松散层覆盖，下伏基岩主要由变质岩（震旦系变质岩）、碎屑岩（白垩系和古近系沉积岩）和燕山三期岩浆岩（花岗岩）组成。第四系松散层主要由人工填土层、海陆交互相沉积层、冲洪积层及残积层等组成。现由新至老分述如下：

（1）第四系（Q）

第四系包括全新统（Q_4）和上更新统（Q_3），其下缺失中更新统和下更新统。由人工填土层（Q_4^{ml}）、海陆交互沉积层（Q_4^{mc}）、冲洪积层（Q_3^{al+pl}）和残积层（Q^{el}）共4大层。

其中，人工填土层主要分为杂填土、素填土等两个压层；海陆交互相沉积层分为淤泥、淤泥质土、淤泥质粉细砂、淤泥质中粗砂和粉质黏土等四个亚层；冲洪积层分为粉细砂层、中粗砂层、砾砂层、粉土层和粉质黏土层。残积层主要为下伏基岩风化残积而成的粉土和粉质黏土组成。

（2）古近系（E）

莘庄组（E_1^x）：下部为棕色或紫红色砾岩。砾石成分以花岗岩为主，呈次棱角状，大小混杂；上部为棕色砂砾岩、含砾砂岩、砂岩或褐棕色泥质粉砂岩等。

（3）白垩系（K）

白垩系岩层包括上统三水组下段、下统白鹤洞组下段。

上统三水组下段：上部为棕色细砂岩、粉砂岩、不等粒砂岩夹含砾砂岩、粉砂质泥岩和泥岩；下部为灰棕色砾岩、砂砾岩、砂岩、粉砂岩和泥质粉砂岩。厚度大于800m。

下统白鹤洞组下段：下部由紫红色泥质粉砂岩，铁泥质不等砂岩，紫红色、灰白色粗-细粒岩屑石英砂岩及砾岩组成；中部由紫红色-褐色含钙质结核的泥质粉砂岩夹灰白色中-细粒岩屑石英砂岩，含粉砂泥质岩泥岩组成；上部由灰-灰白色粗-细粒岩屑石英砂岩、紫红-黄褐色泥质粉砂岩、粉砂岩组成，属于干热环境下的内陆湖盆沉积，为冲洪积相及湖泊相。

（4）变质岩岩性组（P_1^z）

为震旦系坚硬状混合岩岩性综合体：主要为区域变质岩，包括混合花岗岩、混合岩、混合片麻岩及变粒岩等，岩体呈整体块状（混合花岗岩、混合片麻岩等）或厚层状（如石英片麻岩等）。结构面间距50~100cm，局部比较密集，节理普遍呈闭合状、无充填，延展性差，裂隙率7%~36%；裂隙走向10°~30°为主。岩石坚硬，抗压强度一般大于60MPa。

（5）侵入岩（γ）

以燕山期为主的坚硬块状花岗岩土性综合体，加里东、印支侵入施回仅在局部出露。岩性主要为花岗岩、黑云母花岗岩、花岗闪长岩、二长花岗岩及花岗斑岩。主要分布于评估区北面，岩体呈整体状或巨型块状，结构面间距一般大于100cm，局部25~50cm，裂隙走向多为北东40°~60°和北西300°~320°的闭合裂隙，无充填，延展性较差，岩石坚硬。

12.1.7 沿线工程地质单元划分及其主要地质特征

十三号线一期工程穿梭在增城凸起和东莞盆地两大区域构造单元之间，工程地质单元大致按增城凸起和东莞盆地的边界划分为剥蚀残丘地貌（Ⅰ）和冲洪积平原地貌（Ⅱ）两个工程地质单元。

（1）Ⅰ单元主要地质特征

Ⅰ单元处于增城凸起构造单元内，属于剥蚀残丘地貌，受人类活动影响，地面一般较为平整，仅局部起伏，基岩花岗岩、混合花岗岩为主，岩质较硬，基岩岩面一般较浅，局部受断裂等构造影响，岩面起伏较大。上覆地层主要为人工填土和残积土，砂层和软土发育较少，其中砂土和风化岩为主要含水层，含水层间水力联系较弱，均具承压性。

（2）Ⅱ单元主要地质特征

Ⅱ单元处于东莞盆地构造单元内，属于冲洪积平原地貌，基岩为碎屑岩，岩质偏软，基岩岩面一般较深，局部受断裂等构造影响，埋深较浅。上覆地层主要为人工填土、软土、砂土和残积土，其中砂土和风化岩为主要含水层，含水层间具有一定的水力联系，多具承压性。

12.1.8 主要不良地质作用、地质灾害和特殊性岩土

（1）不良地质作用、地质灾害

根据区域地质资料，本线路近场地发育多条断裂，包括狮子洋断裂带、瘦狗岭断裂带，均为非活动性断裂。沿线未发现滑坡、危岩和崩塌、泥石流、地面沉降等地质灾害，亦未揭露到岩溶、陡坎、塌陷等不良地质作用，也未揭露到有毒物质及有毒气体。

本场地所揭露的不良地质作用为砂土液化。

沿线范围内揭露的砂层为海陆交互相粉细砂层、中粗砂层及冲洪积粉细砂层、中粗砂层，厚约2.20～8.30m。海陆交互相层砂呈松散状，局部呈稍密状，该层含水量大，渗透性好，开挖时易产生管涌或流砂，在地震或其他外震动力的作用下土可能产生液化。此外，砂层含水量大，渗透性好，开挖时易产生管涌或流砂现象。

（3）特殊性岩土

①填土

本场地勘察范围内揭露的填土层包括素填土和杂填土。素填土为近代人工堆填的黏性土、砂土；杂填土由黏性土、粗砂、碎石块及少量生活垃圾组成。填土成分复杂，物理力学性质不均，且揭露厚度不均。在连续墙成槽、桩基成孔过程中，易发生坍塌。

②软土

沿线软土为海陆交互相淤泥层和淤泥质土层，该层主要在冲洪积平原区分布，层厚0.5~11.6m。淤泥、淤泥质土具含水量高，孔隙比大，压缩性高，抗剪强度低，灵敏度高的特点。在软弱土地层中施工地下工程时，由于开挖或降水，软土层易发生固结沉降或产生流泥，可能导致地面建筑物沉降变形；桩基、连续墙施工时，易发生塌孔、缩径等情况，不利于成桩。

③风化岩和残积土

本线路残积土类型主要有两类，一类是白垩系和第三系红层残积的粉质黏土层，另一类是震旦系变质岩和燕山期花岗岩残积的砂质黏性土或砾质黏性土层。

白垩系及第三系红层泥质含量高的残积土、全风化、强风化层遇水易软化，白垩系及第三系红层中的砾岩、含砾砂岩的残积土层、全风化、强风化岩含砂粒较多，浸水易崩解。

混合岩残积土的特征与花岗岩残积土的特征基本一致，该残积土（砂质黏性土或砾质黏性土）的特点是岩石中的长石及云母已风化成黏性土，包裹在很难风化的石英颗粒周围，在遇水的情况下，黏性土会逐渐脱离对石英颗粒的包裹，而发生崩解。

此外，由于中微风化基岩抗压强度高，岩面起伏以及差异风化，在隧道洞身范围内，可能形成上软下硬等条件，不利于隧道姿态控制；同时，本项目在个别勘察钻孔中揭示了有球状风化体（孤石）发育，不利于盾构掘进以及桩基持力层判断。

12.1.9 沿线工程地质勘察的难点及勘察手段

十三号线一期工程线路沿瘦狗岭断裂影响区行进，并多次与瘦狗岭断裂交叉。此外，线路还与狮子洋断裂组中的多条支断裂相交或相近。受多组断裂影响，十三号线一期工程场地多处岩芯破碎，并伴有区域变质作用，造成局部地段岩石强度极高或极低，断裂的工程地质特性成为本工程路工程勘察的难点。

为查明断裂的工程性质和发育范围，本工程路勘察分别采用了加密钻探、水文地质试验、波速和电阻率测试、岩矿鉴定和地质测年。除此之外本工程还开展了断裂物探专题工作。物探工作包括浅层地震、高密度电法、大地电磁频率测深法、土壤α射线测量、氡气测试等方法。

本次工程地质勘察还用到了以下基础勘察手段：

（1）工程地质调绘

工程地质调查与测绘包括搜集资料、调查访问和地质测量等，调绘范围包括区间直线段向两侧不应少于100m；车站、区间弯道段及车辆基地向外侧不应少于200m。对工程建设有影响的不良地质作用与地质灾害、特殊性岩土、断裂构造、地下富水区、既有建筑工程等地段应扩大工作范围。

（2）勘探与取样

广州市轨道交通十三号线一期工程勘探点布置和深度要求是由设计单位依据规范要求，结合地质情况，工程可行性设计阶段按地质单元，初勘阶段按标段，详勘阶段按工点分别提出技术要求，勘察单位按设计提供的技术要求开展勘探工作，并按规范要求的取样孔数量和取样间距采取样品。

（3）水文地质试验

水文地质试验一般要求每工点布置不少于2组，由勘察单位编制水文地质试验方案，并上报监理单位审批后实施。水文地质试验以稳定流抽水试验为主，根据已完成勘探孔所揭示的情况，判断适宜进行抽水试验的部位，另外布置抽水试验孔，以便确定勘察范围内的水文地质条件。

（4）原位测试

原位测试孔的选取，一般选择在取样的控制性勘探点进行，且应具有代表性。原位测试的手段一般选用标准贯入试验、静力触探试验、圆锥动力触探、地温测试、波速测试和电阻率测试等。其中，标准贯入试验一般在每个钻孔中均有进行，其他测试按工点或设计需要布置。

（5）室内试验

室内试验项目结合工程类别，按岩土参数的项目和统计需要进行选取。其中，要求各主要地层试验项目不得少于10组，重点试验部位为主体结构的持力层。

12.2 车站结构施工

12.2.1 车站施工方法

十三号线一期工程（鱼珠~新沙）穿越广州市的黄埔区和增城区，线路主要沿东西向的主干道敷设，途经中山大道、黄埔东路、新塘大道、107国道，两侧建筑较多，道路中间桥墩密布，管线密集，沿线交通繁忙。十三号线一期工程车站结构施工以明挖法为主，为满足交通疏解或减少管线搬迁，局部节点采用了盖挖法、半盖挖法施工。基坑开挖范围存在淤泥、砂层及花岗岩残积土等不良地质，优先选用地下连续墙+内支撑的支护结构型式。对于新塘段部分附属地层条件比较好，开挖范围无广泛分布的砂层、淤泥等不良地质，则采用钻孔桩支护结构型式。

对于双岗、南岗等超长基坑，其设计具有交通疏解复杂、管线迁改路径长、施工工期长等特点。针对超长基坑的设计特点，本工程采取了分期封闭、分期开挖、分段支护的施工方法，即在基坑中部增设两道中隔墙，设置完成后，基坑中部则无需再等待基坑完全封闭，可先行进行基坑开挖及主体结构施工，同时本工程采用了吊脚桩工艺进行基坑的围护，由此降低了施工难度，缓解了工期压力，加快了施工进度。为了有效解决交通疏解问题，本工程在市民出行处设置了横跨车站的交通疏解路，从而方便了市民的出行（图12.2-1~图12.2-4）。

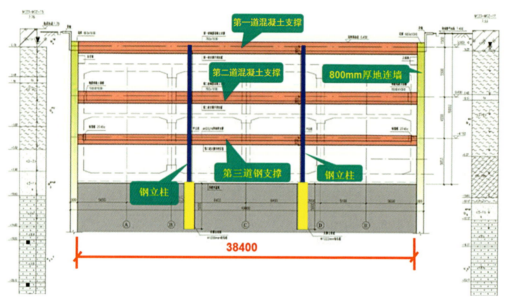

图 12.2-1　鱼珠站围护结构横剖面图

图 12.2-2　鱼珠站主体结构现场施工图

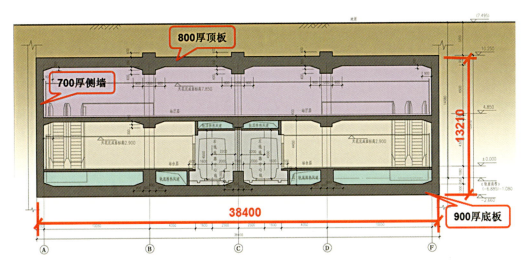

图 12.2-3 鱼珠站主体结构横剖面图

图 12.2-4 鱼珠站主体结构现场施工图

针对施工地段的特殊工况，各个车站的具体施工方法如表12.2-1所示：

各车站施工方法 表12.2-1

序号	站名	车站型式	施工方法	标准段结构型式	基坑深度(m)	支护形式	
						主体基坑	附属基坑
1	鱼珠	侧式3.9m单柱	明挖顺作	两层单柱双跨（五号线在负三层）	16.5	连续墙+内支撑（图12.3-1、图12.3-2）	连续墙+内支撑
2	裕丰围	岛式14m双柱		两层单柱双跨（七号线在负三层）	16.31	连续墙+内支撑	连续墙+内支撑

12 施工方案与环境保护

续表

序号	站名	车站型式	施工方法	标准段结构型式	基坑深度（m）	支护形式 主体基坑	支护形式 附属基坑
3	双岗	岛式11m单柱	明挖+盖挖 出入口过街段 采用顶管	地下两层	16.21	连续墙+内支撑	连续墙+内支撑
4	南海神庙	岛式11m单柱	明挖顺作	双层双跨矩形框架结构地下两层	17.65	连续墙+内支撑	连续墙+内支撑
5	夏园	岛式12m单柱	明挖+盖挖	地下两层（与五号线站厅通道换乘）	16.2	连续墙+内支撑	连续墙+内支撑
6	南岗	岛式11m单柱		地下两层	16.2	连续墙+内支撑	连续墙+内支撑
7	沙村	岛式11m单柱	明挖顺作 出入口过街段 采用顶管	地下两层	17.65	连续墙+内支撑	连续墙+内支撑
8	白江	岛式12m单柱		地下两层	16.76	连续墙+内支撑	钻孔桩+内支撑
9	新塘	双岛12m单柱	明挖顺作	地下两层（与十六号线平行换乘）	17.1	连续墙+内支撑	钻孔桩+内支撑
10	官湖	岛式11m单柱		地下两层	16.76	连续墙+内支撑	连续墙+内支撑
11	新沙	岛式11m单柱	明挖+盖挖	地下两层含预留十三号线东延线接口	16.7	连续墙+内支撑	连续墙+内支撑

注：具体现场施工图如图12.2-9~图12.2-15所示。

（1）与既有线的改造方案

新建十三号线鱼珠站与原五号线鱼珠站呈十字交叉排布，部分结构共用，存在大量新旧结构的连接。新旧结构连接部位如图12.2-5所示。在对原有结构进行改造时，本工程最大限度的减少对原有结构的破除，并保留了原有结构钢筋，保证与新建结构有效锚固。此外，为保证新旧结构变形协调，连接位置预留后浇带，并且处理好了连接处的防水。

结构改造（图12.2-6）步骤如下：

①卸载结构板上的荷载，保证在改造板、门洞期间上无荷载。

②在改造范围两边的板下架设满堂脚手架，脚手架搭设施工单位应结合实际验算考虑板荷载，适当增加处理措施；待板、梁柱混凝土达到设计强度值后，再拆除脚手架。

③人工挖出改造范围内结构顶板上的回填土，架设第一道围护即结构混凝土支撑。

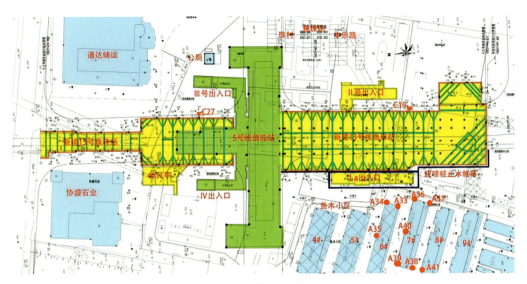

图 12.2-5 鱼珠站总平面分布示意图

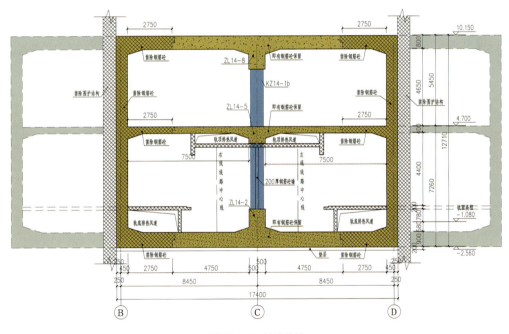

图 12.2-6 结构改造

④按要求凿除需改造范围顶板、侧墙及围护结构混凝土，凿除时应保证既有钢筋不被破坏并能再次使用。

⑤架设第二道围护结构支撑，凿除需改造范围的中板、侧墙及围护结构混凝土。

⑥架设第三道围护结构支撑，凿除需改造范围的底板、侧墙及围护结构混凝土。

⑦施工垫层与底板下防水层、浇筑底板钢筋混凝土、拆除第三道支撑、浇筑中板、拆除第二道支撑、浇筑顶板并施作防水层、拆除第一道支撑、待混凝土达到设计强度后

回填覆土及拆除脚手架。

每层楼板及侧墙的新旧接缝总长度约200m，规模较大。在连接处预留后浇带，结构顶板、底板和外侧墙分别埋设缓膨胀止水条，并预埋注浆管；结构中板及侧墙内部埋设缓膨胀止水条，并安装截水槽（图12.2-7）。多种措施确保新旧主体结构连接处安全，结构防水可靠，从而保证施工进度和结构使用功能不受影响（图12.2-8）。

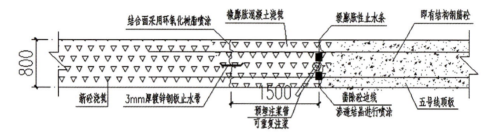

（a）顶板施工缝处结构防水大样图

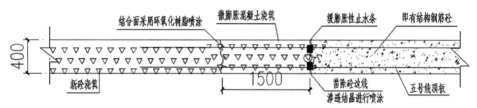

（b）中板施工缝处结构防水大样图

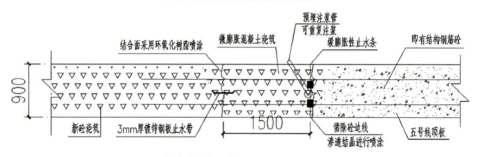

（c）底板施工缝处结构防水大样图

图12.2-7　鱼珠站防水构造措施

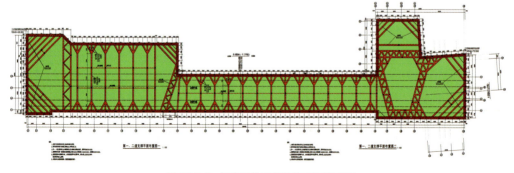

图12.2-8　裕丰围站围护结构平面布置图

图 12.2-9　裕丰围站围护结构施工现场

图 12.2-10　双岗站围护结构现场施工图

图 12.2-11　双岗站围护结构现场施工图

图 12.2-12 南海神庙站底板防水板铺设

图 12.2-13 南海神庙站底板混凝土浇筑

图 12.2-14 南海神庙站中板脚手架搭设

图 12.2-15 南海神庙站顶板模板安装

（2）填湖作为施工场地

南海神庙站，车站主体结构距离南侧小湖仅有14m，北侧紧邻黄埔东路，车站中部施工场地不足，因此对车站南侧小湖进行部分回填，作为施工场地使用。施工完成后，恢复小湖（图12.2-16）。

（3）临近建构筑物的基坑设计特点及处理方案

在夏园站北侧有8层的华夏商业新城（图12.2-17）、4层丽晶酒店（图12.2-18）、5层的新起点商业楼和9层的夏园村委会商旅服务楼都距离基坑较近，需进行建筑物加

图 12.2-16　恢复小湖

图 12.2-17　华夏商业新城　　　　　　　图 12.2-18　丽星酒店

固。基础均为桩径0.48m锤击沉管灌注桩。地层自上而下主要有人工填土层、淤泥质土层、粉细砂层、中粗砂层、粉质黏土层、可塑状残积砂质黏性土、硬塑状残积砂质黏性土、全风化混合花岗岩、强风化混合花岗岩、中风化混合花岗岩。

具体技术处理措施：

①围护结构采用800mm厚地下连续墙，竖向设置三道支撑，第一、二道支撑为钢筋混凝土支撑。基坑开挖前在车站基坑与华明商务酒店、丽晶酒店、新起点商业楼之间施做两排直径为600mm、间距450mm的双重管旋喷隔离桩。

②原设计在基坑开挖前，在建筑物基础下方预埋袖阀管并适量预注浆加固；在基坑开挖过程中再根据监测情况进行跟踪注浆。考虑房屋加固方案实施难度较大，对已迁改完成的管线存在较大的风险，变更为采取地下水回灌方案，将基底涌上来的水，通过抽水系统及回灌系统回灌到基坑外进行补充，使涌水量与回灌量相等，以保证整个水系不会产生失水影响。

③施工期间加强监测

车站周边建筑物沉降最大值-11.7mm，倾斜率最大为2.85‰。

（4）刀把异形基坑设计

夏园站小里程端头由于附属风亭设置位置的原因，车站小里程左、右线端头井位置错开，基坑支撑布置相应调整，采用刀把异形基坑设计（图12.2-19）。

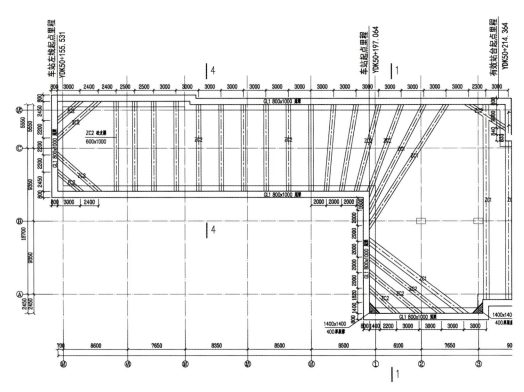

图 12.2-19　刀把异形基坑的支撑布置

（5）出入口110kV电缆原位悬吊保护

南岗站在施工时，由于黄埔东路南侧众胜医院旁2栋3层房屋无法进行拆除，Ⅰ号风亭组调整至南岗小公园内，Ⅰ号出入口无法实施，在满足车站功能和规划人行过街功能要求下，南岗站Ⅰ号出入口改为预留，移位至Ⅱ号出入口实施。由于Ⅱ号出入口为后期调整需要实施的出入口，现有110kV电力管横穿Ⅱ号出入口，110kV电力管由上下两排平均分布，共6根A120 PVC套管，总宽约600mm，高约400mm，埋深约1.4m。因110kV电力电缆迁改周期太长，故采用原位悬吊保护方案（图12.2-20）。

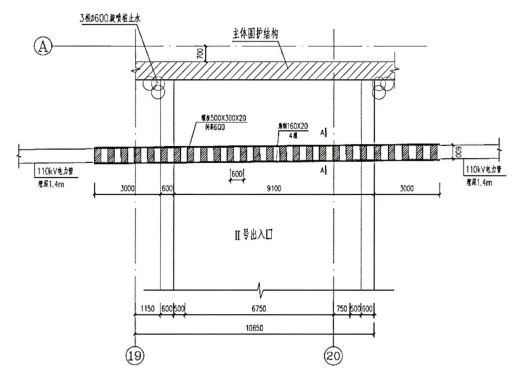

图 12.2-20　110kV 电缆原位悬吊保护方案图

原位悬吊保护方案技术措施：

①Ⅱ号出入口围护形式为600mm厚地下连续墙，110kV电力管原位悬吊会影响地下连续墙成槽施工，故受管线影响无法施工的地下连续墙采用逆做法施工，采用4根160×20角钢及缀板500×300×20@600对110kV电力电缆悬吊保护。

②110kV电力电缆位置基坑支护及开挖：基坑每次开挖深度控制在1m范围内，清理连续墙工字钢表面泥土等杂物，先喷约70mm厚的混凝土，挂Φ6.5、150mm×150mm的网格，架立钢架@0.6m（含钢架与纵向连接筋）与工字钢接头焊接，然后复喷混凝土至设计厚度，重复此步骤直至基坑深5m。后续土方开挖，调整格栅钢架竖向间距为500mm，挂网、喷混凝土直至基坑底。在基坑开挖过程中，若发现逆做法范围内的基坑侧壁有漏水现象，及时采用袖阀管进行补偿注浆止水，以保证基坑安全。

（6）顶管始发方案

白江站Ⅳ号出入口设置于车站的西侧（图12.2-21），顶管从107国道北侧始发，南侧接收，顶管长度67.6m。

当顶管始发井后方为地下结构时，按常规的始发顶进方案，基坑需分期施工，在顶管始发井后方设置后座土体加固，为顶管顶进提供反力，此种方案不便于施工，增加了

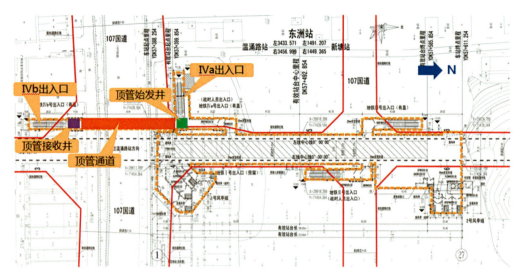

图 12.2-21　白江站顶管位置图

施工工序，进度慢，并且基坑分期施工所设置的分隔墙及后座土体加固区后期还需挖除，为废弃工程量，造成浪费。

为加快施工进度，减少施工工期，将Ⅳa出入口及其北侧出入口通道一期施工完成，在整个Ⅳa出入口结构施工完成后进行顶管施工，完成顶管施工后封堵顶管井，地面覆土，恢复地面。在顶管始发井后方设置临时反力柱，为顶管顶进提供反力（图12.2-22）。

该方案具有以下优势：

①基坑不需要分期施工，方便快捷，减少施工工期。

②取消后座力土体加固，增设临时反力柱，总体造价减少，节约投资。

（7）DN2400原水管保护方案

西州水厂原水管管径2.4m，1997年建成投产，该管沿新塘站北侧敷设，距新塘站主体基坑最近距离仅1.85m，新塘站北侧6号出入口下穿该水管（图12.2-23）。根据收集到的资料显示该水管作为西州水厂唯一的原水管，一旦停水，将会影响到整个广州中部和东部地区较长时间的用水，造成极大的不良社会影响。因此，本工程决定对其采取一定的保护措施。

①主体基坑原水管保护方案

位于水管10m保护线范围，车站西端头开挖范围存在较厚的淤泥、粉细砂等软弱地层，为减少连续墙成槽及基坑开挖对水管的影响，沿连续墙两侧设置搅拌桩成槽护壁保护。同时沿水管靠近基坑一侧设置3口回灌井，并预埋一排袖阀管，加强监测跟踪注浆。

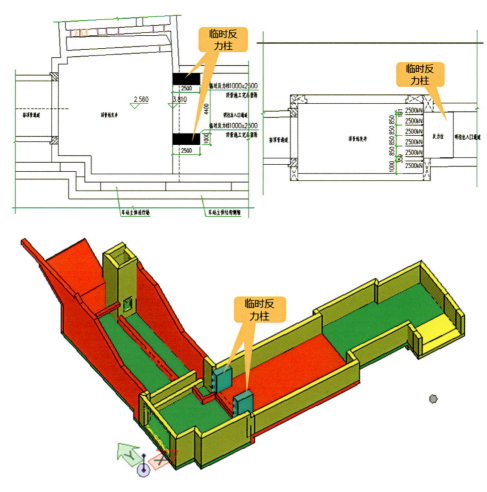

图 12.2-22　白江站顶管施工示意图

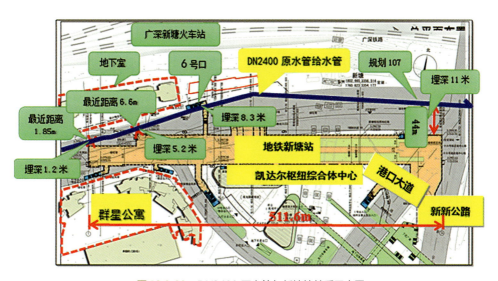

图 12.2-23　DN2400 原水管与新塘站关系示意图

②6号出入口下穿原水管保护方案

由于DN2400原水管管底埋深较大,水管与6号出入口通道相交位置管底埋深8.5m,6号口出了车站主体后需先下压4.8m,通道下穿水管且顶板与水管底保持净空不小于1m,出了水管影响范围后再提升出地面。

6号口开挖范围地质条件较好,自上而下分别为素填土层,黏土层,全风化、强风化、中风化、微风化地层,基坑支护型式采用Φ800@950钻孔桩,其中原水管两侧采用Φ1200围护桩,采取半人工半旋挖施工方式,即原水管管底以上采用人工挖孔成孔兼探槽,管底以下采用旋挖钻成孔,原水管管身范围支护结构采用逆做连续墙支护型式,墙厚400mm。水管两侧设置2道钢筋混凝土支撑,管底以下土体采用小导管注浆加固止水,确保开挖面不渗漏水。通过两侧混凝土支撑架设型钢托梁托换横跨基坑的原水管。其剖面关系图如图12.2-24和图12.2-25所示。

地铁围护结构施工前,与相关部门沟通及查找相关资料,自来水管的实际走向、埋

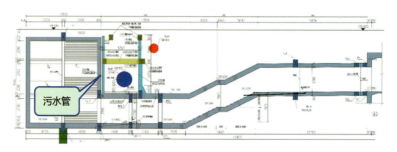

图12.2-24　DN2400原水管与新塘站6号出入口剖面关系示意图

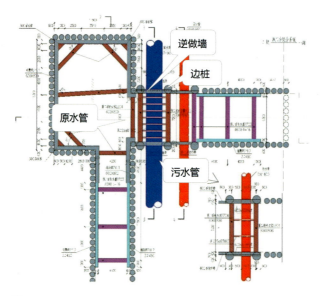

图12.2-25　DN2400原水管与新塘站6号出入口平面关系示意图

深。确认无误后方可进行下一步施工。

水管和基坑两侧混凝土托梁应采用柔性接触，允许水管在基坑开挖过程发生弹性变形。为了约束自来水管水平向位移，在自来水管两侧的型钢支架上焊接抱箍。

对基坑开挖影响范围原水管进行沉降监测，每天监测数据上报监理部及广州市自来水公司，并在开挖过程密切观察水管，如有渗漏水情况，及时上报建设单位、监理及自来水公司，并及时采取应急预案。

为满足地铁运营期原水管正常检修需要，在出入口顶板设置检修U形槽，U形槽内顶板防水及保护层完工后对管周进行覆土回填。

通过上述措施，确保了地铁施工期间原水管的安全运营及地铁工程的施工安全（图12.2-26）。

（8）断裂带处车站地基加固措施

双岗站位于瘦狗岭断层以南的黄埔，属广从断陷盆地，其左右线基底局部存在断裂破碎带。针对此种工况，车站采取的地基加固措施为：车站围护结构位置处采用连续墙穿越破碎带的方案；车站底板以下，先进行基坑开挖，待基坑开挖到破碎带透水层前，提前实施注浆，进行加固（图12.2-27）。

图 12.2-26　原水管原址悬吊保护施工

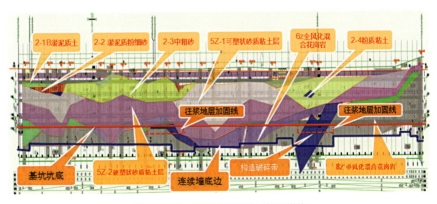

图 12.2-27　断裂破碎带地层加固措施

（9）顶板跨基坑河涌与支撑结合方案

双岗站顶板上方有两条河涌横跨车站，分别为文冲涌和双岗涌。根据现场实际情况，本工程在车站施工时对河涌进行了倒边施工，即先把跨车站的河涌段临时迁改到暂未施工的车站顶板上方，并在河涌底板底面与车站顶板之间设置防水层，待原河涌段主体结构做完后再原位恢复河涌（图12.2-28、图12.2-29）。

（10）硬岩地层吊脚墙设计

根据勘察，南岗站、沙村站、新塘站基坑范围内下卧土层均包含中风化或微风化混合花岗岩，此种坚硬地层对施工造成了较大影响。因此，为了降低施工难度，确保按时完成车站围护结构施工，并为后续工程创造良好的施工条件，本工程将地下连续墙改为吊脚墙形式，减小了连续墙打入岩层的深度，进而减小了连续墙在坚硬岩层的施工消耗，加快了施工进度（图12.2-30）。

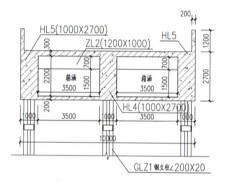

图12.2-28　箱涵与支撑结构相结合断面示意图

图12.2-29　双岗涌临迁现场施工

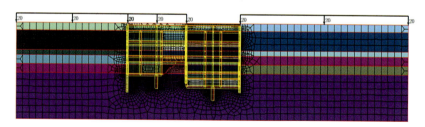

图12.2-30　吊脚墙有限元模型

12.2.2　交通疏散和管线迁改

由于车站基坑长度较长，特别是带存车线及折返线的站点，车站基坑长达近700m。施工需进行多次分期交通疏解、管线迁改的基坑，或者车站范围局部房屋拆迁未完成的基坑，应结合施工围蔽、施工工序灵活设置临时中隔墙，确保车站主体基坑局部可正常动工，避免因局部阻隔造成整个车站基坑都无法封闭施工的困境。各车站交通疏解及管线迁改方案如表12.2-2所示。

各车站交通疏散和管线迁改方法　　　　　表12.2-2

序号	站名		交通疏散	管线迁改
1	鱼珠	一期	施工场地面积总计34218m²，围蔽时间约3个月，主要施工对象为站后折返线12m宽便桥（图12.2-31）	临时迁改主要将管线永久迁改至车站主体结构外侧，部分跨基坑管线临时拆除，车站完工后恢复管线（图12.2-34）
		二期	施工场地面积总计34818m²，围蔽约19个月，主要施工对象为车站及站后折返线主体结构（图12.2-32）	
		三期	施工场地面积总计19073m²，围蔽时间约6个月，主要施工对象为车站附属结构（图12.2-33）	
2	裕丰围	一期	占用半幅丰乐南路，在场地东侧设置13.5m宽单向三车道及混合道作临时交通疏解道路，另半幅路利用现状行车道正常通行（图12.2-35）	临时迁改主要将管线改移至车站主体结构的东侧，车站完工后临时迁改的管线迁改回原位。对于跨基坑长度较大且施工过程中可中断管线采取临时拆除，车站施工后恢复处理（图12.2-38）
		二期	在场地东侧设置27m双向六车道及混合道作临时交通疏解道路（图12.2-36），二期施工完成后再进行三期施工围蔽	
		三期	恢复丰乐南路路面，一号出入口场地占用部分丰乐南路及人行道，在场地一侧设置21m宽双向六车道及3m宽单边混合道通行（图12.2-37）	
3	双岗	一期	施工期间占用部分黄埔东路车道，南侧西往东向车道局部改为四条车道+一条BRT车道（图12.2-39~41）	除DN1000混凝土雨水管，埋深7.75m的管线永久迁改至基坑外侧，其余的均临时迁改（图12.2-43）
		二期	利用部分一期施工场地（图12.2-42）	
4	南海神庙		利用车站既有道路及绿化带进行交通疏解，可满足原六车道交通疏解	所有影响车站施工的管线均迁改到结构范围以外
5	夏园		利用车站西侧道路及绿化作为施工场地，车站南侧绿化及现行道路可完成双向四车道交通疏解	车站主体范围内管线较多，大部分管线位于车站主体北侧。车站施工前，管线迁改至车站主体两侧。施工附属时，部分管线回迁
6	南岗	一期	一期施工车站围护结构、钢便桥及桥下北半侧铺盖系统。占用黄埔东路北侧人行道、非机动车道及中心机动车道，利用原道路南侧非机动车道、人行道及绿化带进行疏解，满足原双向四车道交通疏解	主体结构内的重要管线全部永迁至结构外部，原道路南侧疏解道范围内的重要管线临时迁改至疏解道的外侧，主体完工后再回迁。附属结构施工期间，管线主要采用悬吊保护

续表

序号	站名		交通疏散	管线迁改
6	南岗	二期	二期施工车站围护结构、钢便桥及桥下南半侧铺盖系统。在施工沿江高速桥下方南半侧铺盖系统时，将一期北侧两车道转移到北侧已完成铺盖系统上，通过铺盖区域后，仍沿用一期交通疏散的双向四车道	主体结构内的重要管线全部永迁至结构外部，原道路南侧疏解道范围内的重要管线临时迁改至疏解道的外侧，主体完工后再回迁。附属结构施工期间，管线主要采用悬吊保护
		三期	三期主要施工车站围护结构，进行基坑开挖和主体回筑。自西南向东北方向，交通首先从一、二期的道路南侧双向四车道疏解，至沿江高速桥下，四车道从已完成的铺盖系统上方转到原道路北侧玩具城前，在车站东端头处，汇入原黄埔东路双向六车道	
		四期	四期进行车站附属结构施工。恢复黄埔东路路面，利用原道路双向六车道进行交通疏解	
7	沙村	一期	占用新塘大塘西延线南侧人行道图（图12.2-44）	车站东侧1m的给水管，以及车站南侧Ⅲ号出入口的给水、排水、电力、电信管线，施工中需进行原状悬吊保护（图12.2-46）
		二期	完全占用新塘大道西延线，新塘大道西延线通过一期已施工完的部分进行交通疏解，改为双向4车道，从二期围蔽的南北两侧通过（图12.2-45）	
8	白江		占用107国道北侧人行道及辅道，施工期间，破除道路绿化带，保证双向8车道+2个人行道（图12.2-47）	直径400mm的混凝土排水管采用临时悬吊保护外，其余管线均采用临时废除或临时迁改到基坑外的方式处理（图12.2-48）
9	新塘	一期	完全占用规划107国道车道和东侧占用港口大道，港口大道交通疏解通过新新大道和区域交通疏解。在围挡北侧新建一条12m的临时施工便道	/
		二期	恢复港口大道交通，对新新公路进行倒边施工剩余3C出入口（图12.2-49）	
10	官湖	一期	完全占用规划107国道车道和南侧田地、池塘，交通疏解通过车站围挡北侧区域交通疏解，施工车站主体及南侧附属结构（图12.2-50）	管线永久迁改至车站主体北侧；其他对影响主体结构施工、与车站主体结构平行的管线进行迁改或临时拆除，完工后尽量改移回原位（图12.2-52）
		二期	占用107国道即北侧地块，交通导改至车站顶板上方，施工南北侧附属结构（图12.2-51）	
11	新沙	一期	一期施工保证地铁施工路段新沙大道北双向四车道通行	车站施工范围受影响的控制性管通过倒边施工临时迁改
		二期	二期施工保证地铁施工路段新沙大道北双向六车道通行	

注：具体交通疏解和管线迁改如图12.2-31～图12.2-52。

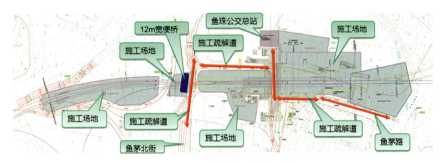

图 12.2-31 鱼珠站一期交通疏解

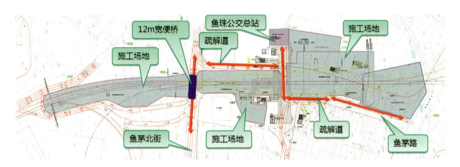

图 12.2-32 鱼珠站二期交通疏解

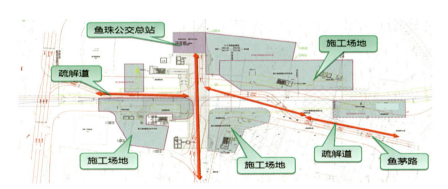

图 12.2-33 鱼珠站三期交通疏解

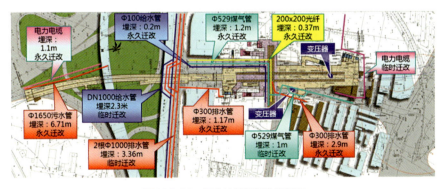

图 12.2-34 鱼珠站管线迁改平面图

12 施工方案与环境保护

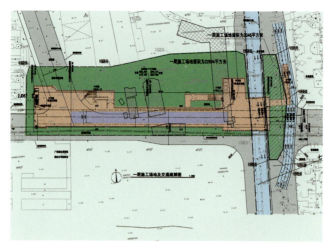

图 12.2-35 裕丰围站一期交通疏解

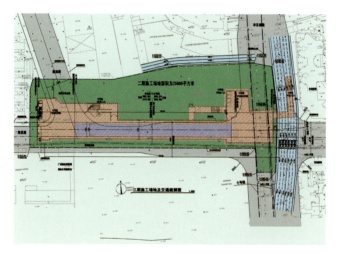

图 12.2-36 裕丰围站二期交通疏解

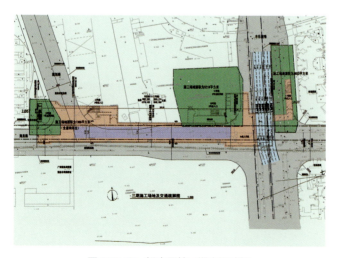

图 12.2-37 裕丰围站三期交通疏解

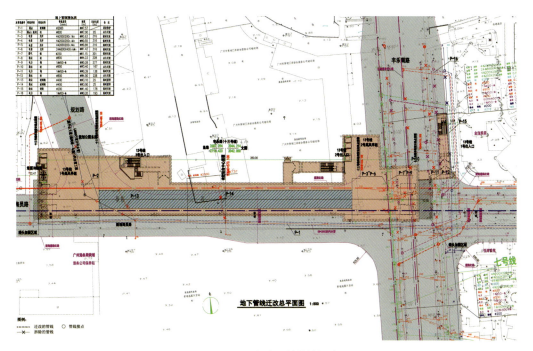

图 12.2-38 裕丰围站管线迁改

（1）双岗站基坑总长602.7m，标准段基坑宽度20.1m，属于超长基坑。超长基坑设计因交通疏解困难、各类管线迁改路径长、施工工期长等特点而变得极为复杂。为方便车站南侧村民出行，在文船路口及双岗村旁边分别设置了一条横跨车站的交通疏解道，疏解道下方设置临时立柱保证安全，路面采用钢筋混凝土便桥；本站增设两处中隔墙，分期施工，既节省了工程造价，又保证了施工工期。另外超长基坑纵向场坪和连续墙顶部标高的确定要结合现状地面标高确定，对于地面起伏较大的情况，纵向场坪及连续墙顶部标高可以不在一个高度，地面起伏较小的情况，则尽量保持纵向场坪及连续墙顶部标高一致（图12.2-39、图12.2-40）。

（2）110kV碧文线迁改

文船路口架空的110kV碧文线迁改难度大。铁塔位于车站主体基坑内，需协调解决的制约因素较多，故无明确的施工时间节点，由此导致车站主体8幅连续墙和Ⅱ号出入口4幅连续墙无法施工，连续墙施工进度严重滞后。若碧文线先迁改落地，再进行主体和Ⅱ号出入口围护结构的施工，则需要进行二次迁改。为保证整个车站的施工工期，同时避免碧文线二次迁改，将碧文线电塔影响范围内的车站主体8幅连续墙和Ⅱ号出入口4幅连续墙改为冲孔灌注桩施工，且在碧文线落地迁改前，提前施工完成，碧文线落地迁改到位后，可立即进行基坑开挖，从而保证了车站施工工期和节省工程造价。

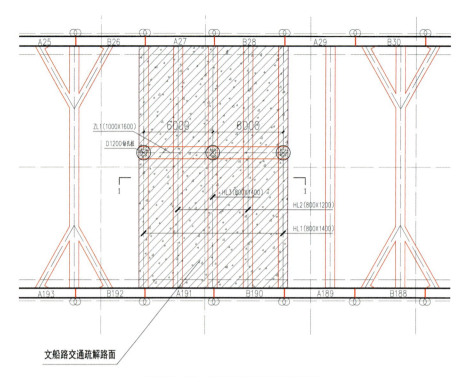

图 12.2-39　文船路口交通疏解示意图

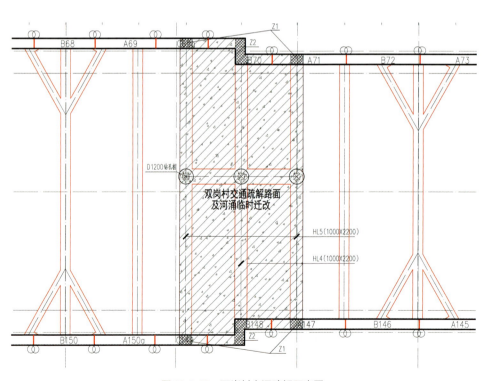

图 12.2-40　双岗村交通疏解示意图

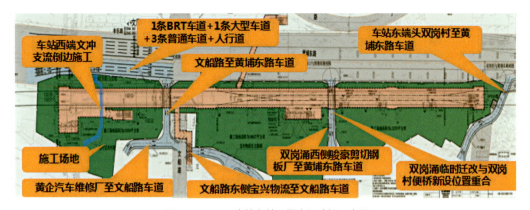

图 12.2-41　双岗站车站一期交通疏解示意图

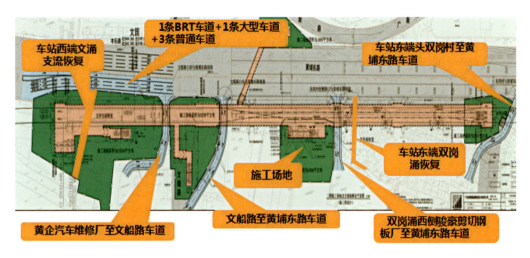

图 12.2-42　双岗站车站二期交通疏解示意图

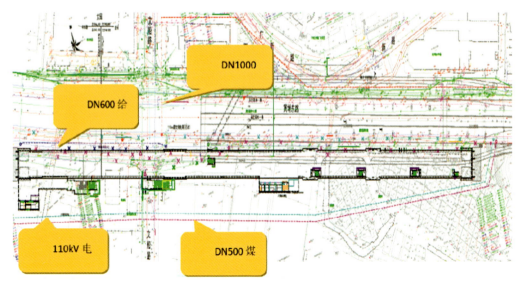

图 12.2-43　双岗站车站管线迁改

12　施工方案与环境保护

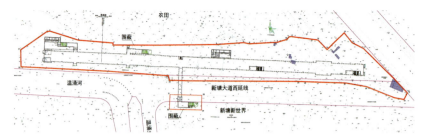

图 12.2-44　沙村站交通疏解示意图（一期）

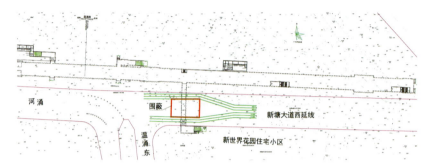

图 12.2-45　沙村站交通疏解示意图（二期）

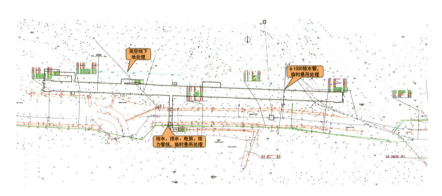

图 12.2-46　沙村站管线迁改示意图

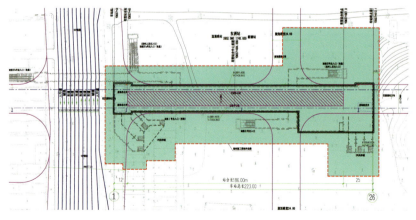

图 12.2-47　白江站交通疏解示意图

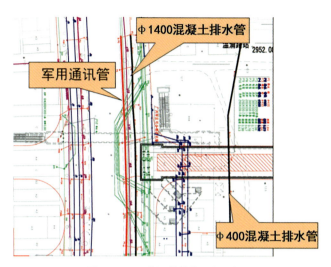

图 12.2-48　白江站管线迁改示意图

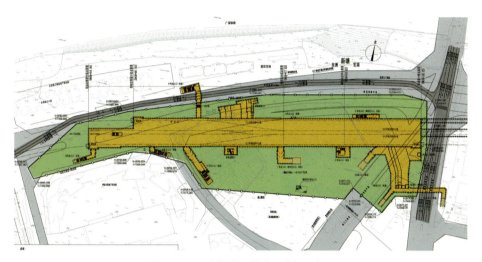

图 12.2-49　新塘站二期交通疏解示意图

图 12.2-50　官湖站一期交通疏解示意图

图 12.2-51 官湖站二期交通疏解示意图

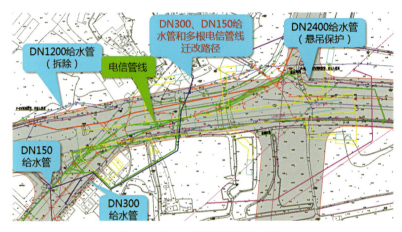

图 12.2-52 官湖站管线迁改示意图

12.3 区间隧道结构施工

各区间隧道不同工况施工具体情况如表12.3-1所示。

区间隧道施工表　　　　　　　　表12.3-1

序号	区间名称	区间长度（m）	施工方法	联络通道		端头加固	
				施工方法	衬砌	加固位置	加固方法
1	鱼珠站-裕丰站	左线 2430.252	明挖法+盾构法	矿山法	复合式衬砌	11#盾构井西端头	Φ500@1000 搅拌桩
						12#盾构井东端头	Φ600@900 双管旋喷桩

续表

序号	区间名称	区间长度（m）		施工方法	联络通道		端头加固	
					施工方法	衬砌	加固位置	加固方法
1	鱼珠站-裕丰站	左线	2430.252	明挖法+盾构法	矿山法	复合式衬砌	11#盾构井南端头	外围: 600mm厚的C20素混凝土连续墙
								里侧: Φ850@600三轴搅拌桩
		右线	2498.937				丰乐路站西端盾构始发端头	素混凝土连续墙+三轴搅拌桩加固+袖阀管补充注浆
2	裕丰围站-双岗站	左线	1721.741	明挖法+盾构法	矿山法	复合式衬砌	区间端头	600mm厚C20素混凝土地连墙+Φ600@450双管旋喷桩
		右线	1719.116					
3	双岗站-南海神庙站	左线	2140.459	明挖法+盾构法	矿山法	复合式衬砌	区间端头	Φ600@450双管旋喷桩
		右线	2138.162					
4	南海神庙站-夏园站	左线	1882.705	盾构法	矿山法	复合式衬砌	区间端头	Φ850@600mm双管旋喷桩
		右线	1913.11					
5	夏园站-南岗站	左线	2443.24	盾构法+矿山法	矿山法	复合式衬砌+加强型混凝土特殊衬砌环	夏园站端头	Φ600@450双重管旋喷桩
							21#盾构井小里程端端头	Φ600@450双重管旋喷桩
		右线	2493.177				21#盾构井大里程端端头	800mm厚素混凝土墙+Φ600@450双重管旋喷桩+盾构井内袖阀管注浆
							南岗站端头	800mm厚混凝土墙+Φ600@600双重管旋喷桩
6	南岗站-沙村站	左线	3312.08	盾构法	矿山法	复合式衬砌	区间加固	素混凝土墙+Φ600@450双重管旋喷桩+降水井
		右线	3312.08					
7	沙村站-白江站	左线	2835.692	盾构法+明挖法+矿山法	矿山法	复合式衬砌	区间加固	采用Φ600@450双重管旋喷桩加固
		右线	2857.526					

续表

序号	区间名称	区间长度（m）	施工方法	联络通道施工方法	衬砌	端头加固位置	加固方法
8	白江站-新塘站	左线 1049.007	盾构法	矿山法	复合式衬砌	白江站端头	袖阀管水平式注浆+降水井
		右线 938.512				新塘站端头	Φ800@650双重管旋喷桩+降水井
9	新塘站-官湖站	左线 3023.443	盾构法+明挖法	矿山法	复合式衬砌	新塘站端头	采用素混凝土墙+Φ800@650双重管旋喷桩+降水井加固
		右线 3020.458				官湖站端头	采用素混凝土墙+Φ800@650双重管旋喷桩+降水井加固
10	官湖站-新沙站	左线 1038.413	盾构法	矿山法	复合式衬砌	官湖站端头	素混凝土墙+Φ800@650双重管旋喷桩+降水井
		右线 1040.711				新沙站端头	素混凝土墙+Φ600@450双重管旋喷桩+Φ800搅拌桩+降水井
11	官湖出入段	2302.555	明挖法+盾构法	矿山法	复合式衬砌	官湖站前明挖段接收端端头	钢套筒
						出洞口始发端端头	素混凝土墙+Φ600@450搅拌桩+Φ800@650双重管旋喷桩+降水井

12.3.1 穿越河流、桩基等重要风险源施工

1. 区间穿越乌涌河及断裂带施工

鱼珠站~裕丰围站区间采用明挖法加盾构法施工。施工期间盾构区间左线分别以1200m和1600m两个半径曲线、右线以1800m半径曲线下穿乌涌河及与乌涌河重叠的断裂带。乌涌河面宽约40m，水深约3m，河底有松木桩，乌涌的松木桩距离隧道顶净距约2.5~3m。在施工中易产生刀具磨损严重、喷涌、盾尾密封或铰接密封漏水等施工风险。同时断裂带可能与乌涌河水相连通，易发生冒顶现象，河水倒灌等风险。

对上述可能发生的风险，采取的控制措施如下（图12.3-1、图12.3-2）：

①在盾构机穿越河流和断裂带前，对盾构机进行全面的检修包括刀具更换。

②确保储能罐在出现大的涌水、涌砂情况下能及时封闭。

③加强对盾尾密封的检查、控制好盾尾间隙及盾尾油脂的注入量和质量，从而保证

图 12.3-1 冲击钻超前钻

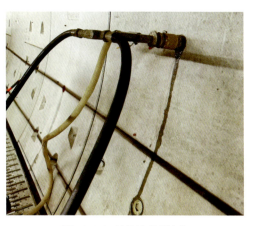
图 12.3-2 注浆孔超前注浆

盾尾密封良好。

④施工前对控制土压进行分段计算。根据测量的河道断面,每10m计算一次控制土压,并将土压控制值与管片环号一一对应。同时,在施工过程中要对土仓压力进行严格控制。

⑤根据各方监测数据及时调整掘进参数,确保出碴量与理论值基本一致。若出现两值相差较大,立即分析原因并采取二次补注浆和碴土改良等相应措施。

⑥使用本工程最新研发的硬岩地层掘进方法——压气辅助土压平衡掘进模式进行掘进,避免出现喷涌、盾尾密封及铰接密封出现漏水现象。

⑦盾构在到达乌涌河断裂带前,利用超前注浆孔向断裂带进行超前注浆预先加固;待盾体通过断裂带后,在与乌涌河重叠的断裂带前后各5环位置的管片进行再次注浆加固;利用脱出盾尾5环以后的管片吊装孔作为对断裂带加固所用的注浆孔,通过管片吊装孔向断裂带打入3m的袖阀管,并进行注浆加固。

2. 穿越桩基施工技术

(1)泥水盾构水下注浆施工

①施工限制条件及处理措施(表12.3-2)

施工限制条件及处理措施对照表　　表12.3-2

序号	施工限制条件	处理方法及措施
1	可口可乐桥桥桩大部位于水下,需水下钻孔及注浆	施工过程中在河道中心搭设水上作业平台(图12.3-3)。采用袖阀管注浆,先钻孔,再下管注浆
2	水下淤泥较多,钻孔位置较难控制,易将泥浆流至孔内,下管较为困难	钻孔及下管前需将桥墩范围内淤泥清理干净,清理完成后钻孔

续表

序号	施工限制条件	处理方法及措施
3	注浆加固需在河道中进行,清理淤泥需在退潮时进行,水面施工受珠江水涨、落潮影响较大,单日有效施工时间短	需与水务局积极沟通、协调,确定进入河道时间。施工前对珠江水位的涨落潮时间进行了解,争取在落潮的时间段内及时进场进行施工,缩短施工工期
4	水面施工,且施工场地有限,因此材料的倒运仅能从河涌管理所进行,由于从该河涌管理所至施工场地内通道过窄,运输难度大	施工过程中在河道中心搭设水上作业平台。钻机、施工平台、水泥等施工材料只能分解后人工倒运
5	注浆过程中可能导致泥浆溢流至河道内,对河水造成污染	控制泥浆压力及袖阀管长,现场搅拌桶放置岸边,并在搅拌桶周边堆满沙袋,防止浆液流出污染河岸;河道注浆过程中,下管长度控制在水面以上,以保证注浆过程中无浆液流出从而污染河水
6	在河涌水面施工需要搭设平台,且在落潮期间将平台挪动至施工作业面难度较大(易与水中的石块等相撞,安排平稳难度较大),耗费时间长	施工前需对河床底部进行清理,缩短施工前准备工作所占用时间

②工艺流程(图12.3-4)

(2)钢管片施工技术

由于可口可乐桥桩基距隧道顶部最小距离约1.6m,该桥上通行多为大型货车,荷载直接由桥桩传递至隧道顶部。相比于钢管片,传统混凝土管片抗剪、抗弯性能差,且变形后修复困难,经综合考虑决定采用具有高承载力的加强型钢管片来抵抗桥梁上部荷载。

①钢管片制作工艺(图12.3-5)

管片制作具体工艺(图12.3-6~图12.3-24)

②钢管片盾构施工拼装技术(图12.3-25、图12.3-26)

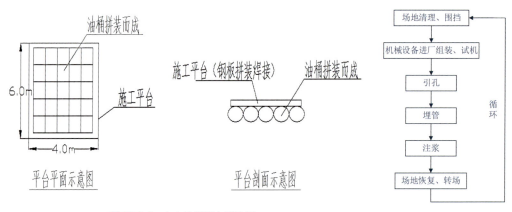

图12.3-3 水上注浆平台设计图　　图12.3-4 注浆施工流程图

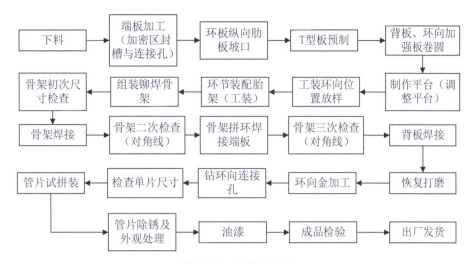

图12.3-5 钢管片流程图

图12.3-6 数控火焰切割机

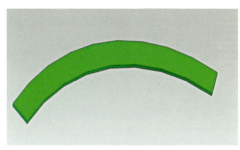

图12.3-7 弧板平面示意图

图12.3-8 弧板加工

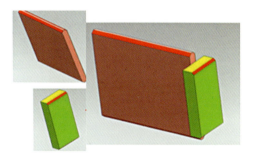

图12.3-9 坡口处理示意图（a）

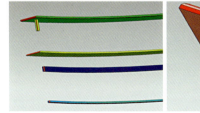

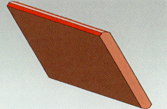

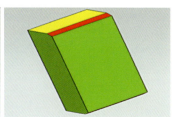

图12.3-10 坡口处理示意图（b）

12 施工方案与环境保护

233

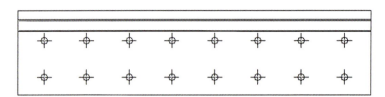

图 12.3-11　端板铣槽及钻孔设计图

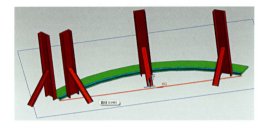

图 12.3-12　铆焊施工示意图

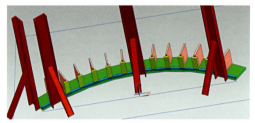

图 12.3-13　纵向肋板/面板焊接

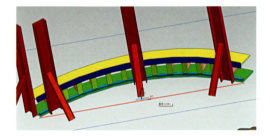

图 12.3-14　环向肋板焊接

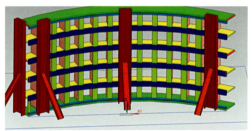

图 12.3-15　拼装效果图

图 12.3-16　骨架拼装完成

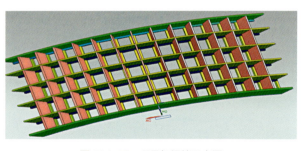

图 12.3-17　环骨架焊接示意图

图 12.3-18　骨架焊接

图 12.3-19　骨架环拼焊接端板

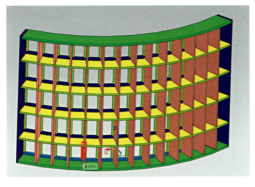
图12.3-20 钢管片骨架迎水侧立面图

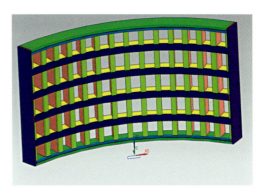
图12.3-21 钢管片骨架背水侧立面图

图12.3-22 环向平面加工完成检查管片高度

图12.3-23 相邻两环钢管片试拼装

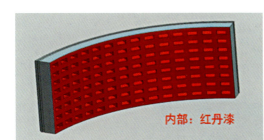
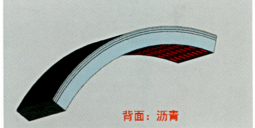
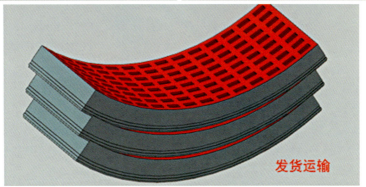

图12.3-24 外观处理示意图

12 施工方案与环境保护

a. 钢管片拼装前准备工作

钢管片出厂前、管片进场验收、运输前都经过了相关工作人员依照各项标准的检查验收。管片安装前应对管片安装区的碴、水进行清除，保证安装区及管片接触面清洁。封顶块的止水条必须贴牢并进行润滑处理。确保操作设备完好再进行管片安装。

b. 管片拼装方式

管片拼装采用了错缝拼装，一般情况下，封顶块的位置偏离正上方±18°，但必要时（如在竖曲线段或者进行竖向纠偏）极少数楔形环封顶块允许偏离正上方±54°。

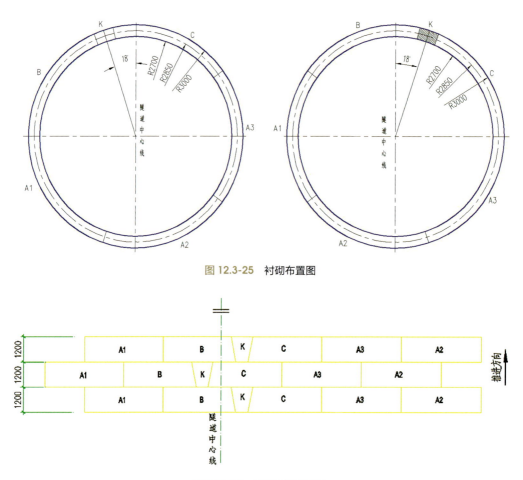

图 12.3-25　衬砌布置图

图 12.3-26　衬砌布置展开图

c. 拼装顺序为：A2→A1、A3→B、C→K。其中A2、B在盾构掘进方向的左侧，A3、C在右侧。拼装过程中按各块管片位置，缩回相应位置的千斤顶，形成管片拼装空间，可有效防止盾构后移。管片运至拼装机下后，将管片吊装螺栓插入拼装机的举臂孔内，通过水平插销紧固，再由拼装机将管片运至相应位置进行拼装。每一环管片拼装完后，拿掉举重孔内的吊装螺栓。

d. 管片安装质量要求（表12.3-3）

管片拼装允许偏差表　　　　　　　表12.3-3

误差	误差值	误差	误差值
高程和平面	±50mm	环缝张开	<2mm
每环相邻管片平整度	5mm	纵缝张开	<2mm
纵向相邻环环面平整度	6mm	衬砌环直径椭圆度	5‰
管片混凝土最大允许裂缝宽度	0.2mm	/	/

注：管片拼装后应按要求填写盾构管片拼装记录表，做好相关记录。

12.3.2 盾构穿越不良地质施工技术

1. 构造破碎带施工

根据多次地质勘察资料及在盾构下穿瘦狗岭构造破碎带施工过程中实际地质情况显示，14#盾构井~双岗站盾构区间构造破碎带分布情况主要为：左线（1~6环）及（39~242环）处均处于瘦狗岭破碎带影响区域，埋深约17.6m；盾构区间右线里程（40~263环）处于瘦狗岭构造破碎带影响区，因此左右线盾构均要下穿超过300m构造破碎带影响区域。构造破碎带芯样图如图12.3-27所示。

14#盾构井~双岗站盾构区间下穿瘦狗岭构造破碎带段的地层从上往下依次主要由人工填土、可塑性残积土、硬塑性残积土、全风化混合花岗岩、强风化混合花岗岩等组成。其地质条件复杂、裂隙水发育良好，地下水丰富、导水通道发达且渗透系数

图12.3-27 构造破碎带芯样图

高，除此之外区间掌子面地层岩块强度不均、大小不一且易发生渗漏水，增大了盾构施工的难度。

（1）盾构施工风险

瘦狗岭构造破碎带埋深在10～30m范围内，岩体破碎，原岩的强度大，天然单轴抗压强度最大可达154MPa，而且强度不均匀，稳定性差。由于构造破碎带地层裂隙发育良好，形成了地下储水空间，同时加之地下水比较丰富。在盾构下穿瘦狗岭破碎带期间，主要容易出现以下几种施工风险：

①掌子面强度不一，刀盘、螺旋多次被卡；

②喷涌现象频发，保压掘进困难；

③已成型隧道多处发生渗水、漏水现象；

④同步注浆浆液流失严重，管片脱出盾尾发生下沉；

⑤局部成型管片发生"上浮"现象；

⑥长时间停机掌子面遇水软化崩解。

（2）采取的盾构控制措施

①根据地层埋深及水位高度，提前建立土压动态平衡，参考地质图，在进入构造破碎带前3～5环建立土压平衡，压力波动控制在0.2bar内；为了确保施工安全提前进行保压，每掘进30cm取一次碴样进行观察分析。

②盾构下穿瘦狗岭破碎带地层前，选择合适位置保压停机，提前对刀盘所有刀具进行量测检查，对磨损超标滚刀进行更换，更换完毕后将滚刀螺栓及保护帽全部进行多次复紧，尽可能减少在瘦狗岭特殊地层开仓换刀的次数。

③在破碎带地层掘进过程中，根据掘进度、掘进速度、刀盘转速、刀盘压力变化波动大小以及盾构机姿态控制难易程度，对刀盘刀具磨损程度是否超标做出科学地判断，及时检查更换刀具。

④在构造破碎带地层中掘进，为保护盾构机刀具，不宜过于追求施工进度。在此地层掘进必须控制掘进参数，相关参数设置如下：推力控制在1100～1300t，掘进速度20～32mm/min，刀盘转速1.7r/min左右。

⑤为确保管片均匀受压，本工程推进千斤顶油缸压力每次调整不超过10bar，同时进行合理的管片选型，由此保证了盾构机掘进姿态，减少了盾构机蛇形掘进情况发生，并减少对盾构施工区域土体扰动，避免因扰动地层而造成地面建筑物沉降。

⑥当盾构机处在构造破碎带地层换刀，要避开在上部地质差、岩石分界线前后5m地段进行带压作业，以此确保安全顺利地完成刀具检查更换。

⑦在构造破碎带地层中，为降低对刀具、螺旋输送机和皮带的磨损，向刀盘前及螺

旋输送机内注入含水量较大的泡沫。注入泡沫剂和水可以冷却刀具，又可以改良碴土，使碴土具有良好的流动性。注入的泡沫量一般为100～120L/环，发泡率控制在3%左右，每环注入水量为8～10m³，可视碴土情况进行注水量调整。在泡沫剂作用下，刀盘作用在掌子面上的有效扭矩得以降低，同时可以减少刀具连续工作状态下的磨损量。

⑧严格控制出土量，结合地面沉降监测系统双重控制沉降。土建工程师通过油缸行程严格计算每斗出土量与行程吻合，同时渣斗吊至地面时，由地面值班队长记录出土量，并监督门吊倒土时渣斗尽可能干净，避免渣斗内残余碴土影响出渣量的判断。

⑨由于构造破碎带地下水丰富且水位较浅，盾构区间又处于下坡，已成型隧道管片背后极易形成渗水、流水通道，在盾构掘进中极易造成喷涌、失水沉降等；因此除加大同步注浆量，同时对成型管环脱出盾尾5环后，立即注双液浆形成密闭止水环，防止成型隧道后方水进入开挖面造成出渣困难。

⑩二次补强注浆。盾构经过构造破碎带时除严格控制同步注浆量，且每环管片均需要采用双液浆进行壁后二次注浆，以进一步填充超挖空隙和封堵管片背后的渗水通道，保证管片与围岩间填充密实。

（3）盾构掘进参数经验值

盾构机下穿瘦狗岭构造破碎带掘进初期，由于参数设置不合理出现地面局部发生不均匀沉降且伴随刀具磨损过快等现象，致使盾构施工作业受到很大影响。根据地面沉降监测及建筑物变形监测数据，经过不断分析、不断总结、不断地对掘进施工参数进行调整、优化，最后总结出一套关于盾构机在构造破碎带掘进地参数（表12.3-4）：

瘦狗岭破碎带盾构掘进参数　　　　表12.3-4

总推力（t）	掘进速度（mm/min）	刀盘转速（r/min）	刀盘压力（bar）	扭矩（MN·m）	土仓压力（bar）	排土量（m³）
1050～1150	20～30	1.6～1.8	80～120	0.8～1.2	2.0～2.2	60

注：以上掘进所有相关参数主要适用于构造破碎带盾构施工，且其前提条件为碴土改良效果好，确保使其具有良好的塑性流动状态。

2. 上软下硬地层施工

14#盾构井～双岗站穿越最长距离上软下硬不良地层，并下（侧）穿双岗密集民房222栋，区间隧道洞身结构上层大部分为残积土及全～强风化岩。在不受施工扰动的情况下，地层具有较高的承载力，但是若受到施工扰动残积土极易变形，遇水软化崩解，承载力大幅度降低，在短时间内极易发生坍塌变形。下层为中、微风化岩，岩层强度达50～100MPa，强度大、自稳性好。上软下硬段芯样图如图12.3-28所示。

图 12.3-28　上软下硬段芯样图

（1）盾构施工风险

在地铁盾构掘进施工过程中，由于盾构推进过程中，刀盘切削工作面土体时，上部软土地层容易进入密封土仓，下部较硬岩体不易破碎。会使上部软土地层过量切削进入舱内，一旦密封土仓内有一点土压失衡，上部的松软地层会很容易造成土体流失，进而造成地面建（构）筑物发生较大的沉降，从而引发安全生产事故。

（2）盾构掘进参数经验值（表12.3-5）

上软下硬土层盾构掘进参数　　　　　　表12.3-5

总推力（t）	掘进速度（mm/min）	刀盘转速（r/min）	扭矩（MN·m）	土仓压力（bar）
1400~1500	9~12	1.4~1.6	1.2~1.3	2.0~3.0

注：以上掘进所有相关参数主要适用于上软下硬地层的盾构施工，且其前提条件为碴土改良效果好，保使其具有良好的塑性流动状态。

（3）碴土改良

分析现场碴样，碴样含泥量少于20%时，注入黏度在50~60s的优质膨润土，碴样含泥量大于20%时，选取高性能分散性泡沫，确保碴土改良满足要求，防止喷涌。同时向土仓内注入优质且发酵良好膨润土，可以对软层掌子面起到泥膜的作用，使土仓内的高压空气不易逸出并和碴土混合建立稳定的土压，可有效防止上面软岩地层的坍塌，润滑并降低刀盘的扭矩。

12.4 环境保护

12.4.1 重要建（构）筑物保护

以南海神庙站～夏园站区间的重要建（构）筑物保护为例。

1. 重要建（构）筑物概况

通过到现场对沿线建（构）筑物进行排查，南海神庙站～夏园站区间盾构掘进有影响的房屋共计60余栋。对区间穿越的主要建筑物的结构类型、基础形式、与隧道的位置关系等情况汇总如表12.4-1所示。

区间盾构掘进穿越主要建筑物情况统计表　　表12.4-1

编号	建筑物名称	地质情况	与隧道的位置关系	基础类型	隧道穿越形式	加固方式
1	南海神庙农业银行	混合花岗岩全风化带、混合花岗岩强风化层	桩边缘距离隧道最近9.6m此处隧道埋深11m	条形基础	侧穿	跟踪注浆
2	南海神庙农村信用社	混合花岗岩全风化带、混合花岗岩强风化层	桩边缘距离隧道最近处约10.6m此处隧道埋深11m	条形基础	侧穿	跟踪注浆
3	南海神庙幼儿园		右线下穿房屋隧道顶板距离建筑物基础约9m			跟踪注浆
4	南海神庙BRT车站	混合花岗岩全风化带	桩边缘距离隧道最近处约1.3m	钢管桩	下穿	跟踪注浆
5	黄埔发电厂除灰管道立交桥	混合花岗岩强风化层	桩边缘距离隧道最近处约1.7m	沉管灌注桩	下穿	跟踪注浆
6	黄埔跨107国道石油管道桥	混合花岗岩强风化层、混合花岗岩中风化带	桩边缘距离隧道最近处8m 隧道顶距离桩底约4m	沉管灌注桩	下穿	跟踪注浆

2. 重要建筑物保护措施

（1）盾构掘进通过前

①盾构机到达之前成立以业主、施工、监理、设计、监测各方组成的统一指挥小组。细化完善方案后，在通过前指挥小组组织相关技术人员对掘进方案进行学习，并对现场掘进班组、技术组、监测组的工作进行技术交底和部署，通过过程中对各班组进行统一指挥，做到准备充分、组织有序，保证左右线盾构机顺利掘进通过本区间的房屋密集带。

②做好详细的建筑物和管线调查。

③制定切实可行的监测方案，审批后，做好监测点的埋设和初始值的测量工作，严格按照审批的方案执行。

④与房屋建设单位做好协调，将盾构预计到达建筑物（包括建筑物、管线、道路等）的时间和可能对建筑物产生的影响告知建筑物的所有者和使用者，与建筑物的所有者和使用者一起做好建筑物保护工作。

⑤制定相应的应急方案，准备充足的应急物资。

（2）盾构掘进过程控制

①针对地表情况复杂，地层软硬不均的情况，特别是硬岩分布的位置，在通过硬岩段前选择合理的位置开仓检查更换刀具，在刀盘面板上装配不同的刀具，按硬岩刀具布置，并配合部分重型滚刀，并加强切刀和刮刀的配置，增强刀盘的刮碴能力。

②加强碴土改良，严格控制出碴量。

③选择合理的掘进速度、减少对地层的干扰。

④在通过本段时，对盾构掘进进行严格线形控制和姿态控制，姿态调整不宜过大、过频，减少纠偏，特别是较大纠偏，姿态调整控制在±5mm范围内，避免对土体的超挖和扰动。

⑤确保同步注浆质量和数量。

⑥做好盾尾油脂的压注，确保盾尾油脂密封压力，保证盾尾密封和铰接密封的防渗漏效果，严禁盾尾密封和铰接密封发生渗漏。

⑦加强监测频率、扩大监测断面范围及时反馈指导施工，根据监测结果及时调整掘进参数，控制地表隆陷。

⑧派专人对地面附近进行24小时不间断观察，如有冒泡沫、冒浆现象，应立即停止掘进，对冒浆冒泡沫区域进行清理、封堵处理，处理好后方可继续掘进。

⑨加强盾构机的维修管理，避免盾构在房屋、道路下部的非正常停机，做到"持续、快速、连续"施工。

（3）盾构通过后的保护措施

①盾构机通过本区间房屋密集区后，继续对房屋沉降进行监测，直至监测数据趋于稳定。

②加强二次注浆，在盾构掘进通过本区间的房屋密集区期间，对本地段全部进行二次补强注浆，防止地表产生后续沉降。

3. 文物保护方案

南海神庙作为国家级文物，本工程针对南海神庙制定了相应的保护措施。

(1) 施工期间文物保护方案

根据中华人民共和国生态环境部《关于广州市轨道交通十三号线一期工程（鱼珠至新沙）环境影响报告书的批复》（环审〔2013〕277号），其同意南海神庙站的设计方案，认可距离线路中心线60m以外的南海神庙不作为振动敏感点的处理方式。同时，在十三号线环境评估批复稿及批复文件的基础上，本着努力做好南海神庙保护工作的态度，将南海神庙文物建筑群定性为重要性I级建筑物进行保护，并由此开展后续深化设计工作。

车站主体局部、Ⅲb出入口及B端风亭组位于文物建设控制地带内，未侵占文物保护范围。车站主体距离文物保护范围56.98m，主体结构距离最近保护文物（南海神庙后殿）75.96m。Ⅲb号出入口位于黄埔东路西侧地块内规划道路红线以外，处于文物建设控制地带内，距离文物保护范围84.11m；B端风亭组及冷却塔位于文物建设控制地带内，距离文物保护范围最近距离为38.3m。Ⅰ、Ⅳ号出入口在庙头综合市场地块中均位于文物建设控制地带以外；Ⅲa号出入口位于黄埔东路北侧规划道路范围以内，处于文物建设控制地带以外；安全出口位于文物建设控制地带范围内；A端风亭组位于庙头综合市场地块中，未进入文物建设控制地带（图12.4-1）。

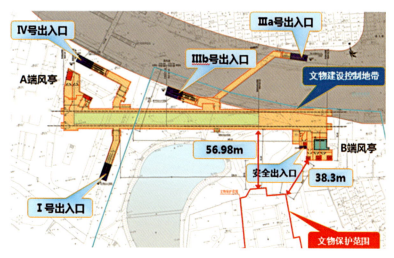

图12.4-1 南海神庙站与文物保护范围的距离关系图

双岗站～南海神庙站、南海神庙站～夏园站区间，线路基本沿着黄埔东路布置。区间埋深11～20m，采用盾构法施工。两区间均未侵入南海神庙文物保护范围。双岗站～南海神庙站区间位于文物建设控制地带以外，南海神庙站～夏园站约有58m长度区间位于文物建设控制地带以内，距离文物保护范围最近距离为75.77m。

为了保护南海神庙建筑群，车站主体基坑采用800mm厚地连墙嵌入不透水层和2道钢筋混凝土支撑加1道钢支撑的内支撑体系，同时在基坑周围，特别是靠近文物侧布置相应的围护结构以及地下水、地面沉降、文物沉降监测点，在施工过程中实施监测。在施工前，首先建立了施工现场文物保护小组，对施工人员进行文物保护教育，同时制定了完善的文物保护机制。施工过程中采取了以下措施进行保护：

①开工前对南海神庙里的建筑物进行安全检测和鉴定；

②根据广州市黄埔区文化旅游发展中心的要求，积极配合相关部门进行车站范围内文物的调查、勘探；

③连续墙施工期间，选用优质泥浆护壁，避免出现塌孔或地下水流失使神庙建筑物出现失水沉降；

④严格控制连续墙的防水质量，若基坑开挖期间发现连续墙渗水，要及时注浆封堵，防止地下水流失；

⑤在神庙建筑物墙面上设置监测点，根据施工进度安排监测频率，对神庙建筑物沉降情况进行监测。同时沉降点埋设应征得神庙负责人员的同意，布设测点期间不得破坏文物；

⑥施工期间加强对文物的监测，如有异常立即停工并采取应急处理措施，同时召集建设方、文物保护单位等部门联合商议处理方案；

⑦施工期间禁止采用爆破，防止爆破振动对文物的破坏；

⑧禁止随意排放废渣、废气、废水，减少对地面及周边文物环境的干扰。

经施工全过程监测，文物建筑实际最大沉降仅2.55mm，实际最大差异沉降仅1.51mm，实际最大倾斜仅0.091‰，均小于规范控制值。另外，施工前后两次对南海神庙进行鉴定，文物建筑均未发生任何损坏。由此可以认为此次设计与施工多方面措施的结合，成功保证了南海神庙的安全（图12.4-2）。

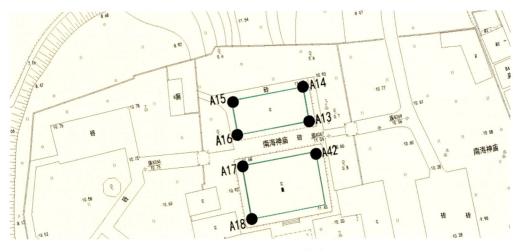

图 12.4-2　神庙建筑物监测布点图

（2）运营期间的文物保护方案

①减震措施

针对南海神庙文物保护要求，为了更好地保护南海神庙，轨道专业也采用了综合减振措施，其主要包括钢轨及线路形式、扣件类型和道床结构三方面的内容：

a. 钢轨及线路措施

十三号线正线采用60kg/m钢轨无缝线路，其不仅能增强轨道的稳定性，减少养护维修工作量和降低车辆运行能耗，而且能减少列车的冲击引起的振动，在车轮圆整的情况下其振动较短轨线路能降低5~10dB。

b. 扣件类型

本工程采用减振效果较好的弹性分开式扣件，扣件节点垂直静刚度为20~40kN/mm，且轨下及板下垫板采用弹性好、动静刚度比低、耐老化的热塑性聚酯弹性垫板，以减少运营期间的振动。

c. 道床结构

为避免结构体相互错动引起的振动，本工程选用整体道床结构。除了轨道减振措施以外，地铁线路的平顺性和车轮的光滑、整圆度也会直接影响地铁振级的大小，良好的轮轨条件可降低振动5~10dB。因此在运营期要加强轮轨的维护、保养，定期镟轮和打磨钢轨，对小半径曲线段涂油防护，以保证其良好的运行状态，减少附加振动。

②降噪措施

南海神庙文物保护区声环境噪声区域为2类区，噪声值控制比较严格。针对该要求，南海神庙站采取的降噪措施主要有：

a. 设置消声器

消声器设计原理是根据车站的具体环控设备声功率值，结合暖通空调系统管路设计，计算管路各部件的噪声自然衰减值及各部件的气流噪声声功率级，逐段减去系统各部件的自然衰减并叠加各部件气流再生噪声，最后得到接受点（敏感点）的剩余噪声声压级值。根据工程设计确定的噪声允许标准及计算得到的接受点的剩余噪声声压级值计算系统内应设置消声器所需的总消声量。

南海神庙车站各通风空调设备风管上均设置有管道式消声器，同时，各个风亭内均设置3m长消声器，经声学计算后确认可达到南海神庙站文物保护区域的声环境2类指标。南海神庙站内设置的消声器外观及结构示意如图12.4-3~图12.4-5所示。

b. 设置超低噪声冷却塔

南海神庙站选用超低噪声冷却塔，通过对风机叶片叶型的优化和洒水系统功能的改

图 12.4-3　水平风道内设置消声器

图 12.4-4　垂直安装消声器

善，能达到降低风机转速、减小风机运行噪声和减轻洒水噪声的目的，具有良好的声学指标。同时南海神庙站冷却塔采用的下沉式安装方式，有良好的减轻设备噪声传播的作用，由此进一步减小了冷却塔运行的噪声值。

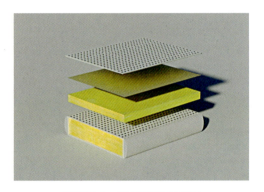
图 12.4-5　消声片结构示意图

12.5　回顾与展望

12.5.1　施工前的地基加固

以鱼珠站、夏园站为代表车站，其所处的地层土质较差，主要为淤泥质土或可液化砂层，地基承载力不足，需要在施工前对地基进行加固处理。

鱼珠站基底采用了800mm旋喷桩进行地基加固，使得地基承载力显著提高，并有效控制了沉降变形。高压旋喷桩的原理是利用钻机把带有喷嘴的注浆管钻进至土层预定深度后使用高压射流破坏地基土，注入的浆液将冲下的土置换或部分混合凝成有一定强度的固体。本工程中旋喷桩的实际应用，充分证实旋喷桩加固是软弱地基处理的有效技术手段。

夏园站基底构成主要为花岗岩残积土、全风化和强风化等遇水易软化地层，本工程在施工中采用加深地连墙嵌固深度、大口径降水、减少基底暴露时间等措施，对于临近重要建构筑物的基坑，基坑降水结合坑外回灌补偿技术，及时补偿地下水损失，保持了地下水的压力平衡，有效地控制了建筑物沉降，极大地降低了施工安全风险。工程实际应用效果较好，为今后的相似地下工程施工提供了宝贵经验。

12.5.2 基坑支护

由于地铁工程本身的灵活性和复杂性，工程中存在较多不确定因素，会对地铁工程施工进度产生较大的影响。在本工程中，站点基坑周边建筑物密集，地下管线众多，基坑开挖范围存在淤泥、砂层及花岗岩残积土等不良地质，优先选用地下连续墙+内支撑的支护结构型式。将基坑和房屋变形严格控制在规范要求的范围内。对于部分附属地层条件比较好，开挖范围无不良地质，则采用钻孔桩+桩间旋喷支护型式。工程实践表明，深基坑在明挖法施工条件下，采用地下连续墙与内支撑的组合支护形式，可以有效解决基坑周围变形问题，满足工程设计要求，保证了车站主体结构建设的有序进行，有效降低了基坑施工中对周边建筑物产生的不利影响，对后续类似深基坑的设计与施工具有一定的参考价值以及现实指导意义。

本工程部分站点详勘及地质补勘揭示站址范围上覆深厚砂层、淤泥等不良地质，下覆为混合花岗岩基岩地层凸起，基坑开挖范围呈上软下硬的情况，给围护结构选型、施工造成困扰。为确保上部透水层止水效果，又要解决硬岩地层围护结构施工难题，可考虑采用吊脚墙形式，上部采用地下连续墙支护，下部采用喷锚支护，有效降低施工难度，加快施工进度。

对于设置在主干道上的超长深基坑，基坑最终封闭时间受制于房屋拆迁、管线迁改、交通疏解等前期工程完成时间，存在较大的不确定性，应结合施工围蔽、施工工序灵活设置临时中隔墙，将基坑分期开挖，避免因局部阻隔造成整个车站基坑都无法封闭施工的困境。

在初步设计阶段，应做好站点周边房屋基础资料及管线的摸查，查明站址周边的不良工程地质与特殊水文地质条件，避免后期车站整体布局以及围护结构方案无法顺利进行。

12.5.3 文物保护

在地铁线路的延长同时，保护文化遗产的延续也至关重要。本工程沿线文物众多，为避免地铁施工对文物造成不良影响，对文物所在路段的地质条件进行详细勘察，并对施工方法、减震措施和围护结构等充分研究，采取适当的施工方式保护文物，做好工程措施和施工防护。就本工程的文物保护工作，有以下经验和体会：

①对文物、文物建筑保护工作应贯穿工程建设始终。

②尽早与相关部门取得沟通、尽早、多渠道地收集文物基础资料。

③严格遵守国家《文物保护法》。

④全过程、全方位保护措施需考虑周全。设计方案需要针对文物特点从建筑景观、

结构施工影响、运营噪声和震动等多方面考虑对文物减少影响的措施，设计方案需报相关部门审批。

⑤需多征求文物保护方面资深专家的意见。

⑥施工前，要和相关管理部门一起做好相关文物鉴定工作。

⑦施工过程中，需要协调各部门，在施工过程中对文物进行相关监测。

12.5.4　先进测量方法和监测系统的应用

从整个A7楼桩基托换的施工来看，本工程采用的PLC液压自动沉降调控系统整体稳定可靠。在盾构机下穿A7楼及既有承台下桩基截断期间，能够及时根据采集到的数据，通过液压系统调整千斤顶，确保了建筑物的整体平衡与稳定，保障了工程顺利完成。

在此期间，同时运用了多种先进的测量方式对建筑物的变形及沉降情况进行了观测，特别是"CTech-GNSS全自动三维形变在线监测系统"的采用，能够通过GPS等卫星系统24h全自动不间断对建筑物整体变形进行监控，弥补人力监测的不足，保障了建筑物及住户的安全，对后续盾构机下穿同类建筑物施工起到了一定的示范效果。

12.5.5　盾构区间的防水施工

防水施工质量直接影响地铁结构的刚度、强度和耐久性，还会对地铁运营管理难度、成本、安全带来重要影响。故在地铁工程中进行防水防渗漏处理是重中之重。盾构区间防水设计遵循"以防为主、刚柔相济、多道设防、因地制宜、综合治理"的原则。首先结构自防水应保证混凝土、钢筋混凝土结构的自防水能力，为此应采取有效技术措施，保证防水混凝土达到规范规定的密实性、抗渗性、抗裂性、防腐性以及耐久性。并且加强变形缝、施工缝、预埋件、预留孔洞、各型接头和各种结构断面接口的防水措施。

同时，据地质资料显示，地下水对钢结构具有微腐蚀性，对盾构隧道来说，由于管片与地层的空隙采用同步注浆，在空隙间形成保护层，可以有效隔离地下水，有效避免了地下水对钢结构的腐蚀作用，因此管片结构不需要做特殊处理。每项工程均需重视防水防渗漏问题，针对工程实际情况科学运用各种防水措施，以防止地下水侵入隧道，提高隧道盾构施工的防水处理效果，确保地铁隧道运营环境安全性高，延长地铁隧道的使用寿命，保障城市轨道交通安全。

12.5.6　爆破施工的振动控制

隧道爆破开挖时，爆破振动不但会对临近边坡造成较大的影响，而且会对地表构（建）筑物以及附近居民造成一定程度的危害。夏园站~南岗站区间多次采用爆破施工，各类工程实践表明，控制爆破振动是爆破技术的关键，需根据围岩条件、开挖方法、断面大小等设计针对性的爆破开挖方法，根据振速控制标准，进行细部的爆破设计，爆破炮眼布置、装药量、起爆时间和顺序等，在实施过程中，要加强关键环节和细节过程控制，做好监控量测和安全防护工作，根据监测信息及时调整爆破参数，确保施工和周边环境的安全。

12.5.7 重要建筑物穿越

对于线路长、沿线穿越大片建筑物且地质条件复杂的区间，盾构到达前，应切实做好房屋鉴定工作。在对建（构）筑物进行详细调查的基础上，结合建构筑物基础、所处地层及隧道穿越地层对其进行综合分析筛选，对风险较大的建构筑物提前组织权威鉴定部门进行施工前鉴定，对危房优先考虑拆除处理，如不具备拆除条件，则应考虑在盾构穿越前提前将人员临迁并对危房采用临时支顶等加固措施。盾构穿越时，应对房屋重点监测，减少日后沉降、破损处理纠纷。盾构下穿时，注意对出土量进行控制。盾构通过后，根据地表监测及建构筑物沉降监测结果，进行袖阀管跟踪注浆及洞内二次补浆，以减小变形。

13 通风空调系统

13.1 总体设计方案

13.1.1 系统构成

通风空调系统由隧道通风系统、车站公共区通风空调系统、车站设备及管理用房区通风空调系统和空调水系统组成,其中隧道通风系统由区间隧道通风系统和车站隧道通风系统两部分组成。

13.1.2 功能定位

根据功能系统的要求,隧道通风系统(图13.1-1)在列车正常运营时应能排除隧道内的余热余湿,满足隧道内换气次数以及温度要求;列车正常运营时应能满足压力变化控制的要求;列车阻塞时应能向阻塞区间提供一定的通风量,控制隧道温度以满足列车空调器仍能正常运行的要求;列车火灾时(图13.1-2)应能及时排除烟气和控制烟气流向,引导乘客安全撤离火灾区域。

车站公共区通风空调系统(简称车站大系统)(图13.1-3)在正常运营时为乘客提供过渡性舒适环境。当车站公共区发生火灾时,车站公共区通风空调系统(可与其他

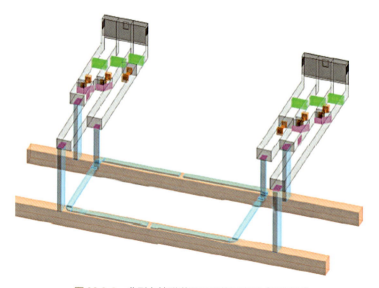

图 13.1-1 典型车站隧道通风系统示意图(双活塞)

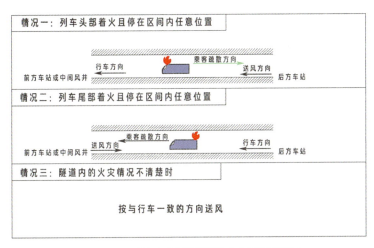

图 13.1-2　列车在区间隧道发生火灾疏散示意图

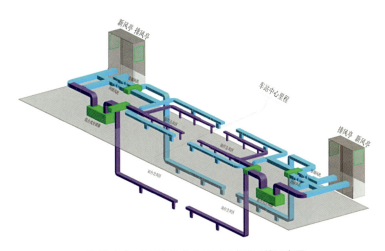

图 13.1-3　典型车站公共区通风空调系统示意图

系统协调动作，例如隧道通风系统）应能迅速排除烟气，同时为乘客提供一定的迎面风速，引导乘客安全疏散。

设备管理用房通风空调系统（简称车站小系统）正常运营时，应能为地铁工作人员提供舒适的工作环境及满足设备运行环境。车站重要设备管理用房应设置备用系统，满足空调24小时不间断运行要求。当车站管理、设备用房区发生火灾时，应能排除烟气或隔断火源、烟气，并保持局部区域的相对正压。

空调水系统负责向车站大小系统提供进行空气处理所需要的符合温度和流量要求的冷冻水，并能根据负荷变化进行流量调节，实现节能运行。各车站均采用分站供冷，空调水源来自车站冷水机房。其中鱼珠站采用风冷–冷水机组、水泵等设备。其他各站冷水机房设置水冷式冷水机组、冷却水泵、冷却塔、冷冻水泵、膨胀水箱等设备。白江、新塘站采用高效制冷机房系统。

13.2　回顾与展望

13.2.1　设计创新回顾

本工程中通风空调系统设计引入了基于BIM的三维设计，高效完成综合支吊架系统、水系统以及装配式冷水机房的设计。在本工程通风空调专业中有2个I类方案变更，均为新技术、新材料应用，为白江、新塘站分别采用高效冷水机房系统和白江站应用双面彩钢复合风管。

白江、新塘站的高效制冷机房系统机房设计能效5.5以上，经过第三方鉴定实际达到6.0以上。节能效果显著，在后续线路中，其设计思想和理念均得到了广泛推广，实现了以点带面的设计初衷。白江站大系统空调送风管对复合风管的使用，提高施工速度和施工质量，在后续线路中得到广泛的应用和推广，起到了良好的示范作用。

13.2.2　设计体会与展望

在通风空调系统工程施工过程中，诸多不确定性因素给施工方案设计带来了不少挑战，其设计体会与认识主要有以下几个方面：

（1）部分风机与空调器运行不稳定处理

对于轴流风机，当风机的风量偏大或偏小时，通常是设计选型的风机压头与现场实际的管路阻力损失不匹配导致，通过更改风管路径上的手动调节阀，使管路的阻力损失与风机压头匹配，能够有效优化风机运行不稳定的情况。

对于空调器运行电流过大的现象，检查发现由于空调器内的风机为离心风机，风机原理与轴流风机不同，离心风机当管路阻力损失过小使空调器风量过大时，会导致空调器运行电流过大而跳闸，通过更改管路上的手动调节阀，同时对空调器的叶轮带进行调整，从而使管路的阻力损失与空调器压头匹配。

（2）鱼珠站多联机室内壁挂机冷凝水排水处理

因现场管线较多，鱼珠站多联机室内壁挂机的冷凝水无法通过重力排水方式排水。施工单位对原计划购买多联机以增加排水提升泵的方案重新进行调整，排水效果俱佳。

（3）泡沫玻璃保温优化

阀门阀件原设计图纸保温材料要求为泡沫玻璃，可能面临阀门无法检修维护的情况且施工困难。最终研究决定对阀件采用铝箔保温，玻璃棉内填充的做法（图13.2-1）。

图 13.2-1　阀门阀件铝箔保温措施

（4）站台排烟处理

消防检测时开启首尾各三组站台门，大系统排烟效果不佳，有烟蔓延到站厅的情况出现。经调整挡烟垂壁高度至天花上边缘，使得排烟口位于挡烟垂壁范围以内。现场消防检测方案暂定为开启一侧站台门，后续还需进一步研究站台门开启数量（图13.2-2）。

（5）行车安全隐患处理

裕丰围站左线轨行区设置有大系统回排风支管，由于轨行区风压、风速较大，易造成保温材料脱落，存在行车安全隐患。后该段风管路径经调整至站台层换乘区，有效解决行车安全隐患。故建议施工图设计阶段，保温风管或需检修阀门不应设置在轨行区上空。

图 13.2-2　站台现场排烟处理演练

（6）部分车站冷冻水系统调试优化

夏园站在调试过程中发现冷冻水系统整体压力不足，部分测试点压力不满足要求。经设计人员与施工人员沟通、系统检查后，排除了冷冻水系统的渗漏开裂、水泵个别产品不合乎标准、压力不平衡所导致压力不足的可能。最后经过清洗Y型过滤器→运行一段时间→清洗Y型过滤器循环多次后，水系统压力达到设计要求，总管压力波动较大的情况消失，A端末端设备冷冻水压力满足要求。

（7）白江站冷冻水管排水处理

白江站原设计冷冻水管从公共区中部穿越，不利于排气阀排水，且可能增大水管漏水造成的影响。由于综合管线设计时，只考虑到满足吊顶要求，未考虑到排气阀排水及可能存在的冷冻水管因保温破损造成的滴水现象。对于排气阀排水的处理，根据当前管线情况，在不影响公共区吊顶安装的前提下，排水管设置一定的坡度进行排水。

本工程车站站位和工程可行性研究阶段变化较多。施工图阶段在南岗站的冷却塔采用了消声降噪措施，效果良好，故在地铁线路施工图阶段中，应密切关注冷却塔和风亭敏感点50m范围的敏感点变化情况，做好环评工作。

此外，通过本工程在施工配合中发现，大系统孔洞预留的最佳位置应分别设置在梁的两侧，避免后期管线过梁引起层高不满足设计要求的情况，这对后续地铁工程施工具有一定的参考价值。

14 给水排水及消防系统

14.1 总体设计方案

14.1.1 系统组成及功能

给水排水及消防系统由生产、生活给水系统和消防给水系统组成。其主要功能是为各车站及区间工点提供水质、水量、水压、水温均能满足国家的规定标准和地铁营运所需要的生产、生活用水，典型车站给排水及消防设计方案如图14.1-1所示。

排水系统组成可分为车站污水排水系统、车站局部排水系统、车站废水排水系统、地下区间废水排水系统、出入口及地下区间敞口段雨水排水系统。排水系统主要功能是及时排除地铁运营过程中产生的各种污、废水和雨水，以满足地铁安全运营的要求。各类污、废水的排放应符合当地和国家现行的排放标准，以保证地铁的安全运营。

自动灭火系统采用IG541气体灭火系统，由管网子系统和控制子系统组成，如图14.1-2所示。

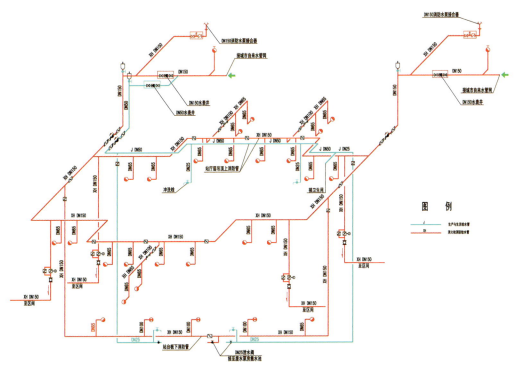

图 14.1-1 典型车站给水排水及消防系统图

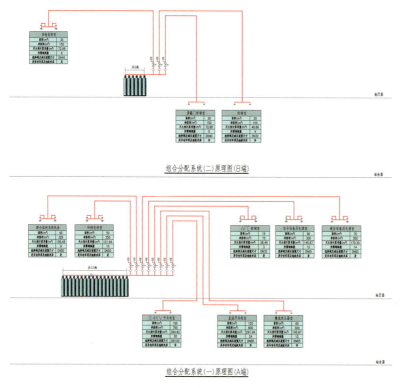

图 14.1-2　自动灭火系统原理图

14.1.2　生产生活给水系统

（1）生产、生活给水引入管，经水表井从车站一端进入车站。并从引入管上接出 $DN65 \sim DN80$ 给水管，在车站布置成枝状；

（2）主要供水点：茶水室、卫生间、环控冷水机组、冷却塔、人防用水、污水和废水泵房冲洗、冲洗栓等；

（3）在站厅层和站台层公共区两端适当位置分别设有 $DN25$ 冲洗栓。

14.1.3　消防给水系统

（1）市政供水压力满足常高压条件时，车站消火栓系统采用市政直供方式。市政供水压力不满足常高压条件或只有一路水源时，车站消火栓系统采用临时高压系统：站内在疏散口部合适位置设置消防泵房及消防储水池（市政管网为枝状管网时）。

（2）地下区间每条隧道分别从地下车站消火栓环状管网上引入一根消火栓给水干管，沿隧道右侧布置，使地铁车站和区间形成环状消防供水管网。在进入区间前的消防管道上安装电动、手动两用蝶阀，设于便于操作的位置，并不限于站台层。区间联络通道是否设置连通管应根据区间实际情况经水力计算确定。跨越不同给水管理部门管网的车站及区间不应连通。

（3）车站站台层两端适当位置各设两套消防器材箱，内设消防水龙带及水枪，车站站外引入管上附近设置1座消防水泵接合器，距离结合器15～40m内设置与水泵结合器供水量相当的室外地上消火栓。

14.1.4　排水系统

（1）在车站最低点及区间线路最低点设置废水泵房，泵房废水池内设有两台或两台以上的潜水泵以排除消防废水；

（2）当出入线洞口的雨水不能按重力排水方式排至洞外地面时，应在洞口内适当位置设排雨水泵站；

（3）露天出入口及敞开风口应设排雨水泵房；

（4）当区间水淹风险较大时，设置应急排水设施。

14.1.5　灭火器的配置

（1）车站公共区及设备区设置灭火器箱，配置和数量按国家现行《建筑灭火器配置设计规范》GB 50140要求计算确定。手提灭火器配置场所按严重危险级计算；

（2）一个灭火器配置点的灭火器不少于2具。每个灭火器箱附件配自救面具两套。

14.1.6　自动灭火系统

（1）自动灭火系统采用IG 541气体灭火系统。

（2）自动灭火系统的保护范围：

①全线各地下车站的综合监控设备室、信号设备室（含电源室）、通信设备室（含电源和PIDS室）UPS整合室、站台门设备室、环控电控室，变电所的0.4kV开关柜室、直流开关柜室、整流变压器、控制室、能量回馈装置室；

②车辆段的通信信号设备用房，地下变电所；

③控制中心内的信号、通信、综合监控及AFC等系统的中央级设备用房。

（3）自动灭火系统由管网子系统和控制子系统组成。自动灭火系统同时具有自动控制、手动控制和应急操作三种控制方式。

14.1.7　给水排水及消防系统控制方式

（1）消防给水泵组采用就地控制、自动控制、控制室手动控制、消火栓箱内设消防水泵启动按钮报警，并在控制室内显示水泵状态；

（2）电动蝶阀由车站控制室BAS系统实行监控，平时手动、电动蝶阀常开，并在控制室内显示电动蝶阀开闭状态；

（3）所有排水泵的控制均具有现场水位自动控制、就地手动控制两种控制方式，车站、区间主废水泵、洞口雨水泵除有以上两种控制方式外，还具有在就近控制室远程强制启动水泵的功能。控制室具有显示排水泵工作状态、故障状态和集水池水位状态等功能。

14.2 回顾与展望

14.2.1 设计创新回顾

十三号线一期工程在污水处理方面首次采用凸轮泵式车站密闭污水提升泵站方案，其运行效果良好，设备性能稳定，便于检修，得到运营部门的好评。并且对区间废水泵房排水方案做出创新性调整，减少了施工难度，缩短排水接驳的实施周期。

初步设计阶段本工程区间共设置13座泵房，其中11组废水泵房、2组雨水泵房，排水分别就近接入市政雨水管道。后因土建方案调整，夏园站～南岗站，南岗站～沙村站，沙村站～白江站中间废水泵房与中间风井合设，减少中间废水泵房，新塘站站后十六号线区间增加一个废水泵房，故泵房水量调整为12座，并且根据室外市政接驳条件调整排水走向就近接入车站或市政管网。

14.2.2 设计体会与展望

在本工程中，影响建筑工程质量的问题众多，因此应总结建筑工程出现各类不利现象的原因，并找到科学、有效的方法去解决。通过全面分析本工程中给水排水及消防系统中存在的不利因素，在设计中及时提出了有效的处理方法：

（1）区间排水接驳改进

初步设计时，区间废水泵房通过设置地面检修井，扬水管通过预埋DN 250的钢管直通到地面，排至市政管网（图14.2-1、图14.2-2）。

施工图阶段，因十三号线区间废水泵房地面检修井征地困难，施工场地狭小，管线迁改困难，时间周期长等原因，为保证土建节点工期，降低施工风险，部分区间土建工程取消检修井，如鱼珠站～裕丰围站区间、裕丰围站～双岗站区、双岗站～南海神庙站区间。为保证十三号线一期节点工期，统一全线区间废水泵房排水管接驳方案，改为排至临近车站或区间风井，便于运营维护及检修。

该方案改为排至邻近车站或区间风井后，可减少室外排水接驳工程，降低了难度及节省了时间，保证施工节点工期，洞内排水管便于运营维护检修。

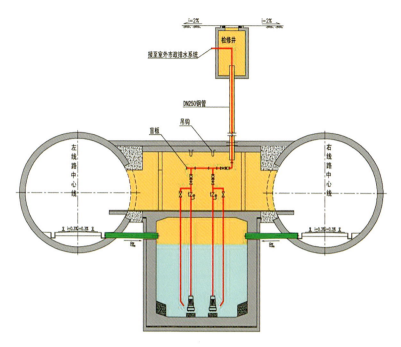

图 14.2-1 地面检修井排水方案

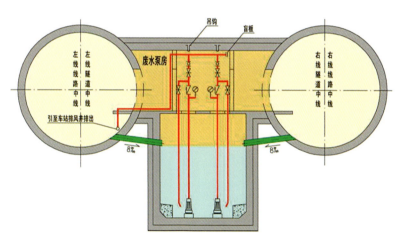

图 14.2-2 邻站排水方案

（2）夏园站、新塘站排水接驳改进

按照原设计阶段得到的管线勘察资料，夏园站、新塘站周边将建设完善的市政管网供十三号线排水接驳，车站污水压力管从排风井出户，接入化粪池，经化粪池处理后与雨废水一同接入市政排水合流管。

在施工配合过程中，经过现场实地勘察，夏园站污水管网在黄埔东路的南侧，若要接入污水管网则需要跨主干道。新增室外的规划截污合流管道预计2018年年底完工，滞后于十三号线一期2017年年底开通的目标。经讨论，为达到工期需要，符合国家及地方环境保护法规的要求，调整设置车站室外埋地一体化污水处理装置（图14.2-3），满足出水水质达到广东省《水污染物排放限值》DB 44/26-2001一级标准，进而排入市政雨水管。

（3）夏园站—南岗站区间排水参数调整

因夏园站—南岗站盾构区间结构渗漏水量超出原设计标准，导致一处区间排水泵房潜污泵高负荷运转，出现漏水情况（图14.2-4）。经现场勘察配合，设计、施工、建设单位、监理、运营讨论后，提议原设计的50 WQ 25-30-5.5排水泵组换装为50 WQ 40-33-7.5排水泵组，以满足区间排水要求。原设计的50 WQ 25-30-5.5排水泵组作为备用泵。

图 14.2-3　室外埋地一体化污水处理装置

图 14.2-4　区间渗漏水情况

本工程于2017年12月28日开通运营，通过本工程的设计配合，主要有以下经验教训和建议：

（1）应高度重视相关专业设计方案，如限界、信号、轨道等，并对本专业设计文件定期做必要的核查工作，核查设计边界是否与出图时一致，若有调整应及时调整设计文件，必要时出具变更图纸。

（2）应在设计交底文件中对容易出现错误的地方重点描述，如管道安装与限界间的关系、管道穿越疏散平台时占据的疏散宽度、管道敷设与电缆支架交叉情况、无缝钢管安装、支架制安、吹扫试压等，并注意提醒施工单位严格按照要图纸施工，安装确有困难需调整时一定会同设计单位协商解决现场遇到的不利情况。

（3）地铁公共区特别是站台层公共区，吊顶空间狭小，管线密集，自动灭火管线应尽量避免穿越公共区；设备区的走廊，又是另一个管线"打架"重灾区，如现场布置实在困难，可考虑穿越其他房间，并做好相应封堵措施。在管线施工前，应就标高等方面充分与电气、给排水、通风空调等专业根据车站综合管线图进行沟通协调，确认各专业管线现场走通无误，避免过多拐弯。

（4）应高度重视相关专业设计方案，特别是通风空调专业防烟防火阀的设置，因为火灾时自动灭火系统现场控制盘需联动关闭防烟防火阀，以避免串烟。在施工配合过程中，防烟防火阀的布置可能有所调整，应根据阀体的最终布置核查阀体接线及控制方案是否准确无误。

（5）当地下区间排水泵站的扬水管不能就近排入地面城市排水系统时（路面检修井设置条件受限），则将扬水管经过区间隧道铺设到邻近车站，排至车站主废水泵房或经车站风道将废水排至地面，接市政排水系统。

（6）区间消防系统的方案，建议一个车站带一个区间，左右区间消防管在下一车站站厅相连，以减少过轨。如有中间风井，可采用一个车站带左右半个区间利用中间风井过轨。优点是区间消火栓的动作联动消防泵的联动逻辑直观，压力可控且容易实施。

（7）设计应总结施工配合过程遇到的各种难点，寻找合理的解决方案，尽量避免后续线路中出现相同的问题。

15 供电系统

15.1 总体设计方案

本工程设置墩美、官湖两座主变电所,分别位于夏园站附近和官湖车辆段内,其中墩美主变电所要考虑五号线东延线的供电条件和容量预留,官湖主变电所要考虑十六号线的供电条件和容量预留。全线正线设置11座牵引变电所,分别位于鱼珠、裕丰围、双岗、南海神庙、夏园、南岗、沙村、白江、新塘、官湖、新沙,另在官湖车辆段设置1座牵引变电所(图15.1-1~图15.1-3)。

中压环网采用"大分区"方案,全线共设置5个环网供电分区(含车辆段独立供电分区)。正线环网电缆截面统一为$3\times1\times300mm^2$,车辆段进线环网电缆截面为$3\times1\times95mm^2$。

供电系统采用110/33kV两级电压制的集中供电方式,牵引供电系统采用直流1500V供电。地下区段全部线路采用架空刚性接触网,车辆段采用架空柔性接触网。

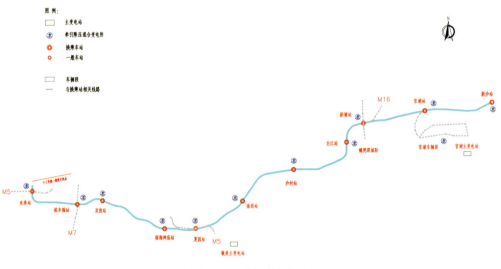

图 15.1-1 牵引所布点图

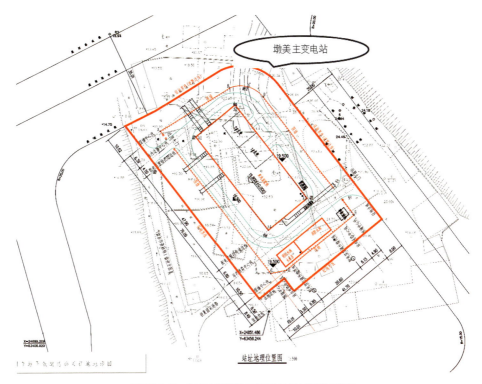

图 15.1-2　110kV 墩美主变电站站址位置示意图

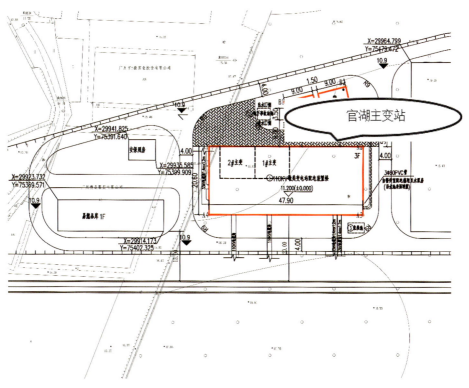

图 15.1-3　110kV 官湖主变站站址位置示意图

15　供电系统

15.1.1 功能定位

本工程新建墩美、官湖2座110kV主变电站向各个33kV牵引或降压变电所供给电源。各个33kV牵引或降压变电所再直接向本工程的列车提供直流牵引用电，给车站动力和照明设备提供动力电源。

墩美主变电站向鱼珠、裕丰围、双岗、南海神庙、夏园、南岗共6个车站的牵引或降压变电所供电，其所包含的负荷绝大部分为一、二类负荷。此外，墩美主变电站还将为地铁五号线东延线供电。

官湖主变电站供电范围从沙村至新沙，有沙村、白江、新沙、官湖、新塘共5个车站和1个官湖车辆段。此外，官湖主变电站还将为地铁十六号线供电。

15.1.2 系统构成

地铁供电系统包括外部电源、主变电站、中压供电网络、牵引供电系统、动力照明供电系统、杂散电流防护系统。其中牵引供电系统又包括牵引变电所与牵引网，动力照明供电系统又包括降压变电所与动力照明配电系统。

外部电源的功能是从地方电网向地铁主变电站引入AC 110kV电源。

主变电站的功能是接受城市电网AC 110kV电源，经主变压器将AC 110kV高压电降压至AC 33kV。

中压供电网络采用AC 33kV电压等级，功能是连接主变电站和地铁变电所，把主变电站转供的电源输送到沿线地铁变电所（图15.1-4）。

牵引供电系统包括牵引变电所和牵引网。牵引变电所将AC 33kV电整流为DC 1500V电，向牵引网供电。牵引网用于向列车直接供电，由接触网和回流网构成。接触网为正极，回流网为负极。本工程接触网采用DC 1500V架空接触网，回流网以钢轨为主要回流通路（图15.1-5～图15.1-8）。

图 15.1-4　中压供电网络 33kV 环网电缆

动力照明供电系统包括降压变电所和动力与照明配电系统。降压变电所将AC 33kV电降压为AC 0.4kV电；动力与照明配电系统的功能是传输降压所电能，向站内、区间或场段内的照明、环控、电梯、站台门等设备供电。

变电所综合自动化系统的功能是实时对变电所开关设备运行情况进行控制、保护、监视及测量和数据采集，实现供电系统运行、调度管理自动化。

图 15.1-5　变电所开关柜室

图 15.1-6　变电所整流变压器

图 15.1-7　接触网隔离开关

图 15.1-8　接触网汇流排

杂散电流腐蚀防护系统的功能是减少因直流牵引供电引起的杂散电流并防止其对外扩散，尽量避免杂散电流对城市轨道交通本身及其附近结构钢筋、金属管线的电腐蚀，并阻止杂散电流向地铁外部扩散，对杂散电流及其腐蚀防护情况进行监测。同时配置杂散电流监测系统，对杂散电流泄漏情况进行监测。接地系统为高低压兼容、强弱电合一的综合接地系统，满足车站、车辆基地及区间各类高低压、强弱电设备的工作接地、安全接地及防雷接地需要。

供电车间为供电系统正常运营、维护及故障抢修提供后勤保障。

15.1.3　线网资源共享

110kV墩美主变电站接入系统方案为2回接入220kV开元站，主变压器最终规模按2台考虑。本工程投运后墩美主变电站最大负荷约28.6MW，待地铁五号线东延线投运后最大负荷约35.5MW，选择变压器容量考虑N-1运行方式，墩美主变电站主变容量本期选用40MVA，远期选用63MVA，可以满足本期地铁负荷需要，也可满足远期地铁负荷发展的需要（图15.1-9）。

110kV官湖主变电站接入系统方案为2回接入220kV瓜岭站，主变最终规模按2台考虑。本工程投运后官湖主变电站的近期负荷35.8MW，待远期地铁十六号线投运

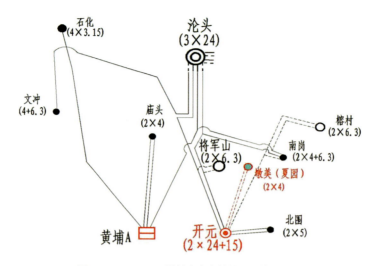

图 15.1-9　110kV 墩美主变电站接入系统示意图

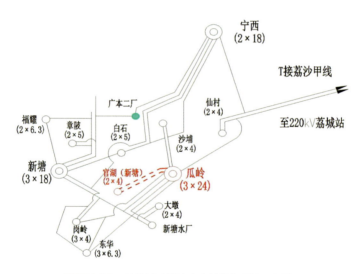

图 15.1-10　110kV 官湖主变电站接入系统示意图

后最大负荷约44.2MW，选择变压器容量考虑N-1运行方式，官湖主变电站本期选用2×40MVA主变容量，远期选用2×63MVA主变容量，可以满足本期地铁负荷需要，也可满足远期地铁负荷发展的需要（图15.1-10）。

15.2　回顾与展望

15.2.1　白江站站台层预留变电所设备开孔调整

本工程供电系统设备尚未招标时，供电系统设备开孔采用包容性设计方案提资，提资要求变电所设备房范围内站台板暂不浇筑，具体设备开孔尺寸待设备招标后提供。

供电系统设备招标完成后，发现白江站变电所设备房范围内站台板已于供电系统设备招标前完成浇筑。故考虑结合招标后具体设备开孔与包容性设计设备开孔的尺寸、定位，配合工点结构专业对变电所设备房内变电所设备开孔尺寸和位置进线调整，尽量减少现场站台板的变化。

后续工程中，建议建筑、结构专业的平面图中明确标注"供电系统设备开孔采用包容性设计方案，变电所设备房范围内站台板暂不浇筑，具体设备开孔尺寸待设备招标后提供"。

15.2.2 鱼珠站变电所电缆夹层优化

本工程鱼珠站变电所电缆夹层范围，建筑专业施工图中无上翻梁，结构专业施工图图中设置了上翻梁。土建施工单位在施工时采用结构专业图纸施工，现场变电所电缆夹层内存在了上翻梁。该上翻梁隔断了变电所电缆夹层与强电井电缆敷设路径，导致环网电缆、上网电缆无法从变电所电缆夹层敷设至相关设备（图15.2-1）。

针对此情况，经过现场踏勘研究制定方案，调整了强电井与检修储藏室之间的隔墙定位，在站台板上重新开孔并封堵既有的强电井开孔，使

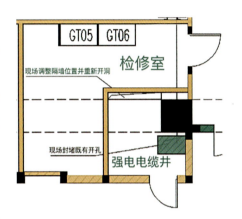

图 15.2-1 鱼珠站调整后检修储藏室与强电井布置图

得变电所电缆夹层与强电井贯通，环网电缆、上网电缆可以从变电所电缆夹层敷设至相关设备。

后续工程中，建议加强专业间沟通、配合，保证专业间图纸的统一性。

15.2.3 施工配合管理的经验

本工程供电系统设备安装于2017年2月18日开工，于2017年11月2日完工并完成单位工程验收，现场施工过程中，凡遇到难点，设计人员均主动与施工、建设单位、监理沟通协商，及时提出解决办法和途径，保证了施工进度。

自2017年12月28日本工程开通运营至今，变电所内部各类设备运行正常，变电所综合自动化系统能够较好地对变电所各类设备进行监测及控制，杂散电流系统能够监测全线杂散电流情况、接触网系统平稳为车辆进行供电，供电系统整体运行平稳。

因此，在施工前的图纸会审、技术交底是施工顺利进行的有力保障，在今后的工程中仍需坚持进行，并且总结以前经验教训，不断完善施工交底内容。其次在施工过程中

对于施工单位和监理提出的疑问应及时进行解答，保证及时响应，及时解决，不能影响施工进度，拖延解决时间，要保证工程进度的顺利推进。

15.2.4 主变电站廊道配合的反思

本工程墩美主变电站位于正线车站夏园站北侧约500m处，墩美主变电站输出4回33kV电缆分别至夏园站变电所和南海神庙站变电所。施工设计时环网电缆采用电缆沟敷设方式，但在建设单位组织施工单位、设计总体及相关系统设计单位对现场进行踏勘时，发现电缆沟路径大致可分为两段，第一段为宽约4m的土路，长度约200m；第二段为宽约8m的水泥路面，长度约300m；且路径周边存在商户。如采用原设计方案中电缆沟的电缆敷设方式，需对此路径进行大面积开挖施工，影响交通，施工难度大。针对此问题，经与各方研究讨论并结合现场条件，对此段环网电缆路径进行了修改，电缆沟的敷设方式从改为排管敷设，保证了本工程"电通"的时间节点要求。

上述电缆敷设方式的变更，反映出前期勘测不到位以及施工单位发现问题反馈不及时的问题。故后续施工设计过程中，需要加强施工周边环境等资料收集，加强对相关单位人员的教育管理，杜绝再次出现现场问题拖延不报或擅自施工的现象。

16 信号系统

16.1 总体设计方案

本工程采用URBALISTM系统（基于无线连续通信的移动闭塞系统（CBTC）），由ATP/ATO子系统、联锁子系统、ATS子系统、DCS子系统和维护监测子系统等构成，并以计轴设备作为列车次级检测设备实现系统的后备功能。车辆段采用的联锁系统是与正线相同的iLOCK型计算机联锁系统。

运营控制中心设置在官湖车辆段内，功能定位为十三号线全线的调度指挥中心，对全线行车实行调度指挥监控，包括：对列车运行的指挥监控、对系统设备运行的监控、设备维修管理等，并在官湖车辆段的控制大厅内设有全套的中央调度终端设备和系统维护终端及工作站等。

16.1.1 正线信号系统工程

本工程正线信号系统采用的URBALISTM系统是基于移动闭塞的CBTC系统，包含以下各主要子系统：

（1）列车自动监控系统（ATS）

列车自动监控系统（ATS）是监控系统的核心，它实时收集分析和管理来自轨旁、车站和车载设备的所有运营信息，分为中央和本地两级，具备集中和本地操作能力。ATS系统提供通用的硬件和软件结构，结构均为模块化设计。ATS提供人机接口，采用图形化的界面，ATS设置一套完整的告警管理系统，为在线分析和事后调查建立相关的历史记录。

（2）列车自动保护/运行系统（ATP/ATO）

ATP/ATO主要设备为：线路控制器（LC）、区域控制器（ZC）、车载控制器（CC）等。

①ZC/LC：三取二结构，全线集中控制，实现轨旁ATP/ATO功能；

②CC：每列车首尾各一套，实现车载ATP/ATO功能。

（3）计算机联锁系统（CI）

CI设备设置于全线7个设备集中站，联锁计算机采用二乘二取二结构，CI系统与轨旁信号设备的接口采用安全型继电器。

（4）维护支持系统（MSS）

MSS子系统设备主要包括：维护服务器和维护终端等。维护服务器位于控制中心，维护终端位于维修中心、信号维修工区和控制中心。

（5）数据通信子系统（DCS）

主要包括：

①骨干传输网：采用工业以太网结构；

②无线传输网：以802.11g标准作为协议，采用自由无线进行无线传输。

16.1.2 车辆段信号系统工程

官湖车辆段采用的联锁系统是与正线相同的iLOCK型计算机联锁系统，该系统是一种"故障—安全"的、以微处理器为基础的计算机联锁信号控制系统。VPI/iLOCK系列联锁产品从1991年开始就广泛应用于中国的铁路干线、地铁、地方铁路等各个领域。

计算机联锁系统符合中国现行计算机联锁技术标准《计算机联锁技术条件》TB/T 3027—2002及铁道部颁布的《继电式电气集中联锁技术条件》TB/T 1774—1986、铁道部标准《铁路信号故障—安全原则》TB/T 2615—1994的要求，并根据地铁运输特点，满足车辆段运营作业的需要。

车辆段联锁系统结构如图16.1-1所示：

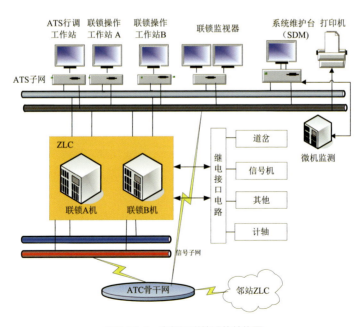

图 16.1-1 车辆段联锁系统结构图

16.1.3 试车线信号系统工程

本工程在官湖车辆段设置试车线，试车线配置相应的信号设备，以实现试车功能（列车静态测试和动态测试）。在试车线旁设置试车设备室和控制室，试车线装设与正线相同但相互独立的ATP、ATO室内设备、轨旁设备以及相应的试验控制盘和工作站。

试车线信号系统设备单独设置，物理上独立，不与正线、培训系统合用设备，具有测试车载/地面信号系统、ATP/ATO车地通信、驾驶模式的转换功能以及车载设备与车辆接口的全部功能。DCS子系统为试车线配置独立的物理传输网络，不与其他系统设备进行数据通信。

试车线系统配置如图16.1-2所示：

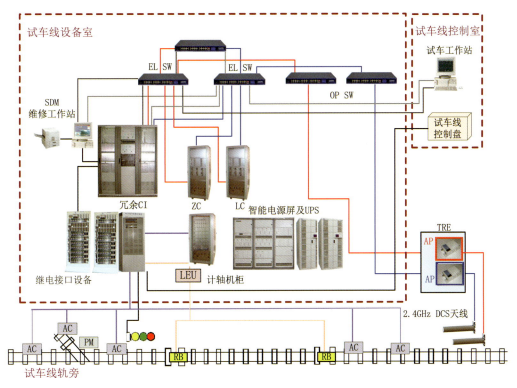

图 16.1-2 试车线系统配置示意图

16.2 回顾与展望

16.2.1 设计体会

工程设计阶段，工程相关方案需要结合运营维护需求来设计，例如ZC、LC机柜初步设计布置于鱼珠、官湖和试车线设备房，但在运营过程中，会出现维护人员增多等问题。设计人员积极听取各方意见,及时优化设计,最终采用ZC、LC机柜集中放置在控制中心的方案。

设计阶段需要结合线路特点进行细化提资,例如广告灯箱与信号电缆路径冲突现象,对于这类情况,在新线建设中应结合不同线路的特点细化提资内容,加强与各专业的相互沟通和配合。

通过处理这些情况,不断总结经验教训,在后续的设计阶段加强与各专业的资料互提;在施工阶段多到现场,争取问题早发现、早解决,确保按图施工,保证工程顺利实施。

16.2.2 设计展望

近年来,随着我国城市地铁工程项目的建设进程逐渐加快,地铁信号技术也随之得到了快速发展。未来我国地铁信号技术的发展趋势将以移动闭塞系统以及控制系统为主要发展趋势。这主要体现在两个方面:

首先,随着技术的不断进步,通信安全得到了很大提高,通信手段也变得多样。当前我国普遍使用站间列车自动运行方式,即在正常的情况下,列车出站时由驾驶员来启动,运行过程则是全自动的。随着技术的不断发展进步,未来将会向全程无人的列车自动运行方式方向发展,即列车上没有驾驶员,采用全自动系统控制来实现发车、行驶、站停、折返等过程。

其次,利用当代计算机技术,结合网络通信技术,促使单一的列车自动监控系统逐渐向集成化方向发展,逐步形成综合城市地铁交通系统。这不是传统意义上的列车自动监控,而是将地铁工程中的无线通信系统、公共广播系统、火灾报警系统等系统协调起来,实现良好的监督与控制功能,并且能够与乘客信息系统等功能集成在一个系统当中,这样不仅可以保证地铁的安全运行,而且能够减少人力消耗,促使地铁信号系统向更加先进、高效的方向发展。

17 通信系统

17.1 总体设计方案

本工程通信系统设计包含全线范围内的专用通信系统、公安通信系统和乘客信息显示系统。

17.1.1 专用通信系统

专用通信系统是指挥列车运行、组织运输生产、提高运营管理效率和服务质量的重要手段。本工程专用通信系统主要由传输系统、公务电话系统、专用电话系统、视频监视系统、无线通信系统、广播系统、时钟系统、集中告警系统等组成。

1. 传输系统（图17.1-1）

（1）系统功能

传输系统是通信系统中最重要的骨干系统，是一个基于光纤的宽带综合业务数字传输网络，为各种业务信息提供传输通道（包括透明通道），构成传送语言、文字、数据

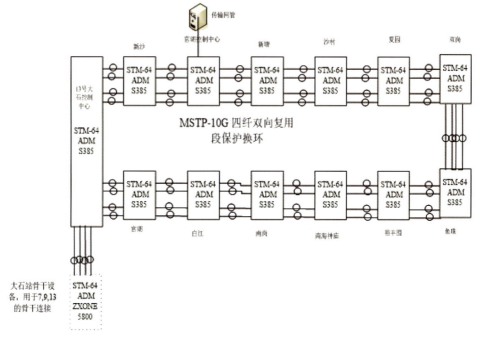

图 17.1-1　十三号线一期专用传输系统组网图

和图像等各种信息的综合业务传输网。

传输系统具备本工程所需的各种业务接入功能，为专用通信系统其他子系统和自动售检票系统（AFC）、信号系统（ATC）等系统提供可靠的、可重构的、灵活的信息传输及交换信道。

（2）系统构成

①技术方案

本工程传输系统承载的业务类型包括以太网业务（视频、公务电话）、TDM业务（无线、专用电话），因此传输系统的技术选择需要能同时满足以太网业务和TDM业务的接入需求。

综合多方案比选，本工程选用MSTP传输技术。MSTP传输技术以SDH技术为核心，能提供FE、GE、E1等多种业务端口用于本工程各类业务接入，在线路侧能够提供主用10 Gb/s+备用10 Gb/s的带宽。

本工程所采用的传输设备具备很强的可靠性，网元上所有的关键单板（电源时钟板、网元控制板、交叉板）均采用1+1热备份设置，2M支路板采用1∶N保护，同时各类业务的主、备用以太网接口分别配置在不同的以太网业务板卡上，在业务单板损坏的情况下仍能保证不影响正常使用。在传输网络保护上，采用复用段保护技术，任何一个网元掉线或任何一段光纤损坏的情况下均能保证不影响传输网络整体的正常功能。

②组网方案

本工程在沿线11座车站、1座车辆段分别设置10 G-MSTP传输节点设备，通过区间光缆采用隔站跨接的方式构成1个四纤双向复用段保护环。在官湖控制中心设置传输系统网管，提供网络配置、网元监测等功能。

2. 公务电话系统（图17.1-2）

（1）系统功能

公务电话系统是为地铁的管理部门、运营部门、维修部门提供公务联络的一种基本工具，在性质上属于专用电话网。在轨道交通专用电话系统出现重大故障时，公务电话系统可以作为专用通信的应急通信手段。

（2）系统构成

①技术方案

根据线网建设规划，由7号线在大石OCC建设线网软交换中心，软交换中心负责汇接新建线路软交换接入设备，并完成话音交换、录音、计费、查询、测量、中继PSTN

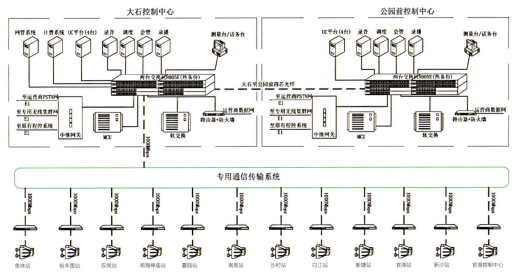

图 17.1-2 十三号线一期公务电话系统组网图

等功能。因此本工程公务电话系统采用软交换方案。

软交换是基于IP包交换的电话交换技术,软交换将话音交换、信令、应用分离,因此其与传统的程控交换(电路交换)相比,具有接入方式灵活、应用功能丰富、接口开放等特点。

②组网方案

本工程11座车站、1组车辆段分别设置软交换接入网关(AG),接入网关通过传输提供的1000M以太网通道接入大石软交换中心(SS)。

3．专用电话系统

(1)系统功能

专用电话系统包括调度电话、站间行车电话、站内直通电话等,其中调度电话分为行车调度电话、电力调度电话、环控(防灾)调度电话和维修调度电话。专用电话是为列车运营、电力供应、日常维修、防灾救护等提供指挥调度的手段,要求迅速、直达、高可靠度,且不允许与运营无关的其他用户接入。

(2)系统构成

①技术方案

本工程专用电话系统采用主分数字调度系统,主分数字调度系统是基于程控交换的调度系统方案,其组网方式较灵活,可星型或环形组网,可靠性较高。分系统设备提供E&M接口,在紧急情况下可实现相邻分系统设备间的语音通话。

②组网方案

本工程在官湖控制中心设置主系统设备，主系统采用双机热备方式设置，在车站设置分系统设备，每3～4个分系统设备通过传输提供的E1通道与主系统构成一个E1环。分系统模拟语音板之间通过区间电缆连接，为站间行车电话提供后备模拟通道。

官湖控制中心设置专用电话网管设备，提供对本工程专用电话系统配置、设备管理、状态监测等功能。

4. 视频监视系统（图17.1-3）

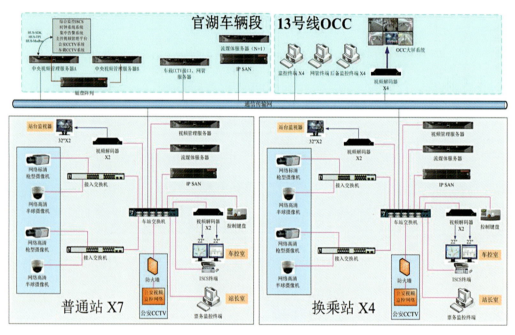

图 17.1-3　十三号线一期视频监视系统组网图

（1）系统功能

视频监视系统是地铁运营、管理现代化的配套系统，具有一般监视功能、操作控制台功能、图像汉字叠加功能、录像功能、视频管理维护功能及票务监视功能。该系统是供运营、管理人员实时监视车站客流、列车出入站、乘客上下车等情况，以加强运行组织管理，提高效率，确保安全正点地运送乘客的重要手段。其发生灾害时，由防灾调度员或车站防灾值班员使用本系统随时监视灾害和乘客疏散情况。

（2）系统构成

①技术方案

本工程视频监视系统采用全数字化高清视频方案，视频图像的采集、传送、存储、显示等全过程满足ITU-T的HDTV标准，分辨率达到1920*1080，视频编码采用H.264格式。视频平台满足GB/T 28181技术标准，满足公安部门对专用视频的调看要求。

②组网方案

车站级视频监视系统主要由视频管理服务器、流媒体服务器、网络摄像机、IP SAN、站台监视器、网络交换机、ISCS监控终端、视频解码器、控制键盘、电源模块等组成。系统组网基于车站视频监视网络，主体设备均以网络接口方式接入闭路电视监视网络交换机，以IP数据包交换的形式实现系统各功能设备间的数据通信和传输。

在车控室设置视频解码器、视频操作键盘，用于将视频图像解码上传至综合监控设置的监视器上。视频监视系统与车站ISCS互通互联，实现车站值班员通过车站ISCS工作站调看视频的功能。

站长室设置票务监控终端，可对车站票务室、闸机、售票机、客服中心等与票务相关的视频图像进行实时调看。

司机停车位设置监视器、解码器，解码器合成并输出站台4路视频图像，供司机观察乘客上下车情况。

前端摄像机主要布置于出入口通道、站厅公共区、楼梯、电扶梯、站台上下行等与运营、管理密切相关的区域，摄像机通过网线接入现场交换机，现场交换机与车站核心交换机组成以太环网以提高网络可靠性。

ISCS在控制中心设置大屏幕系统，视频监视系统配置16路视频解码器将全线任意车站、车载视频图像输出至大屏幕。

控制中心综合监控ISCS系统与CCTV系统联网，ISCS系统通过接口开发与控制中心CCTV系统中心视频管理服务器互联，可实现在ISCS终端上显示监视图像，并可通过ISCS终端进行图像切换。控制中心行调、环调和总调可通过ISCS监视终端实现对全线各车站、运营列车的视频监视和图像操作等功能。各调度员操作台在被授权的情况下，可以使用监视终端进行图像切换操作。

视频监视系统为调度员配置视频后备操作台，后备操作台具备与ISCS工作站相同的功能，且其优先级高于ISCS工作站。

本工程在官湖派出所设置双向物理隔离网闸，公安视频监视平台通过网闸与专用视频平台对接实现视频图像的共享。

5．无线通信系统

（1）系统功能

无线通信系统为城市轨道交通内部固定工作人员与移动工作人员以及机车人员之间提供语音通信和短信息数据通信。系统为运营控制指挥中心的行车调度员、环控（防灾）调度员、维修调度员等对列车司机、运营人员、维护人员和现场工作人员等无线用户分别提供无线通信；为停车场值班员对段内的无线用户提供无线通信；为相应的无线用户之间提供必要的无线通信。同时，系统还具有呼叫、广播、录音、存储、显示、检测和优先权设置等功能。系统以调度通信为主，同时可以实现用户间一对一的单独通信（图17.1-4）。

（2）系统构成

①技术方案

本工程无线通信系统采用TETRA 800M数字集群方案。

②组网方案

本工程在车站、车辆段设置TETRA基站设备，在官湖控制中心设置集群交换中心、二次开发服务器、录音服务器等，基站通过传输提供的E1通道以星型连接方式接入集群交换中心。

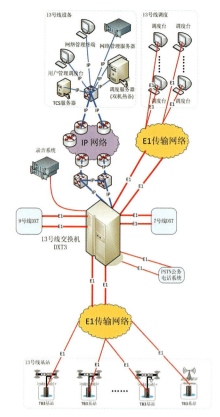

图17.1-4　十三号线一期无线通信系统组网图

车站采用吸顶天线覆盖站厅、出入口、站台，区间采用漏缆（漏泄同轴电缆）覆盖，调度员配置无线调度台，车站设置固定台，沿线作业人员配置无线手持台，构成一个以调度为主的移动通信专用网络。

6．广播系统

（1）系统功能

广播系统主要用于轨道交通运营时对乘客进行语音广播，通告列车运行及安全、向导等服务信息；发生灾害时兼做救灾广播。系统保证了轨道交通运营的服务管理质量，为运营管理及维护人员提供了更灵活、快捷的管理手段。

（2）系统构成

本工程采用数字、模拟结合的广播系统。

①车站广播

车站广播系统由扬声器、噪感器、功率放大器、切换矩阵、音频话筒、后备操作台等组成。

车站广播与ISCS互通互联，实现ISCS工作站对车站广播的控制，广播系统为ISCS工作站配置音频话筒，并在车控室设置广播后备操作台。车站公共区采用吸顶扬声器覆盖，设备区采用壁挂扬声器覆盖，扬声器功率不大于6W，且具备3W、5W抽头以便于合理分配声场。

②控制中心广播

控制中心广播主要由音频话筒、调度员后备操作台等组成。

控制中心广播与ISCS互通互联，实现调度员工作站对全线广播的控制，广播为调度员工作站配置音频话筒，并为调度员配置广播后备操作台。

③车辆段广播

车辆段广播主要由号筒扬声器、功率放大器、切换矩阵、广播控制盒组成。

运用库内设置号筒扬声器，DCC、消防控制室设置广播控制盒，实现对运用库内的广播。

7．时钟系统

（1）系统功能

时钟系统作为轨道交通通信系统的一个组成部分，在轨道交通运营过程中为工作人员、乘客及全线机电系统提供统一的标准时间，使全线各机电系统的定时设备与时钟系统时间同步，从而实现轨道交通全线统一的时间标准，以提高运营效率和质量。

（2）系统构成

本工程在官湖控制中心设置一级母钟，一级母钟可获取GPS、北斗时钟信号，车站设置二级母钟，二级母钟通过传输提供的以太网通道获取一级母钟高精度时钟信号，并输出时钟信号至子钟。子钟设置于站厅公共区、车控室、重要设备室等区域。

8．集中告警系统

集中告警系统是利用办公自动化技术和计算机本身的数据处理能力，对通信系统中的各子系统进行集中管理，将各子系统的设备状态信息在各类管理终端上进行显示，使通信维护人员能及时、准确地了解整个通信系统设备的运行状况和故障信息。能够对子系统的告警进行汇总、显示、确认及报告，从而进行故障定位。

（1）告警采集：实时采集告警信息，告警信息包括：网元告警、性能门限告警、网管系统自身告警。

（2）告警过滤：提供告警过滤功能，对一些关联的告警信息进行过滤，使运维人员能够集中精力对网络中主要的告警信息进行监视和处理，提高工作效率。

（3）告警显示：网管系统提供告警显示功能，系统除了提供告警列表显示外，还提供系统拓扑图显示，即当告警产生时，网络拓扑中的相关站点、设备的图标颜色发生变化，图表的颜色根据告警级别而不同。

（4）告警提示：当产生告警时，可以通过声音告警器发出声音，引起管理员注意，同时也可以将告警信息以邮件或短信的方式，发送给管理员。

（5）告警处理：网管系统提供告警查询与统计、告警确认与清除、告警信息同步、告警存储、备份、告警打印输出等功能。

（6）系统安全管理：系统安全管理包括系统用户管理、用户组管理、用户权限分配、用户行为检测和系统日志管理等功能。

17.1.2 公安通信系统

公安通信系统为公安部门科学决策及合理调动警力提供充分的技术手段。本工程公安通信系统主要由传输系统、视频监视系统、无线通信系统、计算机网络系统、有线电话系统等组成。

（1）传输系统（图17.1-5）

本工程公安传输系统采用10 G-MSTP+技术方案，可支持对TDM、以太网业务的传送，系统可提供SNCP、复用段、MPLS-TP等多种保护方式，具有极高的可靠性。

本工程公安传输系统在2个所属派出所（员村派出所、官湖派出所）及各车站警务站设置光纤数字传输设备，各个节点设备分别使用上、下行区间光缆中的光纤隔站相连构成系统。全线11个车站、2个派出所构成一个线路级的自愈保护环网，并

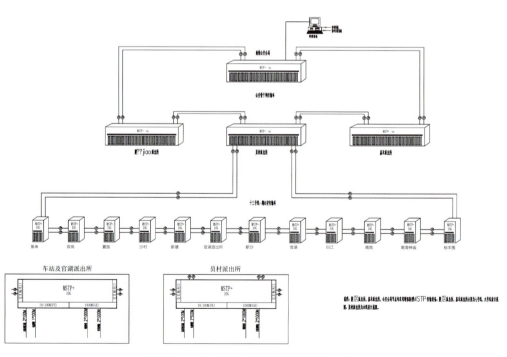

图 17.1-5 十三号线一期公安传输系统组网图

且在员村派出所与上层环网相切,其中与员村派出所组网光纤,利用既有光缆进行调配。

(2)视频监视系统

根据轨道交通公安管理机构的管理模式,公安视频监视系统按照警务站、派出所、分局指挥中心三级监控模式建设(图17.1-6)。

①警务站级视频监视

警务站视频监视系统主要由前端摄像机、现场工业以太网交换机、视频监视终端、网络交换机、视频管理服务器、视频存储设备及各种软件组成。

前端高清摄像机通过内置编码芯片把采集的图像信号编码成数字视频信号采用以太网网络电缆接到车站交换机,前端数字摄像机采集处理,输出1路视频流,视频流通过流媒体服务器,除本站监视外,还可将车站视频监视图像等信息通过传输系统传至派出所和分局指挥中心。

警务站的视频控制终端通过软件操作,与本站视频服务器交互,由视频服务器负责把数字视频信号切换到高清视频解码器,并最终在液晶监视器上显示,以实现画面的自动切换和人工单选。同时视频控制终端还可对具有权限的球形摄像机云台进行PTZ操控,可在授权许可条件下点播本站历史图像。

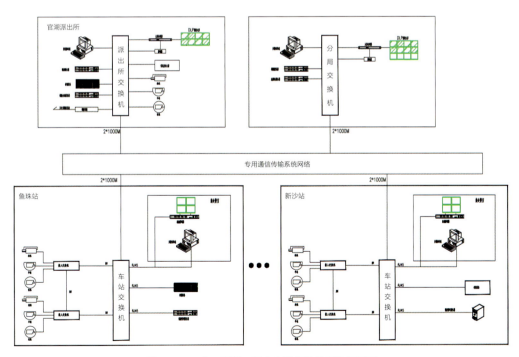

图 17.1-6　十三号线一期公安视频监视系统组网图

②派出所级视频监视

派出所视频监控设备主要由高清摄像机、以太网交换机、多媒体显示终端、视频管理服务器、流媒体转发服务器、视频分析服务器、存储服务器、IP-SAN、解码器、大屏处理器、墙屏（8块46寸16：9，2*4液晶拼接屏）、综合信息发布屏（含操作工作站）等部分组成。

③分局指挥中心视频监视系统

分局指挥中心通过对既有监控大屏操作终端的控制（包含调度大厅以及应急指挥室），可以实现本工程车站视频监控图像在既有的DLP大屏上显示。本功能是通过公安视频监控系统接入既有大屏监控平台系统，并对既有大屏操作系统开放相关接口协议，并严格执行相关标准规范，实现两套系统的互联互通。

（3）无线通信系统

本工程公安无线采用TETRA 800M数字集群方案，车站设置基站设备，通过传输通道接入位于公安分局的数字集群交换中心。在车站、公安无线与专用无线通过合路器合路后共用室分及区间漏泄同轴电缆。

车站警务室配置固定台，值班人员配置无线手持台，构成一个专用无线通信网络（图17.1-7）。

（4）计算机网络系统及有线电话系统

本工程公安计算机网络系统由车站、派出所、公安分局三级组成，车站设置接入层

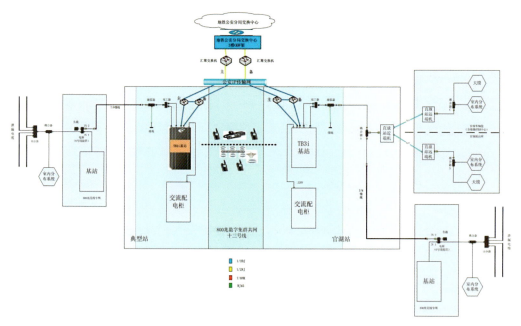

图 17.1-7　十三号线一期公安无线通信系统组网图

交换机，通过传输网络接入派出所汇聚层交换机，派出所汇聚交换机通过公安骨干传输网接入公安分局核心交换机。

车站、派出所配置计算机终端，并接入公安数据库。

计算机网络为公安有线电话提供接入，车站设置IP话机，通过计算机网路系统接入位于分局的程控交换机。

17.1.3 乘客信息显示系统

乘客信息显示系统（PIDS）是综合计算机网络技术和电子媒体技术的综合服务性系统，能发布乘客导乘信息、列车到站信息、票务政策信息、乘车指引、换乘信息、运营安全信息等运营服务信息，同时为乘客提供丰富的资讯与娱乐信息。PIDS系统主要由播控系统、车地无线系统、车载系统组成。

（1）播控系统

PIDS播控系统由三层组成，分别是大石总编播中心、分线控制中心、车站显示系统。

大石总编播中心为既有编播中心，本工程播控系统接入大石总编播中心并接受大石总编播中心的管理、影片下发、回采等。

分线控制中心设置于官湖OCC，分线控制中心设备主要由分线中心数据服务器、接口服务器、视频输入服务器、系统管理工作站（含运营信息、媒体编辑、发布控制、系统管理、播出查看、视频直播、无线管理）、移动宽带传输服务器、分线中心交换机及有关软件、磁盘阵列等设备组成。分线控制中心交换机采用点对点方式与大石总中心交换机连接，实现主控、时钟、电源等主要模块热备份，配置两台分线服务器，通过集群软件实现服务器的双机热备份。各类工作站应满足本工程编辑、发布控制、视频直播、预览、网管的功能，接口服务器配置应满足与综合监控信息接入（包含时钟及列车到站信息）及综合监控系统调看车载监控视频及下传车辆各类故障信息的要求，以实现接口信息的传递。移动宽带传输网管理工作站和服务器对本工程的车地通信，要进行实时的组织、调度、控制及管理。

车站显示系统的主要设备包括：车站视频服务器、车站交换机、LED墙屏高清播放控制器、LED墙屏、LCD高清媒体播放控制器和LCD显示器等，该子系统的所有配置均满足高标清兼容标准要求。在车站面向乘客设置的显示终端分三类：站厅显示终端、上行站台显示终端和下行站台显示终端。LCD屏供电采用单个显示区域（站厅、上行站台、下行站台）集中供电方式（每个区域配置1台电源控制器，设置位置为设备房PIDS机柜内，考虑1台冗余），根据相应区域的功率进行配置，电源控制器控制一个区域的设备电源开关，要求电源控制器主控板、输出模块热备、冗余。站台单边布置12台LCD显示屏，按1-2-2-2-2-

2-1方式分组设置,共24台,显示屏尺寸为42-46英寸,LCD屏加装有可防尘及防溅水的保护罩,以延长LCD屏的使用寿命,同时使得LCD屏的外观美观大方,而且与车站更加协调。

(2)车地无线系统

本工程PIDS车地无线系统采用IEEE 802.11 AC技术方案,沿线设置11 AC无线接入点,通过光缆以星型连接方式接入车站交换机。官湖控制中心设置无线控制器,负责对无线接入点的配置、管理等。

17.2 回顾与展望

本工程的通信系统设计中做出了一些优化和改进,具体体现在如下几个方面:

17.2.1 紧急求助专线改进

(1)改进原因

根据广州地铁集团有限公司运营事业总部《既有线路、新线车站应急求助装置安装会议纪要》(穗铁运总工会〔2016〕275号)及通号新线部《新线车站增加应急求助装置方案讨论会纪要》(通号会〔2016〕153号)的相关要求,为本工程车站增加乘客紧急求助专线,以提高求助服务响应率,做到与乘客及时、有效沟通。

(2)改进方案

车站求助专线系统组网如图17.2-1所示。

①求助终端配置方案

IP可视话机:在车控室、客服中心(票务室)内设置IP可视话机。

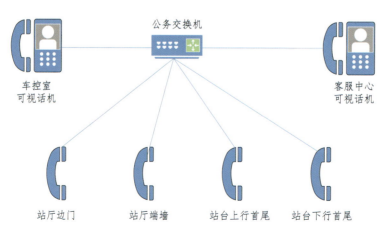

图 17.2-1　车站求助专线系统组网图

求助话机：在站厅端墙、站台上下行端墙分别设置嵌墙式求助话机；在站厅边门内外侧各设置1台立柱式求助话机。

②组网方案

本工程车站配置软交换接入交换机，可供求助终端接入软交换使用。对于接入距离小于100m的IP可视话机，采用双绞线连接至交换机，接入距离大于100m的IP可视话机，采用两端加装光端机的方式通过光缆连接至交换机；求助话机配置光口，通过光纤连接至软交换交换机。

③配电方案

各IP话机、求助话机自公务电话系统取电。

17.2.2 专用无线系统改进

（1）改进原因

根据施工图深化设计，结合已招标光电缆、直放站数量，对本工程区间无线信号链路进行估算，南岗至沙村最低电平值为-94.11dBm，沙村至白江区间最低电平值为-90.61dBm，均不满足最低电平值不小于-90dBm的要求，需对区间无线覆盖方案做如下调整：调整南岗至沙村、沙村至白江区间直放站远端机安装位置，同时根据施工图中漏缆的计算数量，核减招标量中多余漏缆。

根据无线系统与综合监控接口的相关要求，无线系统为综合监控系统提供1路以太网接口供列车上传一、二类信息，由于从官湖车辆段通信设备室至综合监控设备室布线距离大于100m，需增加光端机以满足使用要求。

由于OCC（地铁控制中心）大厅至通信设备室布线距离约280m，超过网线最大传输距离，OCC需设置光端机，为了提升工艺，便于后期维护，在控制中心控制大厅增设机柜（含PDU）一架用于安装终端接入设备。

（2）改进方案

由于部分区间无线链路电平值不满足使用需求，对区间无线直放站设置方案进行调整；对控制中心综合监控、OCC大厅与无线通信系统接口增加光端机以实现以太网业务远距离传送。

17.2.3 区间设备增加检修平台改进

（1）改进原因

根据运营二外联〔2017〕0127号《关于提报四号线南延段、十三号线轨旁通信设备加装检修平台需求的函》，需要对区间轨旁设备增设检修平台，后根据《西铁监穗铁十三号首期弱电监会》〔2017〕025号（通字），取消区间轨旁电话处的检修平台，只对区间直放站、区间AP机箱对应点位处增设检修平台。

（2）改进方案

检修平台采用的材料技术标准及要求如下：

平台所采用防滑镀锌钢板，厚度大于2.5mm，根据《金属覆盖层钢铁制件热浸镀锌层技术要求及试验方法》的相关要求，钢板镀锌层厚度不小于70μm；

平台支架使用角钢（30mm×30mm×3mm）制造，采用手工电弧焊，焊接应牢固，焊后应修磨平整。支架采用酸洗磷化后采用表面镀锌的防护方式，根据《金属覆盖层钢铁制件热浸镀锌层技术要求及试验方法》，镀锌层厚度不小于70μm。支架静态承重不小于250kg；支架高度根据现场情况调整，要求支架安装后要水平，连接牢固；固定件采用不锈钢膨胀型锚栓M10×80，在固定支架时可做调整。

17.2.4 PIDS车载视频监视存储扩容改进

（1）改进原因

根据《中华人民共和国反恐怖主义法》对重点目标采集的视频图像信息保存期限不得少于九十日的规定，结合《运营事业总部2016年国家"四部局"安全督查问题整改工作布置会议纪要》（穗铁运安全〔2016〕23号）、《广州市轨道交通在建新线视频监控项目视频扩容改造技术方案审查会议纪要》穗铁总工〔2017〕164号、《广州市轨道交通新线车载监控视频存储90天改造技术方案审查会议纪要》AFC会〔2017〕30号的相关要求，对十三号线一期PIDS车载视频监视系统存储进行扩容，由原设计的15天存储时间改造为90天存储。

（2）改进方案

本工程PIDS车载视频存储原方案为：列车车头、车尾各设置一台视频服务器，车载视频服务器采用2M码流存储列车所有视频数据，存储时长为15天，车头、车尾实现车载视频存储的冗余配置。同时司机室和客车厢内设置有存储设备，采用2M码流存储各自车厢内的视频数据，存储时长为7天。

本次车载视频由15天变更为90天，本工程采用8A编组，每组列车有41个摄像头，由于数据量较大，从经济合理性出发，考虑通过调整车头、车尾车载视频服务器的存储范围及降低存储码率来实现90天存储的要求。具体方案如下：

①车头、车尾视频服务器使用1M码流分别存储就近4节客车厢的视频数据，存储时长为90天。

②司机室的视频存储设备容量从1T提升为5T，使用1M码率存储2路司机室摄像

机、1路前视摄像机、1-2路受电弓摄像机视频数据，存储时长为90天。

③客车厢内的存储设备采用1M码流存储本车厢的4路摄像机视频数据，存储时长为14天。

此方案的优势在于车头、车尾的视频服务器无需进行改造，通过降码流、改变存储范围即可实现对车载视频数据的90天存储。仅需对司机室内的视频存储设备进行升级，以实现除客车厢内摄像机的其余摄像机视频数据的90天存储要求。

17.2.5 视频监视存储扩容改进

1. 公安视频监视系统

（1）改进原因

根据《中华人民共和国反恐怖主义法》对重点目标采集的视频图像信息保存期限不得少于九十日的规定，结合《运营事业总部2016年国家"四部局"安全督查问题整改工作布置会议纪要》（穗铁运安会〔2016〕23号）、《广州市轨道交通在建新线视频监控项目视频扩容改造技术方案审查会议纪要》（穗铁总工〔2017〕164号）的相关要求，对本工程公安视频监视系统存储进行扩容改造，由原设计的30天存储时间改造为90天存储。

（2）改进方案

根据"穗铁总工〔2017〕164号"会议纪要："会议同意治安视频监控系统高清摄像头按每路视频存储设备不高于6M Mbps码率、标清摄像头按照每路视频存储设备不高于2M Mbps码率进行设计及配置，专用通信视频监控系统参照此要求，在保证视频图像可用的前提下尽可能降低存储视频码率，降低设备数量和成本的要求"，本次变更中标清视频按照2M码流存储，高清视频按照4M码流存储，各车站按照此标准结合摄像机数量相应增加IP SAN存储设备、IP SAN扩展阵列及硬盘。

2. 专用视频监视系统

（1）改进原因

根据《中华人民共和国反恐怖主义法》对重点目标采集的视频图像信息保存期限不得少于九十日的规定，结合《运营事业总部2016年国家"四部局"安全督查问题整改工作布置会议纪要》（穗铁运安会〔2016〕23号）、《广州市轨道交通在建新线视频监控项目视频扩容改造技术方案审查会议纪要》（穗铁总工〔2017〕164号）的相关要求，对本工程专用视频监视系统存储进行扩容改造，由原设计的30天存储时间改造为90天存储。

(2）改进方案

根据"穗铁总工〔2017〕164号"会议纪要："会议同意治安视频监控系统高清摄像头按每路视频存储设备不高于6M Mbps码率、标清摄像头按照每路视频存储设备不高于2M Mbps码率进行设计及配置，专用通信视频监控系统参照此要求，在保证视频图像可用的前提下尽可能降低存储视频码率，降低设备数量和成本的要求。"本次变更标清视频按照2M码流存储，高清视频按照4M码流存储，各车站按照此标准结合摄像机数量相应增加IP SAN存储设备、IP SAN扩展阵列及硬盘。

17.2.6 新增主所对时功能改进

（1）改进原因

根据本工程主变电站专业提资《关于墩美主变电站和官湖主变电站内变电站自动化系统对时的函》及《广州新线主变电所SVG容量计算及与相关专业接口会议纪要》穗铁院总字〔2013〕68号的相关要求，需为墩美主变及官湖主变增加时钟对时信号。

（2）改进方案

根据主变电站专业提资，需要为墩美主变电站、官湖主变电站分别提供2路RS 422时钟信号。墩美主变电站位于夏园站附近，在夏园站通信设备室和墩美主变电站设置RS 422光端机一对，墩美主变通过夏园站时钟设备获取时钟信号；官湖主变位电站于官湖车辆段内，在官湖车辆段综合楼通信设备室和官湖主变设置RS 422光端机一对，官湖主变通过官湖车辆段时钟设备获取时钟信号。

17.2.7 "一键式"报警系统改进

（1）改进原因

根据《地铁车站"一键式"应急响应系统建设研究会会议纪要》《"一键式"报警项目相关问题讨论会议纪要》新线通号会〔2018〕52号会议纪要的相关要求，需为本工程全线车站增加"一键式"报警系统。

（2）改进方案

车站"一键式"报警系统组网示意图如图17.2-2所示。

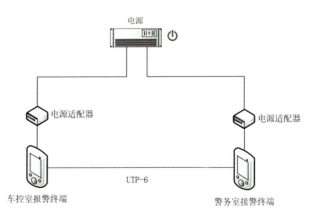

图 17.2-2 车站"一键式"报警系统组网示意图

①安装位置

根据"一键式"报警系统方案需求，需要在车控室观察窗一侧的墙壁上安装报警终端，在警务室民警值班台上安装接警终端。

②供电方案

报警终端与接警终端均自公安通信系统取电。

③通信方案

报警终端与接警终端数据接口均采用RJ 45，两终端设备之间通过网线直连，支持当距离超过100m时，为保证通话质量，使用光纤传输并增加光电转换器。

当换乘站有多个车控室时，不同车控室的报警终端与警务室的接警终端通过公安通信系统交换机进行连接。

④功能实现

车控室人员按下报警终端报警按钮后，警务室接警终端立刻发出声光告警信号，警务人员按下接警按钮后即可实现语音通话。多个报警终端不能同时对接警终端进行呼叫接入，当接警终端已经与某一报警终端建立通话时，新接入的报警终端会进行提示。

17.2.8 官湖车辆段无线覆盖优化

官湖车辆段上盖及盖下立柱对无线信号覆盖影响较大，空间电磁波遇到混凝土结构衰减可到一半以上。

为有效处理信号覆盖弱的情况，组织供货商、施工单位利用信号发生器实地模拟无线场，尤其在官湖车辆段咽喉区，通过实地模拟测试、仿真，实现了对咽喉区无死角覆盖。

17.2.9 鱼珠站强弱电电缆优化

根据区间限界排布，鱼珠站强电电缆支架应安装于站台板下，弱电电缆支架则安装于中隔墙处。在现场情况为强电电缆支架安装于中隔墙处，故造成区间电缆引上至车站时，强弱电电缆垂直交叉。

通过现场调查，供电系统设计、施工单位、监理提出不同解决方案，最终采用在中间隔墙弱电支架增加防护的方式从而有效处理了强弱电电缆冲突的现象。

17.2.10 通信系统发展展望

在轨道交通建设过程中，通信系统的建设既是难点，也是重点。由于受轨道交通工程实际情况的各种影响，目前我国在建设轨道交通通信系统过程中，会根据轨道交通项目的不同而在设计时采取不同的理念。为了使地铁的通信系统及其各个子系统传输的控制信息、网管信息、音频信息和视频信息等都可以与标准的通信接口对接，在建设地铁通信工程的过程中，需要优化通信系统各个设备的接口，加强对通信系统各项设备的管理。同时，为了安全、高效、稳定地运行地铁通信系统，在设计通信系统时，应该注意强化地铁通信工程的适应性建设。此外，还要注意提升地铁通信系统的经济性，通过对通信系统的各个接口进行优化和整合，逐步用标准化的高速接口取代低速接口。

18 综合监控及综合安防系统

18.1 总体设计方案

18.1.1 综合监控系统

综合监控系统（ISCS）是一个高度集成的综合自动化监控系统，其目的是通过集成和互联地铁各弱电系统及主要机电设备，形成统一的监控层硬件平台和软件平台，从而实现对地铁主要弱电设备的集中监控和管理功能，实现对列车运行情况和客流统计数据的关联监视功能，最终实现相关各系统之间的信息共享和协调互动功能。通过综合监控系统的统一用户界面，运营管理人员能够更加方便、更加有效地监控管理整条线路的运作情况。

综合监控系统是地铁各机电自动化系统的核心，应结合集成系统本身及与线网管理要求相一致的特点进行构建。本工程的综合监控系统监控对象主要是行车和行车指挥、防灾和安全、乘客服务等相关内容，主要满足线路中央、车站监控和调度指挥的需求，并为线网综合监控系统预留接口条件。

综合监控系统（图18.1-1）由中央级综合监控系统、站级综合监控系统（图18.1-2）（含车站、车辆段）和其他辅助系统（例如培训管理系统、集中告警系统、软件测试平台和网管系统等）等多个部分组成。通过综合监控系统骨干网（MBN）把车站、车辆段与中央的各级综合监控系统联接到一起，从而形成一个有机的整体。

本系统功能主要实现了通用功能、监控功能、联动功能、后备功能。

通用功能主要包括以下内容：

（1）统一的图形人机界面；

（2）集中统一的用户注册和操作权限管理功能；

（3）具备报警功能和报警机制，可实现报警信息进行分类、筛选、重组等功能；

（4）历史数据记录进行处理、分析、统计和查询功能；

（5）报表管理、生成和打印功能；

（6）在线帮助功能；

（7）时间同步功能；

（8）大屏幕统一显示行车、CCTV、AFC客流、供电系统、环控等信息；

（9）系统接口报文存储功能。

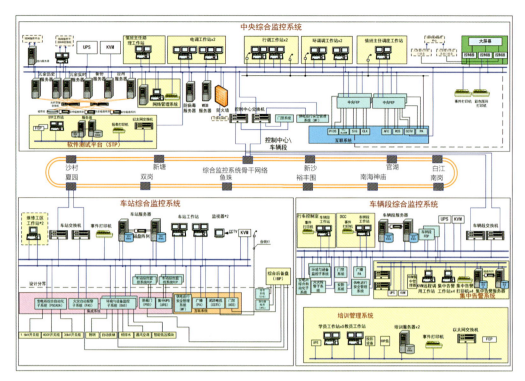

图 18.1-1 综合监控系统组成示意图

图 18.1-2 车站综合监控系统系统图

监控功能主要包括以下内容：

本工程综合监控集成变电所自动化系统（PSCADA）（图18.1-3）、环境与设备监控系统（BAS）（图18.1-4）、火灾自动报警系统（FAS）（图18.1-5）、站台门系统（PSD）、车辆段安防（AF）、集中UPS；互联信号系统（SIG）、自动售检票系统（AFC）、门禁系统（ACS）、广播系统（PA）、闭路电视系统（CCTV）、无线通信系统（RCS）、乘客信息显示系统（PIDS）。通信集中网管系统（TEL/ALARM）、时钟系统（CLK）、供电运行安全管理系统（WF）。

图 18.1-3　综合监控实现 PSCADA 功能界面图

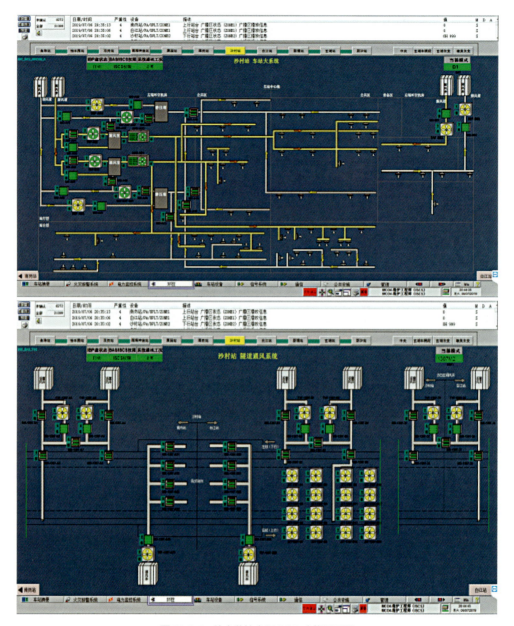

图 18.1-4 综合监控实现 BAS 功能界面图

联动功能主要包括以下内容：

综合监控系统中央级一方面必须实现被集成系统原有的主要功能，另一方面必须按照系统工作模式实现必要的联动功能。主要包括：

（1）正常工况下的功能实现以下内容：

综合监控系统正常情况下的工作模式，即综合监控系统的日常监控管理模式，OCC 监管全线各车站、各有关系统的运作情况。

图 18.1-5　综合监控实现 FAS 功能界面图

（2）紧急情况下的功能实现以下内容：

综合监控系统紧急情况下的工作模式，即发生火灾、阻塞和突发事件等紧急情况下的信息共享、协调互动功能。

（3）故障情况下的功能实现以下内容：

设备故障情况下的工作模式，即当监控设备故障情况下，系统应急处理功能，尽可能保证系统的稳定和运营工作正常进行。

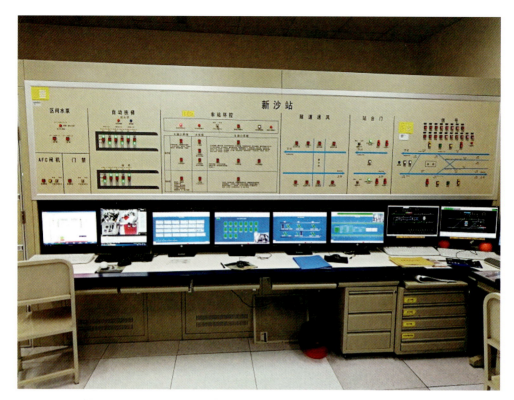

图 18.1-6 综合监控 IBP 盘实现后备功能图

在紧急情况下，车站值班人员可通过设置在车站控制室的紧急后备盘（IBP）实现必要的车站紧急后备控制功能（图18.1-6）。

后备功能主要包括以下内容：

（1）信号系统的紧急停车、扣车和放行控制；

（2）环控通风排烟系统的紧急控制（模式控制）和消防联动控制；

（3）自动售检票系统的闸机解锁控制；

（4）门禁门锁的解锁控制；

（5）站台门系统的开门控制；

（6）防淹门系统的关门控制；

（7）自动扶梯停机控制；

（8）区间水泵紧急控制；

（9）时钟显示功能。

辅助系统功能主要包括以下内容：

（1）网络管理功能

对综合监控系统的所有网络设备进行配置、监视和控制。

（2）培训管理功能

实现对学员培训，模拟仿真的ISCS操作环境，对学员进行各种ISCS的培训操作，包括仿真单点的设置、遥控、组控、模式控制等功能。

（3）软件测试功能

应能对整个综合监控系统的软件的功能进行软件测试和软件修改，满足综合监控系统的接口测试和软件安装测试以及今后软件修改等功能需求。包括仿真单点的设置、遥控、组控、模式控制等功能，应能方便运营维护人员配置软件，添加和修改监控对象。

（4）集中报警功能

应能采集、汇总和处理综合监控系统自身关键设备、所监控的主要设备以及接口通道的运行状态及故障信息，能够察看设备正常/异常状态，统计停机时间、故障时间，同时具备异常报文分析并推送报警信息功能，方便车辆段各相关专业维护管理人员的日常设备维护管理的工作。

18.1.2 环境与设备监控系统

本工程的环境与设备监控系统（BAS）由11个车站、车辆段的监控系统构成。BAS不单独组建全线网络，在车站与综合监控系统集成，由综合监控系统组建全线监控网络。

其中区间风机房内风机设备的监控通过邻近车站的智能低压通信管理器与车站BAS的冗余控制网络连接。区间给排水设备、非消防电源、EPS设备的监控通过RI/O箱与车站的BAS车站控制网络连接。

（1）全线监控系统构成方案（图18.1-7）。

车站主端与从端采用冗余PLC，它们之间通过100Mbps的光纤环网连接。车站BAS系统中的IBP盘控制器、远程IO、区间IO、智能低压系统（环控电控柜系统）等主要设

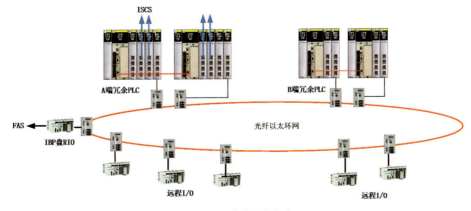

图 18.1-7 监控系统构成

备都通过由光纤交换机组成的自愈光纤以太环网接入并实现互通互联。正常运行时，由靠近车站控制室一端的冗余PLC作为主冗余控制器，负责管理全站的BAS系统设备。各端的冗余PLC通过100Mbps的自愈光纤环网与分布在车站远程控制箱内的RI/O连接，实时采集各监控对象的状态，并根据中央或车站控制员的指令控制车站各种机电设备。

（2）车站监控系统构成方案

①车站BAS网络设备

车站BAS冗余控制器通过4个以太网卡与综合监控系统交换机连接，实现与综合监控系统的数据交换，车站的BAS和综合监控系统、BAS内部的数据流在逻辑和物理上分开考虑。BAS在车控室预留通信接口，可与临时设置的移动维修工作站连接，实现对全站环境与设备的监控。

车站BAS的维修信息在综合监控系统交换机上集成。由综合监控系统在车辆段设置一个全线总维修工作站。

②车站BAS维修工作站

车站BAS在环控电控室内设置维修工作站，连接到车站的BAS冗余控制器。通过维修工作站实现：

对车站被监控设备的运行状态和环境参数进行动态显示、远程操作控制、参数修改、故障报警及生成历史数据报表等功能。

对车站BAS设备进行监视、管理、调试和维护的功能。

维修工作站对车站设备的状态监视及控制指令传输主要通过车站BAS控制网上传或下达。在车站维修工作站上还可以监视该车站BAS向综合监控系统发送数据的情况及本车站BAS系统设备的工作状态。

③IBP综合后备盘

在各车控室设有综合后备盘（IBP），盘面布置由综合监控系统集成，盘内RI/O由BAS提供。IBP盘上设置手动按钮、信号灯等，火灾时，可以通过IBP盘上的救灾后备紧急按钮将救灾指令下达至BAS冗余控制器，由BAS冗余控制器启动相应的救灾模式。

当出现紧急情况时，可以利用IBP盘进行火灾情况下相关系统设备的模式控制。手动按钮发出的控制信号输入IBP盘RI/O，通过车站控制网络将紧急火灾模式指令信号传送到BAS冗余控制器。BAS冗余控制器进行紧急火灾模式指令分解，驱动现场设备按相应的火灾模式指令运行，同时将救灾模式执行情况的反馈信息和救灾设备运行反馈信息通过IBP盘的RI/O传送至IBP盘的指示灯上。

IBP盘还具有车站扶梯急停控制和运行状态显示功能，以及区间水泵的紧急启动控制功能。

④不间断电源（UPS）

各车站均由动力配电专业的UPS提供。

⑤换乘站BAS构成

本工程有四座换乘车站，分别是鱼珠站（与五号线换乘）、裕丰围站（与七号线换乘）、夏园站（与五号线东延线换乘）、新塘站（与十六号线换乘）。根据换乘车站换乘形式，均采用两线分设的型式。

（3）控制中心大楼BAS系统构成方案

本工程控制中心位于官湖车辆段综合楼内，因此其BAS系统与综合楼内BAS系统合并设计。

本工程的综合监控系统由信息管理层、控制设备层构成；信息管理层由控制中心、车站（含车辆段）综合监控系统交换机、服务器、工作站等设备组成；控制设备层由车站控制器、远程I/O、传感器等组成。BAS作为综合监控系统的一个集成子系统，保证相对独立性，即BAS脱离综合监控系统时，仍能独立运行。

18.1.3 火灾自动报警系统

火灾自动报警系统（图18.1-8）采用中央和车站二级管理，中央、车站、就地三级监控方式设置。第一级为中央级，作为火灾自动报警系统（FAS）的控制中心，设置于运行控制中心（OCC）；第二级为车站级，作为FAS的集中控制，设置于各车站的车站控制室和主变电站的消防控制室；第三级为就地级，作为FAS的现场设备，设置于全线各建筑的现场。

FAS构成包括信息管理层、控制层及设备层。信息管理层由中央级及车站级的ISCS组建，含服务器、工作站及全线骨干网等；控制层由FAS组建，含FACP盘及工控机等设备；ISCS信息管理层与FAS控制层通过工业级以太网接口连接。设备层由FAS现场设备组成，含探测器、模块、警铃等；控制层能够相对独立的工作，即控制层脱离综合监控系统的信息管理层时，仍能独立运行。

火灾自动报警系统的功能分中央级和车站级两部分（图18.1-9）。

中央级管理功能：

（1）在中央级，接收并储存全线FAS系统设备的主要运行状态；接收全线各车站、主变电站的火灾报警并显示具体报警部位；

（2）火警时，操作员工作站应自动弹出相应火灾报警区域的平面图，火灾报警具有最高优先级，当同时存在火灾及其他报警时，优先报火警，并自动弹出相应报警区域的平面图；

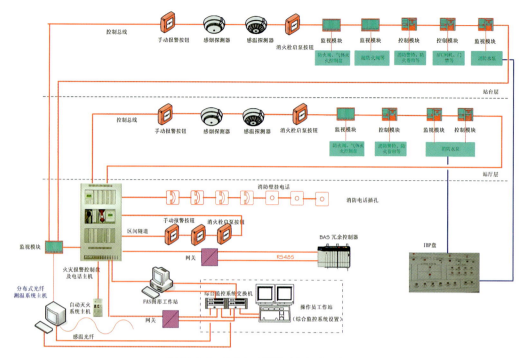

图 18.1-8　火灾自动报警系统组成示意图

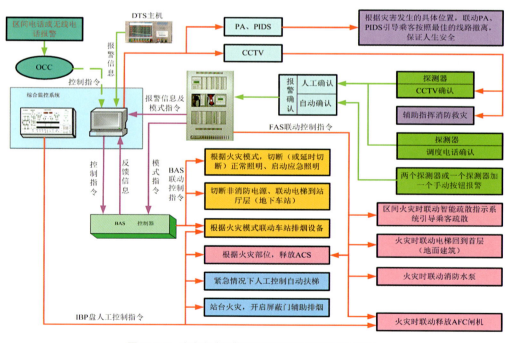

图 18.1-9　火灾自动报警系统消防联动控制方案示意图

（3）火灾报警及故障数据的存储时间不少于12个月；

（4）进行报警信息、状态信息的报表分类查询及打印。

车站级管理功能：

（1）车站级FAS能够相对独立的工作，即脱离FAS全线网络时，仍能独立运行；

（2）车站级FAS监视车站及所辖区间（包括区间隧道风机房和折返线、存车线）专用火灾报警设备的运行状态；

（3）监视车站及所辖区间火灾报警，并显示报警部位；

（4）在车站，通过FACP的RS485接口向BAS发出火灾模式指令，由BAS启动消防联动控制设备；

（5）FAS控制车站防火分隔的防火卷帘下降，并接收其状态反馈信号；

（6）由FAS在主变电站设消防联动控制盘，实现手动硬线控制消防设备；

（7）FAS接收ISCS提供的主时钟信息，使全线FAS时钟与主时钟同步，时钟误差控制在10ms以内；

（8）在各地下车站FAS设1台2000点监控容量的FACP、FAS工控机和各种现场设备。FAS通过工控机为ISCS提供两个以太网接口，通过FACP为BAS提供一个RS485接口，在车站管辖范围的区间内设置区间风机房或者区间变电所的车站，FACP同时提供一个与区域报警盘连接的接口；

（9）火灾时，车站FAS只负责火灾报警，专用消防设备及AFC闸机的联动，其他由BAS和ISCS实现联动。IBP盘由ISCS设置，用于手动操作消防设备；

（10）在换乘车站，FAS按土建划分范围设置。FAS实现换乘站所在两条线的火灾报警信息的互通功能；

（11）在本工程2座主变电站，分别各设置1台容量为500点的FACP和各种现场设备，并由FAS系统设置消防联动控制盘。在主变电站火灾时，FAS自动切断与消防无关的电源，同时反馈其状态信号。

18.1.4 门禁系统

门禁系统（ACS）是实现员工进出管理的自动化系统。通过ACS可实现自动识别员工身份；自动根据系统设定开启门锁；自动采集数据，自动统计、产生报表；并可通过系统设定实现人员权限、区域管理和时间控制等功能。

ACS应以使用方便、功能全面、安全可靠和管理严格为原则。

ACS的具体工作模式：企业的员工每人将持有非接触式员工卡，根据所获得的授权，在有效期限内可开启指定的门锁，进入实施门禁控制的办公场所；ACS实现对员工

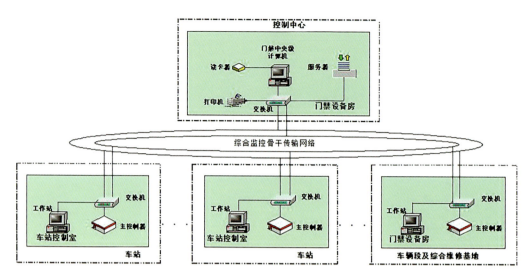

图 18.1-10　中央级系统构成示意图

身份、职能的识别，并进行出入记录，车站级管理工作站和中央级管理工作站记录所有系统事件、处理记录，配置相关的管理软件按管理要求进行记录查询并自动生成各种报表。

（1）中央级系统构成

中央级系统（图18.1-10）能实现对各车站（区域）级系统内的所有门禁设备的监控，应能满足系统运作、授权、设备监控与控制、网络管理、数据库管理、维修管理及系统数据的集中采集、统计、保存、查询等功能。

中央级系统主要由门禁中央服务器、存储设备、中央授权管理工作站、台式读卡器、UPS（由BAS专业设置）、激光打印机、网络设备、便携式PC等组成。

中央级系统设置在控制中心，是一个计算机网络系统。中央级系统能对各区域门禁系统进行管理，实现本工程门禁系统全线设备的控制和所有区域的数据采集、统计功能以及中央级管理、授权等功能。门禁交换机连接中央级门禁设备，并接入综合监控系统中央局域网交换机，接入全线骨干传输网络。

（2）车站级系统构成

车站级系统（图18.1-11）设置在各车站、车辆段，由车站工作站、主控制器、UPS（车站由集中式UPS提供，车辆段由安防专业设置）等组成。

车站级系统应能实现对车站系统管辖范围内的就地级设备的监控，应能满足系统运作、网络管理、维修管理及系统数据的采集、统计、保存、查询等功能。

车站级系统进行本地区域内门禁设备的数据对比、运算处理、采集保存，完成车站级门禁系统控制等功能，以及通过门禁前端设备执行门的正常开启和紧急情况下开启等功能。

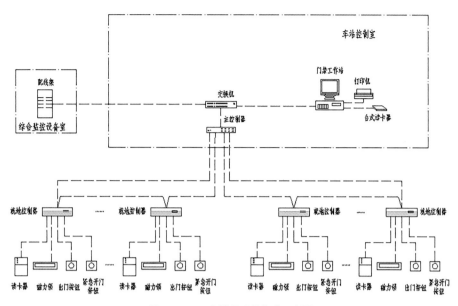

图 18.1-11 车站级系统构成示意图

车站级门禁系统主控制器通过车站交换机,接入全线的骨干传输网络。

车站级门禁系统主控制器通过现场双总线或环网管理前端设备,所有的就地控制器都顺序接入任两条总线或任一条环线,读卡器、磁力锁等所有就地设备都分别接到就地控制器,每个就地控制器可以控制两套门锁(包括两套读卡器、磁力锁、开门按钮、紧急开门按钮等)。

18.1.5 安防系统

车辆段安防系统是用于保证本工程车辆段受保护区域内的设施和财产安全的系统。当有外部人员企图侵入受保护区域,触及安装有报警装置的外围设施和进入划定的禁止进入区域时,报警系统发出报警信号,该系统报警监控平台可对入侵发生地点进行定位,并在报警中心(位于安防值班室)的电子地图上用红色亮点的闪烁显示报警位置,显示报警位置参数,发送联动信息至视频监视系统,迅速将对应的实时图像自动显示在安防值班室的安防电视墙上,同时PTZ智能追踪球机对入侵人员实现自动追踪,引导值班人员及时有效对入侵行为做出反应,并将所发生事件的全过程以视频记录方式进行记录,为处理事故提供现场真实可靠的依据,便于公安机关等事后取证。同时可通过安防广播系统对该广播区域进行人工广播或播放预置录音,以达到阻止入侵行为发生的目的。

(1)周界报警系统

本工程周界报警系统采用振动电缆方案进行建设。振动电缆前端部分主要由振动电缆传感器和前端数字信号处理器组成。振动电缆传感器用于检测铁丝网的振动,数字信号处理器用于对传感器检测的振动信号进行分析处理，剔除环境振动，识别真正的入侵振动，并将此报警信号传至设备室，由报警管理计算机处理，并在计算机上精确显示报警位置。

（2）视频监视系统

视频监视系统采用全高清数字系统方案，前端摄像机主要包括室外枪机、带宽动态功能的室外枪机、带智能分析功能的室外枪机、室外球机、室内球机、带智能追踪功能的室外球机等若干种摄像机。

室外摄像机采用立杆安装，立杆横臂离地面4.5m，立杆顶部设置避雷针；室内摄像机采用吊装或侧墙挂装的方式，施工单位应根据实际情况采用相应的安装方式；室外各立杆及室内摄像机支架上设置防水控制箱，用于放置电源适配器、光纤收发器、防雷器、光纤熔接盒等设备。

视频监视系统后端设备与前端摄像机之间采用光缆连接，本工程除带智能追踪功能的室外球机外，其他种类摄像机均自带SFP光接口（含光模块）；后端设备通过48芯室外光缆连接至室外光缆交接箱，再采用4芯室外光缆通过室外光缆交接箱星型连接至各前端摄像机；运用库内等处摄像机直接通过4芯室内光缆连接至后端设备。

前端摄像机采用星型方式进行供电，室外配电箱通过供电电缆从视频监视系统机柜将电源引至室外现场，再通过星型连接的方式给各摄像机进行供电；为方便检修，视频监视系统为每路摄像机均配置一路断路器及防雷设备。

视频监视系统录像存储时间不小于90天。

（3）广播系统

本工程广播系统采用数字功放+模拟前端扬声器方案，根据车辆段周界情况分为4个广播分区。

广播系统后端设备与周界报警系统共用机柜安装；前端扬声器采用室外防水型号角，与摄像机共用立杆进行安装，扬声器安装高度距离地面4m左右。

（4）不间断电源系统

UPS电源设置于运转楼DCC综合设备室，容量为35kVA，后备时间为1小时。UPS除为安防系统设备供电外，同时还为运转楼部分的BAS、FAS、ACS等系统供电。

18.2 设备国产化

18.2.1 综合监控系统国产化

综合监控系统可采用国内系统集成、国外系统国内集成和国外系统集成等几种方式。

对于国内系统集成方式，由于本工程实施时国内硬件问题，成本虽低但系统的可靠性将会降低；对于国外系统国内集成方式，由于采用国外硬件设备，系统的整体集成由国内的系统集成商完成，这样既可省投资，又可以保证主控制系统关键设备的可靠性和先进性，同时又能保证实现综合监控系统的国产化，降低系统的总体造价；对于国外系统集成方式，即采用国外硬件设备，又由国外的系统集成商进行系统集成，虽可保证综合监控系统关键设备的可靠性和先进性，但是成本将大幅度地提高。因此，本工程采用国外系统国内集成方式，随着国内硬件技术发展，后续可采用国内系统集成方式。

综合监控系统主要由计算机、网络设备以及相关软件等组成。其中计算机和网络设备可国内采购，软件平台可由国内系统集成商引进国外先进技术，进行消化、集成，以内贸合同的形式进行系统采购，其国产化率可以达到60％。

18.2.2　环境与设备监控系统国产化

对于环境与设备监控系统设备，目前已有很多国外的产品进入国内市场，据了解，其经营方式有以下几种：

（1）由国内系统集成商从国外供货采购，国内集成供货，按人民币计价收费。外商在中国投资建厂生产（独资），按人民币计价。

（2）合资经营国外产品设备，外币或人民币计价收费均可。

目前，环境与设备监控系统由国内全部配套进行建设的很少。现有国内地铁监控系统工程采用设备基本是元器件采用合资或引进，部分现场设备国内生产，系统整体集成和实现由国内公司完成。

在全国地铁既有的工程实例中，硬件和软件设备采用国产与引进相结合的配套方式，在目前已经成为主流方式，即监控系统的主要控制设备和网络系统的关键设备采用进口设备，其余的现场设备（如现场传感器和配套设备等）和网络系统的辅助设备可以采用国产化的设备，系统的整体集成可以由国内的系统集成商完成。这样既可节省投资，保证监控系统关键设备的可靠性和先进性，同时又能降低系统的总体造价。国产化率可以达到65％。

18.2.3　火灾自动报警系统国产化

我国对火灾自动报警系统（FAS）设备的研发同发达国家相比起步较晚，研发的起点相对较低。但通过近20年的研发、技术引进和直接利用国外技术合资在国内办厂，目前国内火灾自动报警系统生产技术已走向成熟。

国内生产火灾自动报警设备的厂家很多，产品性能较好的有国营二六二厂、秦皇岛海湾安全技术股份有限公司、南京消防集团有限公司等厂家的设备。另外，国外一些大型企业已在国内建立工厂，利用公司雄厚的技术资源和先进的管理模式，在国内生产或组装火灾自动报警系统设备。由于国产设备的许多主要元器件采用了进口或合资产品，许多国产设备都具有良好的性能和很好的性价比。市场调查表明这些厂家的设备在国内的大型工程建设项目中均有成功的应用经验。

鉴于许多国产设备具有良好的性能和很好的性价比，特别是合资厂生产或直接利用其母公司提供元器件组装的设备。FAS设备可全部采用国产厂家或合资厂产品，确保FAS系统设备的国产化率不低于80%。

需要注意的是，在火灾自动报警系统设计中必须采用技术先进和信誉可靠的火灾自动报警系统设备，设备必须通过中国沈阳消防产品检测中心的产品检测，并且满足消防部门的相关规定，火灾报警主机、各类探测器等应该通过国家3C认证，并且获批准可在中国境内使用。

18.2.4　门禁系统国产化

门禁系统在智能化建筑中已有多年很成熟的应用，国内有很多家公司可提供门禁系统产品和系统集成。这些公司的产品在国内地铁行业也已经广泛使用，因此可采用国产门禁子系统软硬件产品。目前，门禁系统国内设备集成商很多，设备集成商的技术能力完全能够在国内生产系统设备，并满足整个门禁系统的可靠性、可维护性以及可扩展性的要求。因此，门禁系统能够实现国产化率90%。

18.3　回顾与展望

18.3.1　车控室整体布置优化

由于车站控制室内有多个专业进行施工安装，如个别专业没有按规定位置安装设备，将可能导致其他专业设备无法安装。（图18.3-1）因此，综合监控专业在施工图阶段先将车控室布置图下发给所有相关工点，并建议各专业安装前，明确要求各专业施工单位按综合监控下发布置图的位置进行设备安装，不要随意改变安装位置，如有问题尽早协商。同时IBP盘的安装位置与观察窗的位置是相互匹配的，在装修单位施工过程中应严格按照综合监控系统下发的车控室工艺布置图进行开窗定位，以避免IBP盘和临窗操作台的安装与观察窗冲突，影响功能使用和美观。

图 18.3-1　车控室整体布置局部图

18.3.2　设备支架与静电地板的配合改进

车站控制室、综合监控设备室的地板完成面将根据装修制定的完成面标高有所调整，个别车站出现了供货商按照装修设计净空进行支架制作，但现场制作完成面与设计净空存在误差，导致出现支架与静电地板无法匹配的情况（图18.3-2）。因此在施工配合过程中要求支架制作单位密切与装修专业的施工单位配合，明确每个房间的架空地板实际完成面高度后才制作和安装底座。

图 18.3-2　设备支架与静电地板配合现场图

18.3.3 车辆段的主变电站FAS组网调整

官湖车辆段内DCC消防控制室内设置一套FAS主机（品牌西门子），主变电站内消防控制室设置一套FAS主机（品牌诺蒂菲尔）；网络控制层车辆段及主变电站均通过光纤与综合监控通过设置接口，由综合监控进行网络通信。

施工配合阶段，主变电站取消消防控制室改为消防设备室，由DCC消防控制室进行监控。针对此情况，车辆段内FAS方案做如下调整：

（1）在DCC消防控制室新增一台FAS主机，通过光纤连接至主变电站的FAS主机，可以实现在DCC消防控制室对主变电所进行远程监视与控制。

由于主变电站至DCC消防控制室的线缆敷设路径约2km，DCC消防控制室的FAS主机至变电所之间使用光纤进行连接，新增光电转换器。

（2）从主变电站联动盘至DCC消防控制室联动盘新增敷设1根控制线WDZB-KYYP 28×1.5，传输消防水泵、雨淋阀的手动控制信号。实现DCC消防控制室对消防水泵的手动控制。

由于主变电站至DCC消防控制室的线缆敷设路径约2km，DCC消防控制室的FAS联动盘至主变电站联动盘之间使用控制线，在控制线中间需要增加继电器保持信号稳定性。

18.3.4 新塘站与凯达尔合建区域FAS接口处理

由于本工程先于凯达尔工程建设，在施工配合阶段中，FAS专业在完成施工图后收到新塘站与凯达尔合建区域建筑和给排水专业的提资，因此FAS专业需对该区域补充相应的消防设备进行保护，具体方案主要体现在：

（1）新增的区域按规范相应补充感烟探测器进行保护；

（2）在新增区域增设相应的消火栓，FAS专业相应增设手动报警按钮、电话插孔、声光报警器及其控制模块；

（3）优化接口区域的管线敷设。

FAS设计积极配合建筑设计进行变更，针对变更的部分，补充相关的甲供设备及相关图纸施工说明文件给施工单位，并积极进行现场配合处理。

18.3.5 综合监控系统设计体会

综合监控为中央调度人员配置工作站。在本工程实施前，各线路调度岗位为行调、电调、环调、值班主任助理、值班主任。本工程实施过程中，运营对调度岗位及智能划分进行了调整，增加了综合调度，十三号线一期综合监控系统调度工作站按新的调度岗位设置进行调整。另外，各工作站除电调工作站采用一机三屏外，其他的调度工作站均为一机双屏。本工程设计联络阶段，运营提出环调也需调整为一机三屏的需求。主要是因为FAS需用单独一块屏幕进行火灾时跳图的展示，CCTV对现场设备的监视用一块屏幕展示外，需要增加单独的一块屏幕进行设备监控操作。后续线路设计过程中，需主动联系运营有关部门，详细了解调度岗位的设置、调度功能的实现内容，在设计初期明确调度工作站与调度岗位、调度工作内容匹配，避免后期变更。

综合监控系统接口专业多，接入系统变化时，通常会导致综合监控系统的连带变更。本工程鱼珠站支援供电是在综合监控系统招标完成后，线路的供电方式存在调整，在鱼珠站新增两面36kVGIS开关柜对本工程供电，新增的两面柜导致五号线综合监控以及本工程的综合监控范围均发生调整。由于设计边界条件变化导致的变更在设计初期较难规避解决。建议在后续线路设计中，采用对已运营线路改造量小的方案，减少变更数量及金额。

18.3.6 综合监控系统设计展望

城市轨道交通是城市公用设施中耗能较大的一个体系，同时也是节能较大的一个体系。地铁开通后一般运行都在几十至百年之间，因此，一个相当细小的节能措施都相当重要。综合监控系统集成和互联了诸多机电系统，在节能方面可发挥重要作用。建议综合监控系统在以下几个方面参与节能控制：

（1）对相关机电设备耗能进行统计分析。

（2）可根据运营阶段的不同，进行运行模式切换，根据统计结果，通过运营实践选择适合的模式，实现节能。

（3）利用综合监控系统与信号、自动售检票系统、站台门等系统的通信通道，收集列车到离站、客流、站台门开关状态等信息，根据运营特点制定时间表，并通过BAS控制相关设备按需求运转，实现节能控制。

19 计算机综合信息系统

19.1 总体设计方案

19.1.1 系统构成

计算机综合信息系统遵循"总体规划、分步实施"的原则，在信息化建设统一规划指导下，各项应用业务的核心信息化平台坚持统一平台的建设原则，中央核心设备和应用软件以业务需求功能为单位，采用模块化设计，分批分期分线逐步组织实施。

计算机综合信息系统包括应用架构与技术架构。计算机综合信息系统在万胜广场A塔和公园前控制中心内设置了线网级数据中心，应用架构与技术架构相关设备均集中放置在线网级数据中心内，实现集中管理。

19.1.2 应用架构

应用架构构成如图19.1-1所示。

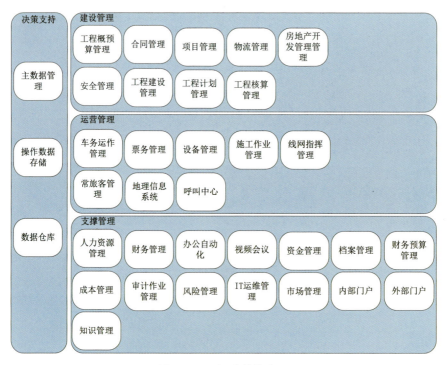

图 19.1-1　应用架构构成图

19.1.3 技术架构

1. 网络构成

（1）车站网络：车站设置交换机，车站各信息点接入交换机。各车站的交换机通过通信提供的以太网通道与车辆基地、控制中心的网络系统连接（图19.1-2）。

（2）车辆基地网络：车辆基地内设置核心交换机，车辆基地内每栋楼设置一台汇聚层交换机，各层楼设置接入层交换机。接入层交换机通过大楼内的网络资源连接至该栋楼的汇聚层交换机，汇聚层交换机通过车辆基地内的光缆连接到车辆基地内的核心交换机，通过核心交换机接入计算机综合信息系统骨干网络（图19.1-3）。

（3）控制中心网络：控制中心汇聚层交换机通过独立的光纤通道与计算机综合信息系统骨干网的骨干节点连接。

（4）计算机综合信息系统骨干网：本工程控制中心骨干节点接入计算机综合信息系统骨干网。

2. 技术架构

技术架构主要包括：基础服务平台、网络架构、基础设施三个主要部分。

（1）基础服务平台主要包括：

①集成架构平台：企业服务总线、企业门户平台、企业数据交换平台三大集成平台的设计；

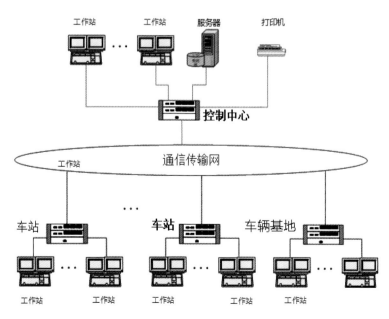

图 19.1-2 车站网络示意图

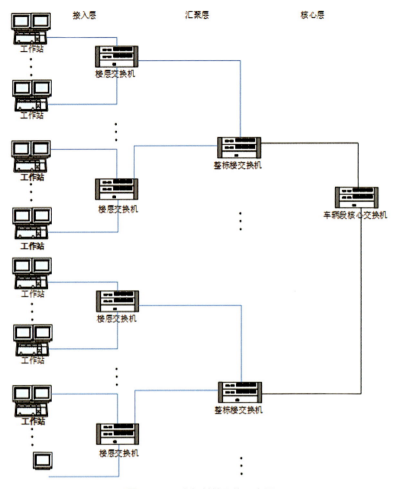

图 19.1-3　车辆基地网络示意图

②企业基础设施服务平台：统一用户管理、CA认证中心、报表平台、工作流平台、GIS平台等的设计；

（2）网络架构主要包括：

①数据中心：数据中心是指为信息系统服务器群、网络管理群及边缘接入提供直接网络连接的网络系统，是信息网络系统最重要组成部分，其中包括服务器区域、监控、备份存储区域、外联区域、互联网连接区域。

②骨干网络：骨干网络是指连接各线信息网络用户集中交汇中心（段场、控制中心、公司总部等）、系统生产中心及系统容灾中心的主干网络节点连接而成的主干网络，是实现各中心网络互通的核心网络。

③线路网络：线路网络是指为各线车站、车辆基地、控制中心用户提供信息系统服务的网络基础设备。

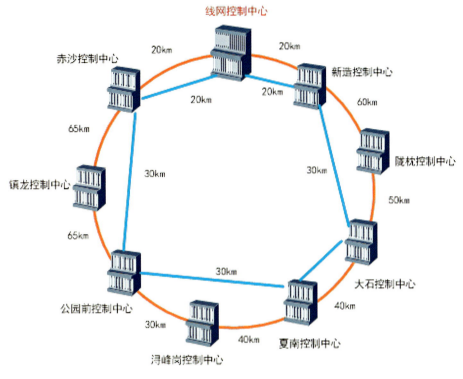

图 19.1-4　公司网示意图

④公司网络：公司网络是指总公司各总部以及各子公司局域网络，以及与之连接的网络连接设备（图19.1-4）。

19.2　回顾与展望

19.2.1　设计创新回顾

无线网络技术运用现已非常成熟，但在十二五规划线路之前的建设线路计算机综合信息系统中还未运用。本工程计算机综合信息系统在车站部分设备区引入无线网络。计算机综合信息系统无线网络在设置上，主要是接入无线AP设备。在无线AP覆盖的有效区域内，计算机、移动终端、手机等设备可进行网络连接，方便运营人员更加便捷高效地使用计算机综合信息系统中的各类资源。

19.2.2　设计体会与展望

计算机综合信息系统目前采用大量的有线网络口，建筑房间变化后，网络口位置也需同步调整，而无线技术的应用可以解决网络端口固定而导致办公灵活性差的情况。无线网络带宽可达千兆网速，稳定性也满足办公网络需求；使用无线网络可以不拘泥在某一台电脑上办公，而是使用移动终端、手机、便携式计算机等设备在无线网络覆盖的区域内办公。

根据计算机综合信息系统软件规划，从传统的办公自动化、人力资源、财务等相关运用逐步扩展到乘客服务系统、运营维修系统等更深层次的运用。以运营维修为例，可以在移动终端、手机等设备上加载AR等运用，维修设备时通过无线网络以及AR应用程序，随时接收设备信息及维修指导，较大程度辅助了维修工作，提高了维修工作的效率及准确性。

20 站台门系统

20.1 总体设计方案

站台门系统主要由门驱动系统、门体结构、配电系统和控制系统构成。

首先，站台门设置在站台边，将站台公共区与列车行驶隧道隔离开，避免了列车运行活塞风进入站台，减少了站台区域气流热交换，使车站空调负荷有效降低40%以上。

其次，站台门将站台公共区与行车隧道隔开，车站需空调范围与开/闭式系统比较要小得多，且气流相对稳定，空调负荷降低的同时，车站空调设计标准可比开/闭式空调系统提高，站厅和站台空调设计温度可低1～2℃；减少了列车行驶噪声和活塞风对站台候车乘客的影响。同时改善站台环境条件，使地铁服务水平更高，乘客感觉更舒适，更好地吸引客流。

站台设有站台门可防止乘客拥挤或意外掉下轨道，防止乘客因物品掉下轨道而欲跳下轨道拾物产生危险，同时也防止乘客蓄意跳轨自杀，保证了乘客候车安全。同时避免了一些安全事故的发生，列车不会因人为因素而延误，从而提高整个地铁系统的运营安全可靠性。

20.2 回顾与展望

20.2.1 设计创新回顾

本工程站台门系统是一套技术先进、功能完善、可靠性高、运行稳定的机电一体化设备系统，全线采用全高封闭式站台门，有效阻隔轨行区与站台之间的热交换，大幅降低了通风空调系统能耗。

在站台门系统土建施工中所面临的主要难点在于优化底部孔洞的预留、预埋设计以及处理端门位置绝缘：

（1）孔洞的预留、预埋设计

本工程站台门采用侧装方案，底部预留孔洞并采用穿透螺栓固定安装，具体如图20.2-1～图20.2-3所示：

预留、预埋的设计有效解决了预留、预埋不准确所造成后期机电安装整改的问题。

如本工程南海神庙站站台门进场施工之前就进行了大量整改工作，整改方案主要是在对应位置钻孔或者站台门做非标的构造件。预留、预埋的好处就是减少对土建结构的破坏，保证土建的耐久性、永久性。

（2）端门内外墙面绝缘的处理

本工程个别车站端门构造柱距离站台边净空宽度不足2.5m，导致标准端门（宽2.5m）无法安装或与土建结构绝缘距离不够，无法进行绝缘处理。站台门端门安装时，土建施工单位根据站台门需求对端门构造柱进行了部分凿除或重新施工，保证构造柱与站台边净空距离不小于2.7m，在站台门端门安装完成后，由装修专业砌墙封堵。

按照站台门行业规范要求，站台门端门内外至少0.9m范围墙面应做绝缘处理。站台门施工前需与设备区装修及车站建筑专业沟通，核实设备区墙面绝缘处理，避免在此范围内设置消火栓、设备房房门等设施的相关接口。

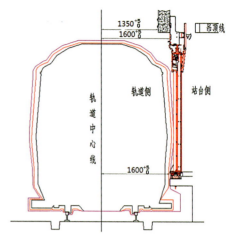

图20.2-1 站台门安装示意图

20.2.2 设计体会与展望

在本工程施工过程中总结了以下对后续地铁施工具有参考价值的经验：

（1）顶梁预埋件及站台预留孔优化

本工程站台门专业进场施工后，对各个车站顶梁预埋件均进行了一定的整改工作。除了定位不准，其余大部分是预埋件孔洞受到混凝土封堵的情况。因此建议在设计图纸上明确要求每个预埋件（或者预留孔洞）均以有效站台中心线为基准逐一放线定位，减少累计误差的产生。另外，建议在施工阶段加强土建施工管理，保证定位准确，经过设计、监理确认后方

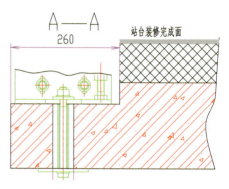

图20.2-2 底部安装示意图

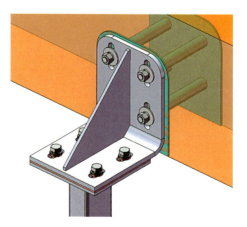

图20.2-3 顶部安装示意图

可施工，同时预埋件预埋过程中对预埋件孔洞做好保护，防止预埋件受水泥砂浆污染。

目前全国已有不少线路取消了站台顶梁预埋件及站台边的预留孔洞，由站台门专业根据需要现场打孔安装，从根本上解决了预埋不准的问题。

（2）站台层管线过低影响站台门安装处理

本工程站台门前上盖板安装过程中，部分车站管线或装修骨架过低，导致门体安装空间不足或与门体50mm的安全距离不够。特别是端门上部管线较集中，较易破坏门体绝缘。因此建议在站台层管线施工交底过程中邀请站台门专业人员参加，对重点位置及环节进行详细说明及要求，避免类似的情况发生。同时，站台门端门可采用侧面安装的方式，进一步节省安装空间，避免与管线冲突。

21 升降设备

21.1 总体设计方案

本工程共设11座车站，全部为地下线路。全线车站共设自动扶梯134台，垂直电梯23台。

升降设备主要有自动扶梯以及电梯两种设备。自动扶梯主要由梯级和梯级轮、梯级链和梯级链轮、梯路导轨系统、驱动装置、张紧装置、扶手装置、金属结构、电气设备、安全装置等构成。电梯主要由曳引系统、导向系统、门系统、重量平衡系统、电气控制系统以及安全保护系统构成。

21.1.1 功能定位

自动扶梯设置在车站内和出入口，将地面上需要乘坐地铁列车的乘客自动送入地铁站台或将地铁列车下车的乘客自动送到地面，自动扶梯的设置改善了乘客出入地铁时的舒适度，充分体现了以人为本的精神。1m宽自动扶梯（当运输速度为0.65m/s时）的交通规划计算输送能力为7300人/h，在客流疏散上自动扶梯更高效，能够在同样时间内具有更高的乘客运输量。自动扶梯提高了乘客集散效率，是地铁车站内垂直方向的快速交通系统。

地铁车站电梯为残疾人出入地铁提供了一条无障碍通道，为残疾人及其他行动不便的乘客服务外，也兼作货梯运送设备维修时更换的零部件等。为保证乘客乘梯安全，推荐携带大行李的乘客乘坐电梯，既降低了携带大行李乘坐自动扶梯的风险，也提高了车站的疏散能力。

21.1.2 系统选型

（1）自动扶梯的选型

自动扶梯主要分为普通扶梯、普通公交型扶梯及重载荷公共交通型扶梯，这三种扶梯主要是根据扶梯的工作条件（包括环境条件、负载条件、运行条件和工作寿命条件）划分。根据地铁的工作条件，本工程的自动扶梯采用重载荷公共交通型扶梯。自动扶梯桁架最大挠度不超过支承距离的1/1500；表面热镀锌，锌层厚度不小于100μm，采用全变频的自动扶梯。

（2）电梯的选型

由于地铁车站的特点，车站电梯井道上端无法设置机房，因此电梯井道上方要求有机房的电梯类型无法满足地铁车站要求，能适用于地铁的电梯只有液压电梯和无机房电梯。通过比选，本工程采用载重为1350kg的无机房电梯，站内采用钢结构玻璃井道非贯通门电梯，出入口采用混凝土井道贯通门电梯。

21.2 回顾与展望

21.2.1 设计体会

本工程中对出地面电梯、室内自动扶梯散热和出地面贯通门轿厢电梯载重进行了出地面方式、散热效果和载重的优化设计。产品质量必须通过严格的管理，然而在施工中通常面临着诸多不确定因素，增加了其难度。结合本工程施工中所遇到的情况，施工中的处理对策如下：

（1）自动扶梯样机验收时，自动扶梯桁架热浸锌厚度不均匀，局部锌层厚度不满足100μm的设计要求。验收会上重申了设计标准，并要求扶梯与热浸锌厂家加强沟通，通过提高热浸锌工艺或延长浸锌时间，保证扶梯桁架锌层附着厚度（图21.2-1）。

（2）电梯样机验收时，发现电梯底部存在漏油情况。及时要求电梯厂家优化导轨润滑，同时加大导轨底部接油盘容量，避免再次出现基坑漏油的现象（图21.2-2）。

图21.2-1 样机桁架锌层厚度检测

图21.2-2 电梯样机底部

（3）电梯样机验收过程中，发现垂直电梯钢结构焊接由于不同工人施工焊接，导致钢结构焊接效果不一致，且个别焊接位置未进行表面防腐处理。通过与电梯厂家沟通，要求安排经验丰富的焊接工人独立完成或监督指导钢结构主要位置的焊接工作，焊接完成后及时检查并对焊接处进行表面防腐处理，避免遗漏。

（4）自动扶梯预埋件错误或遗漏的处理

在本工程设计巡检和现场配合中，发现夏园、官湖等车站部分保留吊钩预埋方向不满足设计"弯曲方向与扶梯运行方向一致"的要求，南海神庙、新塘等车站个别扶梯井道端部预埋钢板遗漏。

通过与建筑设计沟通协调，已施工部分由现场土建施工单位按要求整改。同时，针对后期未施工的电扶梯井道，扶梯专业组织设计、监理及扶梯厂家在土建各个车站多次进行技术交底，核查各车站建筑及结构图纸，如发现建筑图与结构图中不一致，则再次明确扶梯专业对预埋件的要求，避免再次错误或遗漏（图21.2-3、图21.2-4）。

图 21.2-3　扶梯吊钩

图 21.2-4　扶梯预埋钢板

（5）沙村站电梯厅门前结构板遗漏的处理

在本工程设计现场配合中，发现沙村站电梯厅门前结构板未与车站纵梁端部平齐，导致电梯安装后厅门前有个尺寸约800mm×3000mm的孔洞，且电梯专业无法处理（图21.2-5）。

通过核实建筑及结构图纸及与建筑设计沟通协调，该孔洞属于土建施工单位遗漏，由现场土建施工单位按要求整改。由于建筑方案调整，设计边界条件和基础资料的改变，垂直电梯和自动扶梯的数量有所增减及设备的提升高度也相应发生了些许变化。

21.2.2 设计展望

在本工程的建设施工过程中，总结了处理土建预留方面问题的经验。在自动扶梯、电梯的设计过程中，应对土建施工图严格把控，把电扶梯的设计要求严格落实到土建的设计图纸中。具体应注意以下几方面：

图 21.2-5　沙村站电梯孔洞

（1）结构图与建筑图孔洞、预埋件定位等应保持一致；

（2）自动扶梯底坑、电梯底坑和顶部所要求的都是净空尺寸，如果在孔洞范围内的上部或下部设有土建梁，土建梁必须下翻或者该处不能有腋角，梁和腋角都不能侵入底坑区域；

（3）自动扶梯、电梯每个吊点的受力应满足设备吊装要求，吊钩建议采用2根Φ32的吊钩拼接并与主筋焊在一起，且吊钩的弯曲方向应与自动扶梯的运行方向一致。另外，吊钩长度不应大于150mm（突出结构面），不小于120mm，吊钩靠梁侧面预埋时应与梁之间的间隙不小于120mm；

（4）自动扶梯上下梯头唇口位预埋钢板处，预埋钢板至装修完成面的净高度均为150mm。由于站台层、站厅层装修层厚度不尽相同，则结构图应注意该处预埋钢板与土建结构面是不平的，如站台层装修层厚度是100mm，则该处预埋钢板面与周边土建结构面应下凹50mm。否则将导致扶梯安装后与装修完成面出现高差，从而出现龟背情况。

自动扶梯施工安装过程中需要协调好升降设备与土建之间的接口，在后续的线路设计中，应严格要求建筑、结构设计图纸一致性，同时土建设计在施工交底的过程中针对预留预埋件应当进行详细的交底说明，电扶梯招标完成后电扶梯专业再对所有土建施工单位进行二次交底，从而有效避免土建施工出现预埋件遗漏或者预埋位置错误问题。

22 车辆段与综合基地

22.1 总体设计方案

官湖车辆段位于官湖站南侧，具体位置在环城路、新沙大道与石新公路包夹的地块内（图22.1-1）。选址用地东南角为集邦货运市场（新塘镇重点项目）和两处服装厂房，选址用地西端出入段线敞口段区域还存在部分工厂厂房。用地范围内主要为农田，有一条河涌自西向东横穿选址用地。用地中部有一条规划茅山大道上跨咽喉区。

工程本着集约用地、促进地块项目建设的原则，在地铁车辆段上盖建设住宅及相应配套设施，更好地推进地铁建设的发展，将地铁盖上与盖下一体化设计。规划用地性质为交通场站用地兼容居住用地和中小学用地，工程规划征地面积约417061.4m^2，其中本工程设计红线范围面积约323348.3m^2，另代征规划道路及防护绿地及交通场站用地面积为93713.1m^2（图22.1-1、图22.1-2）。

工程规划建设用地地上容积率不大于2.81，总计容建筑面积不大于909801m^2（其中住宅建筑面积不大于795958m^2，商业建筑面积不大于25471m^2，公建配套建筑面积不小于51539m^2，地铁管理用房面积不大于32790m^2），停车库及设备用房（含盖上停车场、白地车库、白地地下车库）建筑面积（不计容积率）不大于490000m^2，建筑密度不大于25%，绿地率不小于30%。

图 22.1-1　官湖车辆段选址示意图

图 22.1-2 官湖车辆段上盖总平面图

（1）站场及路线设计

官湖车辆段设置环形道路，根据广州车辆基地设计标准，路面采用混凝土结构，道路路面按相关规定设置标识标线。

（2）车辆段上盖开发

官湖车辆段为带上盖开发车辆段，盖板部分按标高不同分为两部分，分别是8.5m盖板下的车辆段运用库及出入段线区域及12.6m盖板下的检修库，16.8m盖板以上为上盖开发的单体建筑。8.5m盖板与16.8m盖板之间为两层的上盖开发停车库，车库总建筑面积约30.5万平方米，相对标高为8.5m、12.6m，车库层高分别为4.1m及4.2m。车库层下层为地铁车辆段，上层为超高层住宅、小学、幼儿园及绿化屋面，车库通过匝道与室外地面连接。车库类型为特大型高层汽车库，主要为上盖住宅小区服务。

作为十二五线网规划里面五个带上盖开发的车辆段之一，官湖车辆段上盖开发有以下特点：

①规模大、功能多

官湖车辆段为广州市轨道交通A型车的第二个大架修基地，占地面积41.7公顷，车辆段总建筑面积为168562m^2，车辆段功能复杂。为保证通车节点，上盖开发设计与车辆段整体设计同步进行,结合车辆段施工节点要求完成盖上方案设计、规划调整等工作,设计方案兼顾可实施性及灵活性对盖板结构进行合理预留。

②功能区域划分清晰

运用库区域:柱网较为规整,沿轨道线方向布置高层,采用核心筒下地原则。

检修库区域:结合本身结构特点,布置学校及9层楼房。

咽喉区:利用咽喉区轨道间空地,布置剪力墙落地的高层建筑,保证开发量(图22.1-3)。

图 22.1-3 车辆段平面布置

③增加夹层物业车库

为减少二期盖板物业开发与周边的高差,降低客流提升的压力,节约车辆段的投资,对车辆段库房各功能要求高度进行整理。在满足工艺净高要求、满足管线布置要求、管线尺寸可调范围的前提下,结合上盖物业布置情况,优化管线与结构关系,通过进一步的精细化设计,对车辆段盖板高度进行优化。将运用库板面标高从原方案的9m优化为8.5m,增加一层车库,该层车库板面高度为12.6m;优化检修库部分,将其板面标高从原方案的15m优化为12.6m,使得其板面标高与运用库上增加的车库板面高度一致,从而达到在满足工艺使用要求的前提下,提高上盖物业开发品质、优化工程投资的效果(图22.1-4、图22.1-5)。

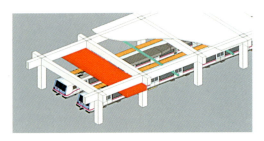

图 22.1-4 运用库板面优化前

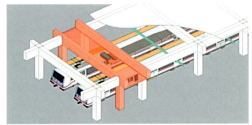

图 22.1-5 运用库板面优化后

④"结构+建筑找坡"排水设计

为保证盖板排水顺畅,减少找坡层厚度,采用结构+建筑找坡方式进行排水设计。完成后总坡率不小于1%。针对车辆段盖板特别是咽喉区位置柱网不规律,分缝不规则的特点,结构找坡设计时设置好最低点及最高点高度,保证最小找坡率不小于0.5%,最大不大于1.5%,简化设计,便于施工。

⑤预留远期户型可调整性

本工程裙房设置三层盖板，首期实施8.5m盖板，为预留远期户型可调整性，把转换层设置在远期实施的16.8m盖板处（裙房顶板），二期物业开发深化设计阶段，由于转换层未施工，上盖设计阶段户型可在框架转换柱预留范围内进行调整，仅需重新进行转换层设计并复核已施工的柱及基础承载力即可。

（3）低压配电方案

十三号线采用智能低压控制系统实现对通风空调等设备的监视、测量、控制和保护；同时也可以对智能模块进行参数设定、复位等；通风空调设备通常设就地控制、环控电控室控制、上位监控系统（BAS）控制三级控制，实现三级控制转换及运行状态显示。

环控设备采用智能低压控制系统，它由柜内智能元件、现场总线、通信管理机等设备组成，并通过通信控制柜与BAS系统连接。

对于三相电动机回路，如各类风机、空调器、空调水系统的各类水泵，其智能元件分为：变频器、电机保护控制模块。而对于单相电机回路，如电动风阀、电动蝶阀，智能元件采用不具备保护功能的小型PLC或智能I/O。主要实现对通风空调设备（主要包括各类风机、空调器、电动风阀、电动蝶阀、冷水机组的冷冻水泵、冷却水泵及冷却塔风机）的测量、控制及保护等功能。

智能照明主机、接口模块、电源模块、网关模块等智能照明控制系统设备设置于运转综合楼的DCC控制室或消防控制室内；控制模块设置于各库房及道路的智能照明配电箱内；触摸屏及智能控制面板设置于各库房主要出入口的门边上。通过智能控制系统可以实现开关控制、延时控制、场景控制等，并实现了自动控制、节能管理、运行监控及故障报警等功能。在照明系统自动化控制的同时，最大限度采用自然光源进行照度感应、红外感应，达到综合节能的目的。通过现场总线技术迅速而准确地获得整个区域照明运行的实时信息，完整地掌握照明系统实时运行状态，及时发现照明电路运行的故障并做出相应的处理，促进了无人值班运营的实现。

（4）通风空调系统设计

消防车道设于官湖车辆段场地周边外跨，周边敞开布置，满足自然排烟条件。消防专用风机、风阀、各类防火阀、电动排烟口等由FAS监控，其中防烟防火阀（SFD）的控制由自动灭火专业实现；消防及平时兼用的风机、风阀、水系统设备（冷水机组、水泵、冷却塔、电动蝶阀、电动二通阀、各类传感器）、双周三月检线的岗位空调、新风空调机组等由BAS监控。车辆段内设置的摇头风扇、风机盘管、分体空调、排气扇等均不纳入自动控制系统，采用手动控制；多联机系统自带集中控制器，实现多联机系统的集中控制功能。

咽喉区采用射流诱导排烟系统，选用5#射流风机，流量为6.0m³/s，出口风速为30m/s；按射流风机的水平最大间距为30m，最大射程100m进行布置，共设置40台射流风机。射流风机采用吊式安装，应避开接触网及道岔区。盖下由综合楼冷站至运用库双周三月检线、运转综合楼处，设置Φ273×6.0的冷冻水供、回水管，采用密度为64kg/m³、厚度为50mm的带护面层贴面超细玻璃棉管壳保温；冷冻水管采用综合支吊架。

（5）给水排水及消防系统设计

官湖车辆段给排水及消防的设计包括车辆段与综合基地室内外生产生活给水系统、排水系统、消防系统及灭火器等系统的设计。

给水系统：车辆段生产生活用水引自城市自来水干管，从段址南侧规划道路及东侧方向现状道路可为本段用水提供两路水源。在总水表后接出两路DN200水源供本段用水，并预留一路DN200管道供上盖开发用水，车辆段同时预留上盖接驳管道的敷设路径。段内室外给水采用生产、生活给水和室外消防用水分开的独立系统，生产、生活给水管网成枝状布置，各建筑物室内用水的市政压力直供部分从室外低压管网上就近接驳。段内生产、生活用水采用分区供水方式，三层及以下单体综合楼三层及以下楼层全部采用市政直供，无需设置增压。而综合楼四层及以上采用增压供给，4~9层为加压低区，9层以上为加压高区。

排水系统：室外排水采用分流制，室外雨水、生产废水与生活污水均分流排放。粪便污水经化粪池初步处理、餐厅及厨房污水经隔油池初步处理后与生活废水汇合进入室外生活污水管网；各生产房屋的生产废水排入室外生产废水管网。本工程生产废水、生活污水经处理达标后部分回用，其余排至段内室外雨水管道。

消防系统：室内消火栓系统采用临时高压系统，加压设备设置在综合楼给水泵房内，车辆段按同一时间发生一次火灾考虑。综合楼是本工程消防用水量最大的单体建筑，室内外消火栓流量均为40L/s，火灾延续时间为3h。自动喷水灭火系统流量为21L/s，火灾延续时间为1h。综合楼地下室设专用消防水池一座，储备火灾延续时间内的消防水量。

（6）室外综合管线设计

官湖车辆段室外综合管线包括地下综合管线和盖下综合管线。地下综合管线主要包括综合廊道（中水管、消防给水管、通信电缆），重力排水管（雨水管（沟）、废水管、污水管），主变电缆，喷淋管、安防管线、信号电缆沟、供电电缆沟。

官湖车辆段室外管线设置综合管廊，在地下设置综合管沟，在盖板下方设置综合支吊架。综合管廊从主变电站南侧开始，沿物资总库南侧道路，经检修库库前平过道至综合楼，然后沿检修库库房北侧，跨工程车库咽喉区至运用库，管廊一分为二，一路沿运用库库前平过道至试车线，另一路沿运用库南侧库房至运转综合楼。

22.2 总平面布置

官湖车辆段总平面布置采用联合检修库与运用库尽端式错列布置设计的方案。在茅山大道以东的库房及咽喉股道区全部进行上盖,并在用地东侧及北侧预留开发白地(图22.2-1)。

运用库设置在车辆段东部,其最北侧一跨设镟轮线,尽端式布置。镟轮线南侧按远期规模一次性设置停车列检18股道,线路长度按每线停放8辆编组A型车2列车考虑,共36列位。

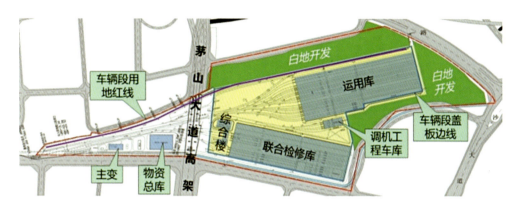

图 22.2-1　车辆段总平面布置

运用库的南端设双周、三月检线及运转综合楼。联合检修库位于运用库以南,由清扫库、静调库、定(临)修库、大(架)修库、移车台、车体间、各辅助检修车间以及轮对加工中心等组成。调机和工程车库各2股道,合设于联合检修库及运用库之间。工程车库线与出入段线直接相连,工程车进出段方便快捷。在调机和工程车库南侧设有1条材料装卸线,其侧面设材料堆场,方便工程车维修作业所需的各种材料、备品备件等的装卸作业及各系统设备的回送检修。另设有1条待修列车存放线,供其他线路大架修车辆停放使用。

出入段线南侧设牵出线1条,满足车辆段内调车作业的需要。段内的中部设有车辆段综合楼,位于联合检修库西北侧,综合楼内设车辆段食堂及公寓楼。综合楼西侧的空地上设信号、轨道与接触网培训操作演练场地。牵引变电所位于综合楼南侧盖下。出入段线北侧设有洗车线。洗车线采用往复式洗车形式,两头设有牵出线。入段列车进段后通过牵出线进入洗车线,而后再通过牵出线直接进库,入段洗车工艺流程相对顺畅。洗车线北侧设有1条新车装卸线,该线位于盖板范围外,起吊高度不受限制,新车由公路运输至本段,从此出入口进入,经段内道路运输至新车装卸线,流程顺畅。

试车线布置于车辆段北侧的最外端,全线设计为平坡,在线路中部有两处半径800m的曲线,试车线长度约为1300m。在茅山大道桥西侧盖板外设有主变电站、物资总库和易燃品库,其中物资总库与污水处理站合设。车辆段的出入场道路设两处。场内道路围绕主要生产区域呈环布置,能够满足生产、生活和消防要求。

22.3 功能定位

22.3.1 车辆段

根据《2016年新建A/B型车车辆基地功能定位的建议》,十三号线官湖车辆段作为A型车的第2个大架修基地,承担十一、十三、十六号线车辆的大架修任务。

22.3.2 综合维修基地

(1)综合维修中心

根据广州地铁集团有限公司有关设备维修模式研究的专题成果,广州地铁拟在新造车辆段内设全线网的综合维修基地,含机械、电子、供电和工建维修车间,共同承担整个线网设备设施的维修任务。因此,全线车辆段只设置机电、供电和工建维修分部,承担全线设备设施的日常检查保养和维护任务,停车场设各专业维修工班。

(2)物资总库

根据广州地铁集团有限公司有关运营物资管理研究的专题成果,广州地铁拟建全线网的物流中心,以满足2015年线网车辆、供电、机电、通信、信号、工建及AFC专业等维修作业的物资供应。库存管理模式拟设置为三级仓库管理模式。一级仓库设置在物流配送基地,二级仓库设置在各车辆、维修工程部所在的各车辆段,三级仓库设置在分部、班组等。因此,官湖车辆基地宜设二级仓库。

22.3.3 培训中心

广州地铁1号线西朗车辆段与综合基地的教育培训中心设有大、小教室以及门类齐全的实验室、微机室、AFC教学室等,共9间教室,培训人数最多能容纳400~450人同时使用。另外,根据广州地铁集团有限公司有关专题研究成果,广州地铁拟新建全线网的培训中心,十三号线考虑与其他线共用西朗车辆段的培训中心或线网新建的培训中心,承担工作人员的教育培训任务。

22.4　设计规模

根据行车资料，计算得出的全年列车走行公里数见表22.4-1。

全年列车走行公里数（km）　　　　　表22.4-1

设计年度 项目	近期（2026年）	远期（2041年）
编组	8辆	8辆
小交路	28194936	34908016
大交路	31107636	38514216
合计	59302572	73422232

根据走行公里数，计算得出的十三号线车辆检修任务量见表22.4-2。

车辆年检修工作量　　　　　表22.4-2

设计年度 项目	近期（2026年）	远期（2041年）
大修（列/车）	6.80	8.41
架修（列/车）	6.80	8.41
定修（列/车）	40.77	50.48
三月检（列/车）	217.44	269.21
双周检（列/车）	1359.02	1682.59

注：计算规模根据国家法定工作日，每年250个工作日计算。

根据车辆检修任务量，计算得出的十三号线车辆检修列位设计规模见表22.4-3。

车辆检修列位设计规模　　　　　表22.4-3

项目	近期（2026年）		远期（2041年）	
	计算规模（列位）	设计规模（列位）	计算规模（列位）	设计规模（列位）
大修	1.04	2	1.29	2
架修	0.60		0.70	
定修	1.56	2	1.93	2
临修	—	1	—	1
三月检	2.08	6	2.57	7
双周检	3.25		4.02	

官湖车辆段将承担十一号线和十六号线列车的大架修任务，根据线网规划估算，十一号线和十六号线配属列车约需2列位的大架修线。

考虑到本工程分期实施，官湖车辆段于一期建成，两座停车场于二期建成，但二期的具体建设年限并未明确，因此，在满足本工程初期的列车运用及检修要求的前提下，尽量减少官湖车辆段近期的建设规模，以免造成设施空置；二期建成后，车辆段与停车场共同满足全线列车近期运用及检修要求。

鱼珠停车场用地条件紧张，因此仅设置8个停车列位。十三号线车辆段和停车场规模分配如表22.4-4所示。

十三号线车辆段、停车场规模分配　　　　　　　　　表22.4-4

项目 修程	官湖车辆段		凤岗停车场		鱼珠停车场	
	近期	远期	近期	远期	近期	远期
大修	4	4	0	0	0	0
架修						
定修	2	2	0	0	0	0
临修	1	1	0	0	0	0
三月检	4	4	4	4	0	0
双周检						
停车列检	36	36	16	32	8	8

22.5 回顾与展望

（1）车辆段道路交通交叉的处理

官湖车辆段在设计阶段，为了尽可能多预留开发白地，将综合楼合建于轨道中间的盖板区域。在交通设计上考虑从茅山大道匝道桥进出综合楼，但由于茅山大道南北高架桥开通滞后，未能投入使用，且车辆段的盖上物业开发建设提前，导致了综合楼使用上的交叉。在后续上盖开发车辆段设计中，将按以下原则进行处理：综合楼不与盖板合设，优先在白地设置，或者设置在盖板的边缘，保证综合楼周边有独立的道路交通系统。

（2）高压线迁改滞后对施工的影响及处理意见

由于高压线迁改工作前期规划、用地审批流程耗时极长，未能实现2016年12月30

日完成迁改的预定目标。在2017年初，高压线迁改依然未能完成，既影响了高架桥西半幅桥梁的施工，也导致车辆段该区域范围内的地基处理、站场路基、轨道铺设、接触网、新车装卸场、试车线等工作内容无法实施，已严重影响车辆段接车及相关调试功能。设计会同地铁建设单位、监理及施工单位共同研究应对措施，最终形成以下两处变更：在运用库尾端设置临时卸车平台，库区末段临时接长部分轨道；在茅山大道高架桥下设置支撑转换和防护架体，同步进行高架桥面及下部轨道、接触网等施工。最终，车辆段相关工程内容按期完成，确保了2017年7月30日新车进场条件。对于前期迁改工作，尤其是高压线等重点问题，本工程设计总结了以下建议：

尽早完成相应管线的迁改，为工程实施创造条件。在选址确定、初步设计批复完成后，即可启动相关迁改工作，尽量赶在施工单位进场之前确定并完成迁改工程；定期跟踪了解迁改进展，及时反馈问题以及评估对工程实施的影响；尽早准备相应的调整预案，积极配合工程变更，全力确保工程按期完成。

（3）岗位空调的增设

对于带上盖的车辆段，盖下柱网设置导致空间流通性较差，结合检修平台具体形式及场段冷源情况，官湖车辆段在双周三月检线的检查坑以及一层检修平台设置形式多样的岗位空调，改善作业环境。

（4）盖板伸缩缝设计优化

针对国内多地车辆段上盖开发盖板伸缩缝出现的问题，官湖车辆段盖板伸缩缝设计已做优化，将结构板设置成"1+7"字形的并列设置方式，较原变形缝盖板（80mm盖板）相比得到很大加强。但因施工单位对设计图纸的理解错误，施工时将变形缝两侧的结构主体在盖板层采用了刚性连接。由于变形缝两侧结构的变形导致变形缝盖板拉裂引发漏水。后续项目中应加大对施工安装的监督力度，针对结构缝等关键部位做好施工交底，确保按图施工。

（5）管线布置的空间优化方案

官湖车辆段盖下车库内，存在接触网、消防管、排水管、风管、动力、照明、FAS等众多管线，车辆段管线埋地略显杂乱、运营日常检修维护较困难。目前固定方式还是传统模式，各系统各自设计支吊架，大部分采用吊装的方式固定在盖板上。但在上盖开发的过程中，由于车辆行走、凿除结构柱混凝土等施工工序无可避免地会产生局部震动，引起盖下车库内管线的摇晃甚至松脱。

在"十三五"新线车辆段设计中，在管线主要布设区域（运用库和检修库的库内一圈）都设置了综合管沟，设置了专用的管线夹层或者管线梁，结构安全可靠。对于分散的各专业管线，要求优先采用在梁、柱上设置关键支架、在顶板上设置辅助支架的方式安装来确保安全。官湖车辆段中设置综合廊道，整合相关专业管线，同时预留15%的管线空间及荷载，利于后期管线调整，减少管线维护及反复开挖。

在车辆段非上盖区域，引入综合管沟的概念，整合给水、中水、通信等管线，减少了管线间的交叉干扰，方便后期运营维护；设置管线综合廊道，集中敷设各专业管线，利于保护及运营后期维护管线；设置综合支吊架，整合相关专业管线，减少相互之间的交叉，景观好，投资低，为今后管线的合理布置与空间优化提供切实可行的参考依据（图22.5-1）。

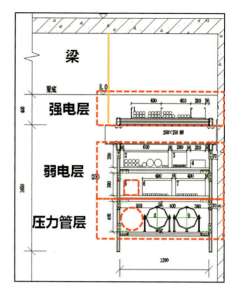

图 22.5-1　车辆段综合支吊架的设置

23 控制中心

23.1 总体设计方案

十三号线一期工程控制中心设置在官湖车辆段内，是十三号线的行车管理中心，是各系统（主要指信号系统、通信系统、综合监控系统以及自动售检票系统）中央级设备的设置场所，对十三号线全线行车实行调度指挥监控，包括：对列车运行的指挥监控、对系统设备运行的监控、设备维修管理等。为了实现对广州市轨道交通十三号线的统一指挥监控，在控制中心设置了包括中央控制室及与行车、乘客服务相关的信号、通信、综合监控、自动售检票（AFC）等系统的设备用房、辅助机电设备用房、运营管理用房、有关系统的维修管理用房和其他必要的行政办公及生活用房。

控制中心总体工艺布置按照不同的功能区域，可划分为运营调度区、系统设备区、设备维修区、运营管理区、辅助设备区等。运营控制中心的核心功能区域是运营调度区。

运营调度区设置了中央控制室及其他辅助用房，辅助用房主要包括参观演示室、交接班室等。

系统设备区主要包括信号、通信、综合监控、自动售检票、门禁等系统的设备用房，线网接入区域票务中心用房。

设备维修区主要包括各系统设备的维修管理、备品备件及工器具室，满足更换性维修的要求。一般各系统分设各自的维修管理用房，尽量与本工程路的各系统设备用房同层。

运营管理区根据控制中心调度人员、维护管理人员等生产和生活的需要进行设置。

辅助设备区主要包括维持运营控制中心正常、高效运转的辅助设备室，如供电和动力配电系统、通风空调系统、给水排水及消防系统、智能楼宇系统等辅助系统设备的用房区域。

（1）中央控制室布置方案

控制中心中央控制室以专业划分调度区域（图23.1-1）。按照调度专业不同划分为行调、电调、环调调度区域，中间位置设置给值班主任、值班主任助理使用（图23.1-2）。

（2）设备房布置方案

由于本控制中心为单线路控制中心，因此各系统设备及维护管理用房分专业进行布置。

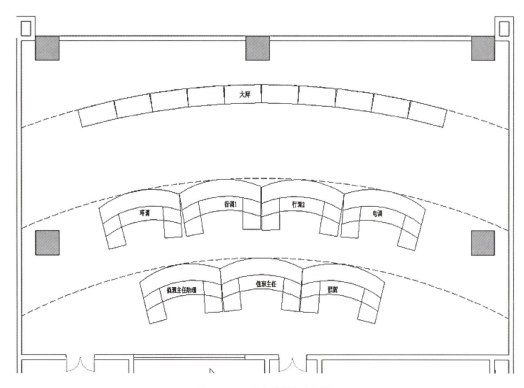

图 23.1-1 中央控制室布置图

设备系统中与行调、电调、环调相关调度的设备应布置在中央控制室内（包括背投模拟显示屏和调度工作台）。为满足各设备系统后台设备布置，控制中心应设置通信、信号、综合监控、自动售检票、门禁等系统设备和管理用房。每一层都应考虑设置弱电井，同一层设备房在靠墙脚处设置电缆走廊，以方便电缆的敷设和运营维护。系统设备房的布置楼层宜以方便运营管理

图 23.1-2 控制中心大厅现场图

为原则，即信号系统设备房（特别是ATS设备房、运行图编辑和打印室）应靠近中央控制室。系统设备房主要包括自动售检票系统、通信系统、电力监控系统、综合监控系统的设备用房。

23.2 功能定位

控制中心是确保轨道交通列车安全、正点、可靠和高效运行的基本保障设施。控制中心的调度人员通过各种现代化通信与控制手段对轨道交通的运营过程实施全面的集中监控和管理,为轨道交通运营生产创造良好的运营条件、为乘客提供优良的乘车服务、并对设备的运行实施监控管理确保其正常运行。控制中心是全线指挥和调度的场所,也是全线主要机电系统中央级设备的布置场所。

广州控制中心根据规划后期线路采用区域控制中心的设计方案,区域控制中心为多线共用控制中心。其中,中央控制室以及设备房等工艺设计可考虑多线的资源共享。

十三号线为单线控制中心,由于单线控制中心不利于资源共享,根据线网控制中心建设规划,十三号线控制中心将调整至赤沙区域控制中心,十三号线二期建设时需完成控制中心的搬迁。十三号线全线的调度指挥功能、运营管理功能、各系统实现功能等后续调整至赤沙区域控制中心完成。

赤沙区域控制中心由十一号线负责建设。在赤沙区域控制中心开展设计时,已按十三号线接入需求,预留了调度指挥用房、运营管理用房以及系统设备用房的位置。搬迁时,需按统一规划的要求进行搬迁。在搬迁过程中,原设置在官湖车辆段的综合监控系统、通信系统、信号系统、自动售检票系统、门禁系统,接入在赤沙区域中心新建的一套中央级系统设备中,在控制中心调整后以及二期接入调试过程中不会对一期运营造成影响。与线网运营管理指挥中心的接口,一期工程设置在官湖控制中心,二期建设时,需在赤沙区域控制中心重新设置与线网运营管理指挥中心接口,实现本工程数据至线网运营管理指挥中心的连通。

当前广州市轨道交通控制中心建设规划如表23.2-1所示,其中十三号线官湖控制中心需在赤沙区域控制中心建成后搬迁。

区域控制中心设置方案　　　　　　表23.2-1

区域控制中心选址	控制线路设置方案
公园前	1、2、8号线
大石	3、7、9、10号线
赤沙	11、12、13、20号线
镇龙	4、5、6、14号线与知识城、16、21号线,分设两大厅与两管理区
陇枕	15、17、18、22号线

23.3　回顾与展望

随着广州城市轨道交通建设线路的逐年增多，如果每条线路设置独立的控制中心，控制中心数量逐渐增加，线网运营管理协调将越来越困难，且运营机构设置将存在重叠，增加运营管理成本。根据《广州市城市轨道交通建设规划（2016~2022年）资源共享系列专题研究——线网控制中心设置》的研究结论，广州将采用区域与线网相结合的线网管理模式，即设置一个线网运营管理指挥中心和多个区域控制中心，每个区域控制中心管理多条线路。设置区域控制中心的方式在一定程度上实现了物理空间、人员与物力、管理体制与信息管理方面的资源共享。此外，通过设置线网运营管理指挥中心可实现对各区域控制中心调度运营工作的协调，从线网管理的角度，进一步优化线路的运营调度指挥功能。

24 节约能源

24.1 能耗状况及指标

地铁是解决城市交通拥挤最有效的手段之一,但其作为大型的交通工具,在建设和运营过程中能耗不断攀升。作为城市电力消耗的重要部分,提高地铁运行的能源利用效率和经济效益,使有限的能源得到充分利用,对保证国民经济和社会的持续稳定发展、满足人民生活需要具有重大的历史和现实意义。

轨道交通系统总能耗主要包括电、燃气、燃油、水等能源,其中主要为电力消耗,而电耗的构成以列车牵引用电和通风空调用电占比最大。表24.1-1为本工程不同时期的电力能耗状况及指标,表24.1-2为本工程初期各车站的电力能耗状况及指标。

十三号线不同时期能耗状况及指标　　　　表24.1-1

序号	用能系统	初期能耗 (万kWh/年)	近期能耗 (万kWh/年)	远期能耗 (万kWh/年)
1	列车牵引	5830.94	/	9880.73
2	通风空调	3216.33	/	3635.8
3	照明	397.04	397.04	397.04
4	供电	115.86	167.85	219.84
5	通信	71.87	71.87	71.87
6	信号	32.04	32.04	32.04
7	电扶梯	265.69	305.55	332.12
8	站台门	60.51	60.85	61.19
9	自动售检票	55.43	55.43	55.43
10	综合监控	43.86	43.86	43.86
11	给水排水及消防	53.03	55.68	58.46
12	车辆段、停车场	1348.38	1348.38	1348.38
	合计	11490.98	13875.73	16136.75

续表

序号	用能系统	初期能耗（万kWh/年）	近期能耗（万kWh/年）	远期能耗（万kWh/年）
正线非牵引能耗	总能耗（万kWh/年）	4311.66	4616.23	4907.64
	建筑面积（m²）	269500	269500	269500
	单位面积（kWh/m²）	159.99	171.29	182.1
	单站能耗（万kWh）	391.97	419.66	446.15

十三号线初期各车站能耗状况及指标　　　　表24.1-2

车站	信号	通信	供电	通风空调	给排水	配电照明	电扶梯	站台门	弱电综合监控	自动售检票	车站能耗	车站面积 m²	单位面积能耗 kWh/m²
	能耗（万kWh/年）												
鱼珠站	4.81	8.05	8.88	163.19	3.22	34.02	21.40	5.50	3.93	5.04	258.03	16846	153.17
裕丰围	0.72	7.85	10.87	314.82	5.27	42.08	22.24	5.50	4.03	5.04	418.42	25575	163.60
双岗	3.77	5.83	11.50	333.72	3.65	35.65	22.88	5.50	3.96	5.04	431.50	27479	157.03
南海神庙	0.51	5.82	8.88	262.38	5.26	30.47	23.10	5.50	3.90	5.04	350.85	14373	244.10
夏园	0.72	7.92	10.87	263.84	3.34	29.70	21.14	5.50	4.01	5.04	352.08	17254	204.06
南岗	4.09	5.89	11.50	304.04	6.45	33.71	22.37	5.50	4.03	5.04	402.61	31210	129.00
沙村	4.06	5.91	11.50	306.92	2.68	34.50	23.37	5.50	4.02	5.04	403.50	26999	149.45
白江	0.72	5.51	8.88	245	2.22	30.78	22.67	5.50	3.90	5.04	330.21	15395	214.49
新塘	4.08	7.67	13.96	379.94	10.19	57.63	40.27	5.50	4.23	5.04	528.50	43157	122.46
官湖	4.66	5.90	9.51	292.75	6.38	33.37	24.16	5.50	3.96	5.04	391.23	20984	186.44
新沙	3.90	5.52	9.51	349.73	4.37	35.13	22.11	5.50	3.91	5.04	444.72	30228	147.12
合计	32.04	71.87	115.86	3216.33	53.03	397.04	265.69	60.50	43.86	55.43	4311.65	269500	159.99

24.2　节能措施

24.2.1　机车牵引用电节能

机车牵引用电是地铁用电耗能的主体，其能耗主要消耗在机车的牵引、制动、调速等方面，其用电量与客运运输组织（列车的密度、行车的区间间隔、列车的载客量）有关，用电刚需较大，十三号线从以下方面考虑了机车牵引用电节能设计：

（1）车辆设计上尽量节约牵引能量、回收制动能量，其照明和空调等辅助系统均采用节能设计。另有7座车站预留了制动能量回馈装置的土建空间，具备进一步降低牵引能耗的可能；

（2）行车运营组织合理选择列车牵引运行曲线，优化巡航速度；合理进行系统选型选择，在满足运能需求的前提下尽量考虑节能；合理制定行车组织方案，结合客流特征组织大小交路运行；

（3）对线路曲线半径进行优化，合理选择节能坡的长度和坡度，一般是采用V字坡，另根据模拟计算，节能坡坡度在20‰~30‰之间，坡长取值范围在250~350m之间；

（4）正线信号系统采用基于移动闭塞的列车自动控制系统，由于其自动控制列车的启动、加速、惰性、减速和停车，与列车牵引供电系统耗能有直接关系，列车按照ATC系统提供优化的速度距离曲线运行可以减少牵引能耗，即列车运行方式控制的节能；同时随着技术的发展，新技术不断涌现，信号系统设备可以通过采用新技术达到高效低耗的节能目的。

24.2.2 机电系统节能处理

机电系统负荷是地铁供电系统负荷中区别于牵引系统负荷的另一重要用电负荷，它是地铁正常运转必不可少的能源保障，为车站、隧道，各设备房提供照明、自动化控制等用电所需，随着车站内设施自动化的程度升高，其所占比率也不断增大。十三号线从以下方面考虑了机电系统节能处理：

（1）通信

根据通信技术的发展，在满足运营行车功能需求的情况下，选择耗能低的设备；选择合适型号的电缆，减少能量损耗；在用户需求书编制及设计联络阶段，严格按照节能减排、效益优先的原则进行设备选型。

（2）供电

供电系统采用110/33kV两级电压制式；统一考虑系统无功补偿及谐波治理措施；并采用低损耗设备，考虑全寿命周期成本。

（3）照明

①站厅、站台照明设施的节能：光源灯具选用以LED为主的节能高效产品；并自带电容补偿器，补偿后功率因素不低于0.9；

②车站广告照明的节能：广告照明灯箱采用LED光源；在站厅或出入口通道等安装广告灯箱处，照明设计计算照度时兼顾广告照明对公共区照明的影响，以尽可能地减少

照明灯具的数量；在列车停运后，关闭车站的广告照明灯箱，以达到节能的目的；

③出入口照明的节能：在紧邻出入口处，照明灯具开启时间考虑室外光线的因素自动控制，可以避免白天光线充足时仍亮灯的浪费现象；

④设备房、区间隧道应急照明灯的节能：设备房应急照明按照可控方式设计，除车控室、站长室、走廊应急照明灯按常明方式，其他设备房应急照明灯具在非火灾情况下按关闭模式。区间隧道应急照明在非检修期间按关闭模式，可根据需要短时间开启，在检修期间或者火灾情况下按全部开启，达到节能的目的；

⑤车站照明节电运行模式：根据以上对车站照明节电的设计思路，在考虑配电回路设计合理的基础上，采用智能照明控制系统，制定多种照明运行模式，可以自动或人工控制，实现节电运行的模式；

⑥设置合理的照明功率密度值。

（4）设备监控

①采用机电设备耗能统计分析，综合监控系统通过子系统采集相关设备的电流，将这些数据存于综合监控系统的历史数据库中，通过数据归类、统计、分析，实现对设备耗能的统计分析，为节能模式的设置及其节能效果评估提供依据；

②根据运营计划实现服务设施的开关控制，控制服务设施投入或退出当天的运营服务，减少设备电能的消耗；

③选择能耗低的监控系统设备节能，从而减少电能消耗，降低电气专业的能量损耗。

（5）自动售检票

①运营结束后让部分模块进入休眠状态或关闭电源状态，通过停止服务模式实现节能；

②选用低功耗设备，如电源模块、乘客操作显示器，均选择低功耗、高效率产品作为设备的组成部件；

③非高峰时段，车站客流较少，设备使用率较低，可使部分设备进入非服务模式或待机模块，实现节能。

（6）自动扶梯

考虑两种节能方式。第一种根据工程预测客流及沿线车站目前的发展现状，对于处于规划发展区的车站，由于客流较少，在运行初期可以预留扶梯安装空间等相关条件，在客流达到或超过远期客流的情况下，再行安装扶梯，或扶梯一次安装到位，采取仅在高峰时段运行、其他时间停运的方式实现节能；另一种方式通过感应装置，在有人乘坐扶梯时，扶梯以正常速度运行，当无人乘坐时，通过变频调速，降低扶梯运行速度或停机，从而达到节能的目的。

24.2.3 通风空调节能设计

（1）优化环控工艺模式，具体包括以下内容：①取消早晚通风，早晚通风模式不再作为常态模式运行，由运营根据需要（如夜间工程车作业或进行粉尘较大维修工作时）开启。平时早晚通风模式仅作为月检模式使用；②优化大系统全新风和全通风模式，在新风季和通风季，大系统风机送风，排风机停止运行，送风由出入口及站台门泄漏，可保证车站内的空气品质，同时节省排风机能耗。

（2）采用变频技术，具体包括以下内容：①车站隧道排热系统可根据室外温度、隧道内温度、行车对数等情况，调整排热风机的开启和频率；②大系统组合空调器、回排风机、小新风机采用变频控制，在保证车站卫生要求的前提下，设计有效的运行模式，降低能耗，实现综合节能；③冷冻水泵采用变频控制，在满足末端冷量及不增加冷水机组运行耗能的前提下，减少冷冻水流量，降低运行能耗。

（3）采用水系统精细化设计，达到对水泵优选的目的。

（4）全线采用全高封闭式站台门，有效阻隔轨行区与站台之间的热交换，大幅降低通风空调系统能耗。

（5）利用综合监控系统与信号、自动售检票系统、站台门、BAS等系统的信息互通，收集客流、行车、环境、设备状态等信息，通过BAS控制相关设备按需求运转，从而根据实际需求进行通风空调节能控制。

24.2.4 水资源节约措施

（1）公共设施节水设备：优先选用非接触型光电感应式、延时自闭式或停水自闭式水龙头，达到节水、提高使用寿命的目的；优先选用感应式、自闭式或脚踏式高效节水型小便器和蹲便器，残疾人卫生间选用3L/6L两档节水型坐便器。

（2）管网及其节水设备：充分利用市政自来水水压力，消防和生产、生活用水尽量直接由市政管网供给；合理设置检修阀门的位置，避免检修时水资源的漏损；选用密封性能较高的阀门；采用管道水力损失小的管材；对冷却塔补水、消防用水、生活用水分开计量。

24.2.5 车站建筑节能措施

（1）合理确定车站规模：合理确定与车站功能相匹配的空间规模，以满足轨道交通功能需求为主，对车站环控模式、公共区布局、运营管理模式深入研究，优化车站平面，尽可能控制车站规模，减少资源浪费。

（2）节能环保装修材料的应用：车站为交通建筑，其作用是快速疏散和通过客流，因此其装修应体现功能决定形式的原则，整体装修在满足交通建筑使用功能的基础上适度而为。车站装修设计除要求安全实用外，还应便于运营维护，延长使用寿命，尽量采用节能环保材料，谨慎使用光亮材料，通过设计手法的运用，达到粗料细作的要求。

（3）地面建筑节能：地面建筑为各个车站的出入口，结合采光、通风、照明，在保证出入口形象特征同时减少太阳的热辐射，降低夏季太阳光对地下空间的过分辐射热带来的内部空气处理负荷增大的负面影响。

（4）标准车站设计节能考虑：将设备管理用房布置更为紧凑合理，同一功能、同一空调系统的房间尽量集中；设置纵向双走道，均直通至环控机房；纵向走道间设置横通道，间距不超过30m，从而简化机电系统配置，减少能耗需求，优化管线布设与走向，降低输送能耗。

24.2.6 车辆段节能措施

（1）建筑

本工程车辆段为地面建筑，结合广州地区的气候状况，围护结构的热工性能应符合《公共建筑节能设计标准》的要求，且应执行《绿色建筑评价标准》GB/T 50378-2006。减小过度辐射热所导致的地下结构内部空气处理负荷增大问题。

（2）通风空调

本工程建设中，将不同室内设计参数，不同运行时间的房间分开进行系统设置。同时部分厂房在满足卫生、环保或生产工艺的前提下，优先利用自然通风或采用机械通风与自然通风相结合。办公用房采用集中供冷系统。

（3）车辆段及综合基地设备

①优先选用国家推荐的节能型产品设备，优先使用节能新技术、新工艺、新材料、新设备，交流弧焊机均配置电焊机空载自停装置，并选用部分低损耗节能型弧焊机；空气压缩机采用单螺杆式压缩机，与活塞式压缩机相比，单机功率降低10%左右；

②能源使用尽可能回收利用、循环使用，如洗车机用水量较大，设备选型时将洗车后的水收集并经处理后循环使用；

③合理选用设备容量，如起重机、内燃机车和叉车等设备，设备使用率高且能耗大，设计中认真分析设备使用的工况及负载状况，从而选用合理的设备容量。

24.3 不同阶段耗能对比

本节对工程可行性设计阶段和施工图设计阶段各系统的初期、远期能耗与总体能耗指标进行了对比，具体见表24.3-1、表24.3-2。由此可以直观地看出，十三号线地铁所采取的综合节能措施可以有效地降低地铁能源消耗，提高地铁的能源利用率。

各系统不同阶段能耗对比　　　　　表24.3-1

分项	工程可行性设计阶段初期能耗（万kWh/年）	施工图设计阶段初期能耗（万kWh/年）	工程可行性设计阶段远期能耗（万kWh/年）	施工图设计阶段远期能耗（万kWh/年）
列车牵引	7638.1	5830.94	13600.0	9880.73
通风空调	3643.0	3216.33	4408.0	3635.80
照明	1922.8	397.04	1922.8	397.04
供电	796.2	115.86	968.0	219.84
通信	370.0	71.87	407.0	71.87
信号	183.1	32.04	221.1	32.04
电扶梯	327.2	265.69	557.9	332.12
站台门	123.5	60.51	140.4	61.19
自动售检票	11.7	55.43	13.2	55.43
综合监控	84.0	43.86	101.6	43.86
给排水及消防	60.1	53.03	72.6	58.46
车辆段、停车场	300.0	1348.38	363.0	1348.38
合计	15459.6	11490.98	22775.5	16136.75

工程初期不同阶段总体能耗指标对比表　　　　　表24.3-2

项目		初期	
		工程可行性设计阶段	施工图设计阶段
路线长度（正线公里）		27.03km	27.03km
最高速度（km/h）		100	100
车站	车站数量（座）	11	11
	地下站	11	11
	高架站	0	0
站间距（公里）		2.6	2.6

续表

项目		初期	
		工程可行性设计阶段	施工图设计阶段
客流（万人）		8099	8099
平均运距（km）		10.10	10.10
车公里（万车·公里）		2221.13	2221.13
总建筑面积（m²）		289509	269500
年能耗情况	总能耗（万kW·h）	15459.6	11490.98
	牵引能耗（万kW·h）	7638.1	5830.94
	非牵引能耗（万kW·h）	7821.5	5660.04
年非牵引能耗对比（不含车辆段）	车站电耗（万千瓦时/站）	683.77	391.97
	车站面积电耗（kW·h/m²）	259.78	159.99
年牵引能耗对比	人公里单位电耗（kW·h/万人·km）	933.75	712.83
	车公里单位电耗（kW·h/车·km）	3.44	2.63
备注		A车8节编组	A车8节编组

同时根据以上分析对比可知，十三号线一期施工图近期设计车站电耗平均为159.99万千瓦时/站；车站面积电耗159.99kW·h/m²；车公里单位电耗2.63kW·h/车·km，人公里单位电耗712.83kW·h/万人·km，均优于工程可行性设计阶段设计能耗。且十三号线一期施工图设计车站单位面积电耗、车公里电耗优于广州已运营一号线，二号线，八号线A型车的能耗，节能效果显著。

24.4 回顾与展望

（1）空间资源的充分利用

十三号线一期采用8A编组，这是广州的第一条8A编组的线路，总规模无法与现有运营线路进行横向比较。十三号线一期设计标准根据《新线设计标准》，设备区落实运营的新需求及各系统要求。车站公共区从乘客舒适度出发，控制规模，车站的配线上方空间由明挖工法自然形成，不浪费空间，后续各地轨道建设者也可积极为车站配线上方空间寻找新的资源利用方向，期待有更多创新设计的应用实践。例如智能停车作为新兴产物，通过技术手段可实现配线上方空间的充分利用，分担城市停车需求的压力。

因车站编组增加、有效站台加宽、公共区非付费区面积增加、运营及系统需求引起设备房面积增加、配线加密等原因，车站规模相对广州已运营的一、二、八号线，面积增加较多。这导致了能耗理论计算与实际计算有偏差，广州地铁已运营线路目前无8 A编组，既有6A编组线路各系统能耗数据不全，今后将根据实测数据不断修正理论计算方法，供后续线路参考。

（2）运营期间的节能优化

照明系统与通风空调系统在运营期间具有较大的节能空间，通过对运行模式与管理手段的优化，可减少大量能耗，以下建议可供本工程及后续工程运营期间的节能优化作为参考：

①照明时间的控制

公共区停运时建议普通照明全关闭，有检修需要时根据需要开启相关回路；公共区导向照明在地铁停运后全部关闭；区间应急照明建议非检修时间尽量关闭；设备管理用房人走关灯；设备区应急照明非火灾情况建议关闭；设备区走道照明非繁忙时间段仅开启应急照明。

②通风空调系统的控制

夜间根据运营需要关闭管理用房的空调系统或者通风房间的通风系统；既有线早晚通风模式可以不再作为常态模式运行，由运营根据需要（如夜间工程车作业或进行粉尘较大维修工作时）开启，平时早晚通风模式仅作为月检模式使用；严格管理备用空调系统的使用，从六号线一期车站备用空调能耗情况来看，某些站备用空调已作为常态空调运行，不经济环保；对于温度、压差传感器也需定时校正，这些都是影响系统模式的转换及BAS策略运行的重要因素。

管理篇

3
Management

25 投资估算

25.1 编制原则

25.1.1 编制依据

（1）建设部建标〔2007〕164号文发布的《市政工程投资估算编制办法》；

（2）铁道部铁建设〔2006〕113号文发布的《铁路基本建设工程设计概（预）算编制办法》；

（3）建设部建标〔2006〕279号关于印发《城市轨道交通工程设计概预算编制办法》的通知；

（4）各工点及系统设计单位提供的图纸及工程数量表。

25.1.2 采用定额

（1）地下车站、区间隧道的土建工程、轨道工程等采用《2001年广州地铁工程主要项目综合成本指导价》（穗建筑〔2001〕444号）（以下简称"地铁定额"）。

（2）地面上的市政设施（如给水排水管道、道路等）、地面线路及车辆段路基土石方、路基附属工程、桥涵工程等土建工程采用《广东省市政工程综合定额》（2010）（以下简称"市政定额"）。

（3）地面的建筑物（如拆迁安置用房、公寓、车间大楼、生产及办公用房等）采用广东省建设委员会颁发的《广东省建筑与装饰工程综合定额》（2010）（以下简称"建筑定额"）。

（4）设备安装工程（除通信信号及车辆检修工艺设备的安装工程）采用《广东省安装工程综合定额》（粤建价字〔2010〕15号）（以下简称"安装定额"）。

（5）主变电站采用中国电力企业联合会中电联技经〔2007〕138号文颁发的《电力建设工程概算定额（2006年版）》。中国电力企业联合会中电联技经〔2007〕15号文颁发的《电力建设工程预算定额（2006年版）》（以下简称"电力定额"）。

（6）通信、信号工程的定额及取费套用铁道部〔2010〕223号文《关于公布〈铁路路基工程预算定额〉等二十九项定额标准的通知》中对应的《铁路通信工程预算定额》、《铁路信号工程预算定额》（以下简称"铁路定额"）。

（7）缺项部分采用其他部门现行定额进行抽换补充。

25.1.3　工、料、机单价及设备价

（1）依据所选用的定额规定，初步设计概算价格调整至2012年2季度水平。
（2）设备价为到工地价。

25.2　各阶段投资变化及经验总结

从工程可行性研究到初步设计、修改初步设计，再到实施过程，各阶段投资发生变化的主要包括以下几点：

（1）由于规划调整，初步设计车站选址拆迁无法实施，因此在修改初步设计中增加了沙村站，调整了配线布置方案，白江站、官湖站、新沙站、鱼珠～裕丰围区间、双岗～南海神庙区间、沙村～白江区间、官湖～新沙区间，这几个车站和区间进行了设计方案调整，总调整概算约1.77亿元。

（2）由于工程可行性设计阶段的官湖车辆段选址地块征拆无法实施，因此在初步设计阶段，对车辆段选址做了重大调整，大幅度节约了征地拆迁成本。

（3）由于工期延长，道路占用费及借地费远比初步设计概算高。

（4）随着地铁工程修建，沿线房价涨升幅度节节攀升，实际拆迁补偿费用远超编制概算时的补偿标准。

（5）由于工程可行性设计及初步设计阶段，对房屋权属问题未能作细节摸查，房屋或商铺性质的认定不一定从现场就能摸查，必须是现场加查册才能认定，有部分住宅后来改成商业，有部分原来是商业，现做住宅，补偿时仍需按商业补偿。

建议日后的建设项目，提前开展现场摸查及深入的查册调研工作，保障房屋拆迁及各类补充费用能充分考虑，稳定车站、配线、段场的选址及设计方案，减少设计重复工作，有利于项目推进速度。

25.3　回顾与展望

项目组始终遵循投资控制程序，通过强化设计管理，以高度的责任感和健全的管理制度进行设计全过程的成本控制，从设计源头将投资和各项成本纳入可控范围，满足政府、建设单位对各阶段投资控制的要求。

设计阶段是投资控制的关键阶段，对投资的影响程度达到80%以上。因此，工程一直发挥"设计是龙头"的作用。在初步设计阶段，通过制定有效的初步设计概算编制

管理办法、工作大纲及内部审批流程，以保证初步设计概算全面、准确，并采用总体总包与专业分包相结合的模式进行投资控制。在技术论证过程中，提交相应深度的技术经济比较，以实现投资的控制。通过积极与建设单位相关部门、与财政投资评审中心进行密切沟通，制定切实可行的施工措施。例如在鱼珠站施工建设期间，根据其施工场地条件，经过修改后，采用了800mm厚地下连续墙加内支撑的围护结构形式；内支撑体系采用两道混凝土支撑加一道钢支撑，基坑中间设两排钢立柱。由此一方面有效克服了鱼珠站地质条件差、基坑风险高等不利因素，保证了基坑建设期间的安全，另一方面节约了项目建设成本。由于前期设计施工工作的顺利完成，确保了初步设计概算在批复的工程可行性研究投资估算控制范围内。

设备采购和安装的工程费用约占工程总造价的1/3，因此对设备采购和安装的投资估计和控制更是尤为重视。本项目从设备系统的技术需求出发，通过详细的市场调研，着重落实系统的招标采购、设备安装和供货安装的过程控制，落实了国家对轨道交通设备国产化率不低于70%的基本要求。在设备系统招标阶段狠抓国产化落实，同时通过市场公开招标竞争，在保证设备技术领先的前提下，选择性价比高的设备，极大限度的降低成本。由此使得设备采购和安装费用得到了很好的控制。

26 变更管理

地铁工程建设过程中存在诸多不确定性因素，使得变更发生的概率大大提升。变更不仅影响的是工程的进度与成本，同样会对工程施工安全、质量产生一定的影响。

26.1 变更管理原则

变更管理原则如下：

（1）建设事业总部总工程师室牵头对轨道交通工程的设计变更进行管理，制定管理办法。

（2）轨道交通工程的设计变更必须先审批后实施。

（3）轨道交通工程的设计变更按照不同分类、授权范围进行分级管理。

（4）对同一专业、同一内容、同一原因、同一类型等发生的轨道交通工程的设计变更，应同时申报审批。

26.2 变更原因分类

（1）国家、政府政策原因

地铁建设是由政府发起，且最后归于国家或者市政交通规划中。故国家政策法规变化，施工条例的更新都对工程设计方案产生了直接影响。

（2）勘察工作不到位及现场条件的不确定性原因

在施工前，对于施工现场勘探有所疏漏，未完整地评估施工流程和记录有关事宜，由此当施工遇到未勘探到的地质情况时，就会造成对于既定施工方案的变更。

如招标或施工过程中提供的地形、地物资料、工程地质与水文地质、地下管线、地面地下构（建）筑物、用地红线等资料与实际不符，或用地拆迁困难无法满足建设需要，或现场环境条件发生变化等。

（3）地铁项目特点所造成原因

地铁施工专业种类繁多，涉及土建、装饰装修、采暖、给水排水、电气、通风、空调、燃气、通信等，安装装修阶段各专业之间相互紧密配合如若没有协调到位，考虑不周全，其中任意一个专业的变更都会引起其他专业的连带变更，造成返工，造成损失。

地铁项目的施工要求是路线贯通、可靠性高和使用寿命长。本项目路线长、跨区多，极易遇见较差土层和复杂的地上建筑物，因此难免根据实际遇到的工况进行设计变更。

（4）施工、工期及经济原因

因施工工艺、技术或工程经验、施工设备、施工错误、工期、施工条件等发生的变化而引起的工程变更。

建设单位基于工期压力或施工场地需要，从有利于工程出发，或加快竣工，或降低费用会将原本不属于某承包商承包建设范围的施工内容临时委托承包商施工，并将该施工内容作为工程变更处理等。

26.3 变更管理流程

本工程设计变更流程如图26.3-1所示。

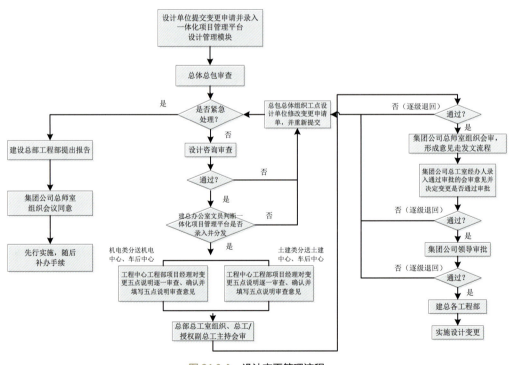

图 26.3-1　设计变更管理流程

26.4 变更控制

设计变更是地铁建设项目工程造价全过程管控的重要环节，同时也是制约结算办理的重要因素，当出现设计变更以后，相关人员需采取必要的管控措施，最大程度上控制设计变更所造成的不利影响。

在地铁项目建设过程中，工程变更控制的管理，应该遵循"必要性、可行性、经济性"的原则，对工程变更的范围、工程变更的内容、工程变更的相关责任方进行必要的界定。

本项目的变更对应措施具体如下：

（1）对同一专业、同一内容、同一类型、同一地点等发生的工程变更，不允许分拆办理。

（2）对部分变更，如须在政府部门立项的，应按政府部门、集团公司、总部要求进行立项。原则上，单项工程合同变更送审时，应达到施工图设计深度，并编制有相应的工程变更预算。

（3）在项目设计的前期阶段，专业人员需加强工程的自然地理情况、建筑物分布等的勘察，获得详细的勘察数据与资料。在设计过程中，设计人员要充分利用这些资料与数据，保障设计的质量，尽量从源头上杜绝设计变更现象的发生。例如初步勘察阶段的钻孔间距较大，应尽可能克服现场困难，尽量完成所有布置钻孔，以免缺失钻孔造成实际完成钻孔的间距进一步增加，不利于判断孔间地层的变化，导致施工图阶段发生方案变更。

（4）在招标管理工作中，工程企业的相关部门需明确设计图纸中已经确定要建设的项目，将未明确建设项目的变更次数控制在合理的范围内，否则，多次变更可能会造成工程低价中标、高价结算的情况。因此，在设计变更管理上，需保障合同签订、招标投标管理的标准化。

建设方应尽可能详细描述施工现场情况，提供准确的勘察施工资料，把各种状况提供给投标人，方便投标人综合评判，合理、全面、准确地投标报价，把变更风险预先告知。委托具有良好信誉、业务水平较高的造价咨询机构编制工程量清单，并在合同中约定错项、漏项发生后的控制制衡条款，从源头上减少清单中的错项、漏项的发生概率。建设方协同造价咨询机构事先做好市场调研，了解主要建筑材料的市场现状等，在清单中明确材料的品牌、型号、规格和认可价格范围等，减少暂定品牌、暂定价，严堵清单中的活口。

（5）设计修改审核与变更程序管理是设计变更管理的重点内容，对地铁工程设计变更而言，变更管理并不是某一个参与主体、部门的行为，还需要不同的部门与人员做好相应的协调与沟通，比如，工程建设单位、设计单位、施工单位与监理单位之间要加强配合与协调，对工程设计方案实施技术性、经济性等的综合评价。如果在工程施工过程中存在不可避免的变更，需多个部门之间加以协商解决，制定最为合理的变更方案，并做好设计修改审核、变更程序管理，保障设计变更的规范开展。

（6）严格制定并完善变更申请、变更审批、变更执行等机制，把变更的随意性降至最低，及时及早调整造价控制指标，做到心中有数。

为了有效控制工程变更，维护施工合同的严肃性，建设方应建立工程变更管理台账，将变更的项目进行分类，逐一编号，将各类变更项目、原因、工程量、费用增减进行统计分析，在工程竣工时，进行分类汇总，对工程变更的成本效益进行科学分析，并将上述统计分析成果引入新的建设项目中，既方便综合评价项目管理人员工程变更管理能力，激励其增强工作的积极性，又可以为新的建设项目提供借鉴，实现真正的预先控制。

（7）监理单位加强工程监理人员的素质，做好内部的组织管理工作，在工程变更的控制管理过程中，"多专业协同管理、多监理共同把关"。监理项目内部设立由工程经济、造价方面专业人员组成的合同商务组，并以其为中心，做好工程变更管理工作。监理合同商务组直接对总监理工程师负责，在内部联合驻地专业监理工程师，接受承包商的变更申报，按照建设单位的有关要求做好工程变更（包括变更申报资料）的控制管理工作。

26.5 设计调整及工程变更总结

下面列举本工程有代表性的变更（表26.5-1）

设计调整及工程变更总结一览表　　　　表26.5-1

序号	变更原因分类	变更内容
1		2012年4月13日市规划局《关于对轨道交通十三号线温涌路站站位方案的复函》原则同意轨道交通十三号线在南岗站至东洲站区间增设温涌路站
2	外审及批复引起的变更	2012年10月17日，广州市建设科技委员会组织审查了"十三号线首期工程（鱼珠～新沙）修改初步设计"。专家意见提出：1）白江（东洲）站横跨107国道，考虑到路下管线密集，军用光缆、大直径给水干管迁改困难，且路南侧地块涉及大量宅基地房拆迁，实施难度较大，建议将北端存车线调整至沙村（原温涌路）站，车站按标准站设计。2）由于靠近新沙（原象颈岭）站区间约100米长覆土最小为2.64m，需要在现地面填土，实施难度较大；同时考虑周边土地利用及开发的整体性，减少地面层对地块和城市空间的分割，建议研究采用地下两层车站设置的可行性。3）为避让一级水源保护区（白石涌），同意车辆段由新沙（原象颈岭）站后调整至官湖站前。建议下阶段专题研究官湖站区域交通设计方案，并结合官湖站客流吸引及车辆段上盖物业开发方案，综合研究确定茅山大道立交方案。4）"一期工程故障列车存车线及渡线设计中关于白江（东洲）站和沙村（原温涌路）站配线两设计方案均可满足正常运营及故障运营行车组织的需要。鉴于官湖站车站及配线设计、车辆段出入段线的接轨方式均较复杂，车站规模及投资较大，建议研究采用方案一（单岛方案）"

续表

序号	变更原因分类	变更内容
2	外审及批复引起的变更	全线轨道减振方案因初步设计环评资料、最终批复环评稿、线路实际踏勘敏感点不一致、线路走向改变、车辆段减振方案调整等原因引起变更
3		新塘站IIIc口原为远期预留口,根据增府会纪〔2015〕41号、穗发改〔2016〕407号文要求同意IIIc口与主线同步建设开通,建设费用纳入轨道交通十三号线首期工程概算
4	边界条件和基础资料改变	鱼珠站~裕丰围站区间鱼珠煤厂宿舍A7楼招标阶段为拆除方案,市建委前期拆迁协调会要求考虑临迁方案,且黄埔区建设局正式来函明确难以拆迁,建议采用临迁,并多次论证施工图阶段调整为设置托换桩及托换梁主动托换方案,采用加强型钢管片盾构机直接截桩通过
5		双岗站~南海神庙站区间下穿广州亚钢4#厂房,有91根桩基础侵入隧道,需对91根桩基础拔除或原位破除后盾构通过。经区住建局、区政府、市住建委多次协调,盾构下穿亚钢厂房前期借地、补偿等问题均无法落实,需调整技术方案,施工图阶段调整为在下穿亚钢厂房范围内增加盾构超前注浆措施、增加施工期间的4#厂房监测,采用加强型钢管片盾构机直接切桩通过方案
6		双岗站大里程端主体上方编号为10的A5房屋拆迁困难,经现场摸查及建设单位组织多次协调会议根据穗轨前期办[2013]50号文《广州市轨道交通前期工作领导小组办公室关于地铁十三号线黄埔区段建设工作协调会议的纪要》,结合会议精神与各方面审查意见,考虑站体西移30m以避开A5房屋,附属出入口、风亭方案也相应调整
7		夏园站西侧原方案考虑施工期间局部占用BRT站台,且预留与BRT站台付费区换乘条件,施工图阶段,根据与BRT管理单位多次协调结果,最终确定采用站体向东偏移22m,并局部修改车站轮廓,避开BRT站台,附属出入口、风亭方案也相应调整
8		南岗~沙村区间广州榕村110kV双回路电缆线路跨越南岗涌段电缆桥基础未按原协调方案实施,实际桩体已侵入拟施工地铁隧道范围内。另南温区间右线盾构机已掘进至电力桥梁钢管桩前方约70环,且此处地质条件复杂,隧道洞身主要位于淤泥质土及砂层,考虑地铁盾构隧道直接切割钢管桩存在较大风险,盾构长时间在较差地层停机可能导致地面坍塌、隧道超限等风险,必须对侵限桥桩尽快拔除,恢复盾构掘进,降低盾构隧道施工风险
9		沙村~白江站区间根据承包商现场踏勘情况与招标设计相比,左线里程ZDK57+090~ZDK57+195,右线里程YDK57+110~YDK57+205范围新增三栋钢结构厂房,上部结构与原钢贸城一致。下部基础为锤击混凝土预制桩,桩长23~29m,桩径0.3~0.4m。需对侵入隧道桩基进行桩基托换处理
10		新塘站根据《增城区国土规划局关于征求广州东部交通枢纽中心商业综合体项目(凯达尔枢纽国际广场)规划方案意见的函》,新塘站修改初步设计后相邻地块由凯达尔才开展设计,车站原部分附属入侵地块范围,附属方案由原来的独立建设调整为与凯达尔项目合建;涉及1、Ia、Ib、II、IIIa、IX、X号出入口、6号风亭及车站冷却塔的土建、机电方案及装修范围调整

续表

序号	变更原因分类	变更内容
11	边界条件和基础资料改变	新沙站土建招标后，站位周边区域控规调整设计。2014年10月，调整后的《增城区新塘镇官湖片区控制性详细规划》得到批复（增府复〔2014〕36号）；新沙站主体上方的东西向规划道路红线由原30m宽调整为60m，局部拓宽为77m。东西向规划道路上方设置跨线桥垮过新沙大道北。控规的调整引起站位所在规划路的调整，调整后的路网对新沙站各附属建筑方案均有影响。为避免拆迁影响工期，外挂附属风亭改为顶出设置于路中绿化带，出入口通道需加长设置于规划道路两侧
12		官湖车辆段根据防洪评价报告、增城区水务局、广州市水务局及广州市建委等有关部门的意见，段内原有龙塘涌截断，新增加规划龙塘涌中游段1348m、下游段清淤537m、官湖支涌350m、官湖涌（调整段）608m、泵站1座、82m自来水管迁改等工程项目
13	地质详勘和实勘发生变化	鱼珠站~丰乐路站11#盾构井主体结构由地下两层框架结构调整为地下单层框架结构。普通明挖段围护结构支撑由4道支撑（3道砼支撑+1道钢支撑）调整为3道砼支撑；优化连续墙嵌固深度及基底加固方案
14		文园站~庙头站区间14#盾构井根据详勘资料东、西端头加固由D600@450/900双管旋喷桩加固调整为洞内水平深孔注浆，注浆方式采用前进式，注浆浆液采用1:1水泥-水玻璃双液浆；同时两个端头分别增设1口降水井备用
15		南岗站东端详勘揭示基岩凸起较高，为降低施工难度，加快施工进度对南岗站东端头围护结构北侧120.9m、南侧84.9m、东侧25.2m范围内共计41幅地下连续墙改为吊脚墙形式，平均减小墙底入中风化或微风化混合花岗岩深度约8.9m，同时围护结构东端头的斜撑优化为环框梁
16		沙村站详勘补勘揭露车站范围东端基坑开挖围岩面起伏较大，造成部分连续墙嵌岩段较长，其中中风化岩层平均天然单轴抗压强度为27.93MPa，微风化岩层为77.58MPa，部分钻孔等达到102MPa，给连续墙成槽带来很大的困难。受影响的槽段共计49幅，需对支护形式进行优化，改用锁脚锚杆+锚喷支护型式。 西端有深厚的淤泥层及淤泥质土层，局部存在粉细砂层。为保证连续墙成槽稳定性，需对连续墙成槽进行护壁加固。加固方法采用单轴搅拌桩直径600间距800。加固范围为粉细砂、淤泥及淤泥质土地层，加固原则为不良地层深度大于4m开始加固，加固长度为桩底穿透不良地层1m
17	标准提升及科研实施	南海神庙站作为文化背景最特殊的车站，临近南海神庙，是全线文化气息最浓厚的车站。南海神庙是广州海丝文化申遗的重要部分，"海不扬波"代表着南海神庙作为出海祭祀的场所精神，车站室内装修元素需表达"海不扬波"的场景。为达到南海神庙站作为文化特殊站的效果，对公共区装修天花、墙面、地面、不锈钢等装修方案、材料进行了提升
18		根据穗铁建总机电会〔2016〕82号文、穗铁建总机电会〔2016〕870号文及穗铁建总机电会〔2016〕925号文的要求，选取13号线新塘站、白江站作为试点车站进行高效制冷主机房的设计

续表

序号	变更原因分类	变更内容
19	前期工作滞后影响引起的变更	双岗站站22~23轴处架空的碧文线改迁难度大，铁塔位于基坑中间，需协调解决的制约因素较多，导致21~23轴处A31~B34、B184~A187的8幅连续墙施工进度严重滞后。为了21~23轴处围护结构能提前完成，从而避免碧文线二次迁改，同时保证整个车站的施工工期，碧文线电塔影响范围内的A31~B34、B184~A187幅连续墙需改为冲孔灌注桩施工
20		南岗站由于周边未能完成影响范围内的借地，导致原设计要求的预注浆与跟踪注浆方案无法实施。在综合分析第三方监测与施工监测单位的基坑监测数据后，推测周边地下水位下降是引起周边环境出现较大沉降的重要原因，提出将原房屋保护方案改为采用地下水回灌的方案，通过保持基坑周边地下水位稳定来控制周边建（构）筑物沉降

26.6 回顾与展望

广州地铁十三号线一期工程主要的重大变更均发生在工程可行性研究、初步设计、方案研究阶段，避免工程招标完成及施工图完成以后出现的颠覆性调整。

工程变更贯穿于项目的始末，像此类大型工程建设，变更不可避免。理性看待变更，切实做好变更管理和积极应对，不仅便于施工和管理，而且可以有效节约成本，减少工程造价，更具经济性，降低能耗，节能环保，与"绿水青山"理念相辅相成。

27 项目操作

27.1 计划与组织

2017年是广州地铁十三号线最繁忙的一年。项目确定以来,设计总体单位广州地铁设计研究院股份有限公司周密组织、严控计划,将每个阶段的任务进行了详细的划分并指定对应负责人。2017年广州地铁十三号线一期工程处于施工配合及验收阶段,同时十三号线二期工程正式启动,全年历经工程可行性研究、总体设计、初步设计、施工招标等阶段,设计任务紧张而繁重,设计计划详见表27.1-1及表27.1-2。

十三号线二期项目开展以总体设计代替初步设计中间方案审查,倒排工期,稳定设计方案,规范设计流程,不断提高工作效率,努力做到"细节控制、有条不紊",保证"令行禁止、绝不滞后",上下紧密配合、各方相互协调,最终顺利完成了一期工程的"保开通"(2017年12月18日)和二期工程"保开工"(2017年12月26日)的目标。

十三号线设计计划　　　　表27.1-1

时间	一期工程			二期工程								
	施工配合	各项验收	变更审查	工程可行性设计	设计投标	总体设计	技术要求	盾构扩挖专题	延伸线初步设计	二期初步设计	财评审查	施工招标
2017.06	●			●	●			●	●			
2017.07	●		●	●	●	●		●	●			
2017.08	●		●	●		●	●	●	●	●		
2017.09	●					●	●					
2017.10	●	●	●						●	●	●	●
2017.11	●	●									●	●
2017.12	●										●	●
2018.01											●	●
2018.02												●

十三号线二期工作计划　　　表27.1-2

序号	工作内容	拟完成时间	实际完成时间	责任人	备注
一	初步设计目标计划（2017.8.1制定）				
1	完成土建中间方案	2017.8.11	2017.8.7	各工点	2017.8.7总体组审查各工点投标文件，2017.8.10提交工点征拆方案至前期部
2	总体组、咨询内部审查土建中间方案	2017.8.14-16	2017.8.14-15	总体组	2017.8.14二期中间方案总体组和咨询联合审查；2017.8.15二期中间方案总体组和院副总、咨询联合审查
3	技术要求提交建总审查（新增）	2017.8.21	2017.8.22	总体组	2017.8.18例会要求
4	土建一中心内部审查征拆方案	2017.8.24-25	2017.8.23-24	总体组、各工点	2017.8.23-24上午，土建一中心审查征拆方案（含延伸线）
5	土建工点提资系统专业	2017.8.25	2017.8.25	各工点土建专业	
6	风水电专业总体主持工点沟通会并下发通用图	2017.8.28	2017.8.28	机电专业总体	
7	2017.8.29正式提交二期含延伸线的征拆方案（新增）	2017.8.29	2017.8.31	总体组、各工点	2017.8.24土建一中心审查会新增
8	2017.8.30完成总体设计	2017.8.30	2017.8.30	总体组、各工点	2017.8.18总体例会新增
9	2017.9.8 初步设计文件提交建总审查	2017.9.8	2017.9.12	总体组、各工点	
10	2017.9.22-26 初步设计文件提交集团公司审查	2017.9.22-26	2017.9.19-25	总体组、各工点	集团公司与建设总部联合审查
11	2017.10.9 二期初步设计文件报财评审查（新增）	2017.10.9	2017.11.3	总体组、各工点	2017.9.12十三号线二期初步设计概算及十三五剩余线路工程可行性设计估算事宜讨论会新增
12	2017.10.15-18初步设计正式审查	2017.10.15-18	2017.10.18	总体组、各工点	2017.8.25总体例会修改

27.2 工作流程

十三号线一期工程设计阶段工作流程如图27.2-1所示。

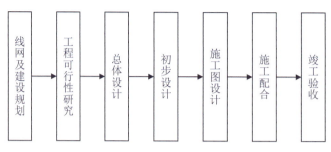

图 27.2-1　工作流程

27.3 工作重点及内容

广州地铁十三号线一期工程在设计管理过程中的工作内容主要有设计总体管理、设计技术管理、设计计划管理、设计质量管理。

27.3.1 设计总体管理

设计总体工作的重点是组成内外协调一致的工作团队，抓好接口协调与管理。通过与建设单位保持最密切的联系，随时了解掌握理解建设单位的要求，在设计工作中正确贯彻落实。

设计总体工作是"运营功能分析、设计技术标准的编制和落实、设计技术接口协调、工程规模控制、工程投资控制"五大环节提出、把握和落实的关键和主体，必须从宏观高度系统的分析研究，为建设单位决策提供可靠依据。

设计总体管理是实现设计目标的关键，科学的技术管理模式是总体设计质量的保障。设计工作的时效性、总体性、正确性、统一完整性、技术进步性以及经济合理性等，很大程度上取决于设计总体管理服务的水平，主要从以下五个方面得到验证。

（1）阶段性与计划性

①编制综合进度计划，审查各分项进度计划，并检查、督促执行。

②编制阶段性计划和要求，并跟踪督导落实。

（2）总体性与正确性

①提供各阶段全线的技术指导性文件，如总体设计原则与主要设计标准等。

②编制各阶段设计技术要求并督导执行。

③编制设计技术接口要求文件，协调处理"接口"关系。

④参与合同界面的澄清。

⑤审查各分项专业设计文件是否满足运营功能、城市规划及总体性、系统性、整体合理的要求。

⑥制定勘察技术要求，参与审查、验收勘察成果。

⑦参与设备引进谈判以及设备国产化工作，提供所需技术支持。

⑧参与对分项设计工作进行巡检指导工作，跟踪提供技术服务。

（3）完整性与统一性

①编制提供全线设计统一采用的设计文件组成与内容。

②编制提供全线设计统一格式及成果要求。

③编制相关设计工作的统一规定和标准。

④组织、指导编制有关标准图、通用图。

（4）技术进步性

①编制技术创新计划，加强设计管理、设计方法、科学技术的全面创新，形成创新机制，并督导执行。

②组织专题技术研究，提供用于本工程的先进技术与先进计算手段。

③组织对新技术、新材料、新工艺的考察，明确"优胜标准"，引导向先进学习和靠拢。

④在可靠、成熟和经济的前提下，运用价值工程理论为指导，制定先进技术推广采用计划。

（5）经济合理性

①设计总体对业主提出的限额指标负责，制定限额设计标准，控制工程投资。

②通过总体与系统审查、技术标准的统一，确保各分项工程的经济合理性。

③制定和完善设计变更管理办法，监督与落实设计变更执行情况。

设计总体管理工作的难点是宏观与微观管理的统一，是接口的协调平衡实现"功能第一，价值优先"的目标。

27.3.2　设计技术管理

针对本工程情况，建议各设计阶段的技术管理工作如下：

（1）可行性研究编制阶段

①找准本工程功能定位。

②收集前期资料，落实线网建设规划评审意见。

③在建设单位的协助下建立与地市、区规划、国土、建设、环保、城管、交通、消防、安全监督管理、供电、水务、电信、防疫等公用事业部门直接沟通渠道。

④确定运营规模，建立运营概念，并对已开通运营和正在建设的轨道交通线路和综合交通枢纽进行广泛的调查和分析研究。

⑤根据工程需要，完成重大技术方案比选的专题报告。

⑥根据各设备专业系统运行模式，确定设备选型的标准，并制定各系统主要接口要求。

⑦初步确定轨道交通配套工程规模及用地范围、轨道交通车站总体布局及交通疏解、管线迁改初步方案，初步落实城市规划条件，完成工程各子工程总平面布置和各层布置设计。

⑧初步落实综合交通枢纽设计总体方案，特别是与规划、换乘、分期实施等相关关系。

⑨编制工程统一的技术标准、专业接口方案、工程筹划安排、概算编制标准。

（2）初步设计阶段

①编制《初步设计文件编制统一规定》、《初步设计文件组成与内容》、《机电对土建要求》、《总体技术要求》等总体性文件。

②制定初步设计实施细则，细则应包括：采用的设计标准和规范、设计进度计划（含综合设计进度、分段、分项及分系统设计进度计划）、设计质量控制的措施和程序、技术管理细则及技术审查制度。

③提出工程（含管线）测量、地质勘察技术要求，并对相应成果文件进行审查和验收。

④组织各工点设计提出对本工程有影响的沿线各种管线、市政设施、商业、房屋、交通、道路及绿化搬迁的范围及要求。

⑤负责收集总体基础资料和组织各工点设计收集相关设计基础资料。牵头与相关政府部门协调设计所涉及的边界条件、稳定设计条件和设计方案。

⑥统一机电设备产品的系统设计方案及技术要求，负责设备技术参数与设计要求的一致性，协调全线所有工程及各系统设计的技术接口。

⑦统一概算编制办法和编制原则，统一采用定额和取费标准，负责全线概算汇总及审查。负责工程筹划的审查。

⑧参与建设单位主持的设备谈判，配合车辆和机电设备国产化的实施和设备选型。

⑨负责对所有设计成果文件的会审、会签。

⑩编制机电系统国产化实施方案。

⑪其他相关的设计总体工作。

（3）施工图设计阶段（含施工图预算）

①根据批准的初步设计，组织开展施工图设计，按进度计划，保证质量完成施工图设计。

②根据施工图设计阶段（含施工图预算）的深度要求，完善修改补充上述初步设计阶段的各设计总体工作内容。

③完成和牵头组织完成相关通用图、参考图和设计模块模板。

④严格控制工程规模及标准，实行限额设计。

⑤制定车站建筑装修标准和原则，完成概念设计和方案设计。

⑥确认各设备选型的合理性、统一性，各机电系统、设备与土建接口及标准是否协调、合理。

⑦负责编制机电系统接口文件。

⑧组织完成各车站及工点的综合管线及孔洞图。

⑨会审施工图，以保证施工图符合总体要求。

⑩审查各专业间的互提资料（含接口资料）。

⑪配合建设单位进行土建施工、机电设备采购与安装的招标工作。

⑫参与建设单位主持的设备调研、订货，履行设备采购合同规定的设计单位所承担的职责。

⑬定期开展施工巡检工作，做好施工配合管理。

⑭其他相关的设计总体工作。

27.3.3 设计计划管理

计划管理是总体总包管理中非常重要的一项工作，计划管理的好坏直接关系到整个项目是否能顺利推进。计划管理也是艰辛的、困难的、持久的，需要进行全过程监控、全面了解整个工程的进展情况并进行全面协调。设计计划管理主要有以下一些重难点及对策：

（1）要切实以"工程总策划"为依据制定项目计划（如总设计计划、年度计划等），协调好总体性工作与单项工作之间、基础资料与各项工作之间的相互关系，同时还需要确定合理的单项工作周期，因此密切的协调沟通是必不可少的，这样制定的项目计划才更具有指导性、可操作性。

（2）设计管理中最困难的是进度控制，需要全过程跟踪。计划管理人员应时刻了解项目在任何一个时间段正在进行的工作以及下一阶段将要开展的工作。因此，计划管理人员应每月对照项目的总体目标计划检查各单项工作计划的实际执行情况，对于滞后的项目计划要分析其原因，然后形成相应的报告通报相关的部门。

（3）轨道交通项目专业较多、系统复杂，涉及的接口也较多，需要通过各类会议（如总体例会、专题会议、审查会、协调会等）来明确工作事项或布置工作任务。计划管理人员应建立"议定事情跟踪检查表"以检查落实相关任务进展。

（4）良好的计划管理可保证整个项目有条不紊地推进。因此计划管理人员可以通过制定"每周计划工作表"，检查上周工作的完成情况、布置下周工作的计划。将每周计划工作表通报至总体总包组及相关设计人员，让相关人员能清晰地了解每个时间段或时间点该完成的工作。

（5）为了维护项目计划的严肃性，项目计划一旦制定下发则不能轻易更改。当设计边界条件发生改变引起重大方案变化时，工点需要对设计计划进行相应的调整，此时设计工点应向总体组提出计划调整申请，待总体组和建设单位均给与批复后方可实行计划的调整。

（6）项目的关键节点是计划管理中需要重点关注的部分，如初步设计正式审查等。因此对于关键节点，计划管理人员需制定关键节点的详细设计计划，以保证关键节点的工作能够顺利完成。

（7）计划管理的重点内容为以下三个方面：

①加强计划控制力度，坚持计划的严肃性。建立总进度计划、阶段设计计划与单项工作进度计划、月度设计工作计划与详细出图计划三层次计划体系，通过控制起始点、关键节点、过程检查点三级控制将计划指标层层落实，细化考核，确保设计全过程进度受控。

②落实计划管理岗位责任分工，明确各方的管理职责。为加强计划管理力度，由设计总包负责计划拟定、计划追踪落实、计划调整、计划执行情况检查全过程的管理控制工作。

③加大计划执行情况检查力度，通过设计例会、设计月报、设计巡检、议定事项检查表动态检查计划落实情况，掌握设计进度状态，加大对计划延误的惩罚力度，及时采取有效措施保证工程进度目标的坚决执行。

27.3.4 设计质量管理

严格遵照ISO9001质量体系要求，把设计质量控制分解到每一个设计环节，通过严格的质量管理程序，确保设计方案的最优和设计成果的正确。

（1）合同评审：接到合同任务，我院由项目管理部按照设计任务的性质、工作量、设计周期、涉及专业召集生产部门有关人员召开合同（或投标、协议）评审，会议确定项目控制的部门、项目负责人、专业负责人和相关设计人员，并对设计重点和技术难点提出控制办法。然后根据会议精神下达项目设计任务书。根据设计任务书，各专业负责人进行专业工作策划，项目负责人协调汇总各专业策划，编制项目策划书。

（2）策划评审：由项目管理部组织人员进行策划评审。对项目策划的设计进度安排、设计输入条件、各部门或专业间资料互提内容和时间、设计阶段评审和最终评审的时机、设计文件的内容组成等方面进行评审。评审不通过，需重新策划，重新评审。评审通过，由院分管领导签发，各部门各专业遵照执行。

（3）设计输入：包括设计前期指导、应遵循的设计规范、设计原则以及各专业涉及的相关专业提供的设计资料也作为本专业的设计输入资料。项目负责人将设计依据的设计输入资料编列为设计输入总表，各专业负责人将本专业的设计基础资料编列成设计输入分表，供设计人员使用。

（4）工程设计：各专业根据设计输入资料，进行专业设计，各设计方案需由项目各专业内部商定。重大技术方案须报项目负责人提请院质量和技术研发中心或由分管副总工程师进行方案评审确定。

（5）设计接口：各专业设计在设计过程中，须将确定的设计方案及时提供给其他相关专业，并填写"互提资料单"。

（6）设计评审：整个设计过程至少要进行两次设计评审，即阶段评审和最终评审。设计方案基本完成后，要进行一次阶段评审，阶段评审对各专业的设计方案及相互间的协调情况进行审查，并提出具体的完善方案。阶段评审可进行多次，直至所有设计方案稳定。最终评审在设计成果基本完成后，准备出院前的最后评审，最终评审主要检查设计文件是否严格执行了以前评审的技术决定，对出现的问题提出修改意见。

（7）设计验证：设计成果经最终评审后，开始进行设计成果输出并进行设计验证。设计验证是设计输出的最后技术质量保证。设计验证阶段包括院内设计验证（校核、审核、审定）和总体总包项目内部设计验证（会签）。校核主要检查设计文件的正确性避免错漏，并检查设计执行设计评审意见的情况。审核则主要检查设计执行设计评审意见的情况，并检查设计文件重大错漏。审定主要是由院专业副总工程师进行，负责解决重大、关键、疑难技术问题，审查方案是否满足规程规范要求，并对图纸质量进行评价。

（8）设计会签：在设计过程中，各设计方案在各专业中互通信息，方案评审时也评审了各专业间的配合协调。为保证设计成果能组成一个完整的系统而不相互矛盾，设计文件需经专业负责、项目负责和各专业会签确认。经会签及签署完整的设计文件需进行系统或总体会签，审核是否符合总体技术要求，然后将反馈的咨询意见落实修改后，经设计、校核和审核后重新签发出版交付。我院质量和技术研发中心专门负责跟踪项目质量全过程。

我院设计质量管理流程图详见图27.3-1。

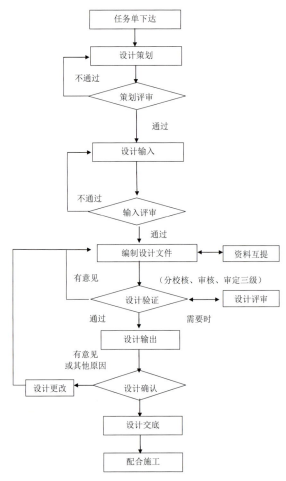

图 27.3-1　设计质量管理流程图

28 规章制度

28.1 设计周报制度

为了加强设计过程中的组织与管理，及时反映工程当前进展情况及存在的问题，为项目施工管理人员及建设单位提供准确的项目实时情况，确保工程保质保量顺利完成，提高工作效率。本工程设计中专门制定了设计周报制度。

28.1.1 组成及具体内容

设计周报根据设计的不同阶段的关键点来制定，其内容包括现有设计进展情况、下周设计进展计划及解决方案、各单元详细周报，具体内容如下：

①设计主要完成工作情况：该部分应用总结性或概括性文字整体描述设计从开始至目前所完成的所有工作，其内容应包括但不仅限于：目前已完成的工程阶段、主要设计节点完成情况等。

②制约项目进展的主要因素：该部分应列举目前制约工程进展的主要因素，并应逐条明确责任方以及应对方案。制约因素消除后，应在下周周报中删除。

③下周项目进展计划及解决方案：该部分应列举下周的设计进展计划，明确责任人，对一周内无法完成的任务应明确任务的完成时间。

④各单元详细周报：该部分应按专业详细描述设计过程中该单元的主要节点、本周主要完成的工作内容、制约该单元设计进展的因素、预计完成时间等内容。

⑤对外文件及设计成果周动态表：该表应按时间顺序依次记录整个进行中，所有对外的图纸发放情况、设计实施过程中所有变更单发放情况等。

28.1.2 设计周报的作用

在设计过程中，关注各工点人员办公情况，及时了解本周设计进展、勘察进度，并以周报形式通报各参建单位。从而让设计工作进行更有计划性，有效总结本周工作成果，合理安排下周工作内容，同时能为各参建单位人员提供最新、最可靠、最准确的项目进展情况，对设计工作的进行起到定期整理和引导的作用，保证了设计过程的公开透明（图28.1-1）。

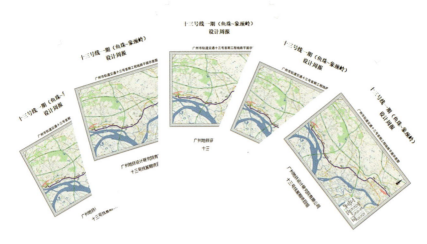

图 28.1-1　设计周报

28.2　文件编制规定

为保证设计质量，提高设计标准化水平，对各类文件、图表格式的编制均制定了详细的规定，并将文件分册，细化不同专业设计情况，同时下发各专业标准模板，使各专业设计文件的深度与内容得以统一，满足审查要求。以下展示本项目设计中的部分编制规定（图28.2-1～图28.2-4）。

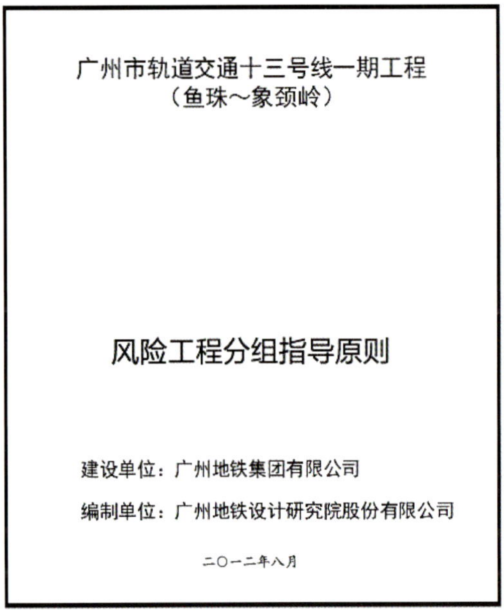

广州市轨道交通十三号线一期工程
（鱼珠～象颈岭）

风险工程分组指导原则

建设单位：广州地铁集团有限公司

编制单位：广州地铁设计研究院股份有限公司

二〇一二年八月

图 28.2-1　风险工程分级指导原则

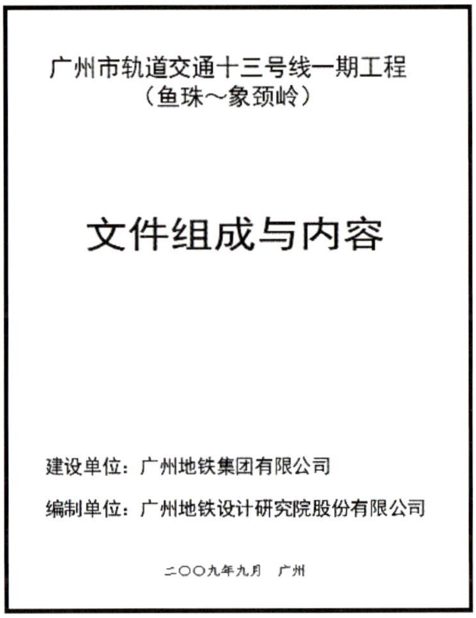

广州市轨道交通十三号线一期工程
（鱼珠～象颈岭）

文件组成与内容

建设单位：广州地铁集团有限公司

编制单位：广州地铁设计研究院股份有限公司

二〇〇九年九月　广州

图 28.2-2　初步设计文件组成与内容

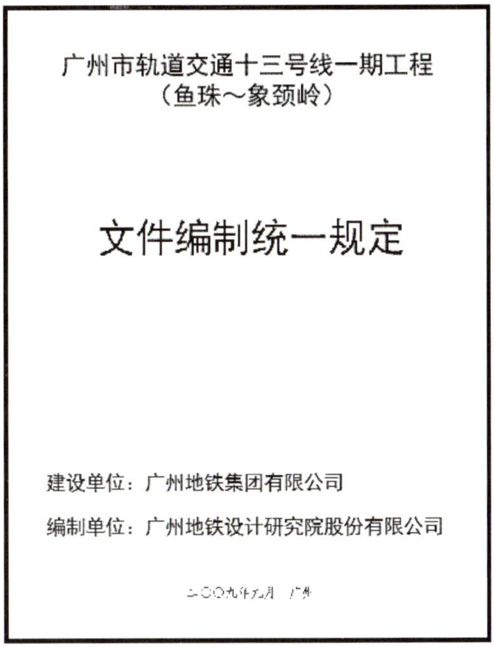
广州市轨道交通十三号线一期工程
（鱼珠～象颈岭）

文件编制统一规定

建设单位：广州地铁集团有限公司
编制单位：广州地铁设计研究院股份有限公司

二〇〇九年九月 广州

图 28.2-3 图纸、文件编制统一规定

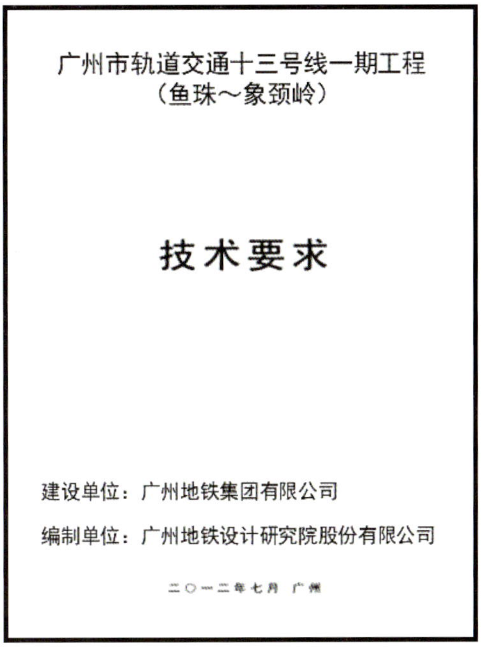
广州市轨道交通十三号线一期工程
（鱼珠～象颈岭）

技术要求

建设单位：广州地铁集团有限公司
编制单位：广州地铁设计研究院股份有限公司

二〇一二年七月 广州

图 28.2-4 技术要求

29 与相关专业接口的设计与管理

29.1 接口设计与管理的内容与要求

29.1.1 总体要求

城市轨道交通建设是一项多单位、多专业参与的联合协同的工作体。各部门、各专业相互依从、制约、联系，从而形成一个十分繁杂的接口体系。在实施设计、施工、调试、运行的接口技术管理时，对接口体系必须进行详细、缜密的策划，提出和确定接口系统的组成机构、具体内容和实施要求，以确保设计、施工及调试工作的质量和工程控制，避免因接口不当或疏漏而产生的经济和时间损失。

表29.1-1中反映了轨道交通工程相关重点专业（或系统）间的内部接口关系情况，各专业均应与其相关的重要专业协调接口界面、接口内容，并由此厘清设计界面和设计责任，为形成正确、完整、统一和具体可实施性的设计文件打下基础，同时也为总体管理提供了有章可循的依据，建立了共同协商技术方案的平台。

29.1.2 各专业接口的处理

在城市交通轨道的建设过程中，对接口体系进行恰当处理的重要性包括以下几个方面：

①科学的、高效的接口体系管理有利于设计、施工质量、设备安装及运营调试的控制，施工单位和供货商深入学习、了解各系统的接口，也能降低不必要的浪费，节省成本。

②通过接口体系的管理，使参加工程建设的各单位明确责任、清楚边界，在总体工期目标策划要求下，了解各自的任务、目标、期限，形成优化合理的、系统性的网络规划，实现数字化管理。

③通过接口体系管理，协调各方的要求，避免产生纠纷、冲突、危机和重复工程，控制投资。

④先进的接口体系管理模式、管理方法能督促承包、承建商按计划履行职责。

⑤接口体系管理的专业化服务，有利于管理者的科学决策，使项目参与者形成"工程利益第一"的共同目标。

广州轨道交通十三号线各专业相关接口的如下（以风水电等专业为例，见表29.1-2～表29.1-9）：

表29.1-1 轨道交通设计相关重点专业内部接口表

序号	轨道交通专业名称	行车组织与运营	线路	限界	轨道	车辆	工程测量与地质	车站建筑	车站结构	车站通风空调	车站给排水及消防	车站动力照明配电系统	区间	路基及桥涵	供电	主变电站	通信	信号	隧道通风	区间给排水及消防	自动灭火	综合监控	FAS BAS	自动售检票	站台门	防淹门	电梯扶梯	门禁	节能	云平台	大数据	疏散平台	OA	车辆段	控制中心	防灾	人防	工程筹划	工程经济
1	行车组织与运营		✓	✓	✓	✓		✓		✓	✓				✓			★	✓	✓	✓	✓	✓		✓	✓	✓				✓	✓		✓		✓	✓	✓	
2	线路	✓		✓	✓	✓	✓	✓					✓	✓	✓		✓	✓	✓	✓	✓	✓	✓			✓		✓				✓		★	✓		✓	✓	
3	限界	✓	✓		✓	✓		✓		✓			✓		✓			✓				✓			✓	✓								✓			✓		
4	轨道	✓	✓	✓		★					★		✓	✓	✓	★	★	★	✓	★	★		★			★						✓		✓			✓	★	
5	车辆	✓	✓	✓	★				✓			★		✓	★		★	★	✓				★		✓	✓			✓			✓		✓	✓	✓	✓	✓	✓
6	工程测量与地质							✓	✓				✓																					✓					
7	车站建筑	✓	✓	✓	✓	★			★	★	★	★	★	★	★		★	★	✓	★	★	★	✓	★	★	★	★	✓	★	✓	✓	★	✓			✓	✓	★	✓

续表

轨道交通专业名称	车站结构	车站通风空调	车站给排水及消防	车站动力照明配电系统	区间
序号	8	9	10	11	12
工程经济	✓	✓	✓	✓	✓
工程筹划	✓	✓	✓	✓	✓
人防	✓	★	✓	✓	✓
防灾		★		✓	★
控制中心		✓	✓	✓	
车辆段		✓		✓	
OA		✓		✓	
疏散平台	★				★
大数据					
云平台				✓	
节能	✓	★	✓	★	
门禁	✓			✓	✓
电梯扶梯	✓	✓		✓	
防淹门		✓			
站台门	✓	★			
自动售检票	★	✓			
FAS BAS	★	✓	✓	✓	✓
FAS	★	★		✓	
综合监控	★				
自动灭火	★	★	✓		★
区间给排水及消防			✓	✓	
隧道通风	★	★		✓	★
信号	★	★		✓	✓
通信	★	★		✓	
主变电站					
供电	★	★		★	✓
路基及桥涵	✓			★	★
区间	★	★		✓	
车站动力照明配电系统	✓	★	✓		✓
车站给排水及消防	✓	★		✓	✓
车站通风空调	✓		★	★	★
车站结构		✓	✓	✓	★
车站建筑	★	★	★	★	★
工程测量与地质	✓				✓
车辆	✓				
轨道			★	★	✓
限界		✓	✓	✓	✓
线路					✓
行车组织与运营		✓	✓		

续表

轨道交通专业名称	13 路基及桥涵	14 供电	15 主变电站	16 通信	17 信号	18 隧道通风	19 区间给排水及消防
工程经济		√	√	√	√	√	√
工程筹划	√	√	√	√	√	√	√
人防		√		√		√	
防灾		√	√			★	
控制中心		★		★	★		
车辆段	√	★	★	√	√		
OA				√			
疏散平台	√	√	√	√	√		√
大数据		√	√	√	√		
云平台		√	√	√			
节能		√	√	√		★	√
门禁			√	√	√		
电梯扶梯				★			
防淹门		√			√	√	
站台门		√			★	★	
自动售检票				√			
FAS BAS				√			
综合监控		★	★	★		√	√
自动灭火			√	★		√	
区间给排水及消防	★	√		√		√	
隧道通风							
信号		√			★		√
通信		★	√		★	√	√
主变电站	★	★		√			
供电	★			★	★	√	√
路基及桥涵		√	★				★
区间	★	√		√		★	
车站动力照明配电系统	★	★					
车站给排水及消防						√	
车站通风空调		★		★	★	★	
车站结构	√	★		★	★	★	
车站建筑	★		★	★	★		★
工程测量与地质							
车辆	√	★		★	★	√	
轨道	√	★		★	★	√	★
限界	√	★	★	√	★	√	★
线路	√	√	√	√	√	√	√
行车组织与运营	√			√	★	√	√

续表

轨道交通专业名称	20 自动灭火	21 综合监控	22 FAS	23 BAS	24 自动售检票	25 站台门	26 防淹门	27 电梯、扶梯
工程经济	√	√	√	√	√	√	√	√
工程筹划	√	√	√	√	√	√	√	√
人防			√	√				
防灾			★	√				
控制中心		★	★	★	√			
车辆段		★	★	★	√			
OA								
疏散平台						√	√	
大数据	√	√	√	√	√	√		√
云平台	√	★	★	★	√	√		√
节能	√	√	√	√	√	√	√	√
门禁		√		√	√			
电梯扶梯		√		★				
防淹门		★						
站台门		★						
自动售检票		★	√					
FAS BAS		★						★
FAS		★		★	√			√
综合监控			★	★	★	★	★	√
自动灭火								
区间给排水及消防		√						
隧道通风						★	√	
信号	√					★		
通信	√	★	√	√				★
主变电站	★	★						
供电	√	★	√	√		√	√	
路基及桥涵								
区间	★						√	
车站动力照明配电系统	√	√	√	√	√	√	√	√
车站给排水及消防	√	√	√	√				
车站通风空调	★		★	√	√	★		√
车站结构	★	★	★	★	★	√	√	√
车站建筑	★	★	★	★	★	√	√	★
工程测量与地质								
车辆						√		
轨道			★	★			★	
限界	★		★	★		√	★	
线路		√	√	√			√	
行车组织与运营	√	√	√	√	√	√	√	√

续表

序号	轨道交通专业名称	行车组织与运营	线路	限界	轨道	车辆	工程测量与地质	车站建筑	车站结构	车站通风空调	车站给排水及消防	车站动力照明配电系统	区间	路基及桥涵	供电	主变电站	通信	信号	隧道通风	区间给排水及消防	自动灭火	综合监控	FAS BAS	自动售检票	站台门	防淹门	电梯扶梯	门禁	节能	云平台	大数据	疏散平台	OA	车辆段	控制中心	防灾	人防	工程筹划	工程经济
28	门禁	✓	✓					✓	✓			✓	✓		✓	✓	✓	✓				✓	✓	✓	✓	✓	✓		✓		✓			✓	✓			✓	✓
29	节能	✓			✓	✓		★		★		★	✓		✓	✓	✓	✓	★			✓	✓				✓	✓						★			✓	✓	✓
30	云平台	✓	✓		✓							✓	✓		✓	✓	✓	✓				★	★	★	✓		✓	✓			★		★	✓	★			✓	✓
31	大数据	✓	✓					✓							✓	✓	✓	✓		✓	✓	✓	★	★	✓	✓	✓	✓		★			★	✓	★		✓	✓	✓
32	疏散平台	✓	✓	✓	✓			★	★				★	✓	✓		✓	✓	✓							✓						—					✓	✓	✓
33	OA				✓		✓			✓					★	★	✓	✓									✓	✓	✓	★	★		—	✓	★			✓	✓
34	车辆段	✓	★		✓	✓	✓	✓		✓		✓		✓	★	★	✓	★				✓	★	✓			✓	✓	★	★	✓			—	★			✓	✓
35	控制中心	✓	✓	✓	✓	✓	✓	★		✓		✓			★	★	★	✓			✓	★	★	✓	✓	✓	✓	✓	✓	★	★		★	★	—			✓	✓
36	防灾	✓	✓	✓	✓	✓		✓		★	✓	✓	★		✓	✓	✓	✓	★	✓		✓	★									✓				—			

29 与相关专业接口的设计与管理

375

续表

序号	轨道交通专业名称	行车组织与运营	线路	限界	轨道	车辆	工程测量与地质	车站建筑	车站结构	车站通风空调	车站给排水及消防	车站动力照明配电系统	区间	路基及桥涵	供电	主变电站	通信	信号	隧道通风	区间给排水及消防	自动灭火	综合监控	FAS BAS	自动售检票	站台门	防淹门	电梯扶梯	门禁	节能	云平台	大数据	疏散平台	OA	车辆段	控制中心	防灾	人防	工程筹划	工程经济
37	人防	✓	✓	✓	✓			✓	✓	★	✓	✓	✓		✓		✓		✓										✓			✓							
38	工程筹划	✓	✓		★	✓		★	✓	✓	✓	✓	✓	✓	✓	✓	✓	✓		✓	✓	✓	✓	✓	✓	✓	✓	✓		✓	✓		✓	✓	✓		✓		
39	工程经济	✓			✓	✓		✓	✓	✓	✓	✓	✓	✓	✓	✓	✓	✓		✓	✓	✓	✓	✓	✓	✓	✓	✓		✓	✓		✓	✓	✓	✓	✓		

注：表中"✓"为一般提资，"★"为配合协商，是内部技术接口协调的重点。

（1）通风空调系统

通风空调系统接口设计　　　　　　　　　　　　　　表29.1-2

与之接口的专业名称	接口设计内容与要求
隧道通风系统	负责提供其在车站要求的系统设备配置情况以及有关布置要求，并在系统设计单位的指导下完成系统设备在车站的布置
给水排水及消防系统	提出补水量和补水点设计要求
火灾自动报警系统	提出防火阀的位置、编号、具体监控要求
环境与设备监控系统	提出需要监控的设备位置、编号、具体监控要求
动力照明配电系统	提出需要配电的设备位置、编号、具体配电要求
土建专业	提供孔洞、结构风井、结构风道、结构基础及预埋管件要求

（2）给水排水及消防系统

给水排水及消防系统接口设计　　　　　　　　　　表29.1-3

与之接口的专业名称	接口设计内容与要求
通风空调系统	提供空调系统的冷冻水和冷却水系统的补水，备用冷源的冲洗用水
火灾自动报警系统	提供消防增压设施、消火栓、信号阀的布点
环境与设备监控系统	提供专业内各动力设备的布点、控制要求
动力照明配电系统	提供专业内各动力设备的布点、功率、负荷等级、控制要求
轨道专业	提供所有穿越道床及道床回填层的给排水管道、沟槽的里程、尺寸及连接方式
土建专业	提供相关设备用房面积及布置要求，消火栓箱等主要部件的安装位置、各类管道孔洞及预埋件要求。配合建筑完成各类排水的有组织导向、收集

（3）供电系统

供电系统接口设计　　　　　　　　　　　　　　　表29.1-4

与之接口的专业名称	接口设计内容与要求
电力监控系统	提供供电系统方案、变电所布点、变电所主接线及各种工况下的运行方式
牵引网系统	提供牵引网系统的载流量、载流回路构成及电缆选择等
杂散电流腐蚀防护及接地系统	提供回流系统构成及电缆选择、牵引网各个供电分区电流
土建专业	提供变电所设备、电缆预留孔洞和电缆敷设路径，提供接触网隔离开关柜、接触网接地开关柜等设备的安装空间、载荷及预埋件要求

（4）信号系统

信号系统接口设计　　　　　　　　　　　表29.1-5

与之接口的专业名称	接口设计内容与要求
站台门系统	提供列车占用轨道信息及站台（安全）门的开、关控制信号
综合监控系统	提供实时的监控信息，如信号设备状态信息、实际列车运行图信息、列车识别号信息（车组号、车次号、目的地等）、列车位置信息、实际列车运行信息、系统重大故障报警信息。 每天正式运营前或运营图变化时，向综合监控系统传送当天或更新计划的运营时刻表
控制中心大屏幕	提供2路冗余的以太网接口传送信号显示内容到大屏幕控制器，并在大屏幕实现信号相关内容的显示

（5）通信系统

通信系统接口设计　　　　　　　　　　　表29.1-6

与之接口的专业名称	接口设计内容与要求
综合监控系统	为综合监控提供以太网接口，在控制中心大厅为综合监控大屏提供不少于12路音频输入
信号系统	提供RS422接口
升降设备	负责自车控室敷设两条两对电话线至电梯控制箱电话接线端子处。 负责敷设视频电缆至电梯控制箱处，将电梯专业提供的轿厢摄像机接入车站视频监视系统

（6）综合监控及综合安防系统

综合监控及综合安防系统接口设计　　　　　　　表29.1-7

与之接口的专业名称	接口设计内容与要求
电力监控系统（PSCADA）	完成PSCADA中央级及车站级电力监控功能的集成，接收PSCADA上传开关状态、电能质量及能耗数值参数，可下发单控、程控等控制命令，并能修改PSCADA开关程控卡片
火灾报警系统（FAS）	完成FAS中央级及车站级FAS监控功能的集成，接收FAS上传的火警信息及防火阀、自动灭火、消防水泵等设备状态进行显示和联动相关设施
环境与设备监控系统（BAS）	由综合监控系统完成BAS中央级及车站级BAS监控功能的集成，接收BAS上传的设备状态、环境参数、关键设备运行时间和故障次数，可下发单点、模式及时间表等控制命令

续表

与之接口的专业名称	接口设计内容与要求
站台门系统（PSD）	完成PSD中央级及车站级PSD监控功能的集成，接收PSD上传的整侧、单体等门状态信息并显示
能源管理系统	集成能源管理系统现场采集的电流、电压、功率、能耗等
供电安全管理系统	集成供电安全管理系统的运行状态、闭锁校验的控制中心功能
信号系统（SIG）	获得列车位置信息、进到站信息，向信号系统提供牵引供电信息，实现大屏幕显示
自动售检票系统	完成客流显示、设备状态监视、联动功能
门禁系统	完成设备状态监视、联动功能
广播系统	完成广播系统中央级及车站级广播播放控制、设备监控、广播内容同步等功能
闭路电视监视系统	完成专用通信视频监视系统的中央级和车站级监控功能，实现视频图像切换控制功能和数字视频图像软解码显示功能

（7）自动售检票系统

自动售检票系统接口设计　　　　表29.1-8

与之接口的专业名称	接口设计内容与要求
车站动力配电系统	提出AFC系统设备的用电类型、用电等级、用电负荷及设备接地要求，包括车站、控制中心和维修基地配电要求
通信系统	提出传输通道速率、协议及接口要求，包括控制中心至车站、控制中心至车辆段与至轨道交通清分中心传输通道
综合监控系统	提出车站IBP盘上AFC紧急按钮的接口要求，在控制中心向综合监控专业提供有关AFC客流、设备状态等数据信息
门禁系统	为实现门禁系统设备读取员工票数据的需求，AFC专业需向门禁系统专业提供有关员工票读写等技术规格
通风空调系统	提出AFC设备用房及管理设备发热量和布置要求
建筑与装修专业	提出车站AFC终端设备数量及布置要求；提出控制中心、车站和车辆段维修基地AFC设备及管理用房要求；提出预埋电缆管、槽、孔洞的要求
火灾自动报警系统	与火灾自动报警（FAS）系统协调落实接口要求
综合中央计算机系统	通过通信专业提供的传输通道，AFC系统按要求向轨道交通清分中心上传或下载相关的数据

（8）升降设备

升降设备接口设计　　　　　　　　　　　表29.1-9

与之接口的专业名称	接口设计内容与要求
通风空调系统	提供自动扶梯、电梯的电机容量
通信系统	提供电梯对讲电话终端设备及安装位置和对讲电话线的规格尺寸要求。提供并按照电梯轿厢内摄像头，在电梯最顶层的控制柜预留视频接口，向通信专业提供各电梯安装位置等资料
建筑专业	提供自动扶梯、电梯主要参数图和典型布置图（包括详细尺寸、扶梯中间支承的布置、吊环的布置、排水要求、开孔宽度要求、基本尺寸）
结构专业	自动扶梯机座尺寸、预埋件大样图及预留孔洞尺寸图，扶梯吊钩、中间支承的布置和负荷参数，电梯吊环的负荷参数、电梯预埋件的尺寸和受力要求
给排水及消防系统	提交出入口扶梯的排水要求
车站动力配电系统	提供扶梯上部机房电缆进线位置、配电要求（包括相线数、电机容量）；扶梯下部空间照明要求；电梯配电要求、相线数、电机容量、进线位置

29.2　接口设计与管理的建议

对于工程接口设计与管理这项极为重要的工作，建议在今后的轨道交通建设中从以下几方面进行加强：

①尽早成立接口管理机构，制定并批准设计、工程接口的管理程序及办法，把实现接口管理的制度化、规范化和科学化，使该机构成为强有力的接口体系管理指挥机构。

②设计、工程实施的协调要形成高效的决策系统，以解决设备、土建设计和施工中常发生的施工设计不能按期完成，产生设备安装图滞后的问题。由于预留、预埋问题的原因，造成影响土建施工或土建施工完后，又重新开孔和埋设连接件等问题，严重的甚至会影响到结构需重新设计。在接口管理工作中必须重视这类接口的管理。

③加强对技术接口的管理工作，明确哪些应在初步设计或施工图设计阶段解决，哪些在设备招标投标后解决，哪些在确定承建、承包商后由设计协调明确任务。

30 标准化设计

30.1 概述

地铁作为城市轨道交通的重要组成，其空间布局在地下空间规划中同样占据着重要位置。地铁线路连接了多个客流集散空间，使各个车站连接成为一个整体。标准化设计理念在我国地铁建设过程较早地被提出，经过多年的地铁工程建设及规范化、模式化的发展，标准化设计理念已经逐渐成熟，对地铁设计、施工乃至运营等各阶段都提出了详细要求。认真研究标准化设计相关体系、流程，对地铁设计的质量优化与工期优化都有着巨大的帮助。另一方面，由于地铁建设也需要考虑不同工程特殊性和个性化处理，标准化设计与工程实际的结合也变得尤为重要，这对工程设计人员也提出了更高的要求。

广州地铁十三号线全线各车站及区间所处的地理形态、施工方法及建筑空间都不尽相同，存在各自特征，因此标准化设计要在地铁项目的建设过程中得到贯彻与落实，难度较大。故考虑在地铁建设过程中结合各站点固有的一些地形特征和地理条件，形成具备各站特色的适度标准化设计。从而在满足施工技术条件要求的前提下，对地铁全线实行标准化设计，为建筑空间的有效合理利用创造条件。同时通过在确保地铁设计空间连续特征的前提下，适当增加一些个性化、多样化的元素，有效提升地铁车站之间的辨识度，同时也满足用户对美感的需求。

十三号线标准化设计中，对于选址规划、土建施工及设备安装等各专业的设计，均严格按照相关既有规范、条文要求进行，有效贯彻落实了标准化设计要求，为各专业对接、后续检修、线路接驳等创造了有利条件。以下主要选取本工程设计中部分特色、重点标准化设计进行介绍。

30.2 重点标准化设计

30.2.1 公共区标准化

公共区作为乘客集散的重要场所，其标准化设计的重要性不言而喻，为提高工程建设的经济效益、简化设计及施工程序，通过对十三号线沿线周边用地规划、客流量进行调查研究，以及对社会民众意见进行收集整合。本工程重点对车站公共区柱距、公共区主要服务设施、公共区楼扶梯的布置等三方面进行了标准化设计。

①柱子作为公共区不可缺少的建筑元素，柱距的大小直接影响地面装修、吊顶形式、送排风口的位置、楼扶梯、售检票设备的布置情况等，对车站和车站附属设施的安排都会有较大的影响，故十三号线地铁车站考虑在柱距上实现标准化设计。不仅方便了施工中的计算等问题，也同样对车站内部的标准化装饰，如吊顶、地面铺装等起到了促进作用。十三号线对一般车站的柱距进行了统一布置，从而为后续的楼扶梯、售检票设备布置标准化，以及导向系统的设计标准化、施工便捷化提供了先决条件。

②楼扶梯的布置应着重考虑有效站台长度与客流量两大因素，首先应根据远期高峰小时预测客流量确定紧急疏散和正常使用两种情况下的楼扶梯数量，并取其中的较大值。其次，楼扶梯的下端工作点在站台层的位置以有效站台长度的四分点处为宜，并以此确定站厅付费区沿车站方向的长度。十三号线车站楼扶梯考虑两列车对应一组楼扶梯，共布置四组楼扶梯，两端两组为两部扶梯，一组为1部楼梯1部扶梯，中间一组L形楼梯整合无障碍电梯设置，保证了站台疏散点布置的均匀性，并有利于乘客快速熟悉车站布局，便于工作人员进行客流组织安排和快速地疏导乘客。

③车站服务设施布置方案应以乘客流线为引导，以乘客便捷为目标。车站服务设施是车站内为乘客服务的多种设备的统称，主要包括自动扶梯、楼梯、电梯、客服中心、售检票设施、无障碍设施、导向等车站运营设施及公用电话、自动售卖机等商业服务设施。十三号线根据客流情况及人性化设计理念均对其进行了标准化设计。

其中，售票机及验票机沿两端设备区端墙布置，其他商业自助设备围绕非付费区的柱子布置，有效减少了买票咨询客流与进出站客流的交叉。垂直电梯面向站台长向开门，防止了候梯客流与候车客流的冲突。导向系统沿车站装修流线进行布置，提高了客流引导效率，完善了进出站客流流线。具体公共区标准化设计布置情况如图30.2-1所示。

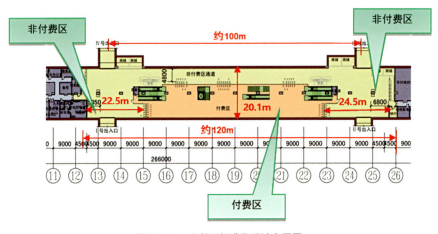

图 30.2-1　公共区标准化设计布置图

30.2.2 设备管理区标准化

地铁车站的设备管理用房通常位于站厅层和站台层的两端，分为大端和小端，一般与公共区相对独立。包括管理用房、设备用房、辅助用房、风道管道空间等。本工程设计中，将相同功能的同系统房间尽可能集中布置，从而有利于共用同一通风系统，方便管路铺设，节省管路长度及节约成本。同时每个房间的位置在同类型的车站里基本一致，对这部分房间的标准化设计可以减少设计者的工作量，为运营管理提供便利。

车站主要设备管理区，即站厅层大端设备区，主要按以下思路布置：

①站厅大端设备管理用房设置为有人区，有紧急消防通道及楼梯直通地面；

②设置双走道，均直通至环控机房，方便管线敷设；

③主走道与次走道间设横通道，横通道的间距不超过30m，不需设置机械排烟；

④管理用房集中布置，并尽量靠近站厅公共区，需面向乘客的房间（车控室、接处警室）面向公共区布置；满足车站功能要求，利于管线综合布设；

⑤为配合综合管线的有序布置，同一功能同一空调系统的房间尽量集中布置（以走道为界将设备房分为3个区，其中两走道之间为2区，主走道外侧为1区，次走道外侧为3区）。1区：需空调24小时运行的强、弱电用房；2区：除强、弱电用房外其他需空调24小时运行的用房＋需通风的房间，需通风的房间尽量靠近环控机房；3区：需通风的房间＋非24小时管理用房（图30.2-2、图30.2-3）。

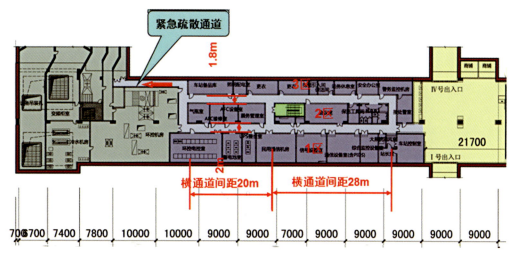

图30.2-2 设备区通道设计示意图

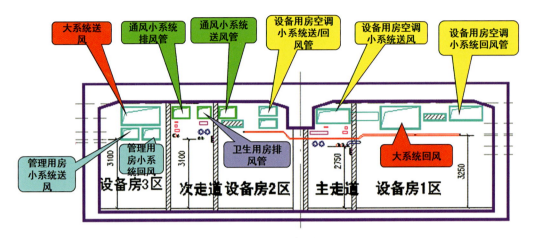

图 30.2-3　设备区标准化布置图

30.2.3　中间风井标准化

中间风井除满足隧道通风及排烟的功能外，还需满足本工程筹划的区间盾构始发（吊出）的要求，故其规模由盾构始发（吊出）确定。本工程设计中结合现场实施条件，采用明挖标准化设计，设计与现场实施均可相互参考，提高工程效率（图30.2-4）。

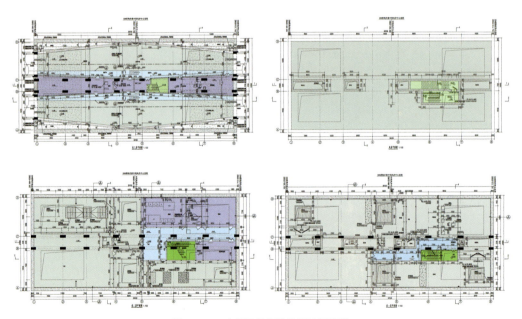

图 30.2-4　中间风井标准化设计示意图

30.2.4 车站装修标准化

为将一站一景的个性化设计理念与全线标准化的设计理念相结合,本工程在车站装修上考虑采用适度标准化的设计原则。通过把"流动"的装修主题融入全线车站的天花系统之中形成线路大共性,并采用标准化、工业化、模数化的弧形铝构件结合灯具组合成一体式的波浪形图案天花灯带系统。营造出了天花灯带如水波般往线路方向流动的视觉感受,暗示车站的交通客流逻辑特征,并成功保证了全线车站的一体性(图30.2-5)。

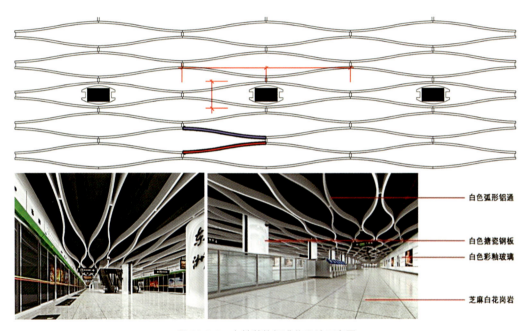

图 30.2-5 车站装修标准化设计示意图

30.2.5 运营管理标准化

地铁新线运营管理包含了两方面的内容,一方面是地铁新线筹备管理;另一方面是运营需求管理。这两个方面的内容所起的作用是推进地铁新线的运营管理工作,是地铁新线运营管理的重要组成部分。在既有线路建设经验中可以发现地铁运营之前的准备工作涉及诸多方面,且每一个方面都能影响地铁新线运营的质量。有鉴于此,运营管理的标准化设计意义重大。地铁新线运营管理的标准化模式主要强调的是运营需求管理的效果,其标准化模式落实到具体的环节中能够更好地完成地铁新线运营的基础性工作,还可以降低地铁新线建设所需成本。本工程在针对运营管理的标准化设计中也做了许多工作。

①针对鱼珠站、裕丰围站等重点大客流换乘站设计中,运用仿真分析技术对运营期

初期、近期及远期客流情况进行模拟分析，有效地将运营管理的标准化研究融入地铁新线的设计工作中，提高了后续管理的效率以及标准化的实现可能。

②在盾构开挖的设计与施工中，针对运营噪声震动、环境保护、消防安全超前进行标准化设计，通过对盾构参数的重点设计，对机电设备的质量标准严格把控和对各种条令文件地认真遵守，较好地保证了地铁运营的稳定性和环保性。

③全线实施车控室一体化、标准化方案，整体规划车站控制室内的设备布置，以人机工程学为指导，按照一体化与标准化相结合的设计原则进行功能分区，整体布置按照资源共享、相似平台整合的理念，将系统功能或产品性能相似的设备，在物理空间上进行整合，达到了功能分区清晰，设备布置集中，整体美观整洁的布置效果，有利于运营日常管理和提高应急效率，同时也体现了本工程运营标准化的特点（图30.2-6、图30.2-7）。

图 30.2-6　一体化车控室效果图

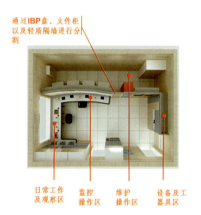

图 30.2-7　一体化车控室分区布置图

30.3　回顾与展望

当前，在实现地铁建设合理有效利用地下空间的实际需求情况下，标准化的设计就是其中的关键因素和具体实现方式。通过以上对本工程各方面标准化设计的介绍，可以看出，在地铁建设的设计阶段，通过对地铁车站标准化设计的推广，可显著减少因设计单位和设计人员不同而产生的车站建筑布置方式、土建规模迥异的现象。减轻设计工作量，有效防止不合理的布置和设计变更，避免产生建筑面积和工程量的浪费，从而达到控制投资、节约设计费用、缩短设计周期的目的。

但是要真正意义上将地铁建设标准化设计理念的应用价值进行有效提升，对地下空间布局的合理规划必不可少，且必须加强对各工程施工体系的进一步优化，同时合理推广标准化设计，尽快充实各专业的标准化设计规范，为建设精品工程创造有利条件。

31 总结

31.1 概述

本书通过对广州地铁十三号线一期工程在建设过程中出现的各类设计和施工的重难点及解决方案进行详细地介绍，较为系统地归纳并阐述了本工程建设过程中的设计亮点和技术创新，对今后地铁工程的工程实践和理论发展有一定的参考价值。

本书共分为规划篇、设计篇和管理篇三个部分，规划篇主要对广州目前的城市发展、地铁线路规划情况进行了简要介绍，交代了广州轨道交通十三号线一期工程所处的建设背景。设计篇作为本书的主要部分，重点对各专业在建设地铁过程中所采用的创新设计与关键技术进行了详细阐述，集中对本工程设计与施工中具有创新性和超前性的内容进行介绍，并分章节对各专业各阶段的设计过程及内容进行介绍，对设计过程中的难点和重点进行了深入探究，提供了对各部分、各专业在设计和施工过程中的感悟与展望，从而有利于读者更好地熟悉地铁建设流程、学习相关设计方法和施工技术，达到激发设计灵感、优化施工过程的目的。管理篇对十三号线一期工程建设全过程中的造价投资、设计变更、工期质量、规章制度、接口管理、标准化设计等内容进行了介绍，从而为完善后续工程的管理制度和提高管理水平提供一定的依据。

31.2 工程重难点与关键技术

十三号线一期工程是代表国内先进水平的优质地铁工程，在启动伊始便围绕智慧地铁、绿色节能、建造创新三大设计理念开展研究工作，对装修、建筑、结构、施工、机电系统等各专业均展开了难题攻坚和技术研究，最终形成多项先进成果。从而有效确保了本工程建设目标全方位落地实施，为运营期间更好地服务于民，促进湾区经济建设打下坚实基础。以下对工程中的主要重难点及关键技术进行归纳总结。

31.2.1 工程重难点总结

1. 设计重难点

（1）换乘车站面临的设计难点和解决方案如下：

①鱼珠站改造既有车站，成功满足了大客流换乘站客流运送、疏散能力要求；

②新塘站作为广州东部最重要的综合交通枢纽,与凯达尔枢纽综合体进行合建超前设计,且是国内较早使用客流仿真模拟优化公共区布局的车站;

③南海神庙站需与国家级文物南海神庙进行一体化设计,文物保护要求责任重大,设计、施工均面临巨大考验,通过前期线路规划,车站布局设计,多方密切沟通完美解决。

(2)由于地铁能源消耗较大,且牵引能量节约困难,本工程设计通过对照明、供电、通风等专业进行重点节能设计,从设备选型、运营管理等方向入手,取得了良好的节能效果。

(3)地铁涉及建筑、结构、通风、给水排水、供配电、FAS/BAS、区间、轨道等八十多个专业,接口复杂,各专业协调工作量大。十三号线设计中在全盘考虑边界条件的基础上,综合协调线路、运营、建筑、结构等相关重要影响专业,使得各专业取得较好的综合效果。

(4)盾构穿越道路、河涌、重要建筑物等控制点需要重点进行设计,且难度较大,本工程通过设计全程参与、施工及时反馈及各种针对性设计措施,成功保证了全线盾构下穿的安全与质量。

2. 施工重难点

(1)本工程盾构施工过程中,由于22#盾构井基坑地层较差,隧道进出洞地层主要为透水性强的砂层,且水压较大,容易击穿洞门橡胶帘布,采取常规始发及吊出端头加固方案风险较大,故创新采用新型始发吊出方案,取得良好效果。

(2)进行基坑降水时,为减小周边土体失水产生的压缩变形,运用压力回灌井,使得在基坑内部抽水的同时,基坑外侧回补地下水,以时间换空间,减缓了周边建筑物的沉降速率,有效保护了周围建筑物的安全。

(3)线路盾构施工过程中下穿大批厂房及民宅,工程建设过程中各参建方群策群力,通过盾构机参数的优化调整、土体改良、地层加固、风险监测等一系列控制措施有效降低了施工风险,节省了工程投资。

(4)部分站点,开挖范围上覆深厚砂层、淤泥等不良地质,下覆为混合花岗岩基岩凸起,给围护结构选型、施工造成困扰,通过采用"吊脚墙"型式,有效解决上软下硬地质施工难题,取得良好的工程效果。

31.2.2 关键技术总结

十三号线一期工程中首创及运用了各类关键技术25项,具体分类及内容介绍如下:

(1)智慧类关键技术包括:云闸机技术、供电运行安全管理系统、电子导引系统、智能综合监控系统、智能门禁、智能通信系统、智能信号系统。

（2）节能类关键技术包括：超高效制冷机房系统、智能低压配电系统、轻量化高效车辆、BIM三维设计综合管线、密闭污水提升装置、车辆段检修岗位空调。

（3）建造类关键技术包括：客流仿真模拟验证技术、新型轨道减震技术、"粤商珠水"装修概念、建筑标准化、母婴室提升、一体化车控室、设备嵌墙安装、上盖车辆段设计、盾构与明挖分离叠合设置技术、钢套筒泥水盾构始发工艺、钢套筒土压平衡盾构接收工艺、花岗岩残积土地层地下水回灌技术、硬岩成槽深孔微差预裂控制爆破技术、新型防水材料技术、桩基主动托换技术。

通过以上关键技术的应用实践，最终成功实现全系统先进地铁的设计目标，体现了"以人为本、大胆创新"的建设理念。

31.3 综合效益

31.3.1 经济效益

本项目自2010年10月开工至2017年开通运营以来，运输组织单一交路方式，工作日高峰小时最小行车间隔约8.5分钟，截止2021年底运营日均客运量11.2万人次，高峰小时最大断面出现在早高峰约7900人次/小时。

本项目经过采用新技术，新材料，高效节能设备后，能耗较工程可行性设计阶段减少了4000万kW·h，年节约电费约3360万元。标准站照明、空调、给排水、电扶梯、站台门增加投资约185.64万元，节约电量约291万千瓦时，节约电费约245万元，回收期约0.75年。采用高效制冷机房技术后，单站每年可多节约电量约50万kW·h，全站年节约电量约340万kW·h，节约电费约285.6万元，较一般站每年可节约电费约40万元。

本项目通过鱼珠站和五号线换乘实现和广州市中心区的快捷联系，是联系广州东部的重要交通线路，将引导城市向黄埔、新塘一带发展，从而促进经济繁荣及城市"东进"战略的实现。

31.3.2 社会效益

本项目的建设及成功运营将黄埔、新塘和中心区紧密衔接，给黄埔区和新塘镇的发展带来新的契机，尤其是新塘镇将建设广州东部的重要交通枢纽，发挥黄金走廊的重要交通作用，有利于新塘和周边城镇的联系，加快中心城区的城镇空间结构调整，促进新塘的不断发展。

本项目的建设和开通，符合粤港澳大湾区轨道交通统筹规划，协调发展的要求，可以充分发挥轨道交通在综合交通体系中的骨干作用，实现城市轨道交通与城际铁路、高速铁路的高效衔接换乘，强化新塘综合交通枢纽建设，加快区域交通一体化进程，辐射带动粤东北地区和泛珠地区发展，促进区域协调发展，有效支持粤港澳大湾区的发展战略。

31.4 设计体会

从广州地铁十三号线一期线路初期规划到如今正式运营，通过全阶段设计工作的完成，设计人员对地铁整个设计过程有如下几点体会：

①地铁设计的不可预见性：地铁多建于城市中心地下，工程结构较为复杂，施工风险较高，难度较大，在建设过程中存在较多不可预见因素。并且部分地铁施工过程中，由于受地下情况诸多因素的限制，在修建过程中需要穿越许多建筑物，因此需要设计人员时刻关注项目进展，全过程参与建设，随时准备应对各种设计难题。

②地铁设计的经济性：地铁作为重要的地下空间结构，同时又是重要的城市交通方式，以其强大的集流、输送能力将城市空间进行了分割重组。因此，应考虑其建设的重要经济作用，将其经济效益最大化。在设计过程中，应从各方面对其进行优化，如线站位比选、上盖空间利用、设备安装方式、车站结构选型、标准化设计等，保证地铁建设的经济合理也是设计人员能力的重要体现。

③地铁设计的安全性：地下建筑的建设具有一定安全风险，防灾及人防设计也是建筑设计的重要设计任务。防灾与人防系统的设计应遵从"长期准备，重点建设，以人为本"的建设方针，坚持因地制宜，经济可靠，并与地铁全线的结构建设相结合。在设计过程中时刻将安全性放在首位，对车站、区间的人员疏散通道进行重点设计，考虑多种灾害预防措施，合理运用通风系统、监控系统等专业设计情况，最大限度地保证地铁线路建设运营的安全稳定。

④地铁设计的连续性：连续性思想指的是线路规划设计过程中，要随着城市和线网规划的发展预留本工程延伸和线网连接条件。所以前期在线路规划设计过程中，要认真关注、参考城市和线网规划的发展情况，考虑全线大小交路的设置、车辆段和停车场的功能划分及规模。保证后期新增线路可充分利用现有工程所预留的接口，提高资源共享率，并在新的线网中考虑既有线路施工中所导致的相关问题，使得各工程在设计实施过程中，能够与新一轮线网规划和建设规划保持连续性，从而充分保证城市地铁交通功能的发挥。

广州地铁十三号线一期工程的成功运营离不开各方人员多年的辛勤努力，本工程设计严格遵循国家和广州市政府的交通发展战略规划，借鉴国内外先进技术，结合本工程定位及实际情况，汲取既有线路设计经验，在重难技术突破和设计理念创新上取得了显著成效，取得的各项成果对我国轨道交通发展将起到一定的促进作用。

目前十三号线一期工程的许多创新技术也已在广州地铁十三号线二期、十四号线一期、二十一号线等项目中得到成功应用，取得了显著的经济效益和社会效益，希望通过本书，读者能翔实地了解十三号线的设计情况、关键技术以及应用效果，从而方便读者更好地获取轨道交通的设计灵感和施工技术资料。

但由于水平所限，设计方案必然存在许多进步空间，同时伴随各类先进技术的出现，需要与时俱进，不断提高设计水平。因此也衷心地希望各位读者和从业人员能提出宝贵意见，共同交流学习，以期取得更大进步，共同为我国轨道交通建设贡献力量。

附录1

序号	获奖项目名称	奖励年度	奖励名称	奖励等级	主要获奖人	授奖单位
1	广州市轨道交通十三号线首期工程（鱼珠~新沙）	2019	行业优秀勘察设计奖	市政公用工程设计二等奖	林珊、农兴中、史海欧、王建、陈惠嫦等	中国勘察设计协会
2	广州市轨道交通十三号线首期工程白江站、新塘站高效制冷机房	2019	行业优秀勘察设计奖	优秀建筑环境与能源应用二等奖	张悦、廖佳仪、林世生、罗燕萍、林珊等	中国勘察设计协会
3	广州市轨道交通十三号线首期工程官湖车辆段与综合基地	2019	行业优秀勘察设计奖	优秀市政公用工程设计三等奖	陈柏谦、周再玲、肖锋、林珊、翁德耀等	中国勘察设计协会
4	广州市城市轨道交通十三号线首期工程	2021	国家优质工程奖	国家级	林珊、王建、陈惠嫦、阮莹、阮艳妹、徐文田、张悦等	中国施工企业管理协会
5	广州市轨道交通十三号线首期工程	2021	城市轨道交通创新推广项目		林珊、王建、陈惠嫦、阮莹、阮艳妹、徐文田、张悦等	中国土木工程学会
6	广州市轨道交通十三号线首期工程白江站、新塘站高效制冷机房	2019	城市轨道交通技术创新推广项目		王迪军、张悦、农兴中、王建、史海欧、罗燕萍、林珊、廖佳仪、罗辉	中国土木工程学会轨道交通分会
7	广州市轨道交通十三号线首期工程（鱼珠~象颈岭）可行性研究报告	2013	广东省优秀工程咨询成果奖	二等奖	王建、史海欧、林珊、阮莹、陈惠嫦、阮艳妹、张悦、徐文田、孙元广、姜美利、周再玲、钱家怡、王晓娜、刘增华、张立杰、王睿	广东省工程咨询协会
8	轨道交通智慧、节能、建造关键技术研究与应用	2020	华夏建设科学技术奖	二等奖	林珊、农兴中、王建、史海欧、陈惠嫦、阮莹、张悦、陈柏谦、赵美君、邓树、张立杰、梅沈斌	华夏建设科学技术奖励委员会
9	广州地铁十三号线智能、节能和人性化设计技术研究与应用	2020年7月	广东省土木建筑学会科学技术奖	一等奖	林珊、农兴中、王建、史海欧、陈惠嫦、阮莹、张悦、陈柏谦、赵美君、邓树、梁广志、李海军	广东省土木建筑学会

续表

序号	获奖项目名称	奖励年度	奖励名称	奖励等级	主要获奖人	授奖单位
10	广州市轨道交通十三号线首期工程白江站（原东洲站）、新塘站装配式高效制冷机房	2020年7月	广东省土木建筑学会科学技术奖	二等奖	张悦、王迪军、王建、史海欧、廖佳仪、罗燕萍、林珊、王静伟	广东省土木建筑学会
11	广州市地铁官湖车辆段（2标）BIM技术应用	2016	广东省2016年首届BIM应用大赛	三等奖	林珊、王建、陈惠嫦、阮莹、阮艳妹、徐文田、张悦等	
12	广州市轨道交通十三号线首期工程新塘站	2018	广州市优秀工程勘察设计	二等奖	尧珊珊、阮艳妹、姚璐、裴行凯、林世生、孟子雄、林珊、卢正兴、陈坚、张友明、李牧羽、陈惠嫦、郑石、廖佳仪、朱智清	广州市工程勘察设计行业协会
13	广州市轨道交通十三号线首期工程白江站	2018	广州市优秀工程勘察设计	三等奖	廖佳仪、林珊、张瑾、赖鹏邦、谌小莉、柯小芳、罗燕萍、阮艳妹、郑石、肖沁源、许彬、张龙浩、林世生、潘继灏、申俊逸	广州市工程勘察设计行业协会
14	广州市轨道交通十三号线首期工程沙村站	2018	广州市优秀工程勘察设计	三等奖	张悦、王晓娜、陈华松、徐文田、孟金玲、张强、赵美君、邓树、林良栋、陈仰光、申俊逸	广州市工程勘察设计行业协会
15	广州市轨道交通十三号线首期工程火灾自动报警系统	2018	广州市优秀工程勘察设计奖	建筑智能化专项三等奖	林珊、唐敏、贾景堃、吴君乾、郑力中、申俊逸	广州市工程勘察设计行业协会
16	广州市轨道交通十三号线首期工程沙村站动力照明配电系统	2018	广州市优秀工程勘察设计奖	建筑电气专项三等奖	林珊、赵美君、邓树、谌小莉、刘丽萍、许揖增、冯家星、刘鑫量	广州市工程勘察设计行业协会
17	广州市轨道交通十三号线首期工程白江站动力照明配电系统	2018	广州市优秀工程勘察设计奖	建筑电气专项三等奖	林珊、谌小莉、赵美君、刘丽萍、邓树、郑立中、贾景堃、戴伟骏	广州市工程勘察设计行业协会
18	广州地铁官湖车辆段施工2标BIM技术应用成果	2016	卓越工程项目奖	三等奖	林珊、王建、陈惠嫦、阮莹、阮艳妹、徐文田、张悦等	中国建筑业协会

附录2　广州地铁十三号线工程设计单位及人员名单

广州地铁设计研究院股份有限公司负责设计总体总包工作，各项目参加单位如表所示。

项目名称	子项目名称	设计单位	设计人员
设计总体单位	总体	广州地铁设计研究院股份有限公司	林珊、王建
	副总体	广州地铁设计研究院股份有限公司	陈惠嫦
	副总体	广州地铁设计研究院股份有限公司	阮莹
	副总体	广州地铁设计研究院股份有限公司	阮艳妹
	副总体	广州地铁设计研究院股份有限公司	徐文田
	副总体	广州地铁设计研究院股份有限公司	张悦
	总包	广州地铁设计研究院股份有限公司	申俊逸、沈惠平、莫爱霞、邓捷
	线路专业负责人	广州地铁设计研究院股份有限公司	姜美利
	车辆、限界专业负责人	广州地铁设计研究院股份有限公司	刘增华、兰天野
	客流预测、行车专业负责人	广州地铁设计研究院股份有限公司	彭磊、孙元广
	轨道专业负责人	广州地铁设计研究院股份有限公司	刘文武、潘鹏
	自然条件与工程地质、建筑物调查负责人	广州地铁设计研究院股份有限公司	姚江、蒋军军、李世佳
	建筑、装修专业负责人	广州地铁设计研究院股份有限公司	陈惠嫦、王晓娜、尧珊珊、陈海
	车站结构专业负责人	广州地铁设计研究院股份有限公司	阮艳妹
	区间结构专业负责人	广州地铁设计研究院股份有限公司	徐文田
	人防专业负责人	广州地铁设计研究院股份有限公司	徐文田、阮艳妹
	通风空调、隧道通风	广州地铁设计研究院股份有限公司	张悦、郝娜

续表

项目名称	子项目名称	设计单位	设计人员
设计总体单位	防灾专业负责人	广州地铁设计研究院股份有限公司	陈惠嫦、张悦、阮艳妹
	给排水及消防、气体灭火专业负责人	广州地铁设计研究院股份有限公司	梅沈斌、潘继灏
	供电、低压配电专业负责人	广州地铁设计研究院股份有限公司	赵美君、邓树
	站台门及升降设备负责人	广州地铁设计研究院股份有限公司	卢昌仪、林斌、王飞
	通信专业负责人	广州地铁设计研究院股份有限公司	邓紫阳
	信号专业负责人	广州地铁设计研究院股份有限公司	张立杰
	综合监控、计算机综合信息系统专业负责人	广州地铁设计研究院股份有限公司	吴殿华、朱莉莉、张晓波
	自动检售票AFC、BAS、门禁、FAS专业负责人	广州地铁设计研究院股份有限公司	贾景垄、吴君乾、张晔、罗景年、熊晓锋、王建文、赵文龙、陈大盛
	疏散平台	广州地铁设计研究院股份有限公司	蔡军安
	控制中心专业负责人	广州地铁设计研究院股份有限公司	吴殿华、朱莉莉
	车辆段及综合基地专业负责人	广州地铁设计研究院股份有限公司	陈柏谦、陈鹏
	概预算专业负责人	广州地铁设计研究院股份有限公司	钱家怡
	报建专业负责人	广州地铁设计研究院股份有限公司	许扬扬、王幼鹏
	管线、房屋调查	广州地铁设计研究院股份有限公司	刘林平、向亮星、陈佰强
车站（含建筑、结构、机电、概算等专业）	鱼珠站	中铁第一勘察设计院集团有限公司	张涛、吴坤、冯笑英、刘华永、魏振熙
	裕丰围站	广东南海国际建筑设计有限公司	张赐力、黄贵良、杨静云、廖神冰、陈泽标、陈健雄、彭春江、陈欣健、汤志毅、陈丽娟、张镇邦、王磊、刘玉玲、范启能、李肇丰、陈志鹏、谈政、何宇钊、黎济海

续表

项目名称	子项目名称	设计单位	设计人员
车站（含建筑、结构、机电、概算等专业）	双岗站	广东南海国际建筑设计有限公司	张赐力、黄贵良、杨静云、陈健雄、巫峰、彭春江、廖全、汤志毅、陈丽娟、王磊、郑国祯、李肇丰、陈志鹏、谈政、黎济海
	南海神庙站	中铁二院工程集团有限责任公司	余前程、马永超、赵品祥、孙琮涵、聂尊勇、唐辉、杨光、秦岭、赫飞
	夏园站	中铁二院工程集团有限责任公司	曹晋超、王建华、聂尊勇、魏代波、赫飞、杨光、秦岭
	南岗站	中铁二院工程集团有限责任公司	刘洪伟、苟竞文、聂尊勇、魏代波、赫飞、杨光、秦岭
	沙村站	广州地铁设计研究院股份有限公司	王晓娜、陈华松、李想、张湖英、徐文田、谢特赐、孟金玲、张强、陈仰光、林良栋、赵美君、唐祖旺
	白江站	广州地铁设计研究院股份有限公司	廖佳仪、张龙浩、许彬、赖鹏邦、柯小芳、谌小莉、陈婷、朱智清
	新塘站	广州地铁设计研究院股份有限公司	尧珊珊、姚璐、阮艳妹、卢正兴、张友明、张湖英、裴行凯、李牧羽、黄钟涛、廖佳仪、林世生、陈坚、梅沈斌、赵美君、孟子雄、陈婷、朱智清
	官湖站	广州地铁设计研究院股份有限公司	王晓娜、辛蕊、高方源、祝心镇、郭旭东、何金福、黄烨、谢特赐、胡丽君、郑聪、陈坚、赵美君、何剑波
	新沙站	广州地铁设计研究院股份有限公司	陈欣、张友明、何金福、刘东铭、黄贵杰、崔家琪、李瀚林
区间隧道（含建筑、结构、机电、概算等专业）	鱼珠站~裕丰围站~双岗站~南海神庙站~夏园站区间	中铁第一勘察设计院集团有限公司	张碧文、王科甫、王江、吴东亮
	夏园站~南岗站~沙村站~白江站区间	中铁二院工程集团有限公司	韦青岑、王呼佳、赵品祥、铁富忠、任玲、杨朋、高鲲、陈鼎、孙琮涵
	白江站~新塘站~官湖站~新沙站区间	广州地铁设计研究院股份有限公司	徐文田、郭旭东、刘春杰、顾锋、杨家熙、蔡军安

续表

项目名称	子项目名称	设计单位	设计人员
官湖车辆段（含出、入段线）		广州地铁设计研究院股份有限公司	陈柏谦、孙冀、罗坚、黄先健、刘东铭、邬燕芳、潘继灏、冯家星、陈鹏、颜惠
通信系统		中铁第一勘察设计院集团有限公司	田冰、吕勇鹏
信号系统		中国中铁二院工程集团有限责任公司	田大锁、肖珊、张国慧、万曲波、刘名元、盛思惟、张惺
自动售检票AFC系统		中国中铁二院工程集团有限责任公司	毛思源、贾弛、郭锐、樊伟
轨道系统		中铁工程设计咨询集团有限公司	李楠、冯建、田德仓、杨松、马佳骏、刘亚航、陈文、张庆、张东凤、冉蕾、赵天运、何雪峰、蒋昕、王羽杰、裴爱华、王菁、张立国
全线装修		广东省建筑设计研究院	罗若铭、钟仕斌、邓丽威、候荣志、高春飞
供电系统		中铁电气勘测设计研究院有限公司	吕广宇、宝旭峥、刘广欢、张彦民、王亚飞、李聚、蒋永兵、窦国乘
主变电站		广州市电力工程设计院有限公司	毕伟、鄢志平、邹伟丰、江兆涛、梁春慧、李杰祎、严伟、陈秀珍、李卓凯、李文苑